21世纪经济管理新形态教材·公共基础课系列

职业素养开发与训练
（第2版）

李纯青 ◎ 主 编

田 敏 刘 伟 ◎ 副主编

清华大学出版社

北京

内 容 简 介

本书是作者根据20多年来针对数十家用人单位需求调研以及教学实践编著而成，围绕培养职场中所必备的五项职业素养和五项能力而展开。不但对五种职业素养和五项能力的内涵、思维模式以及训练方法进行了详细说明，而且对它们之间的相生相克关系以及教学实践也进行了阐述。

本书不仅可以作为大学本科生、专业硕士生必修课程的教学用书，还可以作为企事业单位新员工的培训用书，并且对使用该书的教师如何开展职业素养教学也有一定的帮助。

图书在版编目(CIP)数据

职业素养开发与训练 / 李纯青主编 . —2 版 . —北京：清华大学出版社，2022.8(2024.8重印)
21 世纪经济管理新形态教材 . 公共基础课系列
ISBN 978-7-302-61425-8

Ⅰ . ①职…　Ⅱ . ①李…　Ⅲ . ①职业道德－高等学校－教材　Ⅳ . ① B822.9

中国版本图书馆 CIP 数据核字 (2022) 第 134010 号

责任编辑：刘志彬
封面设计：汉风唐韵
版式设计：方加青
责任校对：王荣静
责任印制：刘　菲

出版发行：清华大学出版社
　　　　　网　　　址：https://www.tup.com.cn，https://www.wqxuetang.com
　　　　　地　　　址：北京清华大学学研大厦A座　　　　　邮　　编：100084
　　　　　社 总 机：010-83470000　　　　　　　　　　邮　　购：010-62786544
　　　　　投稿与读者服务：010-62776969，c-service@tup.tsinghua.edu.cn
　　　　　质 量 反 馈：010-62772015，zhiliang@tup.tsinghua.edu.cn
印 装 者：北京嘉实印刷有限公司
经　　销：全国新华书店
开　　本：185mm×260mm　　　印　　张：19.25　　　字　　数：431千字
版　　次：2018 年 2 月第 1 版　　2022 年 8 月第 2 版　　印　　次：2024 年 8 月第 3 次印刷
定　　价：55.00元

产品编号：094628-01

编 委 会

再版修订说明

《职业素养开发与训练》于2018年出版后，在西北大学、西安工业大学、华南农业大学、广东海洋大学、上海城建职业学院等十几所高校工商管理、市场营销、国际经济与贸易、人力资源管理、会计学等专业本科生，工商管理硕士（MBA）和会计专业硕士（MPAcc），以及多所大学新教师培训和企业新员工培训中使用3 000多册，深受授课教师和学生的好评与认可。多位受训学员在课后感言中用"感动""震撼""意想不到""受益终身"等词语来形容这门课。

在使用该书进行授课过程中，我们发现除了积极心态、敬业并自动自发地多做一些、没有任何借口地执行任务、沟通协调、团队合作五种职业素养外，相应能力的培养和提高也非常重要，只有将素养转化为能力，才能满足职场对员工的进一步要求。另外，个人职业发展、岗位提升，以及用人单位对创新型和领导型人才的需求，也对多方面的职业能力提出了更高的期望。一个从业者，只有具备职业素养所对应的五项能力（洞察能力、领导能力、创造能力、创新能力和创业能力），才能在竞争激烈的职场中脱颖而出，登上事业的新高峰，发挥更大的作用，产生更大的价值。许多院校和培训机构的师生也对本书提出了宝贵的意见和建议，希望能在再版中补充和细化相关内容。

为此，我们组织西北大学几位具有丰富教学经验和实践经历的副教授以上职称教师，对原书进行了补充和修订，将原有9章增加到15章，并把全书内容分为4篇：职业素养概述、五种职业素养、五项能力、教学与实践。主要增加了洞察能力、领导能力、创造能力、创新能力和创业能力五项能力的内涵、作用，以及培养和训练方法等方面的内容，还增加了五项能力与五行的对应关系、五项能力之间的相互作用等论述，大约10万字。同时，我们对原有章节进行了全面的修订，完善了一些不太准确的叙述，更正了一些错误之处。在教学与实践部分补充了一些2018年以后的有代表性的学生感言，以及几位参加工作几年的毕业生的课程感言。毕业生们经历了从学校到职场的转换，在职场中摸爬滚打，都取得了不菲的成绩，他们的感言也给了我们很多启发，鼓励我们不断努力把这本书编好，把这门课程建设好。

当然，鉴于编者的能力和水平，书中难免有不足之处，欢迎各位读者和广大师生能不吝赐教、及时反馈，提出你们珍贵的意见和建议！

主编：李纯青

副主编：田　敏　刘　伟

2022 年 7 月

🖋 序 言

　　通过 20 多年来对数十家用人单位需求及学生就业情况的了解，我们发现用人单位对员工的积极心态、敬业并自动自发地多做一些、没有任何借口地执行任务、沟通协调和团队合作等方面的职业素养非常看重。洞察能力、领导能力、创造能力、创新能力和创业能力等五项能力决定一个人在职场中的发展和前途，而大学的培养计划中又缺乏针对这些职业素养和能力的专门训练，导致毕业学生职业素养和能力的缺失，严重影响就业和发展。作为大学教师，我们希望通过自己的从业经历及对此现象的感悟，写出一本职业素养开发与训练的书；同时，希望大学能够开设这样一门课程，让学生通过职业素养和能力的开发与训练，在走上工作岗位之前就基本具备企业员工应具备的职业素养和能力，并在学校生活和学习中探索一条发现自我潜力、规划职业生涯、达到全面发展的途径。

　　本书的出版基于以下五个方面的原因。

1 缩小大学教育供给与社会需求之间的差距

　　尽管有很多教师倾心于各种教育、教学理念的改革与创新，并且已经认识到必须针对应试教育模式进行彻头彻尾的革命，但现代大学培养出的学生仍有很大的就业压力，以至于很多学生以"自愿失业"来无奈承受现代大学教育的缺失，有的甚至成为"啃老族"。对于从事大学教育 20 多年的大学教师来说，我们应该义不容辞地担负起满足社会对大学教育的需求的责任。

　　作者通过 20 余年的探索，发现大学教育供给与社会需求之间的差距，就是企业在用人时希望求职者具备相应的职业素养与能力，而在大学里我们并没有教给学生或很少提及这些方面的内容，以致我们培养出来的学生不太受社会欢迎，承受很大的就业压力，于是很多学生迫于无奈只好去读硕士或博士，而这不过是延迟了就业而已，并未从根本上解决问题。

是什么原因造成了这种无奈呢？除了经济发展、不同阶段对人才需求的差异以外，更多的是供给与需求之间的不匹配，也就是学校未能对社会需求的人才进行针对性的培养，导致培养出来的人才难以满足社会对人才的需求。因此，本书希望通过缩小大学教育供给与社会需求之间的差距，探索社会急需而大学教育又缺失的内容，如积极心态、敬业并自动自发地多做一些、没有任何借口地执行任务、沟通协调和团队合作等。我们暂且把这些内容称作职业素养，本书会对这类职业素养和相关能力做一个具体的界定。

2 开发一种社会急需但大学教育缺乏的教材

据统计，2001 年全国毕业生人数为 114 万，2016 年毕业生人数达到 765 万，2020 年则已达到 820 万，2021 年则达到 909 万。高校毕业生人数不断创历史新高，大学生就业难显然成了社会问题、热点问题，有人甚至提出大学生过剩的观点……但事实并非如此，现实情况是许多用人单位也在为招不到满意的员工而发愁和抱怨。从这个角度来看，大学生并不过剩。抛开学生的就业观、就业态度等原因，导致这种现状的一个主要原因是高校教育方式、理念与企业需求的脱节。一些大学沿袭所谓的研究型大学、教学型大学的教育方式和理念，与市场需求严重脱节。因此，要解决大学生"过剩"、就业难的问题，我们首先是要弄清楚用人单位最需要怎样的人才；其次是针对这些社会急需的人才来进行课程开发与设计，使大学教育与市场需求相匹配和吻合，这样才能解决大学生就业难和"过剩"问题。

经过 20 多年对社会人才需求的研究以及与几十家企业高管长期的交流和沟通，我们发现，除了员工的专业技能外，员工做事的心态也是企业用人的重要标准，尤其是积极的心态，其次是员工的主动性、执行力、沟通协调和团队合作等，这些恰恰是大学教育忽视而社会急需的职业素养。

3 帮助大学生尽早培养良好的职业素养

良好的职业素养不但对个人的职业生涯有很大的帮助，而且还可以使个人成为一个受家庭、单位和社会欢迎的人，并最终达到个人与社会的完美结合，成长为自己力所能及的最好模样。

这里所指的良好的职业素养是我们根据多年来与用人单位接触和自己用人的感触

而总结出来的。对于大学生而言，不仅要做好课堂学习，还要关注课外活动的教育价值。学生开朗的性格、与他人合作的能力、语言表达能力、组织能力等职业素养都是在一些课外活动中培养的。我们认为，职业素养是大学毕业生不可缺少的一部分，对大学生职业素养和能力的训练应该贯穿于从新生入学一直到毕业生离校整个大学教育的始终。良好的职业素养包括以下五个方面：积极的心态、敬业并自动自发地多做一些、没有任何借口地执行任务、沟通协调、团队合作。如果说五种职业素养是对从业者的基本要求，那么，洞察能力、领导能力、创造能力、创新能力和创业能力等五项能力则是造就职场精英、保障就业者顺利发展的更高层次职业素养。本书就是从这五种职业素养和五项能力来展开论述。

4　将教师 20 余年的从业经验奉献出来

参与本书撰写的教师有多年的从教和从业经历，不但长期在大学任教并多年担任管理职，还曾在企业里担任过高级管理人员。在从事管理工作时，作者们深知一个受欢迎的员工应该是什么样的，而这本书正是作者们对 20 余年的积累有感而发的结晶。

5　将多年"职业素养开发与训练"课程教与学的感悟分享出来

"职业素养开发与训练"课程经历了这样一个发展变化过程：自 2003 年开始，从公共选修课和专题学术报告到市场营销专业的选修课，再到五个专业（市场营销、国际经济与贸易、人力资源管理、会计学、经济学）的必修课；从本科生课程拓展到专业硕士（MBA 和 MPAcc）课程；课程教学团队也从 1 位教师发展到 7 位教师；受益学生从一所学校逐步发展到多所高校，从单纯的高校学生发展到企业员工，从针对在校学生的培养和训练，发展到针对企业新入职员工或大学教师的职业素养开发与训练；培养形式也从现场培训到面向全国大学教师的网络培训。

本书在形成过程中，得到了多个部门和个人的支持与帮助，在此对他们表示深深的感谢。感谢教育部全国高校教师网络培训中心的邀请，我们面向全国的高校教师进行了本书理论部分的讲解。感谢西安工业大学教务处、经济管理学院领导与课程组教师们的积极支持与参与，感谢西安工业大学、西北大学等高校历届参加此课程学习的学生们，感谢各位同学的热情参与和付出，尤其是学生学习后的 6 000 字感言，给我们提供了非常宝贵的教学动力和方向。

本书将分为以下四篇展开：第一篇是职业素养概述，包括职业素养开发与训练是什么（第 1 章）、为什么要进行职业素养开发与训练（第 2 章）；第二篇是五种职业素养，包括五种基本素养的基本内涵与训练方法，以及五种基本素养之间的关系，具体见第 3～8 章；第三篇是五项能力，包括五项能力的概念及其开发训练、相互关系，具体见第 9～14 章；第四篇是教学与实践，阐述职业素养开发与训练的教学和实践，具体见第 15 章。

李纯青　苏兵

目录

第四篇　教学与实践 / 275

第一篇
职业素养概述

第 1 章
职业素养开发与训练是什么

为让大家清楚地知道职业素养开发与训练是什么，我们需要明确"职业""职业素养""开发"与"训练"的概念。根据《现代汉语词典》（第7版）的规定，"职业"是指个人在社会中所从事的作为主要生活来源的工作。"素养"是指平日的修养，是由"能力要素"和"精神要素"组合而成的。"职业素养"是指工作中的行为规范、内在要求、综合品质，与智商、情商对应，通常称为职商，即 CQ（career quotient）。"开发"是一个从无到有或从少到多的过程。"训练"是指有计划、有步骤的培养过程。

"职业素养"就是劳动者对社会职业了解与适应能力的一种综合体现，是指劳动者通过不断学习和积累，在职业生涯中表现并发挥作用的相关品质，是职业及其所在岗位的规范与要求，是人们从事职业应具备的素养，是从事专门工作的人自身所必须具备的条件。具体表现为职业道德、职业情感、职业习惯等。学术界所指的职业素养，是人类在社会活动中需要遵守的行为规范，是职业内在的要求，是一个人在从事职业过程中表现出来的综合品质，体现一个社会人在职场中的素养和智慧。一般来说，劳动者的就业能力在很大程度上取决于其具备的职业素养，职业素养越高，获得成功的概率就越大。所以，职业素养是一个人职业生涯成败的关键因素。职业素养量化即形成"职商"。

大学生是一个特殊的社会群体，校园是他们走向社会的最后准备基地。虽然社会上不同职业的行规业律各不相同，但各个行业对从业者的基本职业素养要求是一致的。随着高等教育大众化的发展，用人单位对人才的选择余地越来越宽，超越学历之外的劳动力职业素养问题逐渐被用人单位所重视。当一个人的职业素养与工作技能不适合用人单位的要求时，就业难的问题就难以避免。企业在招聘一些重要岗位人员时，应聘人员的职业素养已经成为一个重要的录用标准。

培养职业素养最直接的意义在于能够提高大学生的就业竞争力。通过多年的实践，我们认为职业素养开发与训练是探索幸福人生的过程，是关于心理历练和心灵成长的过程，是关于心想事成体验的过程，是探索世界观、人生观、价值观的过程，是从业能力开发与训练的过程，是参与人兴趣、特长探索的过程，也是帮助学生高效达成目标的过程。下面分别从这七个方面展开论述。

◢ 1.1　是探索幸福人生的过程

对于幸福，不同的人对其理解与要求是不同的，有人说快乐即幸福，有人说健康即幸福，有人说有钱就幸福，有人说有了爱与被爱就幸福，有人说有份称心如意的工作就幸福，有人说……我们认为幸福就是心理欲望得到满足时的一种状态。这种状态是一种由于满足而对生活有巨大乐趣并自然而然地希望持续久远的愉悦心情。

举例来说，一个富贵之人，可能会由于缺乏健康的身体而感觉不幸福；同样，一个健康的人，可能由于其过于贫穷也会感觉不幸福。虽然每个人的期望不同，但首先最希望的，恐怕都是自己健康平安，其次是家庭和睦。在这两个前提下，人们才会去想追求富贵和事业发展等。我们非常认可黄老学院创始人曹鹏举先生的一个观点：一个幸福人至少需要做到三好——"身体好""家庭好""事业好"。所以，我们希望通过本书，教会学生深入思考"为什么活着""活着的真正意义是什么"等问题，使学生能够结合自身实际，思考并学会怎么幸福地活着。任何事情都有其快乐规则，不要去回避这些规则，如钓鱼的快乐规则就是钓到鱼、钓到大鱼，只有这样，钓鱼者才感觉到快乐。幸福人生也是一样的，当掌握每件事情的快乐规则时，我们就会发现，人活着就是一件非常幸福的事情！

◢ 1.2　是关于心理历练和心灵成长的过程

之所以说这是一本关于心理历练和心灵成长的书，是因为这本书不但要教会学生应该具备什么样的职业素养，而且还要提供一些切实可行的学习和训练方式，从而使参与其中的学生在一些真实场景的构建下具备相应的积极心态，能够敬业并自动自发地多做一些、没有任何借口地执行任务，并具备相应的沟通协调能力和团队合作精神等。

◢ 1.3　是关于心想事成体验的过程

相信很多人都有"心想事成"的体验，有本名叫《秘密》的书解释了心想事成的原理。这本书认为，人之所以能够心想事成，是由于吸引力法则在起作用。而吸引力法则认为人的思想或意念是以一定频率振动的能量，一旦人的内心发出这样频率的能量，就会与宇宙空间相同或相似频率的能量产生共鸣和共振，于是就会吸引这些相同或相似频率的人或事到这个人的身边，进而达到事成的目的。我们且不论这样的观点是否正确，它至少教给了我们一种培养"心想事成"积极心态的练习方法。我们要将这种方法为我所用，使自己经常处于"心想事成"的喜悦之中。同时，之所以有"心想事成""说曹操、曹操到"这些词句的出现，是因为人的意念是一种力，这种力可以发挥一定的作用，而且是可以加以训练的，进而为自己所用。本书主要是从积极心态或积极心理这个角度来进行"心想事成"训练的，教会我们凡事都要往好处想，进而形成强大的积极能量场，从而来培养我们强大的内心和乐观向上的态度。

▲ 1.4　是探索世界观、人生观、价值观的过程

我们从小到大会受到很多观念的影响，一些家长在教育孩子时总是不准孩子干这个、不准孩子干那个。在这种提醒和警告的氛围下成长的孩子，通常会不自觉地形成很多思维的局限，做事情的时候首先想到的是负面或消极的一些内容。慢慢地，这个孩子的心态就变得相对负面或消极。

俗话说，心态决定命运，而这个心态最初的形成就是家庭教育、学校教育和社会教育的一个综合结果。心态背后是个人对世界的看法、对人类与人生的观点、做事的一些基本原则与方法，也就是这个人的世界观、人生观与价值观。通过一些具体场景或活动的参与、训练和思考，学生可能就会将那些原本负面或消极的心态，改变成相对正面或积极的心态，最终将乐观、积极、阳光的心态通过有意识的锻炼而固化下来，形成良性循环。

▲ 1.5　是从业能力开发与训练的过程

通过20余年的研究与实践，我们认为一个受欢迎的职场从业人员应该具备以下五种职业素养：积极心态、敬业并自动自发地多做一些、没有任何借口地执行任务、沟通协调、团队合作。我们通过实践与观察发现，具备这五种职业素养的学生在找工作时很少遇到失败，而忽视这五种职业素养的学生则很少成功。所以，从这个角度，我们说这是一本从业能力开发与训练的书。我们希望学生通过学习这本书，能找到适合自己特长、开发自己潜力并乐在其中的工作，进而达到幸福人生的终极目标。

▲ 1.6　是参与人兴趣、特长探索的过程

在五种职业素养的开发与训练中，尤其是学生在通过一些具体的事例或任务来训练自己的"敬业并自动自发地多做一些"和"没有任何借口地执行任务"这两项素养时，就会发现哪些事情是自己乐在其中的，哪些事情做起来更容易成功并且使自己的心理得到尽可能大的满足，这样就使参与其中的学生发现自己的兴趣是什么，自己的特长是什么。比如，当你自动自发地多做一些的时候，你会发现，经常多做的那部分，恰恰是自己喜欢和擅长的，否则学生也不会达到真正的快乐和满足。当然，这有一个逐步提升的过程，刚开始也许多做的那一点并不是自己乐意或擅长的，但随着时间的推移，熟能生巧，这个巧劲儿出来的时候，参与人会觉得非常开心，自然会达到前面提到的那种满足

的状态。在沟通协调的开发与训练中，同样有一些环节可以产生这样的效果，如可以通过赞美来从别人的视角发现自己的优势与长处，也可以通过"拍金砖"来发现别人的不足或需要改进的地方。其他几种职业素养也会有相似的效果。

▲ 1.7　是帮助学生高效达成目标的过程

在开发和训练五种职业素养时，每种职业素养的内涵、特征与训练方法都是非常明确的，同时对每一种职业素养，都配备有相对应的该种职业素养水平的自我测试量表。通过自我测量，学生会非常清楚自己在该种职业素养方面的进步与提高，学生也可以在没有进行开发与训练时先测试一下自己这方面的水平，在开发与训练结束后，再测试一下自己这方面的水平，就可以看出自己在该种职业素养方面的进步与提高。

另外，在开发和训练五种职业素养时，我们对个人或团队高效达成目标有专门的训练，并且对此有一种非常明确的路径——如果你想达成什么样的目标，就必须将此目标具体化、清晰化，竭尽全力想出达成目标的一切可能的途径与方法，并尽可能地将自己的所有注意力都集中在目标上，而不去想达成目标过程中的困难或消极因素，更不去关心万一达不成目标带来的负面影响。这样就像儿时站在太阳底下用放大镜去点燃火柴一样，如果你能专心致志地用放大镜将光能聚焦在火柴上，火柴迟早会燃烧起来，而如果你一直在移动你的焦点或坚持不到一定的时间，就可能达不到点燃火柴的目标。同时，我们还在"没有任何借口地执行任务"的训练中增加了"高效能人士的七个习惯"和"思维导图"等的方法与技能，在团队合作中增加了团队高效率做事的任务与训练，通过这些技能的开发与训练，可以使学生学会如何高效达成目标。

（李纯青）

即测即练

扫码测练

第 2 章
为什么要进行职业素养开发与训练

近年来，社会上出现就业能力拓展训练、职业生存能力拓展特训、社会生存能力培养的课程等，这些训练和课程都希望学员通过参与设计好的实际活动来提升从业技能，如团队合作、沟通协调等。另外，越来越多的人或组织已经意识到这类训练的重要性，进而越来越积极地参与到这类培训中。如果有一本相对系统的书，使那些参加过拓展训练的人能通过参与活动而转换或改善相应的思维模式，或者是让没有机会参加拓展训练的人也有相应的从业技能和生存质量的提升，那也是非常不错的事情。而本书就是希望通过我们的努力，使越来越多的人参与类似这种培训，通过培训达到以下几个目的：找出盲点、开发潜能，发现自我潜力 / 特长而制订 / 调整职业生涯规划，提升就业能力和社会生存能力，了解世界的规则，培养一些优秀的思维模式，促进人的全面发展，使人与企业、社会、自然和谐共处，等等。

2.1 找出盲点、开发潜能

"约哈利窗"是心理学家约瑟夫和哈利研究出来的[1]，他们将"有关自己的信息"分成四类，即公开、盲点、隐私、潜能。"约哈利窗"理论主要是教人们如何找出盲点、开发潜能，具体如图 2-1 所示。

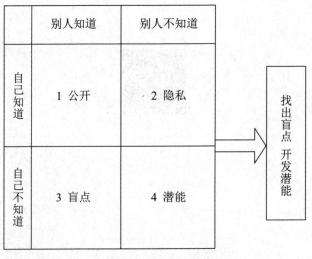

	别人知道	别人不知道
自己知道	1 公开	2 隐私
自己不知道	3 盲点	4 潜能

找出盲点、开发潜能

图 2-1　约哈利窗

从图 2-1 可以看出，对于信息按自己是否知道、别人是否知道进行分区：标有 1 的区域是公开信息区，是自己和别人都知道的信息；标有 2 的区域是隐私区，是自己知道但别人不知道的信息；标有 3 的区域为盲点区，是自己不知道但别人知道的信息；标有 4 的区域为潜能区，是自己与别人都不知道的信息。职业素养开发与训练可以通过一些特殊的步骤和方式将学生的盲点与潜能开发出来，有时候会使学生或教师都非常惊讶，但确实达到了这样的效果。当然，这个过程需要教师与学生以及学生之间有非常好的合作与配合。

盲点、隐私是制约和影响人们潜能开发的根本性因素，必须依据全新的团队互动式学习方法，理性而大胆地应用教练技巧中的发问、回应、分享等手段，才可以不断地冲破我们内心的本能阻力，使个人和组织思维中盲点越来越少，隐私充分披露，从而达到个人素质提升和组织效能的根本改变。

"约哈利窗"理论主要是教人们如何找出盲点、开发潜能，即个人——挖掘自我盲点，突破思维局限，使个人潜能得以开启；工作——发挥领导才能，勇气自信倍增，提升自我价值；家庭及社交——善于聆听、沟通无阻、增进感情等。

在教学的安排中，我们通常建议学生之间分团队学习，每个队都有自己的队长、队名和队呼（也就是对应自己团队的名称，能够激发团队成员士气的口号），并且通常是 32 学时（3 天 3 晚）的集中学习，这样就可以通过学生之间的不断交流与沟通，达到共同成长和相互之间找出盲点与开发潜能的目的。比如在沟通协调的训练中，有赞美、"批评汉堡包"以及"拍金砖"的环节，并且这个过程是在全体学生面前演示的。通过这个训练过程，教师或学生能发现每个人的特长或不足，使其得以提升和改进。同时，通过团队合作，去做一些专项的训练活动，同样能达到这样的效果。

◢ 2.2 发现自我潜力/特长而制订/调整职业生涯规划

每个人的潜力都是无穷大的，在没有经历一些特殊的事情时，人们的潜力往往无法显现出来，然而人们一旦遇到一些特殊的事情，无穷的潜力会使人惊讶不已。

我们经常会听到这样的故事：一位母亲在危急时刻，徒手掀起了大卡车，救出压在卡车下的自己的孩子。像电影《永不放弃》里的布洛克，教练说："布洛克，过来这里，我想看看你死亡爬行的最好成绩。"布洛克说："什么，你想让我爬行 30 码？"教练说："我认为你能爬行 50 码。"布洛克被教练蒙上眼睛，开始死亡爬行。"往左一点，就这样。往右一点，右一点，对，对。"教练提醒布洛克。30 码、40 码、50 码到了。其他队员坐不住了，跟着走了起来。布洛克一直说："我很累，他很重，太重了，我的手像火焰一样在烧。"而教练一直鼓励他"坚持"。布洛克又爬了 60 码、70 码、80 码、90 码，教练说："还有 20 步，还有 10 步，5 步，两步，到了！你看吧，你爬完了全场（110 码）。"人的潜力都是无穷的，只要你坚持不懈、永不放弃地朝着你的目标前进，你会发现成功其实离你很近。

当然，发现学生的潜力是一个方面，发现他们的特长是另外一个方面，而通过什么样的训练能使学生发现自己的潜力和特长，并根据他们的潜力和特长让其思考适合自己发展的职业生涯规划问题，则是本书的主要任务之一。因为只有这样，学生才能及早地发挥自己的特长，做些乐在其中的事情，进而达到幸福生活的终极目标。在五种职业素养训练中，尤其是学生在训练自己的积极心态时，就会发现哪些事情是自己乐在其中的，哪些事情是自己擅长的，哪些事情是自己原来觉得不行但做了之后才知道挺感兴趣的，这样就使参与其中的学生发现自己的兴趣是什么、自己的特长是什么，开发他们未知的潜能。

◢ 2.3 提升就业能力和社会生存能力

就业能力和社会生存能力不仅是每个即将走向工作岗位的毕业生都应该具备的能力，而且也是已经走上工作岗位并希望有所进步与成长的人应该具备的能力，但我们的大学教育是否涉及了这些方面的内容，是需要深入考虑和度量的问题。如果我们培养出来的学生有很强的就业能力，那么找不到工作的学生应该很少。但近年来大学毕业生就业比例连年降低，而继续升学读研的比例则持续攀升。就业困难一定程度上影响了大学的吸引力，已经有学生在拿到录取通知书后并不去读大学，大学教育的生命力会越来越弱。所以，就业率已经成为衡量大学教育质量和水平的一个很重要的指标，这个指标从某种程度上来讲，关乎大学教育的存亡。

社会生存能力是事关民族发展和存亡的严峻问题，它是一个人在社会中生存的必备能力，是保证学习、生活、工作正常进行的基本社会能力。其具体包括：分析和解决问题的能力；管理自己情绪和处理人际关系的能力；承受压力包括失败和挫折的能力；决断能力；管理财富、增加财富、使财富给自己带来快乐的能力；管理身心健康的能力；等等。社会生存能力是学生进入社会独自生活时必须具备的基本技能，也是影响生活质量的一项能力。在某种意义上来说，社会生存能力比单纯的学历更重要。社会上有许多学历高但并不成功或是学历偏低却成功的例子更能说明社会生存能力的重要性，而大学教育里针对这方面的课程较少，迫切需要引起重视。

本书正是通过一系列严谨而实用的能力开发与训练，使学生能够拥有积极心态，能够敬业并自动自发地多做一些、没有任何借口地执行任务，具备沟通协调、团队合作能力，从而提升学生的就业能力和社会生存能力。

◢ 2.4 了解世界的规则

在《道德经》第二十五章中 [2]，老子说："有物混成，先天地生。寂兮寥兮，独立而不改，周行而不殆，可以为天地母。吾不知其名，字之曰道，强为之名曰大。大曰逝，逝曰远，远曰反。"意思是说：在混沌中有这样一个东西，它在开天辟地之前就已经存在，既不能听到它发出的声音，也看不到它的形体，它在虚无缥缈中永恒地存在，循环运行而生生不息，可以是天地万物的根源。老子也不知道这东西的名字，就称之为"道"。道是一种什么样的东西呢？我们并不能清清楚楚地描述出来，"大"是它的一个方面，它是一种超越了人们认知范围的东西。或许在这里不能称"道"为"东西"，因为它并不是实体的存在，也不是简单的概念，无法用一个"名"去命名"道"。

还有一个比较著名的幻灯片叫《巨视和微视的世界》，通过类似于望远镜和显微镜的设备看一个事物或者宇宙，从 10^0 米开始，然后每次按照 10 的倍数增加，10^1、10^2、10^3……以此类推，直到达到当时的科学技术的边界 10^{26} 米，到巨视世界。在 10^0 米看花园，我们看到的可能就是一片树叶，而从 10^{26} 米看同样的位置，我们看到的是整个宇宙，看到很多星系，整个宇宙看起来就像一个不太规则的同心圆，一圈一圈地在向人们展示着它们的存在并且星系之间的距离也非常远。然后同样地，通过显微镜来看事物，从 10^0 米距离按照 10 的倍数减少，10^{-1}、10^{-2}、10^{-3}……一直到 10^{-16} 米，也达到了当时的科学技术的边界，到了微视世界，整个世界也呈现出不规则的同心圆。在 10^0 米的地方我们可以看这片树叶，到 10^{-16} 米的地方我们看到的是这片树叶的夸克粒子。

在看完该幻灯片后，许多学生感悟颇深。

"视频对我的触动特别大，对事物的一些看法和观点都有所改变。人活在世界上，不能把自己看得特别重要，对于世界来讲我们太渺小了。对于有些事情不要太在意，这个世界太大了，我们要做的就是顺其自然，活在当下，珍惜当下，珍惜眼前人。"

"人站的高度不一样，看到的风景就不一样。如果我们是宇宙中一个巨大的生物，我们看地球和其他行星就觉得特别小，就跟看几片叶子一样；如果我们只是把自己当作地球中的生物，可能压根儿看不到地球以外的东西。"

我们由近到远看，可能起点就是我们现在所处的环境，也是宇宙的一个中心，我们现在只看到了 10^{26} 米，如果是 10^{260} 米，也许我们只是相对于树叶而言自成的一个空间；如果往相反的方向，便到达 10^{-260} 米，也许在树叶的内部，我们也是处在一个自成的世界，处在一个有其规律的环境。

通过以上例子，我们从中看到的是相似性。就是在一个空间内，到一定距离之后，相似性特别明显。看一片叶子，由远到近看，可以看出叶子内部也是一个世界，由近到远看，是整个宇宙，而内部的世界和整个宇宙呈现出来的画面是那么的相似。不管是巨视世界还是微视世界，我们都看到了不规则的同心圆。这种相似性使我们有所感悟的是，当遇到一些不顺心如意的事情的时候，我们要学会将自己看待这些事情的眼睛变成望远镜和显微镜，不妨跳出事物的本身再来看，确实也没有什么，都有其本质或相似的地方。悟出了这些，你就会发现，当时觉得大得不得了的事情，过一段时间再去看它，你会觉得也没有什么，再过一段时间你会觉得当时自己的行为甚至有些可笑。比如遇到一件事情你会非常生气，因为你把这件事看得太重，所以你会恼火；如果同样的事情你把它看得非常小，这个时候你一定不会在乎了。所以，我们要做的就是把握当下，珍惜当下。

2.5　培养一些优秀的思维模式

我们非常认可一种观点：你现在的一切都是你思维模式的结果。举个例子，一个办公室的同事感冒了，对感冒敏感的人就会暗自思量："完了，完了，我是最容易被感冒传染的人，我肯定会被传染上感冒！"结果，在他的担忧与思虑下，没过两天他真的感冒了。同时，他还为此津津乐道："你看，我是感冒易感人群，我说我会被传染上感冒的，果不其然，真的应验了！"这是很多人都知道的"吸引力法则"在起作用，我们会在以后的章节中详细介绍。

其实，思维模式的培养是大学教育的重要内容之一。比如遇到问题时，你是迎接挑战还是寻找不去解决问题的理由或借口，这就是两种完全不同的思维模式。而这本书就是希望培养学生积极乐观的心态、敬业并自动自发地多做一些、没有任何借口地执行任务、良好的沟通协调和团队合作的职业素养。有了这些职业素养，学生就会形成遇事先从对方角度思考问题的思维模式："我怎么做才能使这件事情对参与人都有利？""我通过什么途径和方法能更容易完成任务？""除了现有的方法外，是否还有更好的办法让更多的参与者受益？"这种思维模式是一种"利他"的思维模式，也是一种具有一定格局的思维模式。这种思维模式来自我们博大精深的中国传统文化，《道德经》第七章中提道："天长地久。天地所以能长且久者，以其不自生，故能长生。是以圣人后其身而身先，外其身而身存。非以其无私邪？故能成其私。"用今天的话来说，就是"天地之所以能够长久，乃是因为它的一切运作都不为自己。因此，圣人处处谦虚、退让，反而能够赢得爱戴；事事不计较利害得失，反而身受其益。这不正是因为他无私，结果反而成就了他自己"。老子用朴素辩证的观点，说明利他（"后其身""外其身"）和利己（"身先""身存"）是统一的，利他往往能转化为利己，老子想以此说服人们都来利他。

在现实生活中，我们尽量避免自我消耗的思维模式，这种模式其实来自优柔寡断，来自自己的不坚定，或来自自己的负面思维。比如，当我们非常开心、非常放松时，一有什么事马上紧张起来。紧张对于我们来说就是一种消耗。当然有些人会觉得紧张时就会变得非常专注，非常有效率。这是好的一方面，但是大多数人都会出现过度紧张，总是担心负面的影响，如：我能不能行啊？别人对我的评价怎么样啊？考试能不能通过啊？身体稍有不适就想"我会不会得什么病啊"，等等。我们不仅要学习那些优秀的思维模式，而且要转变那些不利于目标达成的思维模式，把负面的思维模式转变成正面的思维模式，我们可以练习口诀"每一天在每一方面都越来越好"。把负面的思维模式转变成正面的思维模式对每个人来说很重要，学会了这种方法，将受用终生。

大学教育的本质应该是启发思维、激发思考。当今的大部分大学课堂仍然是以教师主导，我们应当从教师主导变为学生主导。教师就中国当下的议题给学生设置问题，为学生提供各种充分的研究素材或素材收集渠道，让学生通过自己的研究得出自己的观点；组织课堂讨论，引入观点争辩和交锋，引导学生站在"高山顶上"以更开阔、全面和国际化的视野审视议题，从而得出更客观的结论。而不是一味地知识灌输，我们更希望启发学生的思维模式并培养出一些优秀的思维模式，而不是简单地让学生学会一个理论或者一个知识点。

◢ 2.6 促进人的全面发展

关于人的全面发展，我们从中西方两种观点来阐述。中国传统文化讲究五福临门，一曰寿，二曰富，三曰康宁，四曰修好德，五曰考终命，后来由于避讳把五福修改为：寿、富贵、安乐、子孙众多。现代社会人们已经不再追求子孙众多，更多关注的是提高生活质量和丰富人生经验，由此，我们可以与时俱进将传统五福调整为"平安、长寿、富贵、美满、智慧"。是人们对美好人生的一种渴望，很多家庭会将此作为世代的追求。这里我们采用百度汉语上的解释来进行阐述。

平安有三层意思，一是没有事故，没有危险；二是冒了险而未遭受损伤或损失；三是心境平静安定。

长寿，是指寿年久长，即命不夭折而且福寿绵长。也有人说长寿就是活得长并且好，不但寿命长，而且健康。

富贵，是指富裕而又有显贵的地位。西方人通常会提倡富有，但我们不但要富有，而且要尊贵，这样人的感觉会更加理想，当然也会增加达到这个层面的难度。

美满有两层意思，一是感到幸福、愉快；二是美好圆满。这也是非常不错的一种状态。

智慧，辨析判断、发明创造的能力。曾有一位哲人从说文解字的角度解释智慧的内涵，从字面看，"智"字上面一个"知"，下面一个"日"，也就是说一个人对宇宙万物的认知比天还高；"慧"字上面两个"丰"，中间是"雪"字的下半部分，下面一个"心"，可以解释成一个人的内心像丰富的白雪一样干净，那这两个字合起来的意思是：假如一个人对宇宙万物的认知比天还高，内心像丰富的白雪一样干净，那么这个人就可以称为"智慧"的人。所以，一个有智慧的人，他站的高度和心无旁骛就决定了他对事物的预判能力强，对事物的发展过程以及可能的结果把握得非常到位，自然就会在事物的发展过程中，把握住分寸，做到恰到好处，不管是接人还是待物，都会让其他人感到非常舒服，这样的人才真的是有大智慧的人。

所以，我们说，职业素养开发与训练，从中国人的思维模式来讲，是为了人的全面发展，而这个全面发展就离不开这五种福报：平安、长寿、富贵、美满和智慧。这需要通过长期实践，要通过我们在工作、生活中不断探索，才能真正达到这种状态。

《潜意识的力量》[3]一书的作者认为"完善的人格、平静的心灵、持久的幸福、无尽的喜悦"是人一生追求的最佳状态。作者在书中这样阐述："你可知道，就在你触手可及的地方，有一处宝藏，里面可谓应有尽有。只要你肯静开心灵的双眼，去发掘灵魂深处的宝藏，便可尽情享用那渴望已久的荣耀、快乐和富足。但是，许多人都被遮蔽了双眼，看不到自身蕴藏的财富。他们万万没有想到，无尽的智慧和关爱其实早已藏于内心。只要学会了与潜意识建立联系，并发挥出它的力量，那么地位、财富、健康、欢乐与幸福，将会齐齐出现在你的生命里，你的人生将更为绚丽多彩。"

本书的一位编著者在清华大学做博士后时也发现，很多西方非常畅销的自我帮助方面的书籍的基本原理来自我们中国传统文化中儒家、法家、道家、墨家和兵家的智慧，只是西方人更善于将这些思想与精华进行包装，使其更容易使人理解和使用。比如现在很多人练习的瑜伽、静心、放松等，这些练习的真正内涵与中国传统文化中讲的"定能生慧"有异曲同工之妙。黄老学院的创始人曹鹏举先生认为，中国传统文化中益智开慧的逻辑与路径是：松—静—定—慧，先进入放松的状态，放松后才能平静下来，平静后就可以达到一种定态。这种定态就是什么也不想、完全放松的一种状态，而这种状态，按我国古代修炼的一句话来解释，就是会达到"先天之气，不采自入"，而一旦达到这种状态，人就与宇宙融为一体了，就会很快采集到宇宙空间的能量，从而精神饱满、思维活跃、身心愉悦。这种练习做久了，就会达到益智开慧的效果。如果一个人经常有意识地锻炼，智慧自然会越来越高。

◢ 2.7　使人与企业、社会、自然和谐共处

人只有与企业、社会、自然和谐共处，在这个宇宙中才是舒适的，才能够真正发挥自己的潜能，做到自己力所能及的最好模样！这里，我们分别解释一下这三个作用关系。

2.7.1　人与企业

这里的企业是指人工作所在的组织。有人将这种关系比喻成鱼和水的关系。鱼儿离不开水，也就是说个人的发展离不开企业这个大舞台，只有在企业中，个人才可以获得全面发展其才能的能力；水深则鱼悦，企业是一个整体，是由每一个员工个体组成的，企业与个人相互依存，企业发展良好，就会给个人发展提供相对较好的条件，个人从中受益。在现实社会中，我们每个人要给自己定好位，为企业的良好发展贡献自己的一份力量。只有人与企业和谐共处，才能共同发展。

2.7.2　人与社会

人是社会的人，社会是人的社会，人与社会的互动史就是人与社会发展的历史。

作为生命特殊形态的人，是一种有机体，来源于社会，和社会是一个有机整体，人需要从社会摄取物质、能量、信息来保持生命力和活力，在依赖利用社会的过程中生存发展。在人与社会的关系中，人是一种社会存在物，依赖于社会，受社会的约束和控制，需要适应社会的发展，遵循社会规律；同样地，人也可以利用自己的能动性改变社会，这就决定了人与社会的关系是一种能动和受动的统一，是一种相互影响作用的关系。

2.7.3　人与自然

"天人合一"是中国古代的一种哲学思想。在自然界中，天、地、人三者是相应的。《庄子·达生》曰："天地者，万物之父母也。"《周易》中强调三才之道，将天、地、人并列起来，并将人放在中心地位，这就说明人的地位之重要[4]。天有天之道，天之道在于"始万物"；地有地之道，地之道在于"生万物"。人不仅有人之道，而且人之道的作用就在于"成万物"。医学典籍——《黄帝内经》主张"天人合一"，认为作为独立于人的精神意识之外的客观存在的"天"与作为具有精神意识主体的"人"有着统一的本原、属性、结构和规律。因此，《黄帝内经》的天人合一观是《黄帝内经》天道观的目的所在[5]。季羡林认为："我曾说天人合一论，是中国文化对人类最大的贡献。'天人合一'就是人与大自然要合一，要和平共处，不要讲征服与被征服。"

所以，职业素养开发与训练的第七个目的，是达到人与企业、人与社会、人与自然和谐共处，最终达到天人合一，也就是人与周围的一切能够和谐相处，只有这样才能共同发展与成长。

本章参考文献

[1] 陈兴淋.教练技术与"人"字型学习模式[J].中国人力资源开发，2003（8）：39-40.

[2] 老子.道德经[M].黄朴民，注.长沙：岳麓书社，2011.

[3] 约瑟夫·墨菲.潜意识的力量[M].吴忌寒，译.北京：中国城市出版社，2009.

[4] 杨天才，张善文.中华经典名著全本全注全译丛书：周易[M].北京：中华书局，2011.

[5] 姚春鹏编注.黄帝内经（上、下）[M].北京：中华书局，2010.

（李纯青）

即测即练

扫码测练

第二篇

五种职业素养

第 3 章

积极心态

我们知道了职业素养开发与训练是什么，以及我们为什么要进行职业素养的开发与训练，那我们怎么做才能培养良好的职业素养呢？

我们首先来介绍第一种职业素养——积极心态。将积极心态放在五种职业素养的首位，源于拿破仑·希尔 20 多年的研究发现。那么什么是积极心态呢？积极心态的人应该具有什么样的思维模式呢？如何培养并巩固积极心态呢？下面我们先通过两个著名的例子对树立积极心态简单地了解一下。

📖 引例 1：拿破仑·希尔 [1]

在美国，拿破仑·希尔（Napoleon Hill）这个名字家喻户晓，由于他创造性地建立了全新的成功学，他在人际学、创造学、成功学等领域比卡耐基有着更高的地位。1883 年 10 月 26 日，希尔出生于美国弗吉尼亚州的一个贫寒之家，这是一个善于教育孩子去争取成功、激励孩子获得成就的家庭。18 岁时，他正在上大学，并为一家杂志社工作，有幸被派去采访钢铁大王、人际关系学家卡耐基。卡耐基很快发现了希尔身上的创造性，他征询希尔是否愿意从事对美国成功人士的研究工作。"非常愿意。"希尔当即回答。卡耐基不愧为一位可敬导师，他拿出了大量的时间与希尔讨论"成功学"问题，并利用私谊写信给美国政界、工商界、科学界、金融界取得卓越成绩的高层人士，介绍希尔与他们相识。在以后的 20 年中，已经获得博士学位的希尔访问了包括福特、罗斯福、洛克菲勒、爱迪生、贝尔等著名人士在内的 500 多位成功者，并进行深入的研究。在整整 20 年后，他完成了具有划时代意义的八卷本《成功定律》。这部书成为激励千百万人获得财富和权势的教科书。同时希尔也成为美国社会享有盛誉的学者。此后希尔成为美国两位总统——伍德罗·威尔逊和富兰克林·罗斯福的顾问，他影响了两位总统所做的决定，而这些决定又影响着美国历史的进程。数年后，他辞去官职，集中全部精力从事著述，于 1937 年完成了《思考致富》一书，这部名著至今已拥有近亿名读者。1960 年，希尔与他事业的接班人克里曼特·斯通合著出版了《人人都能成功》。此书激励人们通过纠正意识、性格和生活习惯上的缺点，获得人生的财富。希尔也凭借此书赢得了极大的荣誉和尊敬。希尔经过数十年的研究，在他的书中归纳出最有价值的、带有规律性的 17 条成功定律，其中排在首位的就是积极的心态。他在与这些成功人士访谈的时候，发现这些人身上共同的特点就是每个人都具有非常明显的积极心态，也就是说，这些人不管在什么时候，都会乐观地面对人生、乐观地接受挑战和应付麻烦事。

🈯 引例 2：人拥有的最大的权利就是选择的自由 [2]

维克多·弗兰克尔是一位深受弗洛伊德心理学影响的决定论者。该学派认为一个人的幼年经历会造就他的品德和性格，进而决定他的一生。身为犹太人，弗兰克尔曾在第二次世界大战期间被关进纳粹德国的死亡集中营，其父母、妻子与兄弟都死于纳粹魔掌，只剩下一个妹妹。他本人也饱受凌辱，历尽酷刑，过着朝不保夕的生活。有一天，他赤身独处于狭小的囚室，忽然有一种全新的感受，后来他称之为"人类终极的自由"。虽然纳粹能控制他的生存环境，摧残他的肉体，但他的自我意识却是独立的，能够摆脱肉体的束缚，以旁观者的身份审视自己的遭遇。在遭遇（刺激）与对遭遇的回应之间，他有选择回应的自由或能力。在最恶劣的环境中，弗兰克尔运用人类独有的自我意识，发掘了人性最根本的原则，即在刺激与回应之间，人有选择的自由。选择的自由包括人类特有的四种天赋。除自我意识外，我们还拥有"想象力"，即超越当前现实而在头脑中进行创造的能力；"良知"，即明辨是非，坚持行为原则，判断思想、言行正确与否的能力；"独立意志"，即基于自我意识、不受外力影响而自行其是的能力。其他动物即使智慧再高也不具备这些天赋。生而为人，如果也像动物一样，只听命于本能及后天环境的影响，发展自然极其有限。但若能加以锻炼和开发，则会在不同程度上挖掘我们独具的人类潜能，在刺激与回应之间自由选择就是我们最大的能力。

通过这个例子，我们可以感觉到，每时每刻，人们都有选择的自由，都有选择积极心态（positive mental attitude，PMA）还是消极心态（negative mental attitude，NMA）的自由。同样，《在自己房间里的旅行》的作者萨米耶·德梅斯特也意识到了这种选择的自由，因为一场决斗事件他被罚关禁闭在家中 42 天，军令、屋墙虽然可以禁锢身体的移动，却无法禁止心灵的旅行。他在房间内目之所及，心随之动，在文学、艺术、哲学、医学、生命意义等诸多领域广泛思索，让原本郁闷不堪的禁足，脱胎成一场热闹活泼、多彩轻盈又富哲学探索的随想。此书于 1795 年出版，旋即成为畅销书，是 19 世纪法国文学史上的经典作品之一，使很多人受益匪浅。

通过以上两个案例，我们已经对积极心态有了初步的了解，那么到底什么是积极心态，它到底是一种什么样的状态？如何去开发和训练培养积极心态？接下来为大家一一进行介绍和讲解。

◢ 3.1　积极心态的内涵及例子

积极心态是非常宝贵的一种心态，一旦形成了积极的心态，会终身受益。下面我们先来对积极心态的内涵进行理解。

3.1.1 积极心态的内涵

对于积极心态，直观的理解就是"一切都往好处想"。不管遇到什么事情，如果你都能往好处想，那么，祝贺你！你的心态是积极的！

这一点我们可以从风靡西方商界的《世界上最伟大的推销员》[3] 中的一些句子感觉出来："我爱太阳，它温暖我的身体；我爱雨水，它洗净我的灵魂；我爱光明，它为我指引道路；我也爱黑暗，它让我看到星辰；我迎接快乐，它使我心胸开阔；我忍受悲伤，它升华我的灵魂；我接受报酬，因为我为此付出汗水；我不怕困难，因为它们给我挑战……"所以，具备积极心态的人在遇到任何情况时，都清楚任何事情都有好的一面，也有坏的一面，选择好的一面去对待就可以了！

拿破仑·希尔也在他的《成功学全书》[1] 中写道：成功人士的首要标志，在于他的心态。一个人如果心态积极，乐观地面对人生，乐观地接受挑战和应付麻烦事，那他就成功了一半。我们必须面对这样一个奇怪的事实：在这个世界上，成功卓越者少，失败平庸者多。成功卓越者活得充实、自在、潇洒，失败平庸者过得空虚、艰难、猥琐。为什么会这样？仔细观察、比较一下成功者与失败者的心态，尤其是关键时刻的心态，我们将发现"心态"会决定人生的好坏。

3.1.2 积极心态的例子

我们通过三个简单的例子，来阐述一下积极心态的内涵。

例一：

两个欧洲人到非洲去推销皮鞋。由于炎热，非洲人向来都是打赤脚。第一个推销员看到非洲人都打赤脚，立刻失望起来："这些人都打赤脚，怎么会要我的鞋呢？"于是放弃努力，失败沮丧而回。另一个推销员看到非洲人都打赤脚，惊喜万分："这些人都没有皮鞋穿，这皮鞋市场大得很呢。"于是想方设法，引导非洲人穿皮鞋，最后发大财而回。

这就是一念之差导致的天壤之别。同样是非洲市场，同样面对打赤脚的非洲人，由于一念之差，一个人灰心失望，不战而败；而另一个人满怀信心，大获全胜。

例二：塞尔玛的故事 [1]

拿破仑·希尔曾讲过这样一个故事，对我们每个人都极有启发：塞尔玛陪伴丈夫驻扎在一个沙漠的陆军基地里。丈夫奉命到沙漠里去演习，她一个人留在陆军的小铁皮房子里，天气热得受不了——在仙人掌的阴影下也有华氏125度。她没有人可谈天——身边只有墨西哥人和印第安人，而他们不会说英语。她非常难过，于是就写信给父母，说要丢开一切回家去。她父亲的回信只有两行字，这两行字却永远留在她心中，完全改变了她的生活："两个人从牢中的铁窗望出去，一个看到泥土，一个却看到了星星。"塞尔玛反复读这封信，觉得非常惭愧。她决定要在沙漠中找到星星。塞尔玛开始和当地人交朋友，他们的反应使她非常惊奇。她对他们的纺织、陶器表现出兴趣，他们就把最喜欢但舍不得卖给观光客人的纺织品和陶器送给了她。塞尔玛研究那些引人入迷的仙人掌和各种沙漠植物、物态，又学习有关土拨鼠的知识。她观看沙漠日落，还寻找海螺壳，这些海螺壳是几万年前这沙漠还是海洋时留下来的。原来难以忍受的环境变成了令人兴奋、流连忘返的奇景。是什么使这位女士内心发生了这么大的转变呢？沙漠没有改变，印第安人也没有改变，但是这位女士的念头改变了，心态改变了。一念之差，使她把原先认为恶劣的情况变为一生中最有意义的冒险。她为发现新世界而兴奋不已，并为此写了一本书，以《快乐的城堡》为名出版了。她从自己造的牢房里看出去，终于看到了"星星"。

同一个人，时间节点不一样，刚开始很痛苦，很受折磨，但后来却很开心，其实就是心态转变的结果。生活中，失败平庸者多，主要是心态有问题。遇到困难，他们总是挑选容易的倒退之路。"我不行了，我还是退缩吧。"结果陷入失败的深渊。成功者遇到困难，仍然保持积极的心态，用"我要！我能！""一定有办法！"等积极的意念鼓励自己，于是便能想尽办法，不断前进，直至成功。

有些人总喜欢说他们现在的境况是别人造成的，环境决定了他们的人生位置。这些人常说他们的想法无法改变。但是，我们的境况不是周围环境造成的。说到底，如何看待人生，由我们自己决定。正像维克多·弗兰克尔在纳粹集中营中悟的那样："在任何特定的环境中，人们还有一种最后的自由，就是选择自己的态度。"

马尔比·D. 马布科克说："最常见同时也是代价最高昂的一个错误，是认为成功有赖于某种天才、某种魔力、某些我们不具备的东西。"可是成功的要素其实掌握在我们自己的手中。成功是运用积极心态的结果。一个人能飞多高，并非由人的其他因素，而是由他自己的心态所决定。

拿破仑·希尔告诉我们，我们的心态在很大程度上决定了我们人生的成败：

首先，我们怎样对待生活，生活就怎样对待我们；

其次，我们怎样对待别人，别人就怎样对待我们；

再次，我们在一项任务刚开始时的心态就决定了最后将有多大的成功，这比任何其他因素都重要；

最后，人们在任何重要组织中地位越高，就越能找到最佳的心态。

难怪有人说，我们的环境——心理的、感情的、精神的——完全由我们自己的态度来创造。

例三：美国太平洋舰队总司令尼米兹对待珍珠港事件的态度[4]

1941年12月7日，正在参加音乐会的尼米兹被紧急叫到一部电话旁，电话的另一端是罗斯福总统："我们的珍珠港被日本人炸毁了，我们的太平洋舰队命悬一线，我已决定任命你为太平洋舰队司令，我相信，你能挽救它。"

在珍珠港，清点后的损失报告交到了尼米兹手中，令他不忍去读：7艘大型船舰沉没，6艘遭到重创，飞机损失450架，伤亡3 800人……然而，这并非最要命的，最要命的是，弥漫在官兵和民众心中无法驱散的悲观甚至绝望情绪。尼米兹在致电罗斯福总统时说："我要做的最重要的事情是，帮助他们找到藏匿在乌云中的霞光。"

在圣诞前夕的平安夜，经过精心准备，尼米兹对士气低落的官兵们发表了圣诞讲话："上帝是如此眷顾我们美国，他让日本人在这一次精心策划的袭击中，犯下了至少三个致命错误。如果日本人少犯了其中的任何一个，太平洋舰队都将不复存在。而现在，我，你们，太平洋舰队都还站在这里！"

尼米兹的开篇，吸引了在场所有的人，每一个人都竖起耳朵，生怕漏掉后面的每一个字。

尼米兹继续演讲道："第一个致命错误，日本人将袭击时间定在了周日的早上。恰恰是这一天，每周也只有这一天，十有八九的人都不在船舱里，而是在夏威夷的各处度周日。否则的话，我们损失的将是38 000人而不是3 800人。"

众人无不点头称是。

尼米兹接着说道："第二个致命错误，日本人只炸了船舰而没炸船坞。如果船坞被炸毁的话，我们仅存的船舰将无处停泊，大量毁伤的船舰也无处修复，难道将它们拖运到几千公里以外的本土去修复？日本人会给我们这么漫长的时间吗？"

人群中自发地响起了掌声。

尼米兹更加充满激情地说道："第三个致命的错误，日本人为我们留下了自卫和复仇所必需的血液——油料，它就在区区5英里（1英里≈1.61千米）以外的山上，在当时的情况下，哪怕一架日军战机飞到那里，就可以将它们炸得一滴不剩。倘若如此，我们所有的船舰和飞机都将变成动弹不得的一堆废铁。"

说到这里，尼米兹提高了声音，以极富煽动性的腔调吼道："日本人为什么会犯下如此多的致命错误？只有一种解释：那就是上帝在帮助我们。所以，上帝并没有抛弃我们，他仍然和我们站在一起！"

雷鸣般的掌声在人群中响起，经久不息。

在遇到事情的时候，是消极面对还是积极面对，只是看自己怎么去想。有些事情一旦发生是无法挽回的，唯一的办法就是坦然面对现实，同时也要从积极的角度去思考，比如有哪些特别值得庆幸的事情。假如司令尼米兹仅仅看到珍珠港被日本人炸毁了，太平洋舰队命悬一线，后果可能不堪设想，但是司令尼米兹看到了积极的一面，他看到的不是失去了什么，而是他们还拥有什么。他说："日本人为什么会犯下如此多的致命错误？只有一种解释：那就是上帝在帮助我们。所以，上帝并没有抛弃我们，他仍然和我们站在一起！"这鼓舞了民众和士兵的士气，找到藏匿在乌云中的霞光。

以上三个例子都让我们体会到了积极心态的巨大力量。积极心态就像巨人之手指引我们冲破阴霾，拥抱阳光。

◢ 3.2 积极心态与消极心态的比较

俗话说得好："积极的心态像太阳，照到哪里哪里亮；消极的心态像月亮，初一、十五不一样。"积极心态对于每个人而言非常重要，很多时候如果你觉得自己能行，就真的能行。如果你自己都觉得自己不行，就一定不行。我们经常会有这样的感觉，自己有时候挺积极向上的，但有时候又变得特别消极。我们在面对困难、挫折、挑战等情况的时候，没有忧虑、恐慌、气馁，而是努力往好的方向去想，心里只想着我能够克服、战胜它，并且采取积极的行动，尽全力去做好每件事，在这种思维模式指引下得到的结果就不会太差，这才是积极心态的威力。

拿破仑·希尔在《成功学全书》中写道，一个人能否成功，关键在于他的心态。成功人士与失败人士的差别在于成功人士有积极的心态，即PMA，而失败人士则习惯于用消极的心态去面对人生。

成功人士运用PMA黄金定律支配自己的人生，他们始终用积极的思考、乐观的精神和辉煌的经验支配与控制自己的人生；失败人士总是受过去的种种失败与疑虑所引导和支配，他们空虚猥琐、悲观失望、消极颓废，总是一败涂地。

运用PMA支配自己人生的人，拥有积极奋发、进取、乐观的心态，他们能乐观向上地正确处理人生遇到的各种困难、矛盾和问题。运用NMA支配自己人生的人，心态悲观、消极、颓废，不敢也不去积极解决人生所面对的各种问题、矛盾和困难。当然，有了PMA并不能保证事事成功，但PMA肯定会改善一个人的日常生活。任何一种单一的方法都不能保证一个人凡事可以心想事成，只有当PMA和后面即将介绍的几种职业素养紧密结合后，才会达到理想的职业境界；反之，实行NMA的人则一定不能成功。拿破仑·希尔说，从来没有见过持消极心态的人能够取得持续的成功。即使碰运气取得了成功，那成功也只是昙花一现，转瞬即逝。

3.2.1 积极心态的特征

有句话叫："我痛苦，因为我没有鞋穿。直到有一天，我遇到了一个人，他没有双脚。"这句话带给我们在遇事时最基本的思维模式就是，凡事要往好处想。再不好的事情，也有其积极的一面。所以与积极心态对应的关键词应该是：诚恳、忠诚、正直、乐观、勇敢、奋发、创造、机智、亲切、友善、积极、向善、向上、进取、努力、愉快、自信、自勉和有安全感等，我们通过观察发现，具备积极心态的人会有以下几个方面的特征。

1. 积极的自我意识

现代心理学家告诉人们：人生成功与否，全看你"心之所向"。古人亦云："自助者，天助之。"不管遇到了什么烦心事，都不要自己为难自己；无论今天发生多么糟糕的事，都不要对生活失望，因为还有明天。一个人如果认定自己漂亮、聪明，通常会活得轻松而精彩。人的一生中难免会起伏跌宕，但是要成功，就常常需要人们表现得像已经成功了那样。若真能做到这样，成功往往会不期而至。因为正面的心理暗示对人生走向有着极大的帮助。像成功者那样生活，就是一种积极的心理暗示，它能对人的情绪和生理状态产生良好的影响，能够充分调动人的内在潜能。有什么样的心态，就会产生什么样的效果。拥有积极心态，会使自己从内心产生一种只要努力奋斗，那么成功就一定会到来的自信，并且暗示自己一定要成功。这种成功的自我意识是我们走向成功不可或缺的自信心。

2. 生理和心理的健康

世界上最重要的人就是你自己。你的成功、健康、幸福、财富依靠你如何应用你看不见的法宝——拥有积极心态。我们眼中的世界永远都是美好的，我们过的每一天都好像是上天的赐予。我们会积极关注自己的生理健康，进行合理的体育锻炼，会珍惜现在的点滴，以友善的目光去观察眼前的世界。最终形成一种非常良性的身心健康的闭环：感恩生活中一切美好的事情，身心都处于一种非常愉悦的状态，最终这种状态又使自己更加积极、向上、乐观，然后这种结果又回馈给自己的身心。

3. 独立的经济

拥有积极心态，我们就会产生一种自食其力所带来的心理富足感，相信自己可以通过自己的能力和努力为自己创造价值，也就是做到经济上的独立。我们拥有积极的心态，就会去积极地想办法使自己脱离父母或配偶在经济上的支持而自食其力，用自己的双手去完成自己在经济上的愿望，能够使自己独立地生活，并且努力使自己在经济上渐渐满足自身需求，对自己的财富进行合理的规划，从而脱离任何人，真正靠自己的能力做到在经济上的独立。

4.真心喜欢而且能表达自我的工作

拥有积极的心态，我们就会没有抱怨而是充满真诚与感恩，能够全身心地投入自己的工作中，相信自己可以把这份工作做好，可以完成上司布置的任务，可以通过这份工作创造自己的价值，可以向领导和同事展现自己的能力。对于自己拥有的工作，我们会因为是这份工作使自己的价值得以体现，给了自己充实的每一天和相应的报酬而真心地热爱它，从而在工作中更加投入自己的热情和精力，使自己越来越成为那一领域的精英。这就是积极的心态带给我们在工作中的益处，这种益处不仅带给我们经济上的价值，而且可以体现出我们的自我价值，也是我们向外界传播的正能量。

5.内心的平静

拥有积极心态，就会在遇到事情的时候，总能看到它的积极方面，能够静下心来分析事情的利弊以及自己所处的状况，能够对结果进行一个预判，进而作出正确的决定，总会怀着感恩与善良的心对待所遇事物。在挫折面前不畏惧，可以静下心来分析阻止自己前进的障碍和问题，从而可以找到克服挫折的办法，以至于在遇到任何人或事物时，能够以一颗平常的心来回应，遇事不乱，处变不惊，达到内心真正的平静。

6.驱逐恐惧的信心

拥有积极的心态，凡事都往好处想，即使面对自己心中的恐惧，我们心中想的也不是逃避，不会表现得懦弱，而是找出如何战胜它的办法。因为，我们知道，我们所恐惧的恰恰是我们成长所需要的东西，只有克服在某时某刻所出现的恐惧，在以后的生活和工作中，当这种恐惧再次出现的时候，我们才可以从容地去应对，这种恐惧也因此会变得微不足道。比如在许多人面前做演讲，这让有些人觉得恐惧，然而它却可以很好地锻炼我们的交际以及沟通能力。积极的心态使我们能够战胜自己内心的恐惧，逼迫自己走上演讲台，走上一个更高的人生台阶。如果感到自己很辛苦，那就告诉自己：容易走的都是下坡路！坚持住，因为我们正在走上坡路，走过去，我们就一定会有成长和进步。所以，有人说越是痛苦的时候，越是进步的时候。

7.长久的友谊

拥有积极的心态，我们就会对自己周围的人待以真诚和宽恕，就会以包容的心态去对待周围的人或事。而我们的朋友关系恰恰是需要相互的真诚与宽恕才会长青，长时间的相处会获得更长久的友谊。在朋友面前我们会表现得乐观，在同事面前我们会表现得团结。海纳百川，有容乃大；壁立千仞，无欲则刚。拥有宽广的胸怀，是成功者的标志。当朋友无意间冒犯自己的时候，积极的心态会让我们从朋友的角度出发，考虑朋友的苦衷，从而原谅朋友的过错，加深朋友之间的友谊。朋友之间出现隔膜时，一旦拥有积极的心态，就会主动地和朋友去交谈，找出彼此之间的问题和解决问题的办法。长久的友谊往往来自积极的交流和沟通，因此，拥有积极的心态可以使我们和朋友之间的友谊更加长久。

8.长寿而平衡的生活

积极的心态对于健康同样非常重要，日常工作和生活中应注意给予调整。只要对自己的生活环境和工作环境都能保持积极的心态，心情自然会愉快。拥有积极的心态，我们会渐渐产生一种无限豁达的心境。在快节奏和竞争激烈的现代社会中，保持积极向上的精神状态，可以大大提高生活质量，延长寿命。我们会遇到烦恼，就像自己身处高度受限的空中难免会受到乌云的侵扰。等冲破那个高度，立在云层之上的时候，眼界就会无限广阔，而云层的翻涌全在眼底，心中得到的就是一种无限豁达。在这种心境下，心无尘埃，就会享受长寿与平衡的生活。我们非常认可这样一句话："坚信一切的安排都是对你最好的安排，你只需要做好自己。"我们用这种方法训练很多学生，都取得了非常不错的效果，他们慢慢地会拥有一种非常平衡、和谐、圆融的生活状态，这种状态对健康长寿自然非常有利。

9.免于自我设限

很多时候，我们在考虑事情的时候，总会想到万一出现问题怎么办，在向着自己的目标努力时，总会想如果失败了怎么办。这就是所谓的自我设限，这种心态会使我们在完成一件事的过程中受到不利的影响，进而阻碍我们最终的成功。因为在做很多事情的过程中，更多的是需要心无旁骛，是不允许有杂念的。就像有些竞技比赛，世界冠亚军之间有些时候就差那么0.1秒，而这时候就是看参赛者是否在自我消耗、自我设限。同样地，拥有积极的心态，我们便不会有太多的杂念，不会设想如果事情向我们不愿意看到的方向发展该怎么样。相反，我们会觉得，通过自己的奋斗，一定就是成功的结果，一定和我们想的一样，而且在面对问题时，我们会觉得成功在呼唤我们，而不会受到自我设限的影响。

我们要敢于想象，想象力也是创新型人才一大要素。想象力是用自己的大脑，根据过去的经验，去构造出没有的新东西。有人从狮子和人想象出狮身人面像。中国古人综合很多动物，想象出了龙。因此，我们只有敢想，相信自己，树立积极的心态，才会让自己更强大。

10.了解自己和他人的智慧

俗话说，知人者智，自知者明。拥有积极心态，不但可以让人了解自己，发挥长处，而且也更能站在一个客观的立场上，了解别人，进而识人和知人善任。

3.2.2 消极心态的特征

提到积极心态，我们就会想到消极心态。从某种意义上来说，解除消极心态有利于积极心态的树立。消极的心态会导致我们过着贫穷与凄惨的颓废生活，造成生理和心理的疾病，敌人多，朋友少，导致各种烦恼，会自我设限使自己变得平庸，等等。

消极心态就是凡事都往不好的方面去想，本来有很多值得我们开心、庆祝的事情，最后因消极心态的影响，我们经常变得愁眉苦脸。同时，长时间保持消极的心态甚至还会给人的身体健康带来不良影响。具有消极心态的人都会有以下几个方面的特征。

1. 贫穷与凄惨的生活

拥有消极心态的人，无论遇到什么事情都往坏处想，坏的结果就越容易出现，形成越来越糟糕的恶性循环。心理学的实验研究证明，负面思想的威力要比正面思想的威力大很多倍，所以，坏的结果其实是他自己吸引来的。这样的人通常会怨声载道，还会认为社会和大家对自己不公平，觉得这个社会欠他们很多，缺乏感恩的思想，不想付出，只想索取，于是，贫穷与凄惨总会伴随着他们。

2. 生理和心理的疾病

人的身与心是交互影响的，消极的心态会给人带来消极的行为方式，导致情绪低落或过于紧张，影响自己的心理健康和生理健康，进而罹患多种疾病。我们的传统医学就非常重视情绪和健康的关系，《素问·阴阳应象大论》说"怒伤肝""喜伤心""思伤脾""忧伤肺""恐伤肾"，不同的情绪刺激会导致相应的脏腑功能损伤。现代医学的实证研究也证实，人在恐惧或抑郁时，身体会分泌更多的肾上腺素等儿茶酚胺类物质，导致瞳孔变大、口渴、出汗、脸色发白等一系列变化。过度的消极情绪，长期不愉快、恐惧、失望，会抑制胃肠运动，从而影响消化机能。情绪消极、低落或过于紧张的人，往往容易患各种疾病。拥有消极心态的人，也会产生一种"破罐子破摔"的思想，在这种思想之下，人毫无追求可言。

3. 敌人多，朋友少

拥有消极心态的人总是充满戒备，会处于一个完全自我的世界。无论是在思想上还是在行为上，总会令别人产生一种不易接近的感觉。在别人看来，他冷漠、自私、不合群。在工作中，总是损人利己，任何事只要对自己有利就做，对自己不利就不做。在和同事交谈中，总会觉得别人对自己充满敌意，所以会变得不愿意和他人交流。那么，他在与人交往中就会树立许多敌人，而朋友则会越来越少，最终只能让自己变得更加孤独、冷漠，始终活在自己的世界里。

4. 导致各种烦恼

拥有消极心态的人眼中的世界总是充满重重障碍，他活着的任务便是去翻越它们。遇到挫折总是怨天尤人，遇到困难总是畏缩不前，会觉得所有的人和事物都是针对自己，都会对自己产生敌意。在面对任何事情的时候总会想到难处，不去想办法解决，也没有解决问题的办法，只能去逃避。这样长期下去，只会让自己更加苦恼，甚至还有可能生病。当看到周围的人都那样优秀时，自己却事事不顺心，便会更加郁闷、恐惧、自卑以及嫉妒，无限的烦恼也会伴随一生。

5.过着一种毫无意义的颓废生活

拥有消极心态的人，由于过多的负面思想充斥着他的周围，很少会有成功的喜悦或通过自己的努力而产生成就感，于是对什么事情都觉得没有意思，对什么事情都懒得参与，就有了"做一天和尚，撞一天钟"的想法，最后越来越觉得自己的生活毫无意义，越来越颓废，甚至还会抑郁或轻生。

6.自我设限使你变得平庸

拥有消极心态的人，总会设想如果事情变坏该怎么办、如果变成那样可就完了等，完全陷入自己设想的"悲剧"中，而没有想解决的办法，没有想到事情变好的情形，使自己在无用的自我设限之中浪费最佳解决时机，一次次丢掉机会而变得平庸。

其实，我们所有的生活状态或者一切事情的结果都是我们用自己的思维模式想出来的，绝对不是别人为我们创造的。从两种心态的对比中我们可以发现，面对任何事情时，两种心态完全可以造成不同的结果。遇到困难时，逃避或者退缩，只可能让自己更加脆弱，经不起风吹雨打；而坦然面对，用积极的思维模式去考虑，才能够找到克服困难的办法。所以，我们应该保持积极的心态去面对生活中的任何人、任何事。

3.3 积极心态的个人体验

积极心态虽然不是与生俱来的，但也不是必须经历千辛万苦才能得到它。拥有它，只需要改变你我的态度，心怀向上的正能量，让自己的眼里看到积极的光芒而非消极的阴霾。

在生活中，我们或多或少地会因为某些事物而感动、幸福。当沉浸在那种美好时刻的时候，我们拥有的便是积极的心态。以下便是教师或学生在生活中关于积极心态的体验。通过这些例子，你也可以按要求回想并写出自己的体验。

3.3.1 回想自己最幸福或开心的三个时刻并写出来

在我们幸福或开心的时刻，我们也许体会着世界上最伟大的爱，也许是自己的价值得到认可而在心中产生的满足和自信等。这些体验使我们的心中充满阳光与温暖，催我们奋进，我们便拥有了积极心态。

比如，有老师这样分享从小到大最幸福或开心的三个时刻。

"一是妈妈在我做茶熏瑜伽时替我盖后背。我自己学习茶熏瑜伽的时候，妈妈已经查出来是癌症晚期，本来是想和妈妈一起学习，但由于不在一个城市，并且母亲并不知道自己的真实病情而未能如愿。所以，学习的时候就希望能为已经不能动手术的母亲减轻一些痛苦或希望能借此创造一些奇迹，学会后再找机会去教母亲。这个茶熏瑜伽的基本做法是席地坐在瑜伽垫上，准备一条大的浴巾，将烧开的水倒入准备好的放有茶叶的一个大碗中，然后整个面部罩在大碗上，在完全放松的情况下做深呼吸，将茶的营养先吸入体内，待茶温降下来后，再将茶水喝下。当给母亲示范时，母亲轻轻地将另外一条浴巾盖在了我的后背上，当时的感觉是非常温暖，也非常幸福！平时自己做时看不到自己，由于精力集中也觉察不到自己的头是盖着的，而后背却是露着的。尽管自己已经成人，但那一刻仍像回到了孩童时代那样甜蜜和开心。而且在这种情感之上，又加了一份感动和感激，眼泪也就不由自主地流了下来……尽管母亲已经不在多年了，但这种幸福仍像发生在昨天一样温暖……"

"二是运动时汗珠往外蹦的感觉。自己因为上进心比较强，平时工作忙，所以总想找一个相对高效的健身方法。在尝试了羽毛球、游泳、舍宾、瑜伽、太极等方法后，终于找到了一种相对比较高效和可以改善健康指数的方法。这种方法叫'擎天柱地桩'，就是蹲马步的同时双手举过头顶，手心朝上呈抓物状，并且进行逆腹式体呼吸。呼吸做到位时（最好一分钟呼吸一次到一次半），5分钟之内就会达到全身大汗淋漓的状态。这时候，就会感觉到额头上的汗珠往外蹦，再加上这个过程可以排解体内毒素或寒气，所以就非常开心，也很享受这个过程……于是就时不时地进行这样的锻炼，感觉很有收获。"

"三是帮到别人的时候。俗话说，助人为乐。确实是这样，不管自己认不认识的人，只要能尽自己所能帮到别人，自己就很开心。比如在公交车上给需要的人让个座位、给需要的人进行业务指导、开导一些因想不开而烦恼的人等，都是幸福和开心的时刻。"

还有几位学生的分享也非常精彩，能够带给我们很多感触。

"我先讲一下我对'幸福'和'开心'这两个词的理解吧，我觉得自己对这两个词的理解和别人不太一样。因为每个人定义'幸福'的标准不一样，所以对幸福的理解也不太一样。从小到大我都觉得挺幸福的，并不是说家庭和个人都是一帆风顺的，也经历过很多波折。我觉得能从这其中找到自己知足的一个点是很重要的，就是能从各种不良的环境中找到让自己感到满足的一些事情。我曾经问过一些在痛苦中坚持追求梦想的人，他们说最简单的梦想就是每天能吃饱，生病的时候能够看得起病。可能这都是很简单的一些东西，所以我觉得从小到大我一直都很幸福，衣食无忧，身体很健康。开心的时刻就是我想特别讲的，因为可能在某一个时刻，受到某种激发以后心里面油然感觉到特别开心。"

"我在刚开始工作的那段时间最开心。因为我的工作大部分时间都要出差，而且出差的地方都比较艰苦。去年在没有助手的情况下，我一个人去出差，负责和所有客户进行沟通以及商务谈判等工作，独立完成了公司的很多业绩考核指标。由于周末要学习，工作日要去部分地区出差，所以自己的作息时间全部都乱掉了。有一段时间我觉得真的很痛苦、很累，因为工作把自己所有的空间和时间都填满了，压得自己喘不过气。但当开年会的时候，我做完年终汇报，总裁带头鼓动所有员工给我鼓掌，那一刻我觉得所有挺累的事都是值得的。我很开心。"

"小时候开心的时刻确实比较多，我讲一讲长大以后开心幸福的时刻。我最幸福的时刻是上大学的时候，第一次成功地追到一个女生。我们两人都属于内向型的人，其实双方对彼此都有好感。我们双方的室友也比较着急，她宿舍一个女生给我打电话说是一个男生已经主动向女孩表白了。当时我心里比较着急，那天晚上我在宿舍都没有睡着。第二天上课的时候，我就一直在想该怎么办。于是在课间休息的时候，我冲向讲台，把老师的麦克风抢到手，在当时四个系同学都在的情况下，主动向那个女孩表白。其实我说话的时候声音都在发抖，在最后说完的那刻，大脑一片空白。晚上女孩给我发了个短信，说接受。于是两人单独在操场上见了面，所以说那一刻觉得自己真的挺幸福。"

3.3.2　举出你特别感恩的三个人或组织并简述原因

感恩是一种非常好的心态，这种心态会不断地强化你已经达到或拥有的目标，这样，长期下来会形成正向的良性循环，使你越来越幸福和知足。

比如有老师这样分享特别感恩的三个人：

"一是博士导师教我优化人生。我的博士导师本、硕、博都是学数学的，具体地说是学组合优化的。所以，在我跟他读博士的时候，就感觉他的人生优化得非常好，至少事业非常成功，30多岁就成了所在学院最年轻的教授和博导。后来我观察他做事的特点就发现，他非常执着和专注地做他的研究，而不太顾及其他的事情，很少受到其他无关事务的干扰。于是，我从他身上学到了执着和专注，自然也提高了做事的效率。内心非常感激他，我经常在不同的场合提到我的博士导师是让我受益最大的老师，就是因为我从他身上学到了执着与专注……"

"二是老师教我摆脱对疾病和死亡的恐惧。曾有一度，我对疾病和死亡的恐惧到了非常严重的程度，因为自己的三个亲友分别在35岁、36岁和51岁时不幸离开人世，再加上自己当时正在攻读在职博士，并且已经到了撰写博士论文的最艰巨阶段。于是就扛不住了，被120抢救了三次，总也查不出原因，于是大夫就让我带上速效救心丸和硝酸甘油来预防万一。可以想象当时的生活质量……直到后来我遇到了一位老师，他出身医武世家，从《道德经》和《黄帝内经》的角度来解释和示范如何保持健康。我就跟着学了一套行之有效的健身方法，不但从此后再没有吃过药，还在大学里开设了健康管理学课程，使更多的人掌握了这种简单易行的方法……"

"三是同行支持我破格晋升教授。34岁那年，我被学校推荐到省上参加破格教授职称评审。当时我已经到了清华大学做博士后，全省我们这个学科共报上去4名参评者。专家初筛后留下2名进行述职答辩，我从北京专门请假回去答辩，结果只通过了我一个人。一方面，我对另外几个没有通过的感到惋惜，毕竟破格的条件本身已经非常高了，能达到条件报上来已属不易；另一方面，也为自己能在这么激烈的竞争下胜出而感恩。

谢谢当年评审我的同行专家们！"

还有老师这样分享特别感恩的三个组织：

"一是一家兼职公司教会我爱与被爱的能力。我刚上研究生一年级的时候，觉得学管理专业就应该去企业里实际体会一下企业管理到底是怎么一回事，否则就不是真正的'管理'。于是就应聘到一家台资企业，从试用期做起。幸运的是，这家公司很快就将我派到广州总部去实习。一个月零三天的时间内，每天要上十几个小时的班，公司所有部门全部轮训一遍，并且有专门的人员来指导。实习结束就任命我为陕西分公司负责人，这对我一个初出茅庐的职场人来说，真的是非常好的事情。我还清楚地记得，当时的同学们都在说我变了，说我整个像换了一个人一样，从内到外散发着说不出的'乐'！公司严谨的管理模式和制度，使我不但学会了如何管理一个分公司，而且还学习了爱与被爱的能力。我们全公司人手一册《世界上最伟大的推销员》，而这本书的主要内容之一就是'我要用全身心的爱来迎接今天：我该怎样做呢？从今往后，我对一切都要满怀爱心……我爱光明，它为我指引道路；我也爱黑夜，它让我看到星辰……我忍受悲伤，它升华我的灵魂……我该怎样说呢？我赞美敌人，敌人于是成为朋友；我鼓励朋友，朋友于是成为手足……我该怎样行动呢？我要爱每个人的言谈举止，因为人人都有值得钦佩的性格，虽然有时不易察觉……我爱雄心勃勃的人，他们给我灵感；我爱失败的人，他们给我教训……我该怎样回应他人的行为呢？用爱心。爱是我打开人们心扉的钥匙，也是我抵挡仇恨之箭与愤怒之矛的盾牌……直到有一天，我可以自然地面对芸芸众生，处之泰然……'从这些字里行间，我学会了如何发自内心地爱别人和怀着喜悦与感恩的心态坦然接受别人的爱。"

"二是学校给我施展才华的平台和爱与支持的氛围。我始终认为高校教师是相对自由的职业，在学校工作了20多年后，仍然感觉学校是最适合自己的地方，尽管有时还有一些要去创业的冲动，但始终没有去行动，主要原因可能就是自己对所在学校的热爱。学校在我很年轻时就提拔我为处级干部，并且自己所在的二级单位更是全校有名的'和谐幸福学院'，领导班子之间以兄弟姐妹相称，大家齐心协力，工作非常顺心如意，相互之间可以为工作而争论，但从不伤和气，并且关键时刻总是相互补位……很感恩有这样一个工作单位！"

"三是另一家兼职的公司使我衣食无忧。为了当好称职的大学教师，我不断地给自己寻找机会到企业里去锻炼，刚开始为了实践，后来就为了能有机会将自己的研究成果用于企业。当然企业的待遇也非常不错，尤其是在第三企业做了两年半的高管，使我几乎到了衣食无忧的境界。所以，直到现在我都非常感恩这家公司，即使离开多年，现在提起，还是暖暖的……"

当我们懂得感恩，感谢这个世界给予我们的一切，我们就会发现，所有的正直、勇敢、友善、积极等精神便会随之而来，我们也就练就了积极心态。

有学生这样分享："我最想感恩的是我父母，我觉得在很多时候父母对我的帮助确实是无私的，特别是在无助的时候，在遇到很多困难的时候，父母会包容，会鼓励你。我刚开始参加工作的时候很忙，每次我出差，父母都会送我；每次我回家，无论有多么晚，家里的灯总为我亮着。我觉得父母对子女的爱是无私的。"

3.3.3　请描述一下你特别憧憬的生活状态

对于我们每个人来说，活着就要有梦想，就要对美好的生活状态有憧憬。比如有人这样描述自己特别憧憬的生活状态：

"一是驾驶自己的飞机去夏威夷上空看夕阳。当我看了《珍珠港》这部电影后，我被男主人公带着女朋友驾驶着自己的飞机在夏威夷上空看夕阳的场景震撼了，这个镜头始终在我脑海里抹不去。于是，我想，将来我有钱了，我希望能够驾驶着自己的飞机去夏威夷上空看一次夕阳。这种美景我曾看过，那是 1999 年夏天，我坐飞机从伊犁飞往乌鲁木齐，在飞到乌鲁木齐上空时，看到了非常壮观的景象：西下的夕阳，染红了半边天，下面是天山的天池，像一面镜子，在默默地欢迎着前来的客人。飞机上的很多乘客忍不住掏出相机去拍照，只可惜那时还没有数码相机，并且隔着飞机的窗户也照不清楚，留下了不少的遗憾。所以，我看到《珍珠港》中的片段时，更强化了自己的这个梦想！"

"二是拥有带室内游泳池的房子。在做博士后期间，我用了两个暑假纠正了自己的蛙泳、仰泳和自由泳的姿势，游泳一度成了自己非常喜欢的运动方式。后来到了企业，发现尽管单位有游泳池，但不是标准尺寸，对于一口气游 1 000 米的我来说，不断地掉头转得自己晕头转向，于是就期望有一天自己有一个足够大的三层楼房，房子的一层大厅就有一个带自动滑盖的标准游泳池，游泳的时候打开，不游的时候就作为客厅，可以办晚会或舞会，周围是带有桑拿、健身或放松设施的小房间，二层用来住宿，三层是招待客人的地方……"

"三是周游世界并且所到之处都有自己参股或控股的公司。作为管理学科的学者，我一直有创业的冲动，梦想着有一天退休了或者不做行政职务了，就可以创业了。通过奉献自己的智慧，辅导一些自己看好的项目，实现参与人人生价值的同时，自己可以适当地参股或控股，这样就为喜欢周游世界的自己多一个理由和途径……"

只要心中有希望，我们的世界就会五彩缤纷，乐观向上的态度会指引我们走向心中理想的乐土。

3.3.4　请描述一下你理想的工作环境

经过多年的职场历练，我们对一个非常理想的工作环境有了清晰的认识。一个理想的工作环境需要满足以下三个条件。

一是有一个动态教练。我们非常认可一句话：人活着的唯一目的是成长，成为你力所能及的最好模样。所以，每个人在成长过程中，都需要有教练来引导和帮助。而之所以是动态教练，原因是随着个人的成长，教练是变换的，一直有能在某一方面引导你的教练，自己单位里没有的话，可以在全国范围内找；全国没有合适的，还可以在全世界范围内寻找。总之，一个人在成长的过程中，总会有教练的引导和帮助，不至于让自己陷于迷茫和被动状态。

二是有一个没有天花板和边界的平台。大学这个职场就可以用没有天花板和边界来形容。因为大学可以和任何单位进行合作，可以请企业的员工来当兼职导师，也可以给企业进行咨询服务。如果你有能力，大学可以给你任何你想到的奖励，使你勇攀科学高峰。

三是有一个爱与支持的氛围。大学应该是最有爱心的地方，教师如果没有爱心，就可能教不出好的学生；教师之间没有爱心，思维就可能受到局限；教师如果对研究没有爱心，就可能出不了像样的研究成果，更无从谈起传播知识。

没有抱怨，只有追求理想，心怀希望。这个环境便会随着自己的努力，以及通过自己感染周边的人而变得越来越好。乐观积极而充满动力，便是我们拥有了积极心态的体现。

3.4　积极心态的思维模式

通过积极心态的个人体验，不知道你是否对积极心态有了更深的认识，但仅仅认识是远远不够的，我们更希望学生能通过学习积极心态的思维模式，拥有积极心态。下文将从吸引力法则、善用潜意识的力量、学会真爱、学会感恩、学会宽恕、学会自信、保持独立人格、学会微笑、学会专注、学会摆脱恐惧、学会保持身心健康等思维方式具体阐述这些思维带来的巨大作用。

3.4.1　吸引力法则

吸引力法则又称吸引定律[5]。吸引力法则是指吸引具有同类思想的事物，同时又被对方吸引的过程。我们也可以这样理解，两个具有相似心态的人会彼此吸引，生活中的事物都是自己吸引来的。

吸引力法则可以简单定义为——"关注什么，就吸引什么"。这个意思就是说，你所关注的事情往往最有可能出现在你的生活当中，也就是你的意识和想法会吸引那些你所关注的事物。简单的理解就是，只要你不断地在脑海中想着自己需要什么，就会形成一种气场，而这种气场就会把你想要的东西给吸引过来。你生活中的所有事物都是你吸引过来的，是你大脑的思维波动所吸引过来的！所以，你将会拥有你心里想得最多的事物，你的生活，也将变成你心里最经常想象的样子。比如，我们每天 7 点按时醒来，可是如果第二天有事，我们内心计划 5 点起床，于是第二天即使没有闹钟我们也会在 5 点起床，这种现象也是潜意识发挥作用的结果。

倘若你天天脸上挂着沮丧，对自己做的事情毫无信心，浑身都是负能量，如此种种现象都在暗示你做事失败的概率很高。反过来，你充满自信，坚持努力，最终成功的概率也就很高。

从吸引力法则中我们可以领悟到：坚信自己会成功的人更容易成功。

所谓"越努力，越幸运"并不只是神秘学的阐述，而是一种有逻辑可遵循的真实现象。

良好的心态带来专注度的提升。如果你对一件事情充满坚定不移的信心，你便可以更加专注地投入这件事情，从而带来成功概率的提升。

长期坚持带来成功突发事件。成功从来不是一件有完善方法论的事情，也就是没有任何一套体系能够保证让每个人都成功。所以也有人说过，所谓的成功就是一连串失败中偶尔闪现出来的突发事件。

因坚信自己可以成功，所以更能长期专注于某个领域。时间尺拉长，最后收获成功的概率当然会提升。

而以上这三个因素综合起来，给人的感觉就是所谓的"吸引力法则"在发挥作用了。

要想运用吸引力法则来帮助自己，就需要做到以下三步：一是弄清楚你到底想要什么；二是提高相关的振动频率；三是授权给它。首先你必须弄清楚自己到底想拥有什么；之后便要努力地围绕着自己所想，去准备那些可以实现它的条件，然后凝聚自己的思想在这个想要的事物上，改变自己原有的模式而使它重新完全进入另一个利于实现它的模式之中，那么吸引力法则便会助你实现你所想。

3.4.2 善用潜意识的力量 [6]

潜意识是人们不能认知或没有认知到的部分，是人们"已经发生但并未达到意识状态的心理活动过程"。弗洛伊德将潜意识分为前意识和无意识两个部分，有的又译为前意识和潜意识。

在弗洛伊德的心理学理论中，无意识、潜意识和意识虽是三个不同层次，但又是相互联系的系统结构。弗洛伊德将这种结构做了一个比喻：无意识系统是一个门厅，各种心理冲动像许多个体，相互拥挤在一起。与门厅相连的第二个房间像一个接待室，意识就停留于此。门厅和接待室之间的门口有一个守卫，他检查着各种心理冲动，对于那些不赞同的冲动，他就不允许它们进入接待室。被允许进入接待室的冲动，就进入了前意识的系统，一旦它们引起意识的注意，就成为意识。他将潜意识分为两种："一种是潜伏的但能成为有意识的"潜意识——前意识，"另一种是被压抑的但不能用通常的方法使之成为有意识的"潜意识——无意识。

实际上，潜意识也是意识的一部分。只不过，潜意识是被我们压抑或者隐藏起来的那部分意识。所以，潜意识能力在被发掘之前就被前意识与无意识的中间层间接和主动地否决了。相对于显意识来讲，我们通常说，潜意识就相当于冰山的一角。其实潜意识是一直持续存在的，大部分的东西都要靠自己去发现。简单的例子就是晚上睡觉之前不用定闹钟，而在内心给自己一个潜意识的提醒，让其在第二天早上能够按时唤醒自己。这其实就是潜意识在起作用。我们在思考问题时，绞尽脑汁地去寻找解决该问题的办法，但很多问题的解决办法以及结果都是潜意识作用而成的。"善用潜意识的力量"就是在潜意识结果显现的时候，比如一旦有灵感，我们一定要静下心来整理自己的思绪。如果能够善用潜意识的力量，你会发现它可以帮你很多忙，当然首先就是要保持积极的思维模式。

我们举四个科学家是如何采用潜意识的力量进行发明创造的事例。

一是苯分子结构的发现。早在 1825 年人们就发现了苯，但此后几十年间，一直不知道它的结构。所有的证据都表明苯分子非常对称，大家实在难以想象 6 个碳原子和 6 个氢原子怎么能够完全对称地排列，形成稳定的分子。1864 年冬的某一天，德国化学家凯库勒坐在壁炉前打了个瞌睡，原子和分子们开始在幻觉中跳舞，一条碳原子链像蛇一样咬住自己的尾巴，在他眼前旋转。猛然惊醒之后，凯库勒明白了苯分子是一个环——就是现在布满我们的有机化学教科书的那个六角形的环。

二是发现神经冲动的化学传递。1921 年复活节星期天之前的夜晚，奥地利生物学家洛伊从梦中醒来，抓过一张纸迷迷糊糊地写了些东西，接着倒下去又睡着了。早上 6 点钟，他突然想到，自己昨夜记下了一些极其重要的东西，赶紧把那张纸拿来看，却怎么也看不明白自己写的是些什么鬼画符。幸运的是，第二天凌晨 3 点，逃走的新思想又回来了，它是一个实验的设计方法，可以用来验证洛伊 17 年前提出的某个假说是否正确。洛伊赶紧起床，跑到实验室，杀掉了两只青蛙，取出蛙心孵育在生理盐水里。其中一号带着迷走神经，二号不带。用电极刺激一号心脏的迷走神经使心脏跳动变慢，几分钟后把泡着它的盐水移到二号心脏所在的容器里，结果二号心脏的跳动也变慢了。这个实验表明，神经并不直接作用于肌肉，而是通过释放化学物质来起作用，一号心脏的迷走神经受刺激时产生了某些物质，释放到盐水中，对二号心脏的跳动产生了抑制作用。神经冲动的化学传递就这样被发现了，它开启了一个全新的研究领域，并使洛伊获得 1936 年诺贝尔生理学或医学奖。

三是元素周期表的发现。一个重要的梦发生在 1869 年 2 月，它关系到化学王国的宪法——元素周期律。当时已经发现了 63 种元素，科学家顺理成章地想道，自然界是否存在某种规律，使元素能够有序地分门别类、各得其所？35 岁的化学教授门捷列夫苦苦思索着这个问题，在疲倦中进入梦乡。在梦里他看到一张表，元素们纷纷落在合适的格子里。醒来后他立刻记下了这个表的设计理念：元素的性质随原子序数的递增，呈现有规律的变化。门捷列夫在他的表里为未知元素留下了空位。后来，很快就有新元素来填充，各种性质与他的预言惊人地吻合。

四是工业用缝纫机针头的发现。在工业化的服装生产出现之前，人们概念里的缝纫针都是一样的——穿线的洞开在与针尖相反的一头，因此针穿过布料的时候，线最后才穿过。对手工缝纫来说这没什么问题，但工业化的缝纫机需要让线先穿过布料。当时的发明家们采用了双头针或多针的方法，但都效率不高。19世纪40年代，美国人埃利亚斯·豪在不能解决这个问题的困扰中入睡，梦见一帮野蛮人要砍掉他的头或煮他来吃——关于这个细节有不同的说法，总之是处境大大的不妙——豪拼命地想爬出锅或躲过砍刀，但被那些人用长矛恐吓着，在这时他看到长矛的尖头上开着孔。这个梦使他决定放弃手工缝纫的原理，设计了针孔开在针头一端的曲针，配合使用飞梭来锁线。1845年，他的第一台模型问世，每分钟能缝250针，比好几个熟练工人还快，真正实用的工业缝纫原理终于出现。

以上四个事例都说明潜意识在科学发明中的作用。《潜意识的力量》的作者认为唤起潜意识的力量可以使人拥有完善的人格、平静的心灵、持久的幸福、无尽的喜悦[8]。

《催眠与心理压力释放》[7]一书给我们提供了五种训练开发潜意识的渠道。

一是训练开发潜意识的无限储蓄记忆功能，为我们拥有聪明才智奠定广阔深厚的基础。

如果你想建造高楼大厦，就必须储备好各种各样的建筑材料、装修材料、设计知识、建筑技能、建筑机械，还有指挥管理技能等。对于一个追求成功与卓越的人来说，应该不断地学习新的东西，给潜意识输进更多的基本常识知识、专业知识、成功知识以及相关的最新信息。

"事事留心皆学问"，你要大脑更聪明、更有智慧、更富于创造性、更符合现实性，就必须给潜意识输送更多的相关信息。

为了使你的潜意识储蓄功能更有效率，可采取一些辅助手段帮助储存。如重要资料重复输入、重复学习，增强记忆功能，建立看得见的信息资料库——分类保存图书、剪报、笔记、日记、现代的电脑存储介质等，以便协助潜意识为我们的创造性思维和其他聪明才智服务。

二是训练对潜意识的控制能力，使它为我们成功服务，而不是把我们导向失败。

具体地说，珍惜原来潜意识中的积极因素，并不断输入新的有利于积极成功的信息资料，使积极成功心态占据统治地位，成为最具优势的潜意识，甚至成为支配我们行为的直觉习惯和超感。

另外，对一切消极失败心态信息进行控制，不要让它们随便进入我们的潜意识中。遇到消极思想信息时，可采取两个办法加以控制。

首先是立即抑制它、回避它，不要让它污染你的大脑思想。对过去无意中吸收的消极失败潜意识，永远不要提起它，将它遗忘，让它沉入潜意识的海底。

其次是进行批判分析，化腐朽为神奇。用成功积极的心态对失败消极的心态进行分析批判，化害为利，让失败消极的潜意识像毒草化成肥料一样变成有益于成功的卓越的思想意识。

三是开发利用潜意识自动思维创造的智慧功能，帮助我们解决问题，获得创造性灵感。

潜意识蕴藏着我们一生有意无意获得、感知认知的信息，又能自动地排列组合分类，并产生一些新意念。所以我们可以给它指令，把我们成功的梦想、所碰到的难题化成清晰的指令经由意识转到潜意识中，然后放松自己等待它的答案。比如反复下达这样的指令：我该如何开辟新的饮料市场呢？还可以把指令化小：我开辟市场的第一步应该怎样走？等等。

有不少人苦思冥想某一问题，结果却在梦中，或是在早晨醒来，或在洗澡时，或在走路时突然从大脑里蹦出了答案或灵感。所以我们要随时准备纸和笔，记下突然而来的灵感。电影大王邵逸夫总是随身备有一本记事簿，一旦关于某个事情的灵感从潜意识中冒出来，便立刻记下来。这使邵逸夫成就了辉煌的事业。

四是不断地想象，不断地自我确认，不断地自我暗示。

假设你想要成功，就念：我会成功，我会成功，我一定会成功；假设你想赚钱，你就念：我很有钱，我很有钱，我一定会很有钱；假设你想要让自己的业绩提升，就告诉自己：我的业绩不断地提升，不断地提升，我的业绩一定会不断地提升；假设你想要存钱，就不断地告诉自己：我很会存钱，我很会存钱，我很会存钱。

经过这样不断的练习、反复的输入，当你潜意识可以接受这样一个指令的时候，所有的思想和行为都会配合这样一个想法，朝着你的目标前进，直到达成目标为止。

很多人试了这个方法，没有效果，原因是重复的次数不够多。影响一个人潜意识最最重要的关键，就是要不断地重复。有时间随时随地不断地确认你的目标，不断地想着你的目标，你的目标可能就会实现。

五是吸引力法则（由朗达·拜恩的《秘密》[5]普及开来）。吸引力法则前文已详细介绍，它是指振动频率相同的东西，会互相吸引而且引起共鸣。我们的意念、思想是有能量的，脑电波是有频率的，它们的振动会影响其他的东西。大脑就是这个世界上最强的"磁铁"，会发散出比任何东西都还要强的吸力，对整个宇宙发出呼唤，把和你的思维振动频率相同的东西吸过来。

3.4.3　学会真爱

要拥有积极心态，首先需要我们学会真爱。学会真爱，我们眼中才会有阳光，才会向外界传播向上的力量，实现自我价值，获得成功。那么怎样才能学会真爱呢？人类最伟大的力量是爱的力量，有爱心的人才能有责任心和责任能力，我们要爱自己、爱他人、爱学习、爱生活、爱职业、爱社会、爱自然、爱宇宙。

真爱需要满足以下五个条件 [8]。

1. 当事人意识思维与潜意识思维的目标一致

简言之，潜意识和显意识要高度一致，就是自己的思想是自己内心真正的意识，没有任何怀疑，不需要任何思考，那是自己最原始的思维。要做到表里一致，对于朋友和同事的评价要真诚，不能口是心非。当潜意识和显意识一致的时候，才可以做到真正的全身心投入，对工作才会充满热情。对于领导布置的任务，如果口头表示能够顺利完成，而在背后却懒散，不想认真去做，那么最后一定不会取得很好的结果。

2. 爱是长期和渐进的过程

爱自己、爱别人、爱世界，不是我们的心血来潮或者一时冲动，而是自己真真切切的付出与感悟，是把爱融于自己生活的点滴，并且始终如一。只有经过时间的积淀，经过自己的投入，倾注自己的力量，才可能会产生爱。人首先得爱自己，要照顾好自己，只有先爱自己才可以爱别人；其次是要关爱自己的朋友，这会有利于保持珍贵的友谊，让朋友感受到自己的爱；最后是要爱自己所处的世界，世界是大家的，如果每个人都能够爱这个世界，那么世界就会变得远比我们想象的要美好。

3. 真正意义上的爱，既是爱自己，也是爱他人

爱并不仅仅是付出，而是像爱自己一样爱别人，而且懂得爱自己。真爱是爱自己、爱别人、爱万物的大爱。在爱自己的同时去爱别人，也就是利他，能够使他人变得更好。在他人难过的时候，一句安慰就能抚平他的忧伤；在他人遇到困难的时候，伸出一双手可以让他脱离苦难。这样的例子很多，这其实也是一种爱。如果我们都能够爱自己、爱他人，能够让这个世界充满爱，那么我们的世界一定会变得更加美好。

4. 爱是自我完善，也是帮助他人完善

爱，是通过持续努力来帮助自己和他人获得成长，但真正朴实的爱是帮助别人成长，把别人的成长当成自己的责任，而在帮助别人成长的同时，自己也在无形之中得到了成长。它意味着持续努力，超越自我界限。爱，不能停留在口头上，而要付诸行动。我们爱某人或爱某种事物，就不可能坐享其成，而是要持续地努力，帮助自己和他人获得成长。

5. 真正的爱是行动，是基于灵魂的行动

爱的行动，是基于灵魂的行动，就是从自己内心里发出的爱促使着自己做的事。自己心里怀着热忱的爱，用行动使之表现出来，才是真正意义上的传播爱，才是真正的爱。真正地懂得爱其实是不容易的，要做到更难，但是做到真爱以后，你会发现一切是多么的美好。

3.4.4 学会感恩

积极心态总是以爱为基础，而学会爱应从学会感恩开始。感恩，是《百万富翁的智慧》[9] 一书中最为推崇的品质，一个人之所以富有，是与这个人具有感恩的心态息息相关的。当然这个与我们前面提到的吸引力法则也是不谋而合的，正是因为你对所拥有的一切满怀感恩之心，所以，才会越来越多地吸引到更多你所希望的事或人到你的面前。学会感恩，会让你在这个世界里感受到无穷的爱与希望，让你更加坚定而阳光地迎接明天。

1. 感恩让你更加富有

"我的手还能活动、我的大脑还能思维、我有终生追求的理想、我有爱我和我爱着的亲人与朋友。对了，我还有一颗感恩的心……"谁能想到这段豁达而美妙的文字，竟出自一位在轮椅上生活了30余年的高位瘫痪的残疾人——世界科学巨匠霍金。不管怎么样，我们都不能少了感恩的心，它让我们懂得在这个世界上我们所拥有的是珍贵的赐予。只要拥有感恩的心，你便是富有的。

2. 感恩让你变得更加积极和阳光

感恩是一种学习态度。从别人所做的一切当中去体验和学习做人之道、处世之道，从而不断地使自己变得越来越完美。俗话说，没有最美，只有更美。人生的使命之一，就是使自己不断变得更完美，从而让自己变得积极而且阳光。

有一对老夫妇家里遭遇了火灾，老太太一直痛哭流涕，感觉上帝的不公；而老头却感谢这场火灾，因为他觉得正是这场火灾让他明白哪些东西该抛弃、哪些东西该留着。

3. 感恩让你的信念变得更加坚定

当一个人养成时时处处感恩的习惯时，就处于一种良性循环的状态中。这样，这个人就会越来越少地受到杂事或负面因素的干扰，就会越来越坚定他的信念，使他更加精力充沛地投入他所从事的事情中，而很少受到干扰。

此外，在感恩的同时我们还要有悲悯情怀，在他人帮助我们的同时，我们也有责任去帮助他人。

3.4.5 学会宽恕

当别人冒犯自己或者犯错误时，我们要学会宽恕，如果不能原谅他人，其实就是在拿别人的错误去惩罚自己。因为别人对你的不好，自己一旦想起来的时候，也会不舒服。这里有一个宽恕的故事：清朝宰相张英与叶侍郎比邻而居，因叶家无理霸占张家三尺地方，张家就写信给在外的张英，张英回复道：千里家书只为墙，让他三尺又何妨。万里长城今犹在，不见当年秦始皇。张家按信中的意思退后三尺，叶家也惭愧地退后三尺，成就了"六尺巷"美名。

所以我们对宽恕的理解应该是：

宽恕是一种非凡的气度、宽广的胸怀，是对人对事的包容和接纳。

宽恕是一种高贵的品质、崇高的境界，是精神的成熟、心灵的丰盈。

宽恕是一种仁爱的光芒、无上的福分，是对别人的释怀，也即是对自己的善待。

宽恕是一种生存的智慧、生活的艺术，是看透了社会人生以后所获得的那份从容、自信和超然。

1. 宽恕让我们内心更加安宁

如果保持内心的安宁是我们唯一的目标，那么宽恕则是我们实现这个目标的唯一手段。

"开口便笑，笑古笑今，凡事付之一笑；大肚能容，容天容地，于人何所不容！"这是何等的气度与胸怀！学会宽恕别人，任何事情，一笑了之。于人于己，岂不痛快！没有了怨恨，没有了敌人，真正地做到内心无为，你将拥有一颗平静的心。

2. 宽恕的真正含义是宽恕你自己

屠格涅夫认为不会宽恕别人的人，是不配受到别人宽恕的。《孟子·离娄下》中这样写道："爱人者，人恒爱之；敬人者，人恒敬之。"

宽恕别人，其实就是宽恕我们自己。多一点对别人的宽恕，那么，我们生命中就多了一点空间。有朋友的人生路上，才会有关爱和支持，才不会有寂寞和孤独；有朋友的生活，才会少一点风雨，多一点温暖和阳光。

3. 生命对你一直是宽恕的，你需要消除内疚感和原谅别人

我们每个人都是自然界伟大的奇迹。自然赐予我们无限多的资源，让我们得以活下去。生命对我们一直是宽恕的，我们没必要感到内疚。学会宽恕别人，就要消除自己的内疚感，使自己和别人平等，这样才能摆正心态，继而原谅别人。他人犯下错误，只有放下和完全地接纳，并且要怀着坦然的心态去面对，时间长了你会发现当时自己所不能原谅、不能宽恕的事情其实是微不足道的，所以说完全地宽恕才能让自己和他人安宁下来，原谅他人，最终也是宽恕自己。

3.4.6 学会自信

诗人李白有句话："天生我材必有用。"

自信是发自内心的自我肯定与相信，其本身就是一种积极性，自信就是在自我评价上的积极态度。自信心对于个体有着十分重要的作用。自信也是成功的基础。自信能够激发人的意志力，激发个体的潜能。

我们通过一个小故事来感受自信带给人的力量。

小泽征尔是世界著名的交响乐指挥家。在一次世界优秀指挥家大赛的决赛中，他按照评委会给的乐谱指挥演奏，在指挥过程中他敏锐地发现了不和谐的声音。起初，他以为是乐队演奏出了错误，就停下来重新演奏，但还是不对。他觉得是乐谱有问题。这时，在场的作曲家和评委会的权威人士坚持说乐谱绝对没有问题，是他错了。面对一大批音乐大师和权威人士，他思考再三，最后斩钉截铁地大声说："不！一定是乐谱错了！"话音刚落，评委席上的评委们立即站起来，报以热烈的掌声，祝贺他大赛夺魁。

原来，这是评委们精心设计的"圈套"，以此来检验指挥家在发现乐谱错误并遭到权威人士"否定"的情况下，能否坚持自己的正确主张。前两位参加决赛的指挥家虽然也发现了错误，但终因随声附和权威们的意见而被淘汰。小泽征尔却因充满自信而摘取了世界指挥家大赛的桂冠。

当然，我们从上面的故事中也可以体会到，自信并不是盲目地自我相信，而是基于自己对事态的把握和长期在该领域的积累而建立起来的信心。所以，真正的自信来自长期对某件事或某一领域的坚持与执着，只有这样才有自信的资本。当然，如果没有长期的坚持与执着的话，就需要培养自信的思维模式，那就是用心和留心。俗话说得好："世上无难事，只怕有心人。"处处留心皆学问，天下事最怕有心人。即使从零开始，也会慢慢形成自信的思维模式，而逐渐由弱变强。

3.4.7 保持独立人格

在学会自信的同时，我们还要始终能够保持自己的人格独立。一方面，每个人都在不同的意义上属于他人，属于某个集体：我们是父母的子女，我们是社区的居民，我们是单位的员工，我们是学校的学生，我们是国家的公民；在不同的内涵与层面上，我们属于我们的父母、我们的社区、我们的单位、我们的班级、我们的国家。另一方面，我们首先是我们自己的，而在最终的意义上，我属于我自己。这就是我们的人格。每个人的人格都是独立的。我是我自己，我属于我自己。我的生命由我自己支配，包括我的身体、我的意志、我的思想、我的天分、我的力量、我的热情、我的爱、我的恨……我的人格是独立的，你的人格是独立的，他的人格是独立的。所以，人人平等。任何形式、任何目的的人身依附，所有对人格的践踏或者让渡，一切试图主宰别人的身体、意志和情感的行为，以及所有被美妙的乌托邦和严明的逻辑包装起来的等级制，都是对独立人格的侵犯。

在一个正常和健全的社会里，每个人都有权利选择自己的生活方式，拥有自己生活与思想的空间，能够自由地选择信仰，自由地表达思想和情感，按照使自己的个性得以舒展和张扬的方式来建立与社会的联系。

生命属于你，生活就是你自己的。你没有义务复制别人的人生。当然，也没有必要。

3.4.8 学会微笑

微笑很简单，也就是嘴角微微上扬，可是很多人却做不到，也不愿意微笑。其实自然而然的微笑不仅仅能给别人一种温暖，最重要的是这种温暖可以留在自己身上，并不断地滋养自己，使自己越来越阳光，越来越能够保持积极的心态。我们从很多富有哲理的话中也能够体会到微笑带给我们的正能量。

我们经常听到这样一些俗话，其实就是对微笑的认可与鼓励："如果一个女孩不漂亮的话，那么就要可爱，如果不可爱的话，那就要有气质，如果连气质也没有的话，那就经常微笑吧！""三岁以下的小孩子之所以可爱，是因为他们每天笑的次数高达300多次！""伸手不打笑脸人。""笑一笑，十年少。""笑能带来好运，笑是正向能量的很好传播。"

学会微笑也能够带给我们许多意想不到的好处。

1. 赢得信任

微笑是一个表明可信的信号。真诚的微笑代表着友好与信任，微笑的人一般都会被认为是比较开朗和外向的，人们更愿意与善于微笑的人合作。甚至是经济学家也认为微笑颇具价值。一项研究表明，微笑能让受试者增加 10% 的被信任度。

2. 取得宽容

微笑是一缕阳光，给我们带来温暖和活力，而宽容是一种美德。用微笑去宽容别人是一种世界语，世界上任何一个角落的人都能读懂。自然的微笑会使别人悦纳自己。当人们做了错事，他们通常会用笑容表示自己是无辜的，这对他有益吗？拉佛伦斯和赫奇特的研究表明这是有益的。人们对面带笑容的人会有更多的宽容心，不管他的笑容是虚伪的、可怜的还是真诚的，都使人们倾向于给犯错者一次机会。

3. 挽回社交失误

你是否曾经忘记妻子的生日礼物？是否在宴会中突然记不起一些重要客人的名字？是否曾在走路时不小心撞到别人？这时候，真诚的微笑将会帮助我们从尴尬中解脱出来。

4. 减少痛苦

在挫折或者逆境中，微笑可以减轻人们的痛苦感。哪怕是在我们不喜欢的状态下挤出的一丝笑容也会在一定程度上平复我们烦乱的内心。长期沉迷于痛苦的失意中只能让人不能自拔；整日里咀嚼着挫折带来的痛苦只会使人越来越痛苦；不肯忘却挫折带来的痛苦就会迷失前进的方向。微笑，能让人重新振作，能让人摆脱挫折的阴影，走向辉煌的未来。面对委屈或者痛苦，我们不需要太在意旁人的眼光，只要记得对自己负责，要学会一笑置之，在微笑中学会放下，恢复平静心境，克服所面对的困难和痛苦。

5. 带来财富

经济学家曾经计算过笑容的价值，但是微笑真的会给我们带来真金白银吗？看一看服务生的笑容就很容易明白这一点。泰德和洛卡德发现经常面带微笑的服务员可以获得更多的小费。一般服务行业的人，像乘务员、餐厅服务员以及酒店服务员都会因微笑而得到回报。值得注意的是，表里不一的微笑，被心理学家称作情绪劳动，会耗尽人的精力，从而导致厌倦工作。真诚的微笑可以带来财富，虚伪的笑容则可能导致散金。

6. 微笑面对世界

生活中最简单的乐事就是当你向别人微笑时，别人也会报以微笑。尽管并不是所有人都会报以微笑，但多项研究表明，至少有 50% 的人会对别人的微笑报以微笑，同时几乎没有人会对别人的微笑而回以皱眉。也就是说，只要我们微笑面对世界，世界就会微笑面对我们。

7. 长寿

如果上述理由都不足以让你露出笑容的话，那么请你考虑一下这个理由：微笑可以延年益寿。美国一位科学家研究表明，"逆来顺受"，就是说无论遇到什么，都选择微笑来面对。该研究还做了这样一个实验，让人们把手放入冰水中来测量他们的心跳频率，结果发现面带笑容的人表现得更为冷静；而那些脸上丝毫没有笑容的人的心跳则快很多。一项针对 1952 年的棒球运动员所做的调查表明：那些经常露出笑容的比不爱笑的人多活了 7 年。

3.4.9　学会专注

《珍贵的礼物》[10] 这本书中有句话是这样写的："永远要记住，在某个高度之上，就没有风雨云层。如果你生命中的云层遮蔽了阳光，那是因为你的灵魂飞得还不够高。大多数人犯下的错误是去抗拒问题，他们就像是要努力试图消灭云层，用某种方法来驱散云层。当然，他们也许可以暂时驱散云层，但是不管太阳多么耀眼，云朵终究会回来挡住太阳，遮蔽光明。这时候你应该做的是使自己上升到云层之上。"

"注视玫瑰的花蕊，时间越来越长。你将会在里面发现使你上升到云层之上的途径，那里的天空永远是碧蓝的。不要浪费你的时间去追赶云朵，因为它们会不停地更新。"

当你对一个问题百思不得其解的时候，不要转移自己的注意力，一心一意地只关注困扰自己的这个问题，将自己置身于该问题中，一直坚持下去，当自己的思想中只有这个问题而忽视自己存在的时候，问题的答案就会慢慢地显现出来。

专注的意思就是专心注意、精神贯注、心神专一。专注的力量很大，它能把一个人的潜力发挥到极致，一旦达到那种状态你就没有了自我的概念，所有的精力集中到了一点。古人云：不积跬步，无以至千里；不积小流，无以成江海。骐骥一跃，不能十步；驽马十驾，功在不舍。锲而舍之，朽木不折；锲而不舍，金石可镂。

此处我们来分享几个培养专注力的方法。

（1）从1写到200，中间不可以写错或者涂改，如果写错的话就从头开始，当你能够在5分钟内完成的话，就会发现你的专注力已经大大提高了。

（2）从1读到100或者200，过程中要口齿清晰、声音洪亮，当然也不可以错。当读到100只要30秒的时候，恭喜你，你的专注力提高了。也可以找一篇文章，保持口齿清晰，大声进行快速朗读。

（3）找一张白纸，画一个5毫米的黑点，然后静心、专心、集中精力地看。看1分钟后你会感觉眼睛涩，流眼泪；但坚持下去不要多久，就可以到3分钟了。看的时候关键是把黑点看大，其他的不要多想。

3.4.10　学会摆脱恐惧

有些时候，我们之所以担心一些事情，主要原因是我们害怕，害怕没有经历过类似的情况，无法处理好。其实一切的恐惧都来自自己的内心。古人云：不做亏心事，不怕鬼敲门。从唯物主义角度来看，世界上是不存在鬼神的。摆脱恐惧，就要从内心做起。那么如何从内心做起？这里分享三个摆脱恐惧的办法。

（1）通过提高对事物的认知能力，扩大认知视野，判定恐惧源。认识客观世界的规律，认识自身的需要和客观规律之间的关系，确立正确的目标，提高预见力，对可能发生的各种变故做好充分的思想准备，就会增强心理承受能力。

（2）培养乐观的人生态度和坚强的意志。通过学习英雄人物的事迹，用英雄人物勇敢顽强的精神激励自己的勇气。在平时的训练和生活中有意识地在艰苦的环境下磨炼自己，培养勇敢顽强的精神。这样，即使将来真正陷入危险情境，也不会变得惊慌失措，而是沉着冷静，机智应对。

（3）平时积极加强心理训练，提高各项心理素质。比如：设置危险情境进行模拟训练、设想各种可能遇到的情况，进行有针对性的心理训练。做好对危险情境的预期心理准备，就能够有效地战胜紧张和不安等不良情绪，提高心理适应能力和平衡性，增强信心和勇气，以无畏的精神克服恐惧心理。

3.4.11　学会保持身心健康

积极心态与身心健康之间是相互促进、相互影响的关系。所以，要培养积极心态，必须保持身心健康的思维模式。而保持身心健康的思维模式就是要学会正、逆双向的思维习惯。也就是遇到好的事情时，我们要学会正向强化它，让它越来越好；遇到不好的事情时，我们要学会反向强化它，将坏的事情往好的方面想，用积极乐观的态度面对，从而找到解决问题的办法。

3.5　培养积极心态的方法

关于心态的意义，拿破仑·希尔说过这样一句话："人与人之间只有很小的差异，但是这种很小的差异却往往造成了巨大的差异！很小的差异就是所具备的心态是积极的还是消极的，巨大的差异就是成功和失败。"一个人面对失败所持的心态往往决定他一生的命运。积极心态对我们人生很重要，究竟如何培养积极的心态呢？下面，我们结合自身多年的实践经验进行总结。

3.5.1　多回忆幸福或开心的时刻

幸福是指一个人的状态得到改进而产生喜悦、满足和感恩、富足的心理感受。幸福与积极心态是一种相互作用的关系。人如果产生了幸福感，他就会以积极的心态迎接每一天；拥有积极的心态又会使人更加幸福。具体可以将自己经历或渴望经历的幸福/开心时刻像电影片段一样存储在自己的大脑中，有需要的时候不妨像放电影一样播放一遍甚至反复播放，使自己完全沉浸在那种幸福或开心的时刻中，不断地强化这种感觉。于是，你就会形成一种愉悦满足的印象存留和重现能力，并将自己置入这种美好的情景中。

3.5.2　写感恩日志

通过多年的教学实践和自我体验，我们发现每天晚上临睡之前将自己一天中值得感恩的三个人或三件事回放一下，在内心感谢他们，并将这些值得你感恩的人或事写下来，你的生活和事业会越来越好，经常会处于心想事成的惊喜中。

感恩日志不一定要轰轰烈烈、荡气回肠。你可以坐在书桌前，整理一下思绪，任由情感在纸上飞跃。生活中值得感恩的实在是太多，如果你每天都能生活在感恩之中，那么贫困、疾病、逆境还会困扰自己吗？常怀感恩之心，与快乐做伴。

3.5.3　学会对自己说：一切都会过去

没有过不去的坎，一切都会好起来的！1954 年，巴西的男女老少几乎一致认为，巴西足球队定能荣获世界杯赛的冠军。然而，天有不测风云。在四分之一决赛时，巴西队意外地输给了匈牙利队，结果没能将那个金灿灿的奖杯带回巴西。球员们比任何人都更明白，足球是巴西的国魂。他们懊悔至极，感到无脸去见家乡父老。他们知道，球迷们的辱骂、嘲笑和扔汽水瓶子是难以避免的。当飞机进入巴西领空之后，球员们更加心神不安，如坐针毡。可是当飞机降落在首都机场的时候，映入他们眼帘的却是另一种景象：巴西总统和两万多名球迷默默地站在机场，人群中有一条横幅格外醒目："一切都会过去。"球员们顿时泪流满面。总统和球迷都没有讲话，默默地目送球员们离开了机场。4 年后，巴西足球队不负众望赢得了世界杯的冠军。回国时，巴西足球队的专机一进入国境，16 架喷气式战斗机立即为之护航。当飞机降落在首都机场时，聚集在机场上的欢迎者多达 3 万人，人群中也有一条横幅格外醒目："一切都会过去！"

尝试着将所有不愉快的事写在一张纸上，然后将它狠狠地扔到垃圾桶里。心中默念："一切都会过去！"相信这样的话，你一定会练就一种宠辱不惊的心态，并且当你一直将所有的注意力都集中于好的方面时，随着时间的推移，你的心态就会越来越积极。

3.5.4　不断明确自己的理想与目标

理想，是对未来事物的美好想象和希望。目标，是指想要达到的境界或目的。目标可以是短期的，也可以是长期的，不管是长期目标还是短期目标，它都是走向理想路上的一个个节点。达成一个个的目标，最后就会实现理想。目标离现实更近，实现起来相对容易。理想一般离现实远一些，需要机遇和条件才能够实现。之所以说不断明确自己的理想与目标就可以培养积极的心态，是因为在实现理想的过程中，目标越明确，越容易实现。而一旦有了做成一件事或达成一个目标的经历或经验，往往会更加激励人去设定更高的目标来挑战自己，于是就会使人进入一种良性循环。进入这种循环的人会越来越自信，越来越觉得生活有意思，心态自然也越来越积极。

3.5.5　明确自己希望的生活状态与工作环境

如何明确自己希望的生活状态与工作环境？你可以多问问自己："我将来要做什么？我将来要过什么样的生活？我希望在什么样的环境下工作？我将拥有什么样的人生？"一旦明确了自己希望的生活状态与工作环境，你就会在自己的脑海或内心去不断地模拟或强化这种希望的状态，根据吸引力法则的原理，这种状态越容易出现，自然越会使自己的内心有很大的满足感与成就感。同样，这种状态也会形成一种良性循环，越来越好，自然有利于积极心态的养成和保持。

3.5.6 掌握一些基本的保持身心健康的方法

我们在前面提到积极心态的特征时分享过积极的心态可以带来生理和心理的健康，同样，要想培养自己的积极心态，必须学会保持身心健康的方法，两者是相互促进、相互影响的。这里，我们介绍两种行之有效的保持身心健康的方法。

（1）一个被用于救助重症患者的口诀："每一天，在每一方面，我都会越来越好。"这句话是一本书里作者给出的一个救治重症患者的方法。该书作者是与重症患者打了一辈子交道的医生，当她遇到医院里所有的仪器和药物都无法发挥作用的时候，她就让患者早、中、晚各默念50遍这句话，时间长了，有的病人竟奇迹般恢复了健康。所以，作者在晚年时，就将这句话写了出来。于是，有很多人去默念它，并得到了不错的效果。"每一天，在每一个方面，我都会越来越好"，随着默念次数的增加，人们就可以感觉到身体的变化。

同样，我们从另外一个角度给大家解释一下这个口诀能起作用的原理，即我们之前为大家介绍的吸引力法则。美国的戴维·霍金斯博士是一位很有名的医生，他医治了很多来自世界各地的病人。他经过研究发现："人的意念振动频率如果在200以上就不会生病。"戴维·霍金斯发现，生病的人常会有负面的意念，他们喜欢抱怨、指责、仇恨别人，在不断指责别人的过程当中就削减了自己很大的能量。这些意念的振动频率低于200，这些人容易得不同的疾病。只要看到病人就知道这个人为什么生病，因为病人身上往往包附着痛苦、怨恨、沮丧的情绪。振动频率200以上的意念通常表现为：喜欢关怀别人、慈悲心、爱心、行善、宽容、柔和等，这些高振动频率甚至可以达到400～500。相反，喜欢嗔恨、发怒，动不动就指责、怨恨、嫉妒、苛求他人，凡事自私自利，只考虑自己、很少考虑他人感受的人，振动频率则很低。这些低的振动频率也是导致癌症、心脏病等多种疾病的原因之一。他从医学角度告诉人们，意念真的是不可思议，意念对人的健康有很大影响。

可见，保持积极乐观的心态，多些正面情绪，以及一颗慈爱的心，是健康不可缺少的因素。

（2）一种迅速缓解疲劳恢复体力的方法：逆腹式体呼吸，包括逆腹式呼吸和体呼吸两种模式。逆腹式呼吸的具体做法是吸气时收小腹，呼气时放松小腹，呼和吸都要达到自己的极限。同时，呼和吸之间要加一个屏蔽呼吸（屏住呼吸）到自己的极限。体呼吸的做法是呼吸时加一个想象，想象自己全身的毛孔都张开，吸气时将宇宙空间的能量全部吸入体内，呼气时将身体里的污气、浊气、寒气、病气、疲劳之气等统统排出体外。这种呼吸方法不拘场所，行走坐卧均可以习练，一般三五个呼吸周期就会全身发汗，等出汗时，你就会发现，自己的疲劳缓解了，自己的精力充沛了。我们在教学过程中通过学生的习练和经验分享，也证明这种方法简单、易行、高效、环保等方面的优势确实存在。

3.5.7 学会用全身心的爱来迎接每一天

当自己对别人发出爱的能量时，所接受的也一定是爱。我们要相信，所有的一切都是最好的安排。每一天都是一个新的开始，当新的太阳冉冉升起时，我们的生命又掀开了崭新的一页。美国盲聋女作家海伦·凯勒曾说过：假如给我三天光明，我会以全身心的爱来迎接每一天。一个残疾人尚能如此地热爱生活，作为健全人的我们有什么理由整天自怨自艾、碌碌无为呢？

用全身心的爱来迎接每一天，需要自己常怀感恩之心，需要自己宽恕别人的错误，需要自己热爱生活、积极向上。生命对于我们来说只有一次，不要在垂暮之年、临终之际才感叹自己一辈子都活在痛苦之中。用全身心的爱来拥抱每一天，你会拥有积极的心态，会收获幸福的人生。

在用全身心的爱拥抱每一天的同时，我们也要学会审视自己的人生。人生说短不短、说长不长，我们走着走着，也许会失去方向，这个时候停下脚步，想想自己当初为什么出发。想明白了之后再调整方向，也许会更加积极地去完成自己的目标。

《世界上最伟大的推销员》[3]中对如何用全身心的爱来迎接新的一天做了详细的指导：我该怎么做呢？从今往后，我对一切都要满怀爱心……我该怎么说呢？我要常想理由赞美别人，绝不搬弄是非、道人长短……我该怎么行动呢？我要爱每个人的言谈举止，因为人人都有值得钦佩的性格，虽然有时不易察觉……我该怎样回应他们的行为呢？用爱心。……我该怎样面对遇到的每一个人呢？只有一种办法，我要在心里默默地为他祝福。这无言的爱会闪现在我的眼神里，流露在我的眉宇间，让我嘴角挂上微笑，在我的声音里引起共鸣……最主要的，我要爱我自己……从今往后，我要爱所有的人……我们通过这种方法去教导学生学会用全身心的爱来迎接今天，收到了很好的效果。

这种方式在老子《道德经》[11]第五十五章中也有描述，"含德之厚，比于赤子。毒虫不螫，猛兽不据，攫鸟不搏。骨弱筋柔而握固……终日号而不嗄，和之至也……物壮则老，谓之不道，不道早已。"意思是说，道德涵养浑厚的人，就好比初生的婴孩。毒虫不螫他，猛兽不伤害他，凶恶的鸟不搏击他。他的筋骨柔弱，但拳头却握得很牢固……他整天啼哭，但嗓子却不会沙哑，这是因为和气纯厚……事物过于壮盛了就会变衰老，这就叫不合于"道"，不遵守常道就会很快地死亡。这里"道德涵养浑厚的人"何尝不是用全身心的爱来迎接每一天的人呢？这种合道之人经常会处于"无死地"的状态。

3.5.8 活在当下，学会放下

刀再锋利，如果一碰就断，也没有什么用处。我们不妨向中国传统文化中的太极学习，以柔克刚；向古币学习，外圆内方。只要不放弃原则和目标，在压力大时弯一弯，能伸能屈。当我们抱怨事事艰难、抱怨环境不尽如人意的时候，当我们遇到坎坷、垂头丧气之时，想想儒家的礼让、释家的胸怀、道家的超脱……没有目标而失败的人，远远多过没有才能而失败的人。目标可激励人追求、进取，自觉修身养性，体味到成功的快乐，会更加珍惜人生，不断完善自我。"三百六十行，行行出状元"，要坚定在本职工作中作出贡献、成就自我的信念。明确的目的加上积极的心态，就是一切成功的起点。

活在当下的观点强调，最重要的事情就是现在自己做的事情，最重要的人就是现在和自己在一起的人，最重要的时间就是现在。现在连接着过去和未来，如果不重视现在，就会失去未来。如果一味地为过去的事情后悔，只会消沉；如果一味地为未来的事情担心，就会变得焦躁不安。因此，我们应该把握现在，认真做好手头正在做的事，不要让过去的不愉快和将来的忧虑像强盗一样抢走现在的时光。现在努力走的每一步，都是通向未来进步的阶梯。建功立业的秘诀就是"立即行动"。

对于学会放下，我们首先要懂得"舍得"的哲学思想，它包含两层意思：愿意放下已拥有的成功，这样才能取得新的、更大的成功；愿意放下已经发生的失败体验和结果，才能以积极的态度重新开始。只有放下手中握住的东西，才能去把握新的东西。小舍小得，大舍大得，舍我得道。每时每刻地放下，意味着不断地进取，意味着过去的成功和失败都不会成为迈向新的成功的障碍。有人将放下的路径进行这样的阐述：首先要对已经发生的事情进行接纳，然后尝试着从对方的角度来理解它，同时找到积极因素来感恩它，最后就可以彻底地放下了……

3.5.9 坚信一切的安排都是最好的安排

有个国王喜欢打猎，以及与宰相微服私访。宰相最常挂在嘴边的一句话就是："一切都是最好的安排。"

一天，国王到森林打猎，一箭射倒一只花豹。国王下马检视花豹。谁想到，花豹使出最后的力气，扑向国王，将国王的小指咬掉一截。国王叫宰相来饮酒解愁，谁知宰相却微笑着说："大王啊，想开一点，一切都是最好的安排！"国王听了很愤怒："如果寡人把你关进监狱，这也是最好的安排？"

宰相微笑着说："如果是这样，我也深信这是最好的安排。"国王大怒，派人将宰相押入监狱。

一个月后，国王养好伤，独自出游。他来到一处偏远的山林，忽然从山上冲下一队土著，把他五花大绑，带回部落。山上的原始部落每逢月圆之日就会下山寻找祭祀满月女神的牺牲品，土著人准备将国王烧死。

正当国王绝望之时，祭司忽然大惊失色，他发现国王的小指头少了小半截，是个并不完美的祭品，收到这样的祭品，满月女神会发怒，于是土著人将国王放了。

国王欣喜若狂，回宫后叫人释放宰相，摆酒宴请，国王向宰相敬酒说："你说得真是一点也不错，果然，一切都是最好的安排！如果不是被花豹咬一口，今天连命都没了。"国王忽然想到什么，问宰相："可是你无缘无故在监狱里蹲了一个多月，这又怎么说呢？"宰相慢条斯理地喝下一口酒，才说："如果我不是在监狱里，那么陪伴您微服私巡的人一定是我，当土著人发现国王您不适合祭祀，那岂不是就轮到我了？"

国王忍不住哈哈大笑，说："果然没错，一切都是最好的安排！"

这个故事告诉我们一个道理：当我们遇到不如意的事，这也许是一种最好的安排！不要懊恼，不要沮丧，更不要只看眼前。把眼光放远，把人生视野加宽，不要自怨自艾，更不要怨天尤人，永远乐观、奋斗，相信天无绝人之路。

这个故事告诉我们，积极正面的暗示作用是十分强大的。很多人听完这个故事，都会发生人生的改变，而且还用之后的人生继续证明这句话。其实，只要我们仔细回想生活中的每件事，也都可以对自己说这句话："一切都是最好的安排。"

当身边有人发出求救信号，如情绪低落、大发脾气或行为异常，那就给他讲讲这个故事，心理疏导远比一些预防举措更加有效。所以，一切都是最好的安排，感恩生命中所遭遇的一切。生活总会给你答案。

3.5.10 学会等待

我们希望通过下面这个故事说明学会等待是一种培养积极心态的方法。

一个旅行者，在一条大河旁看到了一个婆婆正在为渡河而发愁。已经精疲力竭的他，用尽浑身的气力，帮婆婆渡过了河。结果，过河之后，婆婆什么也没说，就匆匆走了。旅行者很懊恼，他觉得，似乎很不值得耗尽气力去帮助婆婆，因为他连"谢谢"两个字都没有得到。

哪知道，几小时后，就在他累得寸步难行的时候，一个年轻人追上了他。年轻人说："谢谢你帮了我的祖母，祖母嘱咐我带些东西来，说你用得着。"说完，年轻人拿出了干粮，并把胯下的马也送给了他。

不必急着要生活给予你所有的答案，有时候，你要拿出耐心等待。即便你向空谷喊话，也要等一会儿，才会听见那绵长的回音。也就是说，生活总会给你答案，但不会马上把一切都告诉你。

其实，岁月是一棵纵横交错的巨树。而生命，是其中飞进飞出的小鸟。如果哪一天，你遭遇了人生的冷风冻雨，你的心已经不堪承受，那么，也请你等一等。

要知道，这棵巨树正在生活的背风处为你营造出一种春天的气象，并一点一点靠近你，只要你努力了，你就能看到。

回报不一定在付出后立即出现。只要你肯等一等，生活的美好，总在你不经意的时候，盛装莅临。

3.5.11 从积极的角度看待问题

遇到问题，我们应从积极的角度看待，这样，我们就会乐观地生活。我们通过以下两个故事来说明这个观点。

一个故事是：

古时有一位国王，梦到山倒了、水枯了、花也谢了，便叫王后给他解梦。王后说："大势不好，山倒了指山河要倒；水枯了指民众离心，君是船，民是水，水枯了，船也不能行了；花谢了指好景不长了。"国王惊出一身冷汗，从此患病，且越来越重。一位大臣来参见国王，国王在病榻上说出他的心事，哪知大臣一听，大笑说："太好了，山倒了指从此天下升平；水枯指真龙现身，国王，您是真龙天子；花谢了，花谢见果子呀！"国王听后全身轻松，很快痊愈。

另外一个故事是：

有这样一位老太太，她有两个儿子，大儿子是染布的，二儿子是卖伞的，她整天为两个儿子发愁。天一下雨，她就会为大儿子发愁，担心他不能晒布了；天一放晴，她就会为二儿子发愁，担心他的伞卖不出去。老太太整日总是愁眉紧锁，没有一天开心的日子，弄得疾病缠身、骨瘦如柴。一位哲学家告诉她："为什么不反过来想呢？天一下雨，你就为二儿子高兴，因为他可以卖伞了；天一放晴，你就为大儿子高兴，因为他可以晒布了。"在哲学家的开导下，老太太以后每天都是乐呵呵的，身体自然而然健康起来了。

3.6 12年积极心态培养的心路历程

我们这里用一个真实的例子，来分享一个如何花了12年的时间来培养自己积极心态的例子。有一位读者为了培养积极心态，反复阅读前文已提到的《世界上最伟大的推销员》[3]，之所以读了12年，是因为阅读这本书的时候对读者有一定的要求。此书上面有十章羊皮卷，要求读者每一章都读30天，每天早、中、晚都要读一遍，读完后再进行下一章，第一章的观点如图3-1所示。

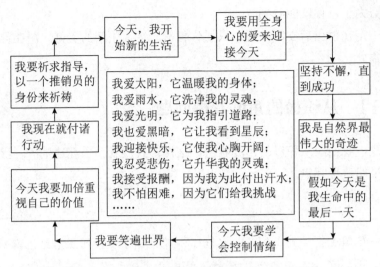

图3-1 《世界上最伟大的推销员》第一章的观点

可就是这么简单的习惯，却很少有人能够坚持下来。一些读者在读第二章、第三章的时候会因为坚持不下去而停下来，而只要有间断就需要重新开始阅读。前11年这位读者一直就是处于这样一个状态，终于在第12年的时候，她坚持下来了，把这本书从头到尾读完了。而在整个阅读过程中她所感悟到的东西很多，收获非常大，最大的收获就是积极心态培养出来了。

本章参考文献

[1] 希尔，田野.成功学全书[M].北京：经济日报出版社，1997.

[2] 史蒂芬·柯维.高效能人士的七个习惯[M].王亦兵，译.北京：中国青年出版社，2008

[3] 奥格·曼狄诺.世界上最伟大的推销员[M].安辽，译.北京：世界知识出版社，1996.

[4] 尹玉生.尼米兹在危急时刻[J].现代青年，2011（9）：72.

[5] 郎达·拜恩.秘密[M].谢明宪，译.北京：中国城市出版社，2008.

[6] 约瑟夫·墨菲.潜意识的力量[M].吴忌寒，译.北京：中国城市出版社，2009.

[7] 郝滨.催眠与心理压力释放[M].合肥：安徽人民出版社，2009.

[8] 芭芭拉·安吉丽思.爱是一切的答案[M].汪芸，译.北京：华文出版社，2010.

[9] 托马斯丁·斯坦利.百万富翁的智慧[M].乐爱国，等译.北京：中国大百科全书出版社，2000.

[10] 斯宾塞·约翰逊.珍贵的礼物[M].王岩，译.延吉：延边人民出版社，2002.

[11] 老子.道德经[M].黄朴民，注.长沙：岳麓书社，2011.

（李纯青）

即测即练

扫码测练

第 4 章

敬业并自动自发地多做一些

敬业并自动自发地多做一些（以下简称"敬、自、多"）是五种职业素养中的第二种。"敬业"的意思是忠于自己的职业／工作或尊敬／敬畏自己的职业／工作；"自动自发"是指人们积极主动去做一些事情，而不需要别人要求、监督或督促；"多做一些"的意思就是比要求的总会多做一些。

之所以把它放在第二位，原因有以下四个：一是"敬、自、多"与积极心态有着必然的联系，当一个人的心态比较积极的时候，一定会热爱自己的工作，也就是敬业，而敬业在某种意义上是员工对于组织和工作价值的一种积极态度。二是很多公司在招聘员工时将求职者的敬业度放在首位，其次才是专业度。三是"自动自发"的品格是在具备积极心态的基础上形成的，这种品格比天才更重要，缺乏这种品格一般很难成就大事。四是从现有研究中也可以找到相关的依据。相关研究指出，员工的正面心理状态显著影响其敬业度和工作绩效，敬业度与工作绩效之间也呈现显著的正相关关系。正面心理不仅对工作绩效有直接增益作用，还会通过敬业度间接影响工作绩效，进而提出企业管理者可以从心理学的角度拓宽管理视野[1]。

Schaufeli 等指出，敬业是一种积极完成工作的心理状态，以活力、奉献和专注为特征，是一种持久稳固和普遍深入的认知情感体验，不聚焦于特定的个体、行为或事件[2]。活力表现为乐于为工作投入精力，即使面对困难也愿意坚持；奉献表现为为工作感到骄傲和勇于面对挑战；专注表现为个体沉浸在工作中，与工作很难分离，感觉时间过得飞快[3]。

一个人只要能够做到敬业并自动自发地多做一些，哪怕是起点低一点，也会取得良性的发展，因为这样的人无论走到哪里都会受到领导与同事的欢迎。接下来，我们将从"敬、自、多"的内涵及例子、"敬、自、多"的个人体验、"敬、自、多"的思维模式、有关"敬、自、多"的故事以及"敬、自、多"的思维模式可能带来的意外收获五个方面出发，来说明如何对"敬、自、多"这一职业素养进行开发与训练。

◢ 4.1 "敬、自、多"的内涵及例子

韬睿咨询公司（Towers Perrin）将员工敬业度定义为员工帮助企业成功的意愿和能力强弱的程度，从另外一个角度讲，就是员工愿意将能够自主决定的努力应用到工作中

的程度，并从操作层面提出了敬业度作用的三个程度逐渐递增的层次：最低层次是员工用一种积极、正面的语言来评价他所在的公司，不断向同事以及潜在同事，尤其是向客户高度赞扬公司；中等层次是员工渴望留任在公司中，而不是把现有工作作为临时的过渡；最高层次是员工竭尽所能，愿意为公司付出额外的努力[4]。下文将从"敬、自、多"的内涵及例子等，具体阐述"敬、自、多"。

4.1.1 "敬、自、多"的内涵

要想在职场中登上成功的巅峰，我们需要敬业并永远保持主动、率先的精神。不管面对的工作是多么困难，只要能够自动自发地去实践，最终将会获得巨大的回报。

那么，什么是"敬、自、多"呢？

1. 敬业精神

什么是敬业？简单的定义就是：组织成员把自己的时间、脑力和精力超额投入工作中的意愿。敬业的员工有把工作做得最好的愿望和承诺。

"敬"的态度源于早期人们的祭祀活动。在西周之初，"敬"主要是指严肃、认真、谨慎、勤勉地去做事，是一种在临事时郑重、积极的态度。"敬业"的"敬"即从此演化出来。春秋时期，孔子主张"执事敬""事思敬""修己以敬"，即人在一生中始终要勤奋、刻苦，为事业尽心尽力。此后，"敬"的内涵不断演化发展。宋代思想家朱熹将"敬业"诠释为"专心致志，以事其业也"。敬业，就是要敬重自己从事的事业，专心致力于事业，千方百计将事情做好。

敬业两字单独成词，中国古代的词典中没有找到"敬业"一词，只能找到与之意思相近的"敬事"。关于敬事的意思，《词源》有两种解释：第一，敬慎处事。"敬事而信，节用而爱人，使民以时。"（《论语·学而篇》）第二，恭敬奉事。"肃恭明神，敬事耆老。"（《国语·周语》）敬业两个字合在一起，最早出现在西汉·戴圣《礼记·学记》："一年视离经辨志，三年视敬业乐群。"孔颖达疏："敬业，谓艺业长者，敬而亲之；乐群，谓群居朋友善者，愿而乐之。"孙希旦集解引朱熹曰："敬业者，专心致志以事其业也；乐群者，乐于取益，以辅其仁也。"据朱说，敬业谓专心学业，乐群谓乐与朋友相切磋。这里的敬业主要是指对学业要专心致志，努力学习。《现代汉语词典》（第7版）对"敬业"的解释是：专心致力于学业或工作。通过对"敬业"一词的梳理，我们可以得出这样的结论，"敬业"一词在不同时期，它的内涵有所不同。总之，敬业就是对所从事的学业、职业、事业等尊敬、尊重、敬畏、严肃、认真负责，是一种道德的行为。这里我们将"敬业"拆分开来进行解释，"敬"的意思是忠诚，"业"的意思是目标。所以，总的来说，敬业也就是说要忠诚于自己的目标，坚守自己的信仰。敬业，需要我们热爱自己的职业，热爱自己的生活，从而忠于岗位。我们认为一个人要做到敬业，首先要知道自己的岗位所要承担的责任是什么，然后再去认真地履行责任。一个有责任感的人才会有担当，有担当才会有所作为。

敬业精神的内涵随社会的发展不断丰富和规范。所谓敬业，就是尊敬、尊崇自己的职业，对本职工作专注、严肃、认真、勤奋的态度和方式。敬业源于责任心，源于对自己、他人及社会的高度负责意识，敬业的核心在于一个"敬"字。敬业精神指不论在何种条件下都能够恪守自己岗位职责的职业操守，对本职工作充满无比的忠诚与热爱，并为之全身心地投入、尽职尽责、专心学习、忘我工作的精神状态。

一个随时以公司利益为重的人，必然是个敬业的人，也是一个不只为别人打工，同时更是为了自己成长而努力工作的人。当你在公司努力工作时，公司的利益和个人利益在此便画上了等号。

一个敬业的人会非常清楚，我是在为自己奋斗，因为工作中包含着许多个人成长的机会，而这些无形资产的价值是无法衡量的，努力工作的最终受益者将是自己，无论选择何种工作，成功的基础都是自己的敬业态度。一个人的敬业度决定了他在职业上的成就。敬业是立业的前提和基础，有了敬业精神，才能有立业之志；有了立业之能，才能增立业之才。所以在工作中，敬业会让我们产生无穷的毅力和决心，最终达到立业的目的。

敬业就是要乐业。乐业就是热爱本职工作，表现为强烈的职业荣誉感和高尚的职业尊严感。它要求从业者把自身与事业融为一体，从而感到心情愉快、精神振奋。爱因斯坦曾说过："真正有价值的东西并非从野心或仅从责任感产生，而是从对客观事物的爱与热诚中产生。"热爱是事业的老师。一个人只有热爱自己所从事的工作，才能干出一番事业。乐业就是要把本职工作当成事业来干。事业总是与本职工作联系在一起的，从具体细致的工作开始。列宁说过："要成就一件大事，必须从小事做起。"只想干大事而不愿做艰苦细致的工作，是不可能成功的。

敬业就是要勤业。勤业就是要在本职工作岗位上勤勤恳恳、认认真真，表现为强烈的主人翁意识、为人民服务的观念和高度的职业责任感。它要求从业者兢兢业业、恪尽职守、敢于负责、甘于奉献、以苦为乐。古人有句治学名言：业精于勤，荒于嬉。对于工作和事业来说，同样离不开勤。无论干什么工作，都是一分耕耘，一分收获。

敬业就是要守业。守业就是要严格遵守职业规范，不同的职业有不同的职业规范，它表现为必要的规章制度和程序等。就像人们过马路要看红绿灯一样，试想，人们要是过马路都不看红绿灯，都不遵守交通规则，会是什么样子？

敬业就是要精业。精业就是要提高素质、精通业务、胜任本职、精益求精、敢于质疑、敢于创造。它要求从业者不仅要愿干苦干，而且要会干巧干，充分发挥主观能动性，不断提高工作效率。干一行、钻一行、精一行，努力成为本职业务的精英，是做好本职工作必备的条件。业务素质对一个人很重要，仅有履行好职责的愿望，没有履行职责必备的业务素质，工作起来就会比较吃力。现在知识更新快，科技日新月异，对人的业务素质要求也越来越高，我们要有危机感和求知欲，要通过不断的学习和工作实践，不断提高综合素质，精益求精地干好自己的本职工作。

乐业是前提，勤业是基础，守业是保证，精业是追求。只有精业、乐业、守业才能通过勤业转化为工作绩效。

敬业不仅仅是一个概念，更是一种实际行动。当把敬业变成一种习惯时，我们就会发现，我们不但可以从中学到许多知识，积累许多经验，还能从全心全意、尽职尽责投入工作的过程中得到快乐。

2. 自动自发[5]

自动自发就是没有人要求与强迫，自己也能自觉而且出色地完成工作。那些成功人士很早就明白，凡事都应该积极主动，并且对自己的行为负责。因为没有人能保证你成功，除了你自己；没有人能阻挠你成功，也只有你自己。许多公司都希望自己的员工凡事都能够自动自发。因为自动自发的员工在工作中会更加勤奋和敬业，他们有独立的思考能力，他们不会像机器一样，别人吩咐做什么他就做什么。他们往往会发挥创意，出色地完成任务，而且会换位思考为老板考虑，给企业提尽可能多的建议，他们也因此会得到提升和赏识。不能自动自发的员工，总是墨守成规、害怕犯错，凡事亦步亦趋。他们会告诉自己，老板没有吩咐的事情，是不必去做的。

有两种人永远无法超越别人：一种是只做别人交代的工作的人，另一种是做不好别人交代的事的人。这两种人或许可以混过一时，却无成功之日。在前工业时代，虽然听命行事的能力相当重要，但个人的主动进取更受重视。觉得哪些该做，就应该立刻采取行动，不必等到别人交代。清楚了解公司的发展规划和你的工作职责，就能预知该做些什么，然后——着手去做！世界赋予了主动性巨大的褒奖，不仅是钱还有荣誉。什么是主动性呢？主动性就是没被人告知却在做着恰当的事情。

3. 多做一些

多做一些就是做自己职责范围以外的事，即比别人要求的或预想的多做一些（多一盎司定律）。凡事多做一点，不计较个人得失对自身来说会有更多的收获。当你不在乎失去的时候反而会得到更多。如果说所有的企业都秉持这一想法，就不会出现这么多食品安全、质量安全的问题困扰消费者了。也许我们无法做到凡事都多做一些，但至少我们可以多做利人利己的事情。我们所有的工作都是良心活，不管是否能把自己的工作业绩做得出色，最起码应该做到对得起自己的良心。就像一个食品行业的从业者最起码应该保证自己做出的食品是干净的，一个楼盘开发商最起码应该保证所用的材料都是合格的。自动自发地多做一些，不要觉得自己浪费的是额外的时间和精力，因为我们所获得的是成长的机会，是某一项技能，是经验。这些东西在一个人的职业生涯中是非常珍贵的。

作为一名合格的职员，更要有对老板的忠诚与感恩之心，要一心一意地专注于自己的工作。对自己要有起码的信心，相信自己会是那个能将工作做到最好的人，培养自己坚韧的品格，不管工作多么艰难，都要有毅力克服困难并将它完成，不管工作多么烦琐，都要有耐心做到细致完善，不出错误。作为一个员工，我们在工作中要负起百分之百的责任。如果真的是将工作当成自己的责任去完成，就必然会得到老板的赏识。如果真的对老板抱着忠诚与感恩的态度，就必然会被老板感受到。这仿佛又回到了一切源自内在，一个人的内心想的是什么，一定会在行为上有所体现，而自己做了什么都在老板的眼里，也不要暗自神伤，在工作的时候，背后自然会有一双眼睛关注你的忠诚与感恩、你的主动积极与勤奋。

由此，我们可以发现"敬、自、多"在我们生活中的重要性。它就像是一把开启成功大门的钥匙，有了它，我们才能抓住自己的机遇，释放出自己的潜能。同时也只有掌握"敬、自、多"的思维模式，我们才能将我们的职业生涯变为我们的兴趣人生。这便是"敬、自、多"的思维模式的强大魅力。干一行，爱一行，简单的六个字却倾注了一个优秀的成功人士所需的所有品质。

4.1.2 "敬、自、多"的例子

我们已经了解了"敬、自、多"的内涵和重要性，关于该职业素养的例子数不胜数，下面我们举出三个例子可以让你更加深入地了解和感悟"敬、自、多"的职业运用。

1. 薪水之争

很多大学生走出校园时，满怀对工作的热情，对自己抱有很高的期望，总认为自己一开始就应该得到领导赏识，得到重用。他们在报酬上喜欢相互攀比，似乎工资成了他们衡量一切的标准。但殊不知，刚刚踏入社会的他们缺乏工作经验，是无法被委以工作重任的，他们就会觉得"英雄无用武之地"，于是就有了许多对工作的怨言，而没有了起初的热情，工作时总是采取一种应付的态度，能少做就少做，能推就推。事业成功人士的经验向我们解释了这样一个真理：只有经过奋斗，才能成功。工作所能带给我们的，要比你为它付出的更多。如果你将工作视为一种积极的学习经验，那么每一项工作都包含许多个人成长的机会。如果永远保持勤奋、多做一些的态度，你就会得到他人的称赞，会赢得老板的器重。

小张和小李同时进入一家做餐饮服务的企业，但是一年后，小李发现小张的工资比自己的工资高3倍，小李心里有些埋怨：为什么我和他职位、学历、年龄都相同，他的工资却比我高3倍？于是他有些不服气，直接去经理办公室，情绪有些激动，问经理："经理，为什么小张和我同时来的公司，现在一年过去了，我还是原来的工资，但是小张的工资却比我高3倍？"经理非常平静，似乎已经预料到小李有一天总会来问这个问题，他说："你别着急，我已经通知小张来我的办公室了，我一会儿给你们布置一个任务需要你们完成。"等小张来到经理办公室之后，经理说："小李、小张，现在有个任务需要你们完成，去外面问下今天的白菜多少钱一千克。"

小李心想：这也太简单了吧，公司后边那条街的路边就有一家专门批发菜品的商店。于是他很快完成了任务并回到经理办公室。此时小张还没有回来，小李很得意，对经理说："今天的白菜每千克2.5元。"经理问："还有没有比这个更便宜一点的白菜？"小李说："好的，我再去菜市场问问。"于是小李又跑到菜市场，随便挑了一家有卖白菜的店铺询问。十几分钟后，小李满头大汗地来到经理办公室，说："经理，还有一家白菜比较便宜，每千克2.3元。"经理说："我知道了，你先在这休息一会儿。"5分钟后，小张回来了，对经理说："经理，我刚才去调查了，公司后面那条街路边的白菜每千克2.5元，但菜市场上的白菜基本都是每千克2.3元。由于之前我们经常在老王家订购菜品，我跟他讲价，最后他同意每千克2.1元卖给我们。同时，我们后厨鸡蛋快完了，我们需要购买大量的鸡蛋，刚好在菜市场有一位批发鸡蛋的商家，我已经把他请到公司，经过您的同意后我会让他来您办公室进行详细的咨询。"这时，小李不吭声，头一直低着，默默地走出了经理办公室。

其实自动自发就是在原有的工作中能够再多做那么一点点，多注意一些细节。长期以来所积累的经验就为成功打下了基础，有足够的基础，就必然成功。

2. 清洁工的故事

这是一名某公司总裁办公室的清洁工，他有一个习惯，就是会在打扫完总裁办公室之后，将其桌上的文件分门别类地整理好。有一天，总裁秘书生病了，总裁着急地要找一份十分重要的文件。恰好这名清洁工路过总裁办公室门口，他直接走到总裁办公桌前面，从一叠文件中抽出一份说："总裁，请问您是不是在找这份文件？"总裁一看非常激动，这就是他所要找的文件。后来总裁就问："你是做什么工作的？"清洁工回答："我是专门负责您办公室的卫生打扫工作。"总裁又说："这段时间我秘书病了，你就暂时代替我秘书的职位吧。"结果，这名清洁工做了一段时间秘书的工作，总裁发现他比之前的秘书工作更出色。在秘书回来以后，总裁给了秘书另外一个岗位，秘书的工作这名由清洁工来做了。

"敬、自、多"是一种良好的习惯和态度，在关键时刻总能帮助自己处理一些问题，但这一切都需要建立在真正"自发"的基础上，不能为了某些目的去刻意做一些虚假的"敬、自、多"。

3.一美元电话费的故事

哈佛大学的一名本科生去面试，在面试之前人力资源部门已经表示不会录用毕业生，只会录用有工作经验的求职者。他竭力争取，终于获得了这次面试的机会。他面试完之后，走的时候给了面试官一美元，说："如果您聘用我，请给我打电话，这是您的职责；如果我被贵公司拒绝，请您一定要告诉我拒绝我的原因，因为我希望经过此次面试得到成长和锻炼。"面试官坚决不要，但这名毕业生说："通知将被录用的人的电话费是贵公司预算之内的，但对没有被录用的人贵公司规定是不会告知的，因此不在公司预算之内。所以我请您接收这一美元，然后给我打电话。"这一举动过后，公司负责招聘的领导当场录用了这名求职者。

在工作中经常出现各种各样的问题，这些问题往往是由于一些小的细节没做好导致的，但正是这些小的细节，却对我们的工作造成极大的影响。很多员工看不到工作中的细微之处，还美其名曰"不拘小节"，殊不知，不拘小节的后果往往是顾此失彼，甚至铸成大错。也正是这样不注重细节的习惯，让很多人难以取得工作的突破和成功。

4.1.3 "敬、自、多"的表现

通过之前的例子，相信你对"敬、自、多"已经有了一定的了解，那么哪种行为可以算是"敬、自、多"，或者说在工作中什么样的行为能表现出"敬、自、多"的职业素养，下面我们就来阐述四种典型的"敬、自、多"的表现。

1.尊重自己的工作

你可能听说过很多类似的故事，针对刚才清洁工的故事，大多数人可能会觉得清洁工作是一件很简单或者低层次人做的事情。但实际是如果真正地敬业，就会有所不同，就比如这名清洁工做着做着，最终做到了总裁秘书。一旦尊重自己的这份工作，也就可以认为这份工作能够创造自身的价值，可以体现自己的敬业程度。如果真正地重视自己的工作，那么肯定会做好这份工作。

2.全身心投入工作中

善始善终非常重要，很多人在做事情或者为理想奋斗的时候，往往开始做得非常完美，信心满满，但雷声大雨点小，后来工作热情由于各种的原因逐渐退去，就是所谓的虎头蛇尾。这样的话，事情永远都不会做好，或者虽然做完了但没有质量。因此，一旦决定了做一件事，就必须将自己奉献到这件事里，一心一意地完成它。一定要注重开始和结束，更重要的是要享受这个过程，这样在完成目标的同时，自己也会成长，内心也会得到升华。

3. 在工作中成长

在日常工作中，我们应该知道该工作能让我们学到什么，能让我们积累到哪些经验，要去享受工作，而不是仅仅为了完成任务。积极主动地工作能让我们在工作之余体会到其中的乐趣，而这份乐趣可能会支撑我们继续保持积极的状态去工作。比如领导给几个人布置同样的工作，几个小时之后就有人完成，也有几天之后才完成的，那么几个小时之后完成的人肯定是非常重视这个任务，才会积极地去做，所以才会在短时间内完成。

4. 为工作注入百分百的热情

无论我们选择哪个工作，首先自己必须有百分之百的热情，有了对工作的热情，才有可能把工作做好。工作时要投入自己的全部身心，甚至要把它当作自己个人的事，无论怎么付出都心甘情愿，并且能够善始善终。因为只有对自己的工作充满热情，才会在这方面乐于付出，进而提升自己，让自己对工作更熟练，最终脱颖而出。

4.1.4 培养"敬、自、多"职业素养的方法

如果你想具备"敬、自、多"的职业素养，那么你一定要思考是否有一种具体的方法能够让自己逐渐地达到这个目标。为了在工作中能够做到基本的"敬、自、多"，这里我们介绍四种有利于你培养"敬、自、多"职业素养的方法[6]。

1. 对待工作：勤奋、踏实

做好每天的工作，刻苦学习新知识、新技能，珍惜每天工作和学习的机会，在工作中锻炼自己，为自己积累丰富的经验。

2. 对待公司：敬业、主动

这两个词应该深深地植根于每一个员工的心中，大家在各自的职业中不断学习和奋进，不仅圆满地完成自己的本职工作，而且完成之后能够主动地去学习和工作有关的东西，不断地向更高的目标挺进，这样才能成就更多的事业。

3. 对待老板：忠诚、感恩

在工作中，要欣赏和尊重自己的老板，更重要的是要做到忠诚，一切为公司和老板着想，要感谢老板给了自己这份工作，感谢老板欣赏我们的能力。

4. 对待自己：自信、坚韧

要相信自己能够做到最好，面对困难和挫折时，一定要鼓励自己，告诉自己"我能行"。在取得成就时，要保持自己的这份坚韧，告诫自己不要自满，继续努力，为自己下一个目标而奋斗。

4.2 "敬、自、多"的个人体验

"敬、自、多"不仅是在工作与学业中，在日常生活中，也是十分重要的品质。我们通过以下三种情境来领悟"敬、自、多"，并且思考在不同的情况下如何采用"敬、自、多"的思维模式去处理问题，最终使我们能将这种思维模式运用到实际生活与工作中。

1. 如果有人请你帮忙带话，应该怎么做

我们根据"敬、自、多"的做事原则，给出以下建议：在带话时，要确认委托人的话，并一字不差地重复一遍；在传达时要表示出事情的紧急程度；在传达完毕后，最好再让接收信息的人重复一遍，确保他理解的信息与要传的内容一致；最后要及时向委托人反馈。这就体现出"敬、自、多"思维模式的重要性。带话虽然是一件小事，但同时也是一件大事，因为，稍有偏差，所传达的话就会与委托人想表达的意思大相径庭。这也要求我们在带话过程中本着认真负责的态度，严谨地传达出委托人的本意，并且要自动自发地想到委托人未能考虑到的问题并及时解决。在这里，对委托人的反馈尤为重要，只要没有反馈，这位请你帮忙的人的心始终是悬着的，这件事情在他这里是没有结果的。所以，千万要注意，并不是你将这件事情完成了就可以万事大吉了，而是要将结果反馈回去，只有这样，这件事才算圆满完成了。同样，我们在单位或家里接收到其他的指令或委托，也要学会将事情的结果或进展情况及时反馈，如果是一件很容易完成的事情，就等有了结果再反馈；如果是一件相对比较耗时的事情，一定要注意在一天之内有阶段性地反馈，否则就没有将"敬、自、多"的做事原则真正做到位。当然，如果这些都做到位了，与你打交道的朋友、同学、上级或家人就会感觉你是一个有责任心、靠得住的人；反过来，你可能会在别人心目中打上一个不太好的印记，而这个印记在关键时刻可能就会决定你的前途与命运。

2. 如果客人要求换菜，你会怎么做

我们根据"敬、自、多"的做事原则，给出以下建议：以"顾客就是上帝，不与上帝讲对错"的心态来解决此类问题。在客人要求换菜时，要优先考虑客人的感受，客人的要求一定要及时满足。为使客人吃得放心，要把原先的菜品留下，并根据客人的口味重新制作一盘。这样不但满足了客人的要求，而且也使客人免除了将菜拿下去只是简单处理或根本没有处理后再拿上来的嫌疑。

只有客人满意了，其所带来的口碑效应才是无可估量的。所以，在这里顾客永远是对的，永远不要与顾客讲谁对谁错，毕竟故意找碴儿的人是少数，大多数人确实有自己的理由来退换菜品。

自作聪明地逃避或辩解，或能为餐馆省得一点费用，但可能失去的是永远的顾客和口碑。作为一个餐厅的服务人员，"敬、自、多"也是必不可少的素质。敬业并自动自

发地多考虑一些，多做一些，从客人的角度出发，这样才能使客人达到最大的满意度。

3. 如果邻家小孩希望你教他轮滑，你会怎么做

同样地，我们这里也要把握做事情的关键点：安全性和责任人。在教邻居家的小孩轮滑时，首要注意的就是安全，要提前做好准备工作。同时也一定要让对方的监护人知晓这件事情，经过小孩家长的同意后，再决定是否要教小孩轮滑。敬业并自动自发地多做一些，会避免一些不必要的麻烦，也能够相对安全、顺利地做好每一件事。

4.3　"敬、自、多"的思维模式

一个人在工作中有没有积极主动性，有没有追求完美的精神，是具有本质区别的。有很多非常聪明的员工，他们的能力出众，可总是得不到老板的赏识。为什么呢？因为他们从不主动去工作，对于老板的安排，总是能拖则拖。他们自以为聪明，对工作应付了事，这样的员工可能是永远得不到长远发展的。每个企业都喜欢积极主动、善解人意的员工，同事们也乐意与之相处。不要等公司来安排和催促，要比自己分内多做一些，比别人期待的多服务一些，这样可能就会引起公司的注意，就会得到加薪和升职的机会。相信大多数人想成为后者。

我们要怎样锻炼自己"敬、自、多"的职业素养呢？要先了解一下"敬、自、多"的思维模式。下面我们从六个方面具体阐明"敬、自、多"的思维模式。

4.3.1　多做一点的态度能使你从竞争中脱颖而出 [7]

有这样一个职员，他叫艾伦。一个星期六的下午，与艾伦在同一楼层工作的一位律师走进他的办公室，这时办公室只剩下他一个人。律师问："你能找到一位速记员来帮我的忙吗？我手头有些工作，今天必须完成。"艾伦说："今天周末，提前下班了，公司所有的速记员都去看球赛了，如果你晚来5分钟，我也走了。如果你确实很急，好吧，我不看球赛了，反正球赛什么时候都能看，我帮你完成今天的工作吧！"

两个多小时后，艾伦完成了律师的工作。律师问艾伦应该付他多少钱。艾伦开玩笑说："哦，既然是你的工作，就收你500美元吧。如果给别人做，我当然免费了。"律师笑了笑，向艾伦表示谢意。

当然，艾伦的回答是玩笑话，他答应为律师做这项工作时根本就没有想到要拿报酬。但是，出乎意料的是，6个月之后，当艾伦已把这件事忘了的时候，律师找到艾伦，不但给他送来了500美元，还邀请艾伦到他的律师事务所工作，薪水比艾伦现在的工作高出1 000多美元。

这就是多做一点的丰厚回报。艾伦并没有义务放弃自己的休息日去为他人服务,但他放弃了自己喜欢的球赛,多做了一点事情,这不仅为自己增加了500美元的现金收入,而且为自己谋得了一个比以前更重要、收入更高的职位。

你并没有义务去做自己职责范围以外的事,但是你也可以选择率先主动去做,这是一种极珍贵、备受重视的素养,它能使人变得更加敏捷、更加积极。不管你是管理者还是普通职员,"每天多做一点"的工作态度都能使你从竞争中脱颖而出,会使你得到更多的机会。

若想成为一个优秀的员工,除了尽心尽力履行自己的工作职责以外,还要多做一些岗位职责之外的工作。当然,分外的工作可能会让你的工作时间变得很紧张,但能督促你时刻保持旺盛的斗志,而且还可以在工作中不断地锻炼自己、充实自己。多参与其他领域的工作,会让你拥有更多的表演舞台,从而充分发挥自己的才华,一方面可能因此找到自己更具竞争力的地方,另一方面也会引起老板的注意。

对于一个普通的推销员来说,每天多积累一个客户,几年之后便会得到一个庞大的客户资源。其他事情也是一样,每天多做一点点,长久下来就是一个让人吃惊的数字。对于一个普通的公司职员来说,能够主动地对待老板布置的任务,同时能够去积极地完成,持之以恒必会得到老板的赏识。

4.3.2　世界上最伟大的成功秘密 [8]

在《世界上最伟大的推销员》这本书中有一句话:"世界上最伟大的秘密就是:你只要比一般人稍微努力一点,你就会成功。"作者提道:"我打算告诉你一个伟大的秘密。你的上司知道这个秘密,那些事业达到顶峰的人也都知道这个秘密。其实,这也算不上什么秘密,成功的人常常说到它,只是没有人注意听罢了!包括你。或许现在你会注意听。世界上最伟大的秘密就是:你只要比一般人稍微努力一点,你就会成功。再念一遍,把它背下来,永远不要忘记。"作者又说,"我们生活在一个平庸的世界上,芸芸众生大多在平庸中得过且过。我不说,想必你也知道。还记得你上次买的那辆新车吗?组装得真叫糟糕,干活的人只是为了混饭吃。你新买的那栋房子简直千疮百孔。你的夹克衫,口袋都没有剪开。还有你买的那本杂志,竟然缺了16页。"查理 · H. 布劳尔,美国卓越的企业家,由此而感慨道:"我们生活在一个平庸的世界里,大家都马马虎虎,工作只做一半,喜欢逃避责任。洗衣店不熨衣服,服务员不服务,木匠爱来不来,主管们满脑子高尔夫球,当老师的敷衍了事,做学生的专挑不动脑筋的课程来修。人们得意扬扬地享受悠闲的生活,精神懈怠。"要想成功,你不必拼命往前钻,只要原地不动,把该做的事做好,就已经很出众了。为什么?因为别人都退却了!他们受不了压力,逃之夭夭。只有你是剩下的人。"剩人"者,"圣人"矣!正如布劳尔先生所言:"我是一个很有信心的人。我们随处可见一些明智的人,他们不喜欢游手好闲、虚度光阴。

我真想对他们说，当你发现自己漂浮在平庸的海洋中时，不要泄气，当这股愚蠢的潮流风靡一时时，不要消沉。只有少数执着热诚的人才能成为中流砥柱。"我特意等到现在才把这个秘密说给你听。我也故意把它藏在书里，使那些随意浏览的人无法觉察。那些渐渐远离我们的人永远不会知道这个秘密。你却与众不同。只要留心，你会从第八张羊皮卷中得到极大的财富，让你知道这一切是值得的。

全美四大推销大师之一的汤姆·霍普金斯，从小就背负着父亲的期许。因此，当他浪费了父亲毕生的积蓄，从律师学校休学回家时，他父亲失望地流下泪来说："汤姆，我看你这辈子都不会成功了。"

汤姆第二天就离家出走了，接着他选择了房地产推销这个行业。他告诉自己：我会用我的勤奋，赢得我想要的成功。汤姆果然像疯子一样地工作，他每个月的售房量是其他人的10倍之多。几年后，他成了全美房地产销售冠军。

有人问他成功的原因何在，汤姆说："支持我走到今天的秘诀只有一个，即勤奋进取、坚持到底。"

爱因斯坦说过，成功等于勤奋努力加上方法正确和讲究效率。他把勤奋称为成功的首要因素，要取得任何形式的成功，都必须具备勤奋的精神。勤奋就是一种永不止步的进取精神。此外，勤奋的人都有一个明确的奋斗方向，一旦目标确定就不会退缩，永远不会满足于现状。他们总有一股自强不息的劲头，他们的人生哲学就是：向前，向前，再向前。

一位成功的推销员曾用一句话总结他的经验："你要想比别人优秀，就必须坚持每天比别人多访问5个客户。""比别人多做一点点"已经成为很多职场杰出人士共同信奉的职业信条。比别人多做一点点，就能在工作和事业上赢得更多的发展机遇。当然，你或许没有义务做自己职责以外的事，但是你可以选择自愿去做，以鞭策自己快速前进。

每天多努力一点，简单得不能再简单，却也困难得不能再困难。这一切都取决于你的恒心、勤奋与毅力。汤姆的售房量之所以是别人的10倍之多，不是运气使然，而是因为他每天比别人多努力了一点。每天多努力一点，积累到一定时间后，便会形成惊人的力量。没有凭空出现的雪球，想要堆雪人，就要让最小的雪团一遍又一遍地在雪中翻滚。在翻滚的过程中，黏附在雪球上的雪花会越聚越多，雪球也才能最终形成。就如同背英语单词，每天多背几个，一个月后你就会多背了很多。相反，如果你每天少背几个，你就会将你的任务越拖越重。每天多做一些力所能及的工作，即使它现在不能给你带来利益，但它也不会造成你的利益损失，并且，总有一天，它会给予你意想不到的收获。

在当今时代下，有很多人有着"三天打鱼，两天晒网"的习惯，并认为自己劳逸结合，合理分配了自己的时间。事实上这种人往往一事无成，最终虚度了光阴。找到目标，不要犹豫，不要畏惧困难，保持对它的热忱，多努力一点点。化整为零：就算有困难，每天只要多努力一点，它就会被你的勤奋冲淡；积少成多：多努力的这一点，最终会成为你的优势。

现在就付诸行动吧！只要多努力一点，成功就在眼前！

4.3.3　从对方的角度考虑问题

一位母亲在一个盛大节日带着 5 岁的儿子去买礼物。大街上一派节日气氛，橱窗里装饰着彩灯，乔装可爱的小精灵载歌载舞，商店里五光十色的玩具应有尽有。

"一个 5 岁的男孩该以多么兴奋的目光观赏这绚丽的世界啊！"母亲毫不怀疑地想。然而她绝对没有想到，儿子却紧拽着她的大衣衣角，呜呜地哭出声来。

"怎么了？宝贝，要是总哭个没完，我们就回家吧，不买礼物了。"

"我……我的鞋带开了……"

母亲不得不在人行道上蹲下身来，为儿子系好鞋带。母亲无意中抬起头来，啊，怎么什么都没有？——没有绚丽的彩灯，没有迷人的橱窗，没有可爱的玩具，也没有装饰丰富的餐桌……原来这些东西都太高了，孩子什么也看不见。落在他眼里的只是一双双粗大的脚和妇人们低低的裙摆，在那里相互摩擦、碰撞，过来往去……

真是好可怕的情景！这位母亲第一次从 5 岁儿子的高度观察世界。她感到非常震惊，立即起身把儿子抱了起来。从此这位母亲牢记，再也不把自己认为的"快乐"强加给儿子。"站在孩子的立场上看待问题"，母亲通过自己亲身的体会认识到了这一点[9]。

不仅仅是一位好母亲需要站在孩子的角度看待问题，我们每个人都需要站在他人的角度看问题。只有换位思考、将心比心，才能够真正了解他人的所思所想。

站在妻子的角度思考一下，她是否愿意以我这样的人为丈夫？

站在上司的角度思考一下，他是否认为我是一个合格的下属？

站在孩子的角度思考一下，他是否获得了一个孩子应有的童年生活？

不要轻易地将自己的喜好、逻辑强加于他人身上，站在不同的角度看风景，各有各的感受，冷暖自知。每个硬币都有两面，每件事的立场不同，看法和观点也就不尽相同。对于有分歧的事件，我们只能尽量从对方的角度思考问题，多体谅他人。从对方角度考虑问题也有助于我们更加完美地完成工作。从他人的角度看我们工作中的不足，以便于我们及时纠正。从对方的角度思考问题，使对方方便快捷，实际上在这个过程中也会提高你达到目的的效率。站在对方的角度看待问题，有时候会避免言语上的争吵，有时候会消除心灵上的芥蒂，有时候会使你更加快速地通向成功。站在对方的角度考虑问题，清楚直观地了解他的感受是什么、想要的是什么。对一个推销员来说，可能就会因此增加一份订单。对于一个企业来说，可能就会因此增加一个庞大的消费群体。

4.3.4 不为薪水而工作 [5]

在我们身边，有很多不为薪水而工作的典范。对他们来说，任务的复杂性和挑战性激励更大，往往这些人在经历一段时间的磨炼后，反而成了单位的骨干力量，薪水会越来越高。正应了那句话：字写得好的人，功夫在字外！如果真想拿高的薪水，需要做的反而是将自己手头正在做的事做到极致。哪怕是一位清洁工、一位农民、一位文员，真正做到极致的时候，他们的理想与抱负都将会实现。俗话说："三百六十行，行行出状元。"当你真正将手头的事做到"状元"的水平时，就会发现，什么事都一通百通，什么难事都会迎刃而解。正所谓"大道至简"。很多人在做事的过程中，一遇到难事，就说自己不适合，就希望去换一件事来做，而真正做的时候，这种害怕困难的思维习惯已经成了惯性，又会怀疑自己。于是，大部分时间，自己的生命就在这种怀疑和彷徨中耗费，然后迫不得已给自己下一个定义：自己没有找到适合自己的工作。最终，一事无成或慵懒一生。

薪水当然是我们的工作目的之一，但是从工作中能真正获得的更多东西却绝非装在信封中的几张钞票。少一些功利主义的追求，多一些单纯为了工作的坚持，从工作中得到的无形资产和成长机会、技能和经验比单纯的钞票更重要。这些成长机会和做事的经验是无价之宝，会像聚宝盆一样给你带来无穷的财富。一旦明白这个道理，你就不会再为做一件事能得到多少报酬或加班费而分心，反而会尽自己所能将事做到最好。

不要仅仅为了薪水而工作，因为薪水只是工作的一种报偿方式，只看重薪水是一种短视行为，也是不理智的行为。工作固然是为了生计，但工作有着比薪水更加丰富的内涵，确定自己的奋斗目标，在工作中充分挖掘自己的潜能，发挥自己的才干，做正直而纯正的事情，比生计更为可贵。一个人如果仅仅为了薪水而工作，而没有更高尚的目标，那么他的人生只能用"平庸"来形容。也许他会认为自己为公司干活，公司付一份薪水，就是一份等价交换。但实际上这样的人生态度最终伤害的是他自己，而不是公司、老板或别的什么人。

一个人如果只看到薪水，他是不可能看到工资背后可能获得的无形资产和成长机会的，他也不会意识到从工作中获得的技能和经验，对自己的未来将会产生多么大的影响。珍贵的经验、良好的训练、才能的表现和品格的建立，是不管什么时候都不会失去的宝贵财富。

下面一个例子可能会给你一个很好的启发。

一个名叫卡罗·道恩斯的普通银行职员，在受聘于一家汽车公司6个月后，试着向老板杜兰特毛遂自荐，看是否有提升的机会。杜兰特的答复是："从现在开始，监督新厂机器设备的安装工作就由你负责，但不一定加薪。"

糟糕的是，道恩斯从未受过任何工程方面的训练，对图纸一窍不通。然而，他不愿放弃这个难得的机会。因此，他发扬自己的领导特长，自己找了些专业人员安装，结果提前一个星期完成了任务。最后，他得到了提升，工资也增加了 10 倍。

"我当然明白你看不懂图纸，"后来老板是这样对他说的，"假如你随意找个原因把这项工作推掉，我有可能就把你辞掉。"退休后，已经是千万富翁的道恩斯担任了政府的顾问，只领 1 美元的象征性年薪，然而，他工作起来依旧尽心尽力，因为"不为工资而工作"已经成为他的习惯。

不为薪水而工作，通过工作来充实自己、提升自己的能力，进而发现自己的特长并固化它，最终来完善或修正自己的职业生涯规划，这岂不是比薪水本身更有意义和价值？舍得，舍得，有舍才会有得，小舍小得，大舍大得，舍我得道，而这个道就是我们之前说的那个一通百通的万事万物的规律和原则。不为薪水而工作，往往会使我们收获更多！

4.3.5 将工作当成人生的乐趣

视工作为乐趣，人生无异于天堂；视工作为痛苦，人生等同于地狱。很多人会说我不想工作，其实一辈子不用工作最快速的方法就是真心地喜欢上你所从事的这一份工作，对你来说，工作就是快乐地生活，那样就等于一辈子都不是在工作。

我们可以从盖房子的故事里悟出这个道理：

三个盖房子的工人，他们现在正各自盖一间房子。

第一个工人干着干着就不耐烦了，"反正又不是我住的，费那么大劲干吗！"于是他加快速度，草草完工，房子看起来摇摇欲坠。

第二个工人干了一会儿也感到枯燥了，"但我既然收了别人的工钱，就有责任把房子盖好。"于是，他继续认真地干活，一丝不苟地完成了工作，房子看起来十分结实。

第三个工人干着干着变得快乐起来，"盖房子真是一件美妙的事情，如果在房前种一些花草，房后再弄一个园圃，一家人乐融融地住进来，啊，一切太美好了。"于是他忍不住吹起了欢快的口哨，以更大的热情来干活，并在房子上加了不少自己的创意，房子看起来美观大方。

三年之后，第一个工人失业了，没人再敢聘请他；第二个工人仍然认认真真地干着老本行，一切没有变化；而第三个工人却成了全市出名的建筑大师，他设计的房子风格独特、美轮美奂，受到了人们的欢迎。

这三个盖房子的人就是对工作抱三种态度的人。敷衍或消极地对待工作，成绩永远不可能出色；只有在工作中注入自己的兴趣和快乐，事情才会向更美好的方向发展。

乐于工作，真正地爱上工作，将工作当作人生的乐趣，这样才能使自己全身心地投入工作当中，才能使自己真正享受人生。在这个过程中，你还会有一个意外的收获，那就是人在全身心投入一件自己喜欢的事情中时，身体会越来越健康，这可能来自愉悦的心情。俗话说"万病皆由心生"，那如果我们反过来思考的话就是"健康皆由心生"，所以，饱含激情地投入工作中，身体也会越来越健康，人也会越活越年轻，这岂不是意外的收获！

4.3.6　坚持是成功的重要方法

其实成功与失败往往是一步之遥，前面大部分的困难已使人精疲力竭，这时即使一个微小的障碍也可能导致前功尽弃，只要咬紧牙关坚持一下，胜利便尽在眼前。

在这里我们将曾经在《兄弟》杂志上刊登过的一个著名的失败者的故事拿出来与你共勉。这位世界上伟大的失败者，在成功前经历了无数的失败，最终成就了美国人民的幸福。

他出身贫苦，他相貌丑陋，他满口乡音，22岁破产，23岁竞选州议员失败，25岁竞选议员成功，26岁妻子去世，27岁神经受损，29岁竞选议员失败，31岁竞选议员失败，34岁竞选议员失败，37岁竞选议员成功，39岁竞选议员失败，40岁想在自己的州内担任土地局长被拒绝，45岁竞选参议员失败，47岁竞选副总统失败，49岁竞选参议员失败，51岁当上总统。

他就是美国第十六任总统，亚伯拉罕·林肯。

这位著名的失败者有一句名言：成功是屡遭挫折而不气馁。

坚持其实很容易，因为每个人都可以去做；坚持又很难，因为没有多少人能够矢志不渝地去坚持做一件事。塞内加有一句名言：只要持续地努力，不懈地奋斗，就没有征服不了的东西。中国古语亦有云：锲而舍之，朽木不折；锲而不舍，金石可镂。诚然，说起坚持来可能每个人都能慷慨激昂地演说一番，但是确实没有多少人真真正正地将其笃行到底，这就是为什么成功的人永远是少数。一个人一生中无论做什么事，总是会遇到困难，而克服困难的方法之一就是坚持。其实，如果你真能坚持，你的字典里就没有"失败"一说。因为，纵观很多失败，都是当事人放弃了，如果不放弃，也许就没有结果，也不存在成功与失败的结论，顶多是还在路上，还没有结果。所以，只要当事人坚持下去，就只有两个答案，要么还在路上，要么已经成功，除非当事人自己放弃了。所以，当你觉得筋疲力尽时，再坚持一下；当你感到孤立无助时，再坚持一下；当你觉得才思枯竭时，再坚持一下。相信成功就在不远的前方向你招手，也许就在拐角处。

4.4 有关"敬、自、多"的故事

成功永远属于积极主动、勤奋向上的人。当你积极主动地去做事时，成功就会伴随而来。每一个企业都在寻找自动自发工作的员工，并以他们的表现来犒赏他们。下面我们从致加西亚的信等三个故事来说明敬业并自动自发地多做一些产生的巨大作用。

1. 致加西亚的信 [10]

美西战争中，美国总统麦金莱需要与西班牙的起义军首领加西亚取得联系。当时加西亚在古巴广阔的山脉里——没有人确切地知道他在哪里，也没有任何邮件或电报能够送到他手上。而麦金莱总统又必须尽快地得到他的合作。

怎么办呢？

有人对总统说："如果有人能够找到加西亚的话，那么这个人就是罗文。"

于是总统把罗文找来，交给他一封写给加西亚的信。关于那个名叫罗文的人，如何拿了信，用油纸袋包装好，打封，放在胸口藏好；如何经过四天的水路到达古巴，再经过三个星期，徒步走过一个危机四伏的国家，把那封信交给加西亚——这些细节都不是我们想说的。

此处我们要强调的重点是：美国总统把一封写给加西亚的信交给罗文，而罗文接过信之后，并没有问"他在什么地方？""为什么找我去送，而不是找别人？"等一切其他人接到任务可能关心的问题，而是全力以赴将任务出色地完成了。

2. 斯拉的故事 [10]

斯拉在一家大公司办公室从事打字工作。一天，同事们出去吃饭了，这时，一个董事经过他们部门时停了下来，想找一封信件。这并不是斯拉分内的工作，她回答道："对于此信我一无所知，但是，达斯先生，让我来帮助您处理这件事情吧！我会尽快把它找到并把它放在您的办公室里。"当她将他要找的东西放在他面前的时候，董事显得格外高兴。

故事到这里并没有结束。四个星期后她被提升到了一个更重要的部门工作，并且薪水提高了 30%。猜猜是谁推荐她的？就是那位董事。在她提供了帮助之后，他记下了她的名字，在一次公司管理会上，他推荐她从事一个更高职位的工作。

这是一件微不足道的事情，但是细微之处却体现了一种精神，这种精神就是我们这里提倡的敬业并自动自发地多做一些的精神。正如哈伯特所言："年轻人所需要的不仅仅是学习书本上的知识，也不仅仅是聆听他人的种种指导，而是更需要一种敬业精神，对上级的托付，立即采取行动，全心全意去完成任务——'把信带给加西亚'。"

3. 一位道士与盲人的对话 [10]

一位道士回到故乡，在一个漆黑的夜晚，来到一个荒僻的村落中。在羊肠小径上，村民们默默地来来往往。

当他正想离开此地时，看见远处有一点微弱的灯光移动过来。这时身旁的一个人说："瞎子过来了。"

道士百思不得其解。一个双目失明的人，他没有一丝白天与黑夜的概念，他看不到庄严的神像，看不到花开花落，看不到高山流水，看不到柳绿桃红的世界万物，甚至不知道灯光是什么样子的，他挑一盏灯岂不令人迷惘和可笑？那灯笼渐渐近了。晕黄的灯光渐渐移到跟前。道士问："敢问老人家真的是一位盲者吗？"那盲人告诉道士："是的，从踏进这个世界，我就一直双目混沌。"

道士问："既然你什么也看不见，那你为何挑一盏灯？"盲者说："现在是黑夜吧？我听说在黑夜里如果没有灯光的映照，那么世界上的人将都和我一样是盲人，所以我就点燃一盏灯。"道士若有所悟说："原来您是为别人照明？"但那盲人却说："不，我是为自己。"

"为你自己？"道士又愣了。盲者缓缓问道士："你是否因为夜色漆黑而被他人碰撞过？"道士说："是的，就在刚才，还被两个人不留心碰撞过。"盲人听了，就说："但我就从来没有。虽说我是盲人，什么也看不见，但我挑了这盏灯，既为别人照亮了路，也更让别人看到了我，这样，他们就不会因为看不见而碰撞我了。"

道士听了，茅塞顿开，仰天长叹："求道人云游四方，奔波去求道，没有想到道就在我们自己身边，人的道心就像一盏灯，只要我点亮了，即使我看不见道，感觉不到道的存在，但道却看到我自己的，道随时随地都伴随着我们。"

是的，点亮属于自己的那盏生命之灯，既照亮了别人，更照亮了我们自己。

◢ 4.5 "敬、自、多"的思维模式可能带来的意外收获

一旦你拥有了"敬、自、多"的思维模式，你可能会有一些意想不到的收获，这可能就是那句"多走一步就是天堂"的真正含义吧！通过我们的观察以及亲身实践发现，"敬、自、多"的思维模式可能带来的意外收获有：做什么事都会非常有激情，甚至有种越活越年轻的趋势，身体会越来越好，效率会越来越高，思维会越来越灵活，升迁的机会越来越多，人缘和家庭关系也会越来越好，心情越来越好，运气会越来越好。

而带来这些意外收获的原因其实很简单，由于你做什么事情都抱着敬业并自动自发地多做一些的观念，你会发现自己不自觉地合道了，合了"天道酬勤"的道，也合了"生

命在于运动"的道，更合了"天道无亲，恒与善人"的道，自然你有那么多的意外收获也就不足为奇了。"得道多助，失道寡助"，这里暗含了一个"帮助别人，成就自己"的道理。

以上就是有关"敬、自、多"的内容，通过对本章内容的学习，我们对敬业并自动自发地多做一些会有自己的认识和感悟。

本章参考文献

[1] 温碧燕，周小曼，吴秀梅.服务性企业员工正面心理资本、敬业度与工作绩效的关系研究 [J]. 经济经纬，2017（3）：93-98.

[2] SCHAUFELI W B， SALANOVA M，GONZÁLEZ-ROMA V，et al. The measurement of engagement and burnout：a confirmative analytic approach[J]. Journal of happiness studies，2002（3）：71-92.

[3] SCHAUFELI W B， BAKKER A B. Job demands，job resources，and their relationship with burnout and engagement：a multi-sample study[J]. Journal of organizational behavior，2004，25（3）：293-315.

[4] 杨红明，廖建桥.员工敬业度研究现状探析与未来展望 [J]. 外国经济与管理，2009（5）：45-51，59.

[5] 阿尔伯特·哈伯德.自动自发 [M].阿峰，译.武汉：长江文艺出版社，2010.

[6] 闫瑞娟.感恩·敬业·责任 [M].北京：中国纺织出版社，2011.

[7] 憨氏.多走一步就是天堂 [M].北京：中华工商联合出版社，2005.

[8] 奥格·曼狄诺.世界上最伟大的推销员 [M].安辽，译.北京：世界知识出版社，1996.

[9] 雨枫.妈妈的圣诞礼物 [J].好家长，2011（24）：1.

[10] 阿尔伯特·哈伯德.致加西亚的信全集 [M].龙炳秀，译.北京：线装书局，2003.

（史璇，赵明阳）

即测即练

扫码测练

第 5 章

没有任何借口地执行任务

没有任何借口执行任务是西点军校最重要的准则，它强调想尽一切办法去完成任务。我们将这条准则作为职业素养，是因为在世界 500 强企业里面，西点军校培养出来的企业家非常多，并且每个人都具备该项职业素养。后来，人们发现没有任何借口执行任务本身就是一个我们在工作中必须具备的职业素养。之所以把没有任何借口执行任务放在第三位，是由于：首先，有了树立积极心态和"敬、自、多"的学习，就能更好地不找借口地执行任务，树立积极心态和"敬、自、多"是没有任何借口执行任务的前提；其次，没有任何借口执行任务是公司基业长青的前提条件，作用非常重大，当全体员工具有很好的执行力，企业会具有非常大的竞争优势。

▲ 5.1　没有任何借口地执行任务的内涵及例子

没有任何借口地执行任务是西点军校的行为准则，也是其第一个理念。它强调想尽办法去完成任何一项任务，而不是为没有完成任务去寻找借口，哪怕看似合理的借口。他们对于该要求的理解就是：合理的要求是训练，不合理的要求是磨炼。其要求每一位军人都要具备毫不畏惧的决心、坚强的毅力、完美的执行力以及在限定时间内把握每一分每一秒去完成任何一项任务的信心和信念。

没有任何借口地执行任务即对待工作千万别找任何借口，要时时刻刻、事事处处体现出服从、诚实的态度和负责、敬业的精神。结合到我们企业来说，要提高各级人员的执行能力，必须解决好"想执行"和"会执行"的问题，把执行变为自动自发自觉的行动。没有任何借口的第一个理念就是执行力，而执行力是一个公司运营中最大的管理盲区。

在很多公司中，为什么看似雄心勃勃的计划结果总是一败涂地？这是因为公司的执行力不足；为什么好的决策总是一而再、再而三地付之东流？这是因为公司的执行力不强；为什么刚刚做好计划，贯彻时却出现问题？这是因为公司执行力出现了严重的问题；为什么付出比计划多了 10 倍，结果却不到计划收益的 1/10？这是公司管理中最大的执行力盲区；为什么公司陷入怪圈：高层怨中层，中层怪员工，员工怨高层？这是因为公司中存在着严重的执行力危机！因此提高执行力对任何企业或团队都非常重要。下文从没有任何借口地执行任务的内涵及例子来进行简要说明。

5.1.1　没有任何借口地执行任务的内涵——敬业、责任、服从、诚实

1. 敬业就是专心致力于学业或工作

《韩非子·喻老》对敬业的解释是专心致力于学业或工作[1]。敬业是一个人对自己所从事的工作及学习负责的态度。很多敬业的人物故事都感人至深、发人深省。这个在第4章我们已有阐述，本章不再重复。

2. 责任就是一个人应尽的义务和应承担的过失

通常可以从两个角度来理解责任[2]：一是指社会道德上，个体分内应做的事，如职责、任务、岗位责任等；二是指没有做好自己工作，而应承担的不利后果或强制性义务。责任心就是关心别人、关心整个社会。其主要包括三方面。

（1）应尽的义务。应尽的义务即分内应做的事。

（2）应承担的过失。例如：承担责任。从实践层面看，责任是一个完整的体系，包含五个方面的基本内涵：责任意识，是"想干事"；责任能力，是"能干事"；责任行为，是"真干事"；责任制度，是"可干事"；责任成果，是"干成事"。

（3）承担责任的过程。承担责任的过程一般有十个步骤：审责，切责，归责，尽责，责难，受责，惩责，悔责，免责，偿责。

责任心就是关心别人、关心整个社会。有了责任心，生活就有了真正的含义和灵魂。这就是考验，是对文明的至诚。它表现在对整体、对个人的关怀。这就是爱，就是主动。

3. 服从就是遵照和听从

每一位员工都应当服从上级的安排，就如同每一个军人都必须服从上司的指挥一样。服从是行动的第一步。一个团队如果下属不能无条件地服从上司的命令，那么在达成共同目标的过程中，就会产生障碍；反之，就能发挥出超强的执行能力，使团队胜人一筹。

服从是一种社会秩序的建立，是一种伦理道德的展现。所以要建构一个有伦理、有秩序的社会，人人都应该养成服从的习惯。处在服从者的位置上，就要遵照指示做事。服从的人必须暂时放弃个人的独立自主，全心全意去遵循所属机构的价值观念。一个人在学习服从的过程中，对其机构的价值观念、运作方式才会有更透彻的了解。任何一个团队、一个单位都是一样的。

服从依对象不同可分为三种层次：小人因畏惧而服从；好人因爱护而服从；智人因真理而服从。对于第一种服从，我们不敢恭维。一个人如果懂得服从真理、信仰真理，这个人必定心胸坦荡，必然大有可为，这就是有智慧的人。这是我们应该追求的更高层次的服从。服从并不是唯唯诺诺、没有见地，每个人都有自己的见地，如果有不同意

见，可以提出自己的建议，一旦组织决定了，就要坚决服从，没有任何借口地去执行，即使这个决定可能会违背个人的本意。服从是有效执行的第一步，也是使我们走向成功的阶梯。

4. 诚实就是待人处世真诚、老实、行必果、一诺千金

真实表达主体所拥有的信息（指好的一方面），也就是行为忠于良善的心。"诚实"是褒义词，用于赞美一个人的好品质，它具有"善"的特质，并不完全等同于准确传达客观事实。比如一个如实交代自己行凶过程的罪犯，我们不会用诚实来称赞他；而一个为保护无辜的人被迫说谎的人，我们也不能用不诚实来责备他。诚实就是忠于事物的本来面貌，不隐瞒自己真实思想，不掩饰自己真实感情，不说谎，不做假，不为不可告人的目的而欺瞒别人。诚实是一种人们在立身处世、待人接物和生活实践中必须而且应当具有的真诚无欺、实事求是的行为品质，其基本要求是说老实话、办老实事、做老实人。

5.1.2　没有任何借口地执行任务的例子

我们从敬业、责任、服从、诚实四个角度对没有任何借口执行任务的内涵有了初步的了解，下面我们从《没有任何借口》一书中节选了四个经典例子[3]，能够让你在不同场景里感悟该职业素养。

1. 一次搞定七项任务的士兵杜瑞松

杜瑞松在第一次奉派外地服役的时候，有一天连长派他到营部去，交代给他七项任务，如要去见一些人、请示上级一些事、有些东西要申请（包括地图和醋酸盐，当时醋酸盐严重缺货）等。杜瑞松决心把七项任务都完成，但究竟怎样才能完成任务，他还没有多少把握。

果然事情办得不顺利，问题就出现在醋酸盐上。他执着地向负责补给的长官说明理由，希望能从仅有的存货中拨付一点给自己带回。最后，在杜瑞松的坚持和不懈请求下，负责补给的长官终于答应给他一些醋酸盐。杜瑞松去向连长复命时，连长并没有说什么表扬的话，但是很显然他有些意外，因为要在短时间内完成七项任务确实非常不容易。或者换句话说，即使杜瑞松完不成任务，也是可以找到借口的。但是他没有这样做，因为他的心里根本就没有失败的念头。这就是西点军校绝对服从的主旨所在：在有限的时间内，要求学员不要费时费力地寻找托词和借口，而是要无条件地完成任务。

2. 坚持跑到终点的马拉松选手艾克瓦里

时间：一个漆黑、凉爽的夜晚；地点：墨西哥城。坦桑尼亚的奥运马拉松选手艾克瓦里吃力地跑进了奥运体育场，他是最后一名抵达终点的选手。这场比赛的优胜者早就领了奖牌，庆祝胜利的典礼也早已结束，因此当艾克瓦里一个人孤零零地抵达体育场时，

整个体育场几乎空无一人。艾克瓦里的双腿沾满血污，绑着绷带，他努力地绕完体育场一圈，跑到了终点。在体育场的一个角落，享誉国际的纪录片制作人格林斯潘远远地看着这一切。接着，在好奇心的驱使下，格林斯潘走了过去，问艾克瓦里：为什么要这么吃力地跑至终点？这位来自坦桑尼亚的年轻人轻声回答说："我的国家从两万多千米外送我来这里，不是叫我在这场比赛中弃跑，而是派我来完成这场比赛的。"

3. 巴顿将军的"挖战壕选将法"

巴顿将军在他的战争回忆录《我所知道的战争》中曾写到这样一个细节：

我要提拔人时，常常把所有的候选人排到一起，给他们提一个我想要他们解决的问题。我说："伙计们，我要在仓库后面挖一条战壕，8 英尺长，3 英尺宽，6 英尺深。"我就告诉他们这些。

我有一个带后窗户的仓库。候选人正在检查工具时，我走进仓库，通过窗户观察他们。我看到伙计们把锹和镐都放到仓库后面的地上，他们休息几分钟后开始议论我为什么要他们挖这么浅的战壕。有的人说，6 英尺还不够当火炮掩体；其他人争着说，这样的战壕太热或太冷；如果伙计们是军官，他们会抱怨自己不该干挖战壕这么普通的体力劳动；最后有个伙计对大家下命令：让我们把战壕挖好后离开这里，那个老畜生想用战壕干什么都没关系。

最后，巴顿写道，最后那个家伙得到了提拔，我必须挑选不找任何借口完成任务的人。

没有任何借口是执行力的表现，无论做什么事情，都要记住自己的责任，无论在什么样的工作岗位都要对自己的工作负责，工作必须不找任何借口去执行。

4. 洗净手套的任务

在西点军校，新兵来到军校之后，老兵会给新兵布置一些任务。比如，晚上 10 点了，一位老兵到新兵宿舍，走到一位新兵的跟前，对他说："学弟，请把我的手套洗干净，明天早上 8 点我要用。"这是一双纯棉手套，时间紧，并且晚上没有任何热风或者风干设施，也没有暖气。这位新兵第一时间先把手套洗干净，边洗边想如何把它烘干。后来，他在宿舍一只手拿一只手套，不停地来回摇摆，借那么一点点的风试图将手套风干。在第二天早上老兵取手套之前，新兵终于将手套风干完成了任务。

所以，在西点军校，新兵经常被这样教导：把合理的要求当训练，把不合理的要求当磨炼。

▲ 5.2　高效能人士的七个习惯及其关系

5.1 节是对"没有任何借口执行任务"的内涵以及相应例子的阐述，那么接下来我们讨论如何才能够做到没有任何借口来执行任务呢？这里我们用《高效能人士的七个习惯》的核心内容以及书中的观点来加深理解没有任何借口执行任务的内涵[4]。

这七个习惯分为三个部分，前三个习惯是个人领域的成功：从依赖到独立；第四个至第六个习惯是公众领域的成功：从独立到互赖；第七个习惯是自我提升和完善。作者认为世界是变化的，人们做事的原则是不变的。所以，作者才总结了这七个习惯，也可以称之为七个原则。作者认为：要完成最渴望的目标，应对最艰巨的挑战，必须发掘并应用一些原则或自然法则，因为它们恰好左右着人们苦苦期待的成功。如何应用一个原理，因人而异，取决于个人独一无二的优势、天赋和创造能力，但最根本的是，任何努力的成功，都离不开恰到好处并游刃有余地应用某些原则，这些原则对成功而言是不可或缺的。我们将这七个习惯的简要定义与架构图介绍如下。

1. 积极主动（be proactive）——个人愿景的原则

积极主动即采取主动，为自己过去、现在及未来的行为负责，并依据原则及价值观，而非情绪或外在环境来下决定。积极主动的人是改变的催生者，他们扬弃被动的受害者角色，不怨怼别人，发挥了人类四项独特的禀赋——自觉、良知、想象力和自主意志，同时以由内而外的方式来创造改变，积极面对一切。

人性的本质是主动而非被动的，人类不仅能针对特定环境选择回应方式，更能主动创造有利的环境。采取主动不等于胆大妄为、惹是生非或滋事挑衅，而是要让人们充分认识到自己有责任创造条件。

2. 以终为始（begin with the end in mind）——自我领导的原则

所有事物都经过两次创造——先是在脑海里酝酿，其次才是实质的创造。个人、家庭、团队和组织在做任何计划时，均需先拟出愿景和目标，并据此塑造未来，全心投注于自己最重视的原则、价值观、关系及目标之上。对个人、家庭或组织而言，使命宣言可以说是愿景的最高形式，它是主要的决策，主宰了所有其他的决定。领导工作的核心就是在共有的使命、愿景和价值观之后，创造出一个文化。

太多人成功之后，反而感到空虚；得到名利之后，却发现牺牲了更可贵的事物。因此，我们务必掌握真正重要的愿景，学会时常观照自己、反躬自省、改造自我，然后勇往直前、坚持到底，使生活充满意义。

3. 要事第一（put first things first）——自我管理的原则

要事第一即实质的创造，是梦想（你的目标、愿景、价值观及要事处理顺序）的组织与实践。次要的事不必摆在第一，要事也不能放在第二。无论迫切性如何，个人与组织均针对要事而来。重点是，把要事放在第一位。

有效管理是掌握重点式的管理，它把最重要的事放在第一位。由领导决定什么是重点后，再靠自制力来掌握重点，时刻把它们放在第一位，以免被感觉、情绪或冲动所左右。

4. 双赢思维（think win/win）——人际领导的原则

双赢思维是一种基于互敬、寻求互惠的思考框架与心意，目的是寻找大量的机会、财富及资源，而非敌对式竞争。双赢既非损人利己（赢输），亦非损己利人（输赢）。我们的工作伙伴及家庭成员要从互赖式的角度来思考"我们"，而非"我"。双赢思维鼓励我们解决问题，并找到互惠的解决办法，是一种资讯、力量、认可及报酬的分享。

5. 知彼解己（seek first to understand，then to be understood）——移情沟通的原则

知彼解己就是首先寻求去了解对方，然后再争取让对方了解自己。这一原则是进行有效人际交流的关键。

移情沟通的关键是要学会移情聆听，它是指以理解为目的的聆听，要求听者站在说话者的角度理解他们的思维模式和感受。其本质不是要你赞同对方，而是要在情感和理智上充分而深入地理解对方。

当我们舍弃"回答心"，改以"了解心"去聆听别人，便能开启真正的沟通，增进彼此关系。对方获得了解后，会觉得受到尊重与认可，进而卸下心防，坦然而谈，双方对彼此的了解也就更流畅自然。知彼需要仁慈心，解己需要勇气。能平衡两者，则可大幅提升沟通的效率。

在知彼方面，你越深入了解别人，就会越欣赏和尊敬他们。触及对方的灵魂是一件很神圣的事情；在解己方面，表达时也要讲究技巧，要遵循品德第一、感情第二和理性第三的原则。这里的品德指的是个人的可信度，是人们对你的诚信和能力的认可，是你的情感账户。感情指的是移情能力，是感性的，说明一个人能通过交流迅速理解他人的情感。理性是指逻辑能力，即合理表达自己的能力。

6. 统合综效（synergize）——创造性合作的原则

统合综效谈的是创造第三种选择——既非按照我的方式，亦非遵循你的方式，而是第三种远胜过个人之见的办法。它是互相尊重的成果——不但是了解彼此，甚至是称许彼此的差异，欣赏对方解决问题及掌握机会的手法。个人的力量是团队和家庭统合综效的利基，扬弃敌对的态度（1+1=0.5），不以妥协为目标（1+1=1.5），也不仅止于合作（1+1=2），他们要的是创造式的合作（1+1>2）。

统合综效的基本心态是：如果一位具有相当聪明才智的人跟我意见不同，那么对方的主张必定有我尚未体会的奥妙，值得加以了解。

与人合作最重要的是，重视不同个体的不同心理、情绪与智能，以及个人眼中所见到的不同世界。假如两人意见相同，其中一人意见必属多余。

7. 不断更新（sharpen the saw）——平衡的自我更新的原则

"不断更新"谈的是，如何在四个基本生活面（身体、精神、智力、社会/情感）上，不断更新自己或磨炼自己（图 5-1）。这个习惯提升了其他六个习惯的实施效率。对组织而言，习惯七保证了组织的更新及不断改善，使组织不致呈现老化及疲态，并迈向新的成长之径。对家庭而言，习惯七透过固定的个人及家庭活动，使家庭效能升级，就像建立传统，使家庭日新月异，即是一例。

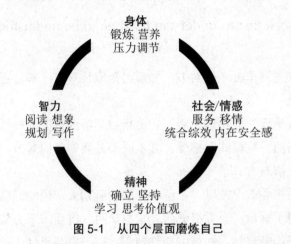

身体
锻炼 营养
压力调节

智力
阅读 想象
规划 写作

社会/情感
服务 移情
统合综效 内在安全感

精神
确立 坚持
学习 思考价值观

图 5-1 从四个层面磨炼自己

人生最值得的投资就是磨炼自己，因为生活与服务人群都得靠自己，这是最珍贵的工具。工作本身并不能带来经济上的安全感，具备良好的思考、学习、创造与适应能力，才能立于不败之地。拥有财富，并不代表经济独立，拥有创造财富的能力才真正可靠。

8. 七个习惯之间的关系

七个习惯之间的关系如图 5-2 所示，先有三个个人领域成功的习惯（选择的自由、选项的自由、行动的自由），然后是三个公众领域成功的习惯（尊重、理解、创造），接着是一个补充性的习惯，加起来就是七个。如果想把别的什么可取之处归纳成习惯，那么只需把它放在习惯二的名下即可，作为你准备为之努力的价值观。举例来说，如果你想要把守时归纳成习惯，那就可以把它视作习惯二的价值观之一，以此类推，无论你想到哪些可取特性，都可以把它归为习惯二的内容。习惯一指的是你可以拥有和选择一个价值观体系；习惯二指的是价值观体系的备选项或具体内容；习惯三指的是遵循这些价值观。因此，它们是非常基本的、普遍的和相互联系的习惯。

从图 5-2 中可以看出，七个习惯之间符合成长规律，提供了开发个人和人际效能的渐进、持续和高度整合的方法，让我们依次经历"成熟模式"——由依赖到独立，再到互赖，不断进步。"成熟模式图"（maturity continuum）即人类成长的三个阶段，分别为依赖期、独立期、互赖期。依赖（dependence）期以"你"为核心——你照顾我，你为我的得失成败负责；独立（independence）期以"我"为核心——我可以做到，我可以负责，我可以靠自己，我有权选择；互赖（interdepenence）期以"我们"为核心——

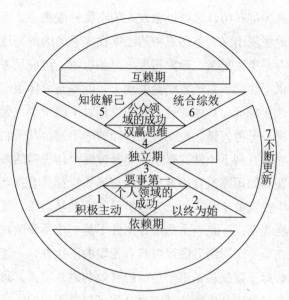

图 5-2 七个习惯之间关系的架构图

我们可以做到，我们可以合作，我们可以融合彼此的智慧和能力，共创前程。

依赖期的人靠别人来实现愿望；独立期的人单枪匹马打天下；互赖期的人，群策群力实现最高成就。

◢ 5.3 善用思维导图

5.3.1 思维导图的含义

思维导图[5]又称心智图，是表达发射性思维的有效的图形思维工具，它简单却又极其有效，是一种革命性的思维工具。思维导图运用图文并重的技巧，把各级主题的关系用相互隶属与相关的层级图表现出来，把主题关键词与图像、颜色等建立记忆链接，充分运用左右脑的机能，利用记忆、阅读、思维的规律，协助人们在科学与艺术、逻辑与想象之间平衡发展，从而开启人类大脑的无限潜能。思维导图因此具有人类思维的强大功能。

思维导图是一种将放射性思考具体化的方法。我们知道放射性思考是人类大脑的自然思考方式，每一种进入大脑的资料，不论是感觉、记忆或是想法——包括文字、数字、符码、香气、食物、线条、颜色、意象、节奏、音符等，都可以成为一个思考中心，并由此中心向外发散出成千上万的关节点，每一个关节点代表与中心主题的一个连接，而每一个连接又可以成为另一个中心主题，再向外发散出成千上万的关节点，呈现出放射性立体结构，这些关节的连接可以视为个人记忆，也就是个人数据库。

建立思维导图的主要作用：有利于人们对其所思考的问题进行全方位和系统的描述与分析，有助于人们对所研究的问题进行深刻的和富有创造性的思考，从而有利于找到解决问题的关键因素或关键环节。它可以激发人的丰富的联想力，可以把哲学层面的许多思考方式毫无障碍地表现出来，包括思考的连续性、思考的深刻性、思考的批判性、发散性思考、联想思考、类比思考、形象思考、灵感思考、辩证思考等，所以它可以大大提高人的哲学思考水平和运用哲学方法论的水平，能够充分体现一个人的思考特点，因而具有非常强的个性化特征。具体地讲，就是说相对于同一个主题的思维导图来说，由于制作者的知识结构、思考习惯、生活和工作经验的不同，其所制作的思维导图也非常不同，因此，思维导图有利于个性的张扬和充分体现个体思考的多样性。思维导图对于人们极为关心的问题，如提高教育质量和组织培训质量都具有重要的价值，它已经成为许多新的学习方法中的重要工具，如研究性学习与行动学习等。思维导图具有无限的发展性，具体讲有两层含义：一是一个思维导图并不是一成不变的，它是随着制作者思考的发展而发展的；二是一个思维导图可以具有无限的层次性，上述性质对理论研究工作者、企业管理者和教师无疑提供了事半功倍的有效的思考工具。思维导图在理论上讲对任何应用它的人都有好处，其应用的领域也几乎可以是无限的。比如，做读书笔记，分析自己的研究主题，组织问题、产品问题和服务问题的分析，专题演讲和教师的教案准备等。思维导图有助于提高学习者甚至是教师的学习能力，有助于一个学习者真正实现终身化学习和学会学习的目标。只要有一定学习基础和生活经验的人都可以学会运用思维导图，一个人一旦掌握了这种方法，就可以在短时间内提高他的思考能力和思考水平，挖掘出自己的思考潜力。

5.3.2　如何解读思维导图

如图 5-3 所示，思维导图通常由三个部分组成，第一部分是中间的主题（下文中说的中心主题），第二部分是围绕主题分散开的一级分支（下文中说的主干），第三部分是围绕一级分支再分散开的二级分支或三级分支（下文中说的支干）。具体如何来解读思维导图呢？需要三个步骤。

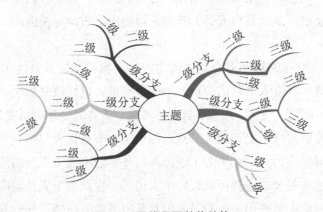

图 5-3　思维导图整体结构

（1）找中心主题（中心主题：位于思维导图中间，是一个彩色的图，也是一张思维导图中最明显、最大的图。如图 5-4 所示，最中间的果篮上面的"水果"两个字对应的是主题）。

图 5-4　关于水果的思维导图

（2）找主干（主干：连接中心主题，并且由中心主题往外做放射线状的延伸，由粗到细的线条，图 5-4 中香蕉、菠萝、苹果、橘子等类别，对应的是一级分支）。

（3）看支干（支干：连接在主干之后，所有细细的线条。图 5-4 中每类水果的特征，对应的是二级分支）。

5.3.3　思维导图的三种样貌

了解了思维导图的含义和如何解读后，相信你已经能够了解每一幅思维导图的基本内容了，下面我们介绍三种不同种类的思维导图及其特征，方便你在今后的学习和生活中能根据自己喜好来设计自己的思维导图。

（1）全图思维导图：由图与线条组成的思维导图，特色是画面呈现活泼、有吸引力，彩色图像配合线条引导的内容，大脑最容易记忆，适用于有人解说内容的场合，如自我介绍、亲手赠送卡片、上台做报告等。

（2）全文字思维导图：由文字和线条组成的思维导图，特色是内容清楚，让人一目了然，适合用在信息需要清楚表达，而且没有人在旁说明的场合。

（3）图文并茂思维导图：由图、文字和线条组成的思维导图（图 5-4 就是这种类型的思维导图），特色是内容表达很清楚又不失活泼，是最常见也是最实用的一种思维导图。

5.3.4 思维导图记忆术的运用

思维导图可以让大脑轻松记住信息，是思维导图中图像、颜色和分类这三个特征相互作用的结果。下面对这三个特征进行详细的阐述，你也可以通过这三种特征来解读和记忆思维导图的内容。

（1）图像。跟文字比起来，图像更能吸引大脑的注意，也更容易让人记住。我们在回想内容时，大脑常常是先想到图像，再想到图像所代表的意义，只是这个过程快得让我们觉察不到。

（2）颜色。大脑对彩色的事物是比较感兴趣且容易记忆的。思维导图的色彩运用，除了建议图像多多使用丰富的色彩之外，线条和文字也需要做颜色管理，但并不是颜色越多越好！

（3）分类。思维导图中的信息呈现，是经过分类整理的。

5.3.5 如何画简单的思维导图

上面我们通过学习思维导图的内涵解读了思维导图的方法及其特征，那么你是否也会有这么一个想法：自己也可以动手来画关于自己感兴趣的内容的思维导图。有什么方法可以让我们能够简单地画一幅思维导图呢？简单的思维导图通过 A1 图纸和彩色笔以及大脑的智慧就可以完成。通过收集这方面的资料，我们总结了一套绘制思维导图的方法，共有五个步骤。

（1）写下中心主题——从图开始。从白纸的中心开始绘制，画一个独特且与所要表达的主题有关的图形。如果觉得这样的创作工作太过费神，可以从其他地方找一个符合你想法的图形替代。花点时间来装点你的思维导图，并尽可能多地使用色彩，至少用三种颜色来画，让图形更具吸引力、重点突出，也更易记住。

（2）扩展层次——延伸分支。思维导图的分支通常是放射式层级的。越重要的内容越靠近中心，由内向外逐渐扩展。画分支时通常从时钟钟面 2 点钟的位置开始，顺时针画。

（3）专注关键词——采摘智慧的果实。关键词通常是名词，占总词汇量的 5%～10%。我们使用思维导图比传统的用笔记词汇量要少得多，这意味着无论是记忆还是阅读，我们将节约 90% 以上的时间。关键词用正楷字来书写，以便记忆时辨识，同时通过想象来帮助大脑将词汇"图形化"。

（4）线——记忆与联想的桥梁。连线与所写的关键词或所画的图形等长，太短显得过于拥挤且不美观，太长则浪费空间。保证每条连线都与前一条连线的末端衔接起来，并从中心向外扩散。如果连线之间不衔接，那么在回忆的时候，思维也会跟着"断掉"，从而导致记忆的断层。

连线从中心到边缘逐渐由粗变细，就像一棵树，树干比较粗，树枝比较细。从中心延伸出来的主干最好不要超过 7 个，因为主干过多不利于记忆，而且理解起来也很困难。连线用较自然的波浪状分支，这样能向外引导我们的视线进行阅读。同时，使用曲线也能更有效地利用纸上的空间，可以让我们的眼睛感受线条或内容的视觉节奏，而不易造成视觉疲劳。

（5）使用箭头和符号。思维导图是一种能帮助我们增强对事物理解的方法，使我们了解到信息是如何相互联系在一起的。普通和优秀、成功与失败的区别也就在于我们是否知道知识与事物之间的内在关联。同一个词汇出现在两个或更多的分支上，说明这个词汇是一个新的主题贯穿在我们的笔记中。如果利用传统的线性笔记方式，就不容易发现这种现象。我们发现一个单词出现在不同的分支上时，用一个箭头连接它们，这样我们的记忆也随之连接。

◢ 5.4　工作中常见的几种借口

在工作中，也许大家都有过这样的经历，当领导为我们布置任务时，如果我们没有完成，就会找出一大堆理由去解脱自己、说服别人，总之没有一丝自己的责任，殊不知借口的实质就是推卸责任。又比如当遇到棘手的问题时，就层层汇报上去，感觉自己不但推卸了责任，而且也给领导布置了功课，很多人甚至还会沾沾自喜，认为自己确实有聪明之处。其实没能认识到，寻找借口是对领导交办任务的拖延和不负责任，是一种不良习惯，最终可能会导致不被信任。下面是我们经常见到的九种借口，我们对其进行了解释，并希望你在以后的工作中，对于领导布置的任务做到没有任何借口执行任务 [6, 7]。

1. 我太忙了

"忙"是形容心中急促紧张而言行紧迫之状，故从心，心中忙乱则神智难定，以致如有所失而缺乏主张。"忙"就是我们的心智失去了功能，如敏锐的洞察能力、清晰的分辨力、理智的判断力不起作用了，如同盲人一般，弄不清自己的方位，认不清前进的方向。所以，当人们面对巨大的工作学习生活压力时，"忙"就成了人们最常用的借口。

在大多数公司里，我们都能听到这样的对话："小张，我交给你的效益规划你做得怎么样了？""做了一些，但我最近这段时间太忙了，还有另一个项目在等着我做。""你怎么会连接北京来的客户这么重要的事情都给耽误了呢？""都是因为我太忙了，现在我手头上还有好几件事没有做完呢！""小李，帮我查一查去年 7 月上海的销售情况的具体数据。""我忙着呢，你去找小曹吧。"……以"忙"作为借口，是我们这个社会里非常普遍的现象。一般人觉得，"忙"是最为合情合理、最让别人感到可以理解的理由。殊不知，以"忙"为借口的员工在一个公司里多起来之后，对公司的发展前景和企业文化的营造是危害最大的。因为这个借口就如同正在生长的癌细胞，当有一天它到了晚期，你再想抢救都来不及了。

2. 我正等着指示

这是做事情拖延的一种常见的借口，它也是为日后完不成工作埋下伏笔的最佳借口之一。这类员工很少会主动做事，经常是被动地接受工作任务，而且当事情没有完成或者工作上出了麻烦时，他们往往会把责任推到上司的头上，自己是不会承担责任的。他们认为，反正工作是上司交代下来的，做得好与坏都与自己无关，负责任的应该是给自己下指示的人。

3. 我不知道你会急着要它

经常使用这种借口的员工，出发点与"我正等着指示"是一样的，都是把没完成或没有做好的责任推到别人的身上，他却可以置身事外，并且找的借口总是会加上"我以为""我觉得"这样的词语，好像是在猜测上司的心思。这样的借口只是把责任推给上司，以为这种借口能够使自己非常安全，因为他心里已经预先准备好了这样的借口："你当初又没跟我说清楚你急着要它，我哪里知道需要这么快就做完呢？"所以，在工作中首先要认真执行任务，其次要和上司沟通，不能用自己的思想去猜测上司的想法。

4. 这完全是他的事

这是一句把责任推到别人身上的使用频率最高的话，没有用过这句话的人不多。例如，部门与部门之间、同事与同事之间、员工与员工之间、生产者与管理者之间等都会出现这种事不关己、高高挂起的姿态。其实，这就是一种极其缺乏团队精神的表现。只要是同一个公司里的事情，就不能完全是别人的事，而与自己没有任何关系。而且很多时候，有些事情明明是自己做的，却用撒谎来逃避责任，这样的情况就更令我们警惕。

5. 我只管工作，做不了任何决定

当工作出现问题时，有些员工喜欢用"我只管工作，做不了任何决定"来给自己做挡板。他们觉得，自己是绝对服从上司的安排，事情做得好与坏，都与自己无关。而且很多时候，在没有上司的决定之下，自己就不应该做出任何举动，否则出了问题，还是自己倒霉。"我只管工作，做不了任何决定"这种借口看似很有道理，因为自己确实必须听从上司的指挥，但一味地被动工作以及在工作前就找好了借口的想法一旦形成了习惯，最终吃亏的也往往是员工自己。

6. 这事与我部门无关

说这话的人可能是员工，也可能是部门主管等管理者。它本质与"这完全是他的事"相似。区别在于，它把一种本来用于个人身上的借口上升到了一个部门的高度，这种借口更为可怕。因为当人们认为自己是在为团队谋利益时，更加会认为自己的借口是最神圣的理由。而这对于一个公司的整体而言是极其有害的，因为这是人为地把部门之间隔绝起来，把相互作用、相互交流盲目地切断了。

7. 事先没人告诉我

这个借口与"我不知道你会急着要它"的用意差不多，但被应用的范围更广，被使用的频率更高。人们经常会在说出这个借口之后，就心安理得地把可能是自己引起的问题和麻烦一下子推到了别人身上。而且这种借口说出来是很理直气壮的，因为他会觉得，自己毕竟不是先知和万能的嘛。其实这样的借口是对自己工作的不负责任，更能够表现出自己没有勇气去承担这样的责任，只是一种推脱。

8. 一直以来，我们都是这样做的

当惹麻烦了，工作中出现问题了，这种借口就会让人觉得能够帮助解释问题。因为他们会认为，自己之所以会出现问题，之所以做错事了，并不是自己的错，而是因为大家都是这么做的，从来就是这么做的，至于到了自己做，为什么会出现问题，那就要问这种传统的做法为什么会让自己碰壁了。说出这种借口的人坚持认为："责任不在自己，而是在于这种工作方法本身。"

9. 等领导回来再说

这是员工拖延的最好借口之一。由领导来拍板，让领导负责任，这比把将来出现问题时的责任推到谁身上都要合适。

很显然，在一个公司，员工为了逃避责任、保护自己，还会有很多五花八门的借口。不过，上述的九种借口是员工使用频率最高的。我们在这里把这些在工作中常见的借口一一列举出来，并做了非常简要的分析，目的是要让我们做到没有任何借口地执行任务，能够有目的地与这些借口决战。

▲ 5.5　没有任何借口地执行任务的思维模式

综观《财富》500强公司，它们都有一个共同的特点，那就是员工能够有效地执行他们的目标任务，而且还没有任何借口。无论什么工作，都需要这种不找任何借口去执行的人。对我们而言，无论做什么事情，都要记住自己的责任，无论在什么样的工作岗位上，都要对自己的工作负责。不要用任何借口来为自己开脱或搪塞，因为完美地执行是不需要任何借口的。做了多少工作不重要，关键是执行的结果是什么。服从没有理由，

想法要立即付诸行动，在行动中修正方案，有了速度，就赢得了时间。行动是第一位，其次是聚焦。一定要有清晰的目标，尤其是领导的指示；一定要得到确认之后再去执行，要让执行可量化、可考核、可检查，同时还要进行自我约束、自我管理[3]。

下文从几个方面说明没有任何借口执行任务的思维模式：服从，行动的第一步；做最优秀的员工；超越雇佣关系；我们都是精英。

5.5.1 服从，行动的第一步

1. 服从的本质

服从的本质，就是无条件地遵从上级的指示。在有些人的观念里，服从就是"对的就服从，不对的就不服从"。这种观念是错误的。如果上司的指令要经过你的判断才能执行下去，那岂不是说，你的判断比上司的判断更有权威！所以，服从者必须放弃个人的喜好，一心一意地服从其所属企业（组织）的价值理念和指令。一个人在学习服从时，对其企业的价值理念、运行模式都会有更进一步的认识。一些企业或团队喜欢树立自己的形象楷模，过于抬举一些表现出色的员工，造成这些员工的个人地位高过了公司，他们可以随心所欲地处理问题，而不必听从上级领导的指派，这对于公司的整体发展无疑是不利的。

2. 训练自己的服从意识

西点军校要求学员服从，严格限制他们的个人选择，但也会给他们留下一定的空间，使他们能够发挥出属于自己的独特创意。西点对服从的要求和一般的权威还是不一样的，一般的权威是不允许有个人创意的，高压之下的创意甚至可能被视为违法。而在西点，服从主要是对学员的一种考验，学员若能顺利地通过这种考验，就可以学会自制，并在日后成长为一名目光远大、自律自强的人。同时在接受领导的任务时，要迅速进行，要做到听得专心、做得仔细。

3. 越是逆境越需要服从

我们在生活中一定不是一帆风顺的，肯定会遇到一些挫折和逆境，但是如果接受了领导的任务，无论遇到什么都一定要坚决服从。遇到困难时，我们要及时找到解决问题的办法；遇到挫折时，要尽力去找到打败挫折的方法。无论领导下达的命令有多么难，我们都要全身心地去完成，做到绝对的服从。

4. 服从是第一美德

在企业中，员工必须具备的第一美德就是服从。没有员工的服从，企业任何绝佳的战略和设想都不可能被执行下去；没有员工的服从，任何一种先进的管理制度和理念都无法建立与推广下去；没有员工的服从，任何一个精明能干的领导都无法施展其宏略。

服从是企业的第一生产力。每个人都要有意识地、服从上级。如果有不同意见，可以在领导没做决定前提出建议，一旦领导决定了，就要坚决服从。"令行禁止"的企业才会有高效率，才有竞争力。

5. 服从的四个标准

（1）服从没有面子可言。面对上级，应该借口少一点、行动多一点。在优秀员工的身上，因为好面子而延误工作的事绝对不会发生。领导一旦安排了工作，他们就会无条件地立刻行动，因为服从面前没有面子可言。

（2）服从应该直截了当。在企业中，需要这种直截了当、畅通无阻的过程。没有"顾忌"、无须"协调"、无须"磨合"，全力而迅速地执行任务。

（3）先接受后沟通。领导的任何一个决策都不是一拍脑门就决定的，它的工作是系列化的，你的某项任务只是其中的一个环节，不要因为自己这一环节影响到所有工作的进程。领导之所以将任务分配给你，包含了他个人的判断，而你认为"不可行"那只是你的判断。你可以先接受他分配给你的任务，如果在执行过程中出现了问题，再去和领导沟通，而不应该马上推辞，并列出一堆理由来说明你的困难，这是最不受领导欢迎的。

（4）随命令而动。立即行动是一种服从的精神。企业的员工也应该具有这种精神，不能有一时一刻的拖延，因为每一个环节都即令即动，就能积极高效地、在第一时间内出色地完成既定的任务。

5.5.2 做最优秀的员工

1. 不是作战而是获胜

企业员工在一些业务项目中失败，有很多方面的原因，没有必胜的信念是其中致命的一条。很多员工心中总是常驻失败的影子，他们认为胜利离他们太远，胜利只属于别人。如果把积极进取放在首位，抱着"绝对不能失败"的信念去完成自己的目标，最后将整个企业的目标联合起来，在整个企业传播"绝对不能失败"的精神，这样的企业将是坚不可摧和不可战胜的。

2. 克服恐惧

对于训练学员，恐惧是一个很合适的导师：它可以改掉你矫揉造作的一些习惯，也能去除你以往虚张声势的英勇。恐惧可以使你最真实、彻底地了解自己的所有优点和缺点。要使自己在恐惧之中还能保持自制，最好的办法莫过于频繁地训练，只有专注训练，恐惧和紧张才会被抛到脑后。

3. 理性思考，具有理性精神和质疑能力

有时候我们还必须在同学、领导面前说"不""我不同意"，以及"我并不认为你的建议能取得成功"。理性思考要求自己知道什么时候该质疑。理性思考的过程，就是对其所获得的感性认识材料进行分析研究和加工制作的过程。其中一个重要的部分是道德判断，要对一个行为或者做法根据道德标准来判断其是否正确。理性思考可以使我们能够通过自己的分析来做决定，而不是做带有情绪化的决定。

理性是一切愚昧、专制、迷信、极端、狂热、绝对的天敌。在虚幻与事实之间，它选择客观；在愚昧与科学之间，它选择规律；在冷酷的现实与狂热的理想之间，它选择直面；在盲从盲信与自觉自主之间，它选择独立思考和批判。既要合目的，又要合规律，"理性"必然将人类导向科学、实证与逻辑，导向民主、法治与多元，导向对话、妥协与和平。人类历史证明，这些理性的价值才能给人类带来稳定、繁荣与进步。《中国科学技术史》的作者提出了著名的"李约瑟难题"：为什么近代科学，亦即经得起全世界的考验并得到普遍赞扬的科学传统是在地中海和大西洋沿岸而不是在中国发展起来的呢？答案是多种多样的，但理性精神的匮乏毫无疑问是必不可缺的一个答案。

我思故我在，思想是人存在的表征。思想的起点，在于质疑。其实，质疑原是人的本能。独立的人格、自由的思想，乃质疑的前提；理性的精神、科学的素养，才是质疑的基础。质疑，并不必然导致怀疑。质疑的价值，在于肯定真理，在于摒弃谬误。在质疑基础上建立的知识与信仰，才能长久地停留在心田。若所谓的圣贤权威因质疑而颜面扫地，那不是质疑的罪责，恰是质疑的功勋。

5.5.3 超越雇佣关系

1. 遵守崇高的价值标准

在西点军校，对于学员的品德训练是从荣誉守则和价值标准开始的，包括：具备通常人们忽略的一个优点；百分之百的可信度；即使面对极大的压力和困难，人们也完全相信他绝对不会将个人的利益置于团队利益之上。团队的理念和个人一样，只有遵守一定的规则，才能使团队有更杰出的表现。但在一个团队中，所有成员都要表现得优秀，这是一件极其不容易的事，所以首先团队的成员要尊崇一个统一的价值标准。

2. 团队的胜利才是个人真正的胜利

团队效率是人类力量之所在。一个团队要想有好的表现，领导者必须重视每一位成员。他应该胸怀宽广、与员工多沟通、耐心倾听所有员工的意见和建议。同时，团队要想有优良的表现，领导者就要加强员工对团队的责任感。团队的真正内涵，不仅仅是"人多好办事"，而是它能够取得个人所无法取得的成就。领导者必须明白，只有自己以身作则，以实际行动促进团队成员之间的信任，才能加强团队合作的精神；员工也要明白，

只有团体内的每一个成员都有一种积极主动的主人翁责任感，都对自己有一个明确的目标，这样的企业整体才能有好的发展。

3. 建立使命感

在企业，团队的每个成员都要有这种意识——自己是整个团队的焦点，自己是胜利的象征。但是，只有团队取得了成功，自己才算取得了真正的胜利。这就是一种使命感，这种使命感会促成员工更努力地完成任务，促使员工急企业之所急，自动地去为企业多做一些。同时，每一位员工都必须以自己所从事的职业为荣，并认为自己是企业这个大团队中很重要的一员；还要明白，在数以万计的求职者当中，自己是非常幸运的。因此，管理者应该对员工说：你们不是可有可无的，你们是整个企业不可或缺的一部分。

4. 国家和责任、荣誉

这三个词是西点军校的校训。"国家"一词旨在唤起为国家利益和民族理想服务的献身精神；责任给人以必须履行义务的观念；荣誉则使人追求完美。西点坚信，没有责任感的军人不是合格的军人，同样，没有责任感的员工也不是好员工。领导要为员工树立好的榜样，要为员工的行动负起全责，并要承担比员工更多的责任；员工也要以同样的责任感回报领导，这都是完成所有任务的基本要求。

5.5.4 我们都是精英

1. 精英理论

一直以来，有一种理念牢牢地扎根在西点军校，那就是：西点是最伟大的！企业也可以效仿这种宣传，企业应该让员工相信自己企业的实力，还要让社会民众了解这一点，最好也要让你竞争对手对此产生畏惧。企业还要让员工相信，对于服务和产品，在本行业中自己是无人能及的。企业要经常召集所有员工，对他们解释自己产品的最新状况，与对手的产品相比，自己有哪些优点、哪些不足。这样，每个员工都能了解自己的企业、提高企业的竞争力。

2. 严格纪律

"没有规矩，不成方圆"。西点军校有着铁一般的纪律。也许你会觉得公司并不需要如此严格，但在商场的残酷竞争中，没有切实有效的制度、纪律和规定，以及员工的配合遵守，就无异于自杀，这对任何一个公司都是不可动摇的铁律。只有遵守严格的纪律，员工才会有统一的目标并与公司的目标一致，这样公司才可以向正确的方向发展。

3. 精心培养

西点军校的军事训练对于学员来说是非常艰苦的，几年的艰苦训练使得学员们能够真切地感受到陆军部队的真实生活，还能从一个更高的层次上去领会和把握它的真谛。严格的纪律和艰苦的训练能大大提高学员们的自信心、自尊心和责任感。几年的西点生活所产生的感情以及团体主义精神深深地渗透到了学员的心中，这些都将使学员终身受益。西点能够让学员去除每一个人的自我意识，以便打造出一个坚强的团队。其最终目的，就是让学员重新认识自我、完善自我，为以后成为一个军事将领或商界巨子打下坚实的基础。

4. 奖励优秀

西点重视奖励，但是只把奖励留给那些真正优秀的行为和重大的成就。在奖励员工时，企业主管人员也必须多加考虑，如员工为什么选择我们的企业？他们对公司又有什么要求？对于员工，一点奖励都不给，的确有些说不过去，特别是在今天，许多企业都倡导给予员工奖励、加薪、升职等。所以在某些时候，奖励还是有必要的，它的确能促进工作效率的提高。对于只为养家糊口而上班的人而言，金钱是对他们最好的奖励。对于企业中的一般管理人员，追求更高的发展是他们的目的，给其奖励时，应充分考虑他们的追求。同时员工也要建立自己的内心标准和内心的满足感，当自己出色地完成了一项任务时，那种快乐的感觉自己内心最清楚，也是对自己最好的奖励。

在做事情的时候一定要做到极致，接到任务第一时间就去执行，很多时候人的价值是无限的，也是无法用薪水衡量的，所以不能说为了薪水而去工作，要对自己的工作负责，要有一种使命感，将公司的利益放在首位并且忠于公司。要把工作当作一种机会、一种成长和一种锻炼来对待，坚持下去一定会取得可观的成就。这种思维模式同样也是一种对待工作的方法。把自己当作行业内的精英，精英具备的素养就是严格遵守纪律、不偷懒、不开小差、一直朝着目标努力。优秀的员工对工作一定是充满热情，一切都往好的方面想，一切都为领导布置的任务而努力。

◢ 5.6 培养没有任何借口地执行任务的方法

执行就是执行，没有任何借口。在很多公司中，很多员工，推托说目标任务不切合实际，或者说能力不够。诸多借口本不是完成不了目标任务的理由，但很多员工却经常使用。这其实是非常愚笨的应对方法。如果把西点军校仅仅看作一所陆军学校的话，我们很快就会发现，西点军校的很多训练方法和思想应用于公司特别有效。比如，军官向学员下达指令时，学员必须重复一遍军官的指令，然后军官问道："有什么问题吗？"学员通常的回答只能是："没有，长官。"学员的回答就是作出承诺，就是接受了军官赋予的责任和使命。就连站军姿、行军礼等千篇一律的训练，都无一不是在培训学员的意志力、责任心和自制力。在这样的训练中，西点军校的文化慢慢渗透到了每一个学员的思想深处。它无时无刻不在激励着学员，让学员总是具有饱满的热情和旺盛的斗志。

没有任何借口地执行任务的作用不言而喻，如何培养没有任何借口地执行任务呢？下面我们将从企业和个人两方面具体介绍培养没有任何借口地执行任务的方法：①构建执行力文化；②建立健全奖惩机制。个人培养没有任何借口地执行任务的方法：①训练自己的服从意识；②提高工作效率，减少失误；③明确责任，并对责任负责；④培养员工问题意识，提高解决问题的能力[7]。

5.6.1　企业培养没有任何借口地执行任务的方法

对于企业而言，为了适应经济、政治的发展，根据行业的准则和规定，没有任何借口地执行自身的任务非常重要。我们简单地从构建执行力文化和建立健全奖惩机制两个方面阐述企业培养没有任何借口地执行任务的方法。

1.构建执行力文化

执行力，通俗地说就是执行并完成任务的能力，检验执行力的标准即是否能按时、按质、按量完成任务。其中人员流程、战略流程和运营流程是执行力的三个核心。执行力有两个不同的层次，一个是个人执行力，另一个是企业执行力，执行力要求由上而下贯穿每一个环节。执行力问题，归根结底就是"做"的问题，加强执行力建设，就是要解决好"做什么""如何做"和"做得怎么样"等问题。执行力文化就是把"执行力"作为所有行为的最高准则和终极目标的文化，其关键在于透过企业文化塑造和影响企业所有员工的行为，进而提升企业的执行力。企业执行力文化是新经济时代对企业管理的影响，是企业战略管理思想发展的要求，是对管理人员素质变化的需要，也是培植与保护核心竞争力的驱使。企业领导在通过各种手段强化执行力的过程中，营造好的企业文化，潜移默化地改变执行者的意识，与被管理者达成一种共识。企业执行力文化的魅力就在于能透过无形中的渗透力和感染力，影响企业全体员工的行为，创造共同信念，引导执行者向一致的目标努力。因此，企业领导者最大的任务之一就是营造企业执行力文化。

2.建立健全奖惩机制

建立健全考核奖惩激励机制，对于推行责任体系建设、进一步提高各项工作管理效率具有重要意义。因此强化对员工的考核评价激励，既要完善考核激励机制、突出人性化管理，又要合理设计考核指标。建立科学的评议考核指标体系，实行过程控制，实施全员全面考核，进一步提高考核激励工作的可操作性和实效性，从而减少员工的借口，提高工作效率。

5.6.2　个人培养没有任何借口地执行任务的方法

对于个人而言，无论你是在校学生还是企业员工，必须通过一系列的方法来培养自己没有任何借口地执行任务的职业素养，只有这样才会完成好上司或者老师布置的任务。我们这里也总结了四种训练自己没有任何借口地执行任务的方法，希望能对你有所帮助。

1. 训练自己的服从意识

我们这里借用《零极限》[8]里的四句话"对不起""请原谅""谢谢你""我爱你"来进行训练："发生的所有事件百分百都是自己的责任，不抱怨、不找借口、不怪罪别人，也不依赖别人，只是清理自己，所有问题都源自内在，'对不起'，你便救赎了曾经的所有错失；'请原谅'，你彻底宽容了自我和他人；'谢谢你'，无比真诚地感恩万事万物；'我爱你'，心就汇入了人类博大的精神之海。"

服从是一种美德，只是许多人都误解了，对"服从"两字很不服气，以为"服从"有损其尊严、有损其个性。其实服从有益成长，并非坏事。张扬个性没有错，服从应该服从的，同样没有错，更能体现一个人的素质与品德。服从意识是所有员工都应该具备的。有了这种意识，员工才能挖掘自身潜能，才能创造辉煌的业绩。所以不要给自己找借口，不要推卸责任，上司要的是业绩，而不是你的解释。通过服从，你将对企业的经营理念和价值观念有一个深刻的认识。即便你在接受任务时还不具备成功的条件，你也要告诉你的上司自己能行，因为只有这样，你才能千方百计地去克服困难，为最后的成功创造条件。

2. 提高工作效率，减少失误

要提高工作效率、减少失误，就必须从工作的各方面抓起。

（1）时间。时间就是生命，就是工作效率。每个成功的人同时又是管理时间的高手。拥有强烈的时间观念，就会做好合理的时间规划，进而延伸为工作计划。而做任何事情一旦有了周密的计划，就会节省很多时间，减少很多失误，继而提高工作效率。

（2）做好工作计划。这其实和上面的时间规划是紧密相连的，光有时间观念是不够的，只有作出周密的计划，工作才能有条不紊地进行。

（3）注重细节。"细节决定成败""天下大事，必作于细"说的就是这个道理，很多大的事情都是毁在一些细节上，也有很多的成功人士只是因为比别人更注重细节。何为细节，顾名思义就是小事、关键的环节。很多时候牵一发而动全身，细节不容我们忽视，如果你小看它，就有可能影响你的整个计划，终至全盘皆输。

（4）善于总结。金无足赤，人无完人。再完美的计划，总会有那么一点疏漏，否则就不会有"智者千虑，必有一失"的古训。工作中要学会审视自己的计划，进而完善自己的计划。长者常说，不怕你出错，就怕你没有正确的态度面对错误。发现自己的不足和失误，及时分析原因并提出改正措施，如果一直坚持这样做，久而久之就会在潜意识里形成一种习惯。

（5）坚持和执行。再完美的计划如果不付出行动，也只是一种空想，犹如垃圾一堆。

只会想不会做的人终将成不了大事。人贵在持之以恒，水滴石穿、愚公移山等这样的例子太多了，坚持是一个人毅力的体现，是韧性的升华，更是一种成功所不可或缺的品质。

3. 明确责任，并对责任负责

责任是一个人做好一件事的信仰，没有责任意识，也就失去做事的动力，因此责任意识建设是至关重要的，可以通过下面四点来实现。

（1）加强责任意识学习，不断提升工作自觉性。努力使自己拥有较强的责任感，从而在社会上形成责任至上的良好风气。

（2）强化责任履行能力，持续提高工作水平。敢于承担责任是中华民族的优良传统。大禹治水"三过家门而不入"，范仲淹挥写"先天下之忧而忧，后天下之乐而乐"，文天祥高歌"人生自古谁无死，留取丹心照汗青"。不怕牺牲、忠于职守、责在人先，是志士仁人相传的思想标杆，是后世子孙生生不息的精神动力。责任的履行能力是在承担责任的实践中锤炼提高的，所以唯有勇于担责，才能减少借口，才能提高责任履行能力和工作水平。

（3）健全责任管理制度，全面增强制度保障性。落实责任制，一在履责，二在问责。问责，要贯穿履责的全过程，而且要赏罚分明，对认真负责的，要给予奖励和表彰；对失职渎职的，要予以追究和惩罚。只有把履责和问责统一起来，才能确立一种良性的责任导向，增强责任心、培育责任感、增强责任意识。从而减少借口，提高工作效率。

（4）完善责任监督机制，不断提升监管能力。只有对员工行为进行适度适量的监督，才能为提高执行力建立坚实的屏障，有利于有针对性地避免不履责、不作为和滥用责、用乱责的行为，从而提高工作效能。

4. 培养员工问题意识，提高解决问题的能力

"执行力不好""沟通不善"等只是对诸多具体问题的一种形而上学的表述，是对管理不好的一种抱怨，甚至只是借口而已，不是真问题，是伪问题。那么就这些问题的特点我们来做一些现实的分析。

（1）这类问题很难找到具体有效的解决办法。许多人在讲授执行力、沟通等课程的时候，看似提出了林林总总的办法，并辅之以生活中生动的例子，管理者也感觉听懂了，但当他们回到企业，面对具体而复杂的管理现实的时候往往又被打回原形、不知所措。

（2）这类问题责任归属不清，没有人需要为此承担具体管理责任，更无须对此采取具体行动。尽管有人会说，执行力不好终究是老板的责任，这话管理者和员工感觉十分受用，老板也无可否认。但真正遇到某个年初约定甚至承诺的目标无法达成的时候，老板还是愿意认为，管理层和员工才是执行力不好的责任主体。

（3）这类问题在所有企业里面普遍存在，没有哪家企业可以幸免。即便在管理不错的企业里，老板大概照样会有执行力不好的感觉，只是不满的程度较低而已。为什

么人们乐于把管理不好的结果归因于执行力不好、沟通不畅等说辞上呢？可能的理由：一是这样的解说听起来时尚；二是不会得罪人；三是自己无须负责任。

所以，树立问题意识，并在此基础上推动问题的具体解决，是个人与企业良性发展的基本要求。

5.7 没有任何借口地执行任务的益处

前面我们讲到了没有任何借口执行任务的内涵、例子、思维方式和培养方法，但更重要的是将这种思维模式运用到实践中。只有将其运用到实际中，才能体会到其中的真谛，最终为自己带来益处。下面我们通过从《工作没有任何借口》中节选一些例子 [7] 和自身的一些经历及感悟来讲述具备这一职业素养在实际中给自己带来的益处。

5.7.1 从根本上对自己的命运负责

优秀的人，总是首先砸碎命运这一枷锁，从而走上成功的道路。在另一本职业化建设研究成果——《方法总比问题多》中 [6]，有这样一个理念：

"一流的人找方法，末流的人找借口。找方法的人，是最有前途的人；找借口的人，是最没有发展前景的人！"的确如此，找方法还是找借口，其结果真有天壤之别。

一年以前，我们受一家企业的邀请，为该机构的年轻员工授课。我们发现，坐在前排的一位女员工刚开始有些心不在焉，但后来越听越投入。

课后，我们收到她的一封邮件，邮件详细介绍了她的心路历程——大学毕业以后，她只是在公司下属的一个学校做不那么重要的工作，常有郁郁不得志之感。她认为是缺乏伯乐，导致自己"怀才不遇"。但听完我的课后，她觉得真正的问题在于自己老向外界找借口，而从现在开始，她决定要主动找方法了。

一年后，我们再次受邀到该企业授课，惊喜地发现：她已经被调到上级单位工作，并成为一个部门的主管了。与上次见面相比，她充满了活力，好像还更年轻了。

一年之间，是什么改变了她？

在私下交流的过程中，她感慨地说："只要不找借口，那些原来难以解决的问题，其实都能找到好的解决方法！只要不躲避问题，工作中的那些沉重的压力，也能成为通往成功的桥梁！"

那位女员工的经历，印证了一个职场的基本规律：如果找借口，就会寸步难行；如果找方法，就能前途无量！

格兰特将军是美国西点军校的毕业生之一。在南北战争时，美国总统林肯曾经找过多名指挥官担任联邦军队的总指挥，但都以战败告终。直到他任命格兰特为统帅，联邦军队才捷报频传，取得了最后的胜利 [9]。

在谈到取得胜利的原因时，格兰特只说了一句话："没有任何借口！"他还曾对人们在工作中找借口的现象做了分析，发现人们找借口主要有两种情况。第一种情况：工作还没有开始，就找借口为自己开脱，其实是根本"不想去做"；第二种情况：开始也努力，但是一遇到困难和问题就退缩放弃，之后找个借口让自己对这份退缩和放弃心安理得。

在工作中，最直接和最重要的事情就是完成任务。其实，所有"难"，都是心理的反应。当我们克服心理的"难"，要做的事也就变得不难。遇到困难退缩，哪怕实际不那么艰巨的任务也难以完成。迎着困难前进，哪怕再艰巨的任务也能够完成。

罗曼•罗兰有句名言："紧盯"目标的人，连恒星也会为他让路（如同我们一个学生在上课时分享的："当你特别想做成一件事时，全世界都在帮你！"）。没有任何借口，能够让我们创造工作中的奇迹，将许多不可能的事变为完全可能。这首先就体现在"保证完成任务"这一点上。

毫无疑问，完成任务是任何单位最重要的工作之一。但能否完成任务，能否理想地完成任务，取决于两种态度：一种态度是紧紧盯住目标，不达目标誓不罢休；一种态度是"难"字当头，被这份心理上的"难"紧紧束缚住，遇到困难就放弃。毫无疑问，第一种态度是值得肯定的态度，而第二种态度是应该摒弃的态度。因为，"紧盯"目标的人，往往能克服许多想象不到的困难，将看起来难以完成的任务完成；而"难"字当头的人，往往是将"难"当成了不努力的借口，最终导致本来可以完成的任务也难以完成。

曾有记者采访一家公司的董事长，问他心目中最优秀、最顶尖的人才应该具备什么样的素质。

出人意料，这位董事长的标准只有一条——"思想简单，心里不长草，唯有目标和效果"。他阐述说："现在我们欠缺的就是这种思想简单的人，欠缺这种心同赤子、敢管敢干、唯公司大局和目标是从，一马当先浑身是胆的人才。最优秀的人才，对社会对公司最有价值的人才，最根本的品质就是简单。"

实际上，最优秀的人，往往就是这种把目标紧紧"盯住"、心无旁骛的人。在完成任务之前，他们不会想任何让自己从任务中分心的事，更不会找任何借口而影响目标的实现。

记得以前上历史课时，老师曾告诉我们：在红军长征的过程中，飞夺泸定桥是最关键的战役之一。如果不能及时夺取泸定桥，红军就有可能被国民党部队"围剿消灭"，重蹈太平天国时期石达开全军覆没的悲剧。我们一直对这一战役所取得的历史性成就十分敬佩，后来，看到了中国人民解放军原副总参谋长杨成武写的一篇回忆录，更是对一些细节感到格外震惊。

红四团是具体创造飞夺泸定桥奇迹的队伍，而杨成武当时是该团的一位主要干部。1935 年 9 月，红军面临敌人的围追堵截。毛泽东主席和中央军委命令：红四团必须在

3 天之内，赶 300 多里山路，一定要先于敌人赶到泸定桥，以粉碎敌人前后夹击合围的阴谋。

当时红四团刚刚经历了长途奔袭和战斗，人疲马乏，但听到这一命令，都毫无怨言，立即表态："保证完成任务！"

第一天，他们克服重重困难，一边与沿途的敌人作战，一边在崎岖的山路上奔跑，终于跑了近 100 里路。第二天，他们特意早一小时出发，5 点钟就动身了。但没有想到，就在这时，再次得到急令：必须一天走完 240 里路。

这怎么可能呢？正如杨成武所感慨："路，是要人走的，少一步都不行啊！"一天要走完两天的路，简直是天方夜谭。但是，不完成这一任务绝对不行。因为，泸定桥本来有敌人两个团防守，现在又有两个旅正向泸定桥增援。如果敌人比红军早到泸定桥，红军要想通过泸定桥就难上加难了。必须和敌人抢时间！要和敌人赛跑！接受任务不畏难。面对交给他们的任务，他们也能以"时间太紧了""太累了""天气不好"等理由来推托，这样就不可能在有限的时间内完成艰难的任务。但是，不管当时已经多辛苦、摆在面前的任务有多艰巨，他们仍然明确表态："保证完成任务！"

临时"加码"不抱怨。当得到一天走完 240 里路的命令后，他们完全有理由说：路是一步一步走的，这不可能完成。但是，他们没有从自己的利益出发，而是从组织的需求出发，毫无怨言地去执行。

干部永远要带头。作为主要干部的杨成武受伤了，完全有理由受照顾。但是他有马不骑，而要和大家比赛谁走得更快。这正是优秀人士吃苦在前、享乐在后的精神，对整个团队的带动作用不可估量。

把别人的借口当成自己的机会。敌人的部队开始也是连夜冒雨赶路的，但是当他们以"雨太大""路太难走""人太累""红军也许不会这么拼命赶路"等理由放弃时，红军却依然坚持自己的目标，最终抢先赶到泸定桥。

红军最终胜利了。因为，敌人找借口，而红军没有找任何借口。敌人的这些借口，成为红军成功的契机。

在战争年代如此，在当今的时代不也同样吗？

在工作中，我们最需要的就是这种"紧盯"目标不放松的精神，心中唯有目标，就会把精力集中到想办法完成任务上。当一个人集中精力想要完成一件事的时候，还有什么能阻拦他呢？[10]

5.7.2　工作体现最大人生价值，最不应该找借口

谈起中国体育史上的辉煌，中国人最难忘记的团队之一，就是曾经创造了"五连冠"奇迹的中国女排。之所以能够创造这样的奇迹，就与这种"没有任何借口"的精神有关。

当时中国女排的教练是袁伟民，他对女排队员要求很严。女排的主攻手是郎平，她

不仅业务水平高，还主动关心和帮助其他队员。有一次，郎平做完自己的练习了，就主动留下来帮队友补课。不知是太累了还是没有全力以赴，她不像自己训练时那样到位。没有想到，袁伟民对她的扣球尺度把得很严，让她练了一次又一次，甚至后来还被罚多做几组。郎平又气又累，抹起眼泪来了。

照理，她主动陪练，应该得到表扬，可是她不仅没有得到表扬，反倒因为一时不到位而挨罚。这不是很不公平？但袁伟民认准了一点：为了锻炼出一流的团队，在强手如林的世界排球赛中夺得金牌，就一定要以最高的标准来要求队员。他并不为郎平的眼泪所动，而是对她更加严格要求。冷静之后，郎平想明白了，充分认识到不论是自己训练还是帮助队员训练，都没有任何借口"打折扣"。她很快调整了状态，从下午 5 点到晚上 9 点，终于补出了一堂高质量的训练课。

可以说，女排的成功，正是整个团队没有任何借口、奋力拼搏的结果！

是的，不管是作为个人还是作为一个团队，我们在工作中，最需要拥有的精神就是"没有任何借口"！

"没有任何借口"，这是职业化最基本也是最重要的素养！

"没有任何借口"，这是团队战斗力之根！

"没有任何借口"，这是个人发展力之本！

找借口寸步难行，找方法前途无量。

"人是什么？人是一种最会找借口的动物。"这是法国文艺复兴时期一位思想家的话。话虽然有些偏颇，但却生动地反映了职场中的现实情况 [11]。

一次找借口并不可怕，可怕的是将逃避和推诿变成了习惯。最后，借口成了自欺欺人的手段，成为阻碍自己成长的最沉重的枷锁。

5.7.3　让借口消失的最好方法就是去执行

执行是一个人优秀的品质，也是一个人除勤奋、勇敢、守纪、热情外重要的素质。要想自己的思维不存在"借口"这两个字，最好的办法就是在领导布置任务后，一心一意地去完成，遇到挫折与瓶颈的时候积极地去找解决问题的办法，而不是让困难压倒而选择逃避。只有积极地完成了任务，再去认真思考其中的过程，才会在过程中积淀一些对自己有用的东西，所以说最后的结果还是让自己受益。

5.7.4　领导永远都需要不找借口的人

林肯对格兰特的评价就是："因为只有这样的人使我振奋、欣慰，不找任何借口，也只有他才会真正执行命令，敢于负责，困难总能克服，冒险中敢于想象，在想象中敢于付诸行动。"

在一所知名高校举办的高级总裁班上，组织者对100多名学员做了一个调查。第一个问题就是作为老板或者总裁，你最不喜欢的员工是什么样的？第二个问题是你最喜欢什么样的员工？

对于第一个问题，那些老总的回答结果是这样的——他们不喜欢在工作中逃避责任的、遇到困难就退缩的、只知道找借口却不努力的员工，也不喜欢华而不实、只说不练的员工。同时，对于第二个问题的回答却是：对于布置的任务从来不会找借口、认真细心完成的员工，他们最欢迎，并且也是一直想要的员工。

本章参考文献

[1] 韩非子 . 韩非子・喻老 [M]. 北京：中华书局，2014.

[2] 唐渊 . 责任决定一切 [M]. 北京：清华大学出版社，2010.

[3] 瑞芬博瑞 . 没有任何借口 [M]. 北京：中国青年出版社，2008.

[4] 史蒂芬·柯维 . 高效能人士的七个习惯 [M]. 北京：中国青年出版社，2008.

[5] 陈资璧，卢慈伟 . 你的第一本思维导图操作书 [M]. 长沙：中南出版传媒集团，2012.

[6] 吴甘霖 . 方法总比问题多 [M]. 北京：机械工业出版社，2006.

[7] 吴甘霖，邓小兰 . 工作没有任何借口 [M]. 北京：机械工业出版社，2009.

[8] 乔·维泰利 . 零极限 [M]. 宋馨蓉，译 . 北京：华夏出版社，2009.

[9] 邓纯雅 . 执行力打造超强竞争力 [J]. 当代经理人，2003（12）：24-26.

[10] 国富执行力课题组 . 本土化执行力模式：在中国本土环境上培育执行力的理念和实践 [M]. 北京：中国发展出版社，2004.

[11] 王启业 . 执行力——企业实现目标的保障 [J]. 经济问题，2005（10）：32-34.

（李明，张腾）

即测即练

扫码测练

第 6 章

沟通协调

戴尔·卡耐基曾说过："如果希望成为一个善于谈话的人，那就先做一个致意倾听的人。"

列夫·托尔斯泰认为：与人交谈一次，往往比多年闭门劳作更能启发心智。思想必定是在与人交往中产生，而在孤独中进行加工和表达。

沟通实际就是人与人之间的联系过程，是人与人之间传递信息、沟通思想和交流情感的过程。协调是指组织者调整某一活动中各参与因素之间的关系，使各个因素能够相互配合，促成组织目标的完成。沟通和协调能力是企业要求员工必备的职业素养，因此学生如果在大学学习期间已经培养出这种良好的职业素养，这对于学生以后走向工作岗位是非常有利的。

本章主要从沟通协调的内涵及例子、更新四种沟通协调的观念、如何更好地进行沟通协调以及沟通协调的开发与训练四个方面出发，告诉学生怎么更好地进行沟通协调。

6.1 沟通协调的内涵及例子

本节我们主要通过沟通协调的内涵、沟通协调的重要性、沟通协调的例子及与不同人群的沟通方式四个方面，来帮助你对沟通协调的职业素养有一个初步的了解。

6.1.1 沟通协调的内涵

美国著名人际关系学家卡耐基说："一个职业人士成功因素 75% 靠沟通，25% 靠天才和能力。"

美国哈佛大学做了个实验，从小学跟踪观察小孩的成长过程，发现从小就能跟校长沟通的小孩，长大后成功的概率很大，所以现在的美国小学积极鼓励小孩跟校长沟通，解决问题，从小培养他们的沟通能力。现代社会是多元化社会，如果沟通协调机制不健全，就会出现许多问题。

1. 什么是沟通

沟通是指人们通过语言和非语言方式传递并理解信息、知识的过程，是人们了解他人思想、情感、见解和价值观的一种双向的互动过程，是将信息编译通过各种媒介在人与人之间传递并得到理解和反馈的过程。沟通具有两个方面的含义。首先，沟通是指人与人之间的信息交换和意义的传达；其次，沟通也是人与人之间情感表达和交流的过程[1]。

通俗地讲，沟通就是为了一个设定的目标，把信息、思想和情感，在个人或群体间传递，并且达成共同协议的过程。从另一个层面来讲，"沟通"也是发出一个交流的信号，对己方的想法或行为进行解释说明，并传达给对方。

2. 沟通的类型[1]

（1）根据沟通的组织结构，沟通可分为正式沟通和非正式沟通。正式沟通是指在组织系统内部，依据规章制度明文规定的原则和渠道进行的信息传递与交流，包括组织对内对外的公函来往，组织内部的文件传达、召开会议、发布命令、汇报工作等。非正式沟通是指不依赖组织的权力等级系统进行的沟通，如工作之余的交往、座谈、聊天等非正式场合的会晤等。非正式沟通获得的信息途径更广，但信息容易失真，小道消息多。

（2）根据信息的传播方向，沟通可分为纵向沟通和横向沟通。纵向沟通包括下行沟通和上行沟通。下行沟通指在组织或群体中，从高层次向低层次进行的沟通活动，如上级向下级发布文件、传达指示等。上行沟通指在组织或群体中，从低层次向高层次进行的沟通活动，如下级向上级汇报、建议。横向沟通主要侧重于平行沟通，就是组织内部同阶层工作人员之间的沟通。

（3）根据信息沟通的内容，沟通可分为工具型沟通和表意型沟通。工具型沟通主要是指通告、相关办法的发布；表意型沟通是指工程例会、碰头会等，这类沟通通过情感沟通达到目的，人文性也更强，也越来越重要。表意型沟通的影响力也会逐渐大于工具型沟通。

（4）根据沟通的媒介，沟通可分为语言沟通和非语言沟通。语言沟通是建立在语言文字基础上的沟通，可分为口头语言沟通和书面语言沟通。口头语言沟通是所有沟通形式中最直接的方式，优点是快速传递和及时反馈。书面语言沟通是一种准确性较高的沟通方式，具有可长期保存、作为法律依据等优点。非语言沟通是指通过某些媒介而不是讲话或文字来传递信息，包括身体语言沟通、副语言沟通和物体的操纵。

（5）根据沟通主体数目的不同，沟通可分为自我沟通、人际沟通和群体沟通。自我沟通就是在个人自身内部发生的沟通过程，信息发出者和接收者为同一主体，如自言自语、自我反省等现象。人际沟通指人与人之间的各种形式的信息和情感相互传递的过程。群体沟通也称团队沟通，是指在三个及以上的个体之间进行的沟通，即个体和群体之间以及群体之间的一对多、多对多的正式或非正式沟通，如会议、演讲、谈判等。

3. 沟通的三个层次[2]

根据信任度和合作层次的高低，我们将沟通分为以下三个层次：互相提防（赢／输或输／赢模式）、互相尊敬（妥协模式）和统合综效（双赢模式），具体如图 6-1 所示。

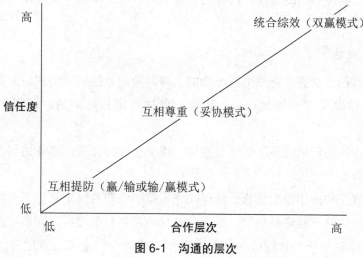

图 6-1　沟通的层次

从图 6-1 中可以看出，左下角低层次的效能源自低度信任，其特点是人与人之间互相提防，经常借助法律说话，为情况恶化做打算，其结果只能是赢／输或输／赢，而且毫无效率可言，即产出／产能不平衡，只能是让人们更有理由进行自我防御和保护。

图 6-1 中中间一层是彼此尊重的交流方式，唯有相当成熟的人才做得到。为了避免冲突，双方都保持礼貌，却不一定为对方着想。即使掌握了对方的意向，却不能了解背后的真正原因，也不可能完全开诚布公，探讨其余的选择途径。这种沟通层次在独立的甚至在相互依赖的环境中尚有立足之地，但并不具创造性。在相互依赖的环境中，最常用的态度是妥协，这意味着 1+1=1.5，双方都有得有失。这种沟通中没有自我防御和保护，也没有愤怒和操控，有的只是诚实、坦率和尊重。但是，它不具创造性和统合综效的能力，只能引起双赢的低级形式。

图 6-1 中右上角是统合综效，意味着 1+1 等于 8 或 16，甚至是 1 600。源自高度信任的统合综效能带来比原来更好的解决方案，每一个参与者都能认识到这一点，并全心享受这种创造性的事业。由此产生的文化氛围即使不能持久，但至少在当时可以促成产出／产能的平衡。即使在既不能统合综效也不能干脆放弃的情况下，只要用心尝试和努力，通常都会达成更有效的妥协。

4. 什么是协调

协调就是调整管理组织中各部门、各环节的相互关系，使之配合得当。通俗地讲，协调就是指组织者调整某一活动各参与因素之间的关系，使各个因素能够相互配合，促成组织目标的完成。

协调分为两方面。一方面是组织内部的协调，如组织内各部门及各成员之间、组织活动的各个方面的协调；另一方面是组织与外部环境协调，如组织与其他组织之间，组织与外部的政治、经济、技术、客户等之间的协调。

"协调"是跨边界、跨组织、跨部门、跨个人、跨个体的。协调需要统一目标、达成一致、一起前行。

5. 协调的功能 [1]

协调主要有四个功能，分别为统一功能、导向功能、控制功能和放大功能。

统一功能体现在统一思想认识，步调一致往既定目标前进，即强化目标、降低成本。

导向功能指让组织内成员了解上级意图，或上级部门政策，以便调整自己的工作思路，即明确方向。

控制功能就是控制不稳定因素，确保工作系统始终向着既定目标平稳发展。员工必须对各种变化的信息不断进行协调，协调的过程也是控制的过程，即消除内部矛盾。

放大功能体现在分工合作成为企业中工作方式的一种潮流，被更多的管理者所提倡。一个由相互联系、相互制约的若干部分组成的整体，经过优化设计后，整体功能能够大于部分功能之和，产生"1+1>2"的效果。一个优秀的团队，不在于每个队员都很优秀，而在于队员之间的协调配合。

从字面上来说，沟通协调就是同心协力、配合得当的意思。从管理学上来说，沟通协调就是沟通信息、通报情况、化解矛盾、解决问题。沟通协调就是管理者从系统出发，运用各种手段正确、妥善地处理各种关系，为实现系统目标而努力的一种管理职能。因此，沟通协调的过程就是化解矛盾、统一行动的管理过程；沟通协调的目的，就是使有关部门和人员的认识与行为朝着一个共同目标而求同存异、消除分歧、达到和谐、齐心协力、共同进步。

沟通的范围如果涉及多个领域、多个地区、多元化，可以理解为文化交流、思想传承。人际沟通是人类社会交往的基本过程和重要载体。人类的社会实践已经表明，有效的沟通理念，良好的沟通能力，已经成为人们工作与生活过程中必不可少的条件。良好的沟通能力是现代社会人才素质的基本方面。如果沟通的范围较小，沟通的相关方有着某个共同目标，可以将沟通理解为一种协调、统一思想的方式。有效沟通不仅可以与其他人协调一致，而且可以获得他人的支持和帮助，从而大大地提高工作效率，更重要的是，还有利于形成团体内部融洽的群体气氛，增强群体的团结合作，便于发挥团队精神。

6.1.2 沟通协调的重要性

如图 6-2 所示，其中（a）（b）（c）（d）四张图，你分别看到了什么？

图 6-2　有关沟通问题

图 6-2（a）中，有人一眼看出这是青蛙啊！那现在把图片左转 90 度，再看一下，对，是一匹马！

图 6-2（b）呢，有些不可思议是吧？初看很明显这是位老妇人，但将图片倒过来再看呢，怎么就变成少女了？这就是换个思路看问题的奇妙之处。

图 6-2（c）中，你看到的是个花瓶还是两个女孩的头像？这取决于你看的是黑色部分还是白色部分。

图 6-2（d）中，到底是 3 根木头还是 4 根木头呢？左边的人看到的确实是 4 根木头，右边的人看到的确实是 3 根木头。

对同一个问题，人们的答案怎么会有如此巨大的差异呢？答案只有一个，看问题的角度不同，结果就不同。换句话说，人们对自己所看到的内容有着广泛的分歧。将其乘以 1 000，就会产生诉讼纷争；将其乘以 100 万，就会出现武装冲突。

此外，几乎所有人都对那个问题本身所包含的一些信息进行了小小的加工。我的手指着红色的圆点，但嘴里说的却是："把你看到的写下来。"显然，空白所占面积比红色的圆点大出许多。如果你争辩说，是这个问法让你将注意力放在了红色的圆点上，可是为什么还有 7% 的人看到了空白呢？

也许导致谈判失败的最大原因就是沟通失败，全世界范围内都是如此。而导致沟通失败的最大一个原因则是误解。两个人看同一幅画，每个人看到的内容是不一样的。正如在世界上经常会发生的，当彼此为了同一幅画的不同内容而争斗不已的时候，他们就会互相"伤害"。

是什么原因导致人们的观点不同呢？首先，我们所有人都有别于其他人，所以我们的兴趣点不一样，价值观和情感构成不一样，对我们产生影响的人也各不相同。我们体验和观察到的信息也不相同，我们常常会忽视或剔除那些不符合自己要求的信息。在辩论或谈判中，我们会有选择地收集那些能用来支持我们观点的证据。我们的记忆也是有选择的，而我们的记忆会影响我们的观点。

自人类诞生之日起，这些几乎就是造成人类冲突的主要原因。所以，沟通的重要性无论如何强调都不为过。不管什么时候，都需要将对方的意思听进去、听明白，并且最好站在对方的角度思考问题。

人与人之间最宝贵的是真诚、信任和尊重，而连接这一切的桥梁就是沟通。

有一个小故事。

孔子和众弟子周游列国，因行踪不定，时常忍饥挨饿。这次，他们行至某小国，当时遍地饥荒，有钱也买不到任何食物，众人饿得头昏眼花之际，有市集可以买到食物。弟子颜回让众人休息，自告奋勇地忍饥做饭。当大锅饭将熟之际，饭香飘出，这时饿了多日的孔子，虽贵为圣人，也受不了饭香的诱惑，缓步走向厨房，想先弄碗饭来充饥。不料孔子走到厨房门口时，只见颜回掀起锅的盖子，看了一会儿，便伸手抓起一团饭来，匆匆塞入口中。孔子见到此景，又惊又怒，一向最疼爱的弟子，竟做出这等行径。读圣贤书，所学何事？学到的是——偷吃饭？肚子因为生气也就饱了一半，孔子懊恼地回到大堂，沉着脸生闷气。没多久，颜回双手捧着一碗香腾腾的白饭来孝敬恩师。

孔子气犹未消，正色道："天地容你我存活其间，这饭不应先敬我，而要先拜谢天地才是。"颜回说："不，这些饭无法敬天地，我已经吃过了。"这下孔子可逮到了机会，板着脸道："你为何未敬天地及恩师，便自行偷吃饭？"颜回笑了笑："是这样子的，我刚才掀开锅盖，想看饭煮熟了没有，正巧顶上大梁有老鼠窜过，落下一片不知是尘土还是老鼠屎的东西，正掉在锅里，我怕坏了整锅饭，赶忙一把抓起，又舍不得那团饭粒，就顺手塞进嘴里……"

至此孔子方大悟，原来不只心想之境未必正确，有时竟连亲眼所见之事都有可能造成误解。于是欣然接过颜回的大碗，开始吃饭。

以上这个小故事，让我们看出沟通的重要性。在生活中，和家人之间的沟通，和爱人之间的沟通，都可以增进情感，体现亲人之间的关爱和关心。而工作中的沟通，尤为重要的是上级和下级、部门和部门、同事之间的互通信息。上级关心员工，善于听取员工的意见和建议，充分发挥其聪明才智与积极性，可以提高员工的工作效率和成绩。部门和部门之间的互通，可以迅速地传递各种信息，增进配合，提高配合默契。同事之间的沟通，可以增进信息的共享，吸取不同的经验和教训。可见，工作中的沟通，对于一个公司来说，是何等重要。

在工作中，沟通能增强员工的主人翁意识，能集思广益，沟通是从心灵上挖掘员工的内驱力，为其提供施展才华的舞台。同时沟通缩短了员工与上级之间的距离，使员工充分发挥能动性，使企业发展获得强大的原动力。

6.1.3　沟通协调的例子

沟通在我们的工作、生活中无处不在。例如我们收到一个客户的服装样品制作要求，我们需要与面料部门沟通，如何安排样品的面料；我们需要与样品部门沟通，如何最快、最好、最节省时间地完成这个样品的制作任务。这个时候，沟通就起到很大的作用。倘若没有部门与部门之间的交流、讨论，那么，样品的制作，订单的生产，将会遇到多大的问题呢？小到无法完成样品，大到会因此损失一个客户。不重视沟通，将会给我们带来巨大的损失。

对于一个公司、一个团队来说，如果沟通能够被有效地融入每天的工作之中，那么整个团队的表现将发生翻天覆地的变化。工作有时候就是生活的一部分，良好的沟通，能够让工作的对象变得像生活中的朋友，能够让人轻松而有序地完成任务。相反，紧张、彷徨、不可理喻的行为，往往导致的是关系破裂、伤害。这是十分不可取的。对于生产型企业来说，订单就是企业的命脉。而订单的取得，就需要工厂和客户之间、工厂内部之间的沟通。

一个充满生机的企业，其内部的沟通机制一定是十分有效和完善的。因此，我们鼓励人与人之间、上下级之间进行良好的沟通。这对于一个企业的发展十分关键。

"我们两只耳朵一张嘴，就是让我们多听少说。"这是先哲留下来的至理名言。语言是我们交流的工具，能够让我们顺畅地和大家沟通。如何运用语言淋漓尽致地表述自己的思想和观点，是一门十分讲究的艺术。然而，在我们的生活中，倾听却也处在同等重要的位置。下面我们通过一个保险推销员贝吉尔与一家公司的老板鲁斯先生对话的例子来说明倾听的重要性 [3]。

贝吉尔：鲁斯先生，您早！我是忠诚互惠人寿保险公司的贝吉尔。我想你大概认识吉姆·奥克先生吧！（把上面有吉姆·奥克亲笔介绍信的卡片递给对方。）

鲁斯（脸上露出不以为然的表情……随即低头看了看手中的卡片……然后把卡片往桌上一丢，以不怀好意的口吻）说："你又是一位推销员吧？"

贝吉尔：是的，不过……

鲁斯（贝吉尔还没有说完，已经不耐烦地打断了他）：你是我今天所见的第十位推销员，你看到我桌上堆了多少公文吗？要是我整天坐在这听推销员吹牛，什么事情也别想办了，所以请你帮帮忙，不要再做无谓的推销啦，我实在没有时间！

贝吉尔：您放心，我只占用您一会儿的时间就走，我来只是希望我们彼此认识一下。如果可能的话，想跟您约个时间改天再碰个面，要不过一两天也可以，您看早上好还是上午好呢？我们见个面大约20分钟就够了。

鲁斯：我告诉你，我没有时间接见你们这些推销员，你们这些推销员真是像苍蝇一样！

贝吉尔（耐心地忍了一分钟没说话，在这个时间很有兴趣地观看鲁斯摆在地板上的一些产品）：鲁斯先生，这都是贵公司的产品吗？

鲁斯：不错。

贝吉尔（又花了一分钟来看这些产品）：鲁斯先生，您从事这个行业多久啦？

鲁斯：哦……大概有22年了！

贝吉尔：您当初是怎么样进入这一行的呢？

鲁斯（放下手中的公事靠进椅子里，脸上开始露出不那么严肃的表情）：说来话长，我17岁的时候就进了约翰杜伟公司，那时候真是为他们卖命一样地做了10年，可是毫无一点成就，所以我一狠心想办法自己创业。

贝吉尔：您是宾州人吗？

鲁斯（这时候已经完全没有生气不耐烦的表情了）：那倒不是，我是瑞士人。

贝吉尔（大吃一惊，听到鲁斯竟是外国人）：那真是更不简单了，我猜您很小就移民到美国来了吧？

鲁斯（这时候脸上竟然出现了笑容）：我14岁就出门在外，先在德国待了一段时间，然后决定到新大陆来打天下。

贝吉尔：我猜您盖这样大的一座工厂，当初一定张罗了不少资本吧？

鲁斯（继续地微笑）：我当初打天下的时候，口袋里只有300块钱，但今天这个公司拥有整整30万美元的资本。

贝吉尔：我在猜想要做这种油槽，一定要靠特别技术，要是能看看工厂里的生产过程一定很有趣。

鲁斯（这时站起来走到贝吉尔身边，兴致盎然地跟他一起看那些产品）：我对于这些油槽感到非常的自豪，我相信这是品质第一流的油槽，你要是有兴趣的话，我可以带你参观一下工厂，看看做油槽的技术。

贝吉尔：荣幸之至。

（鲁斯一手搭在贝吉尔肩膀上，高高兴兴地带着贝吉尔一起参观他的工厂。）

这位讨厌推销员的瑞士人叫爱尼斯特·鲁斯,他是宾州爱尼斯特·鲁斯公司的老板,推销员贝吉尔在第一次去见他的时候,并没有推销出任何保险,但是在接下来的16年里,贝吉尔连续向他本人以及他的7个儿子之中的6个人卖出19笔保险,那些保险为贝吉尔带来可观的佣金,而且使贝吉尔和这家公司的上上下下建立起一段非常愉快的私人友谊。

倾听是一种礼貌,是一种尊敬讲话者的表现,是对讲话者的一种高度的赞美,更是对讲话者最好的恭维。倾听能使对方喜欢你、信赖你。每个人都希望获得别人的尊重、受到别人的重视。当我们专心致志地听对方讲,努力地听,甚至是全神贯注地听时,对方一定会有一种被尊重和重视的感觉,双方之间的距离必然会拉近。

善于聆听别人说话,是谦虚有礼的表现,也是给予别人的最好赞美。谁也不喜欢自己是在白费唇舌,每一个人都希望自己说话的时候,旁边有人在听。最诚恳的恭维可能是倾听。任何心里有话要说的人,都将耐心听别人说话的人视为珍宝。

在谈判中,只要你能让对手尽情地说个不停,你就成功了一半。

许多成功的企业家,他们拥有出色的"讨价还价者"的美称,他们的诀窍就是鼓励别人多说,同时设法闭住自己的嘴。弗洛伊德说过:"如果你能使别人谈得足够多,他简直无法掩饰其真实的情感或真正的动机。如果你十分注意地听,并对对方说的一切话中所隐含的意思保持警觉的话,你就能把握住对方的秘密。"

不知道你是否注意,要是有一个谈话的机会,大多数人都是不太爱听别人谈话,而是喜欢别人听他说话的。还有一种常见的现象是,大多数人喜欢谈和自己有关的事情,而不是和对方有关的事情。

然而,如果你想成为一名会说话的人,成为左右逢源的人,成为最受欢迎的人,那么,建议你在和别人尤其是和顾客谈话时,注意把好的机会留给对方——让他说,说他关心的事。

一般人在与别人交谈时,大多数时间都是他在讲话,或者他尽可能想自己说话。其实从某种意义上来讲,少说多听可以让你的生活变得更加快乐,少说多听可以让你的工作变得更加轻松,少说多听让你的订单来得更多,少说多听会让你身边的人更喜欢你,少说多听会让你的顾客更信任你。少说多听是一种推销手段,同时更是一种个人的修养。

世界上的难事之一便是闭上嘴巴,假如你不张开耳朵、不适时地闭上嘴巴,你就会失去无数机会。切记,千万不要太忙于说话,要学会"听话"。

倾听比流利的口才更重要,如果想更多地了解别人,就必须倾听。只有倾听,才能感悟出别人的思维模式,捕捉他要表达的意思。倾听是成熟人最基本的素质,一个善于沟通的人首先应该是一个听众。据社会心理学家统计,我们有50%～80%的时间在与人沟通,而在这沟通的时间内,有一半的时间是在倾听。倾听是重要的沟通技能,倾听是事业成功者必须掌握的一门艺术,沟通心理学家一再倡导:"在说之前,先学会听。"

雨果说："世界上最辽阔的是大海，比大海更辽阔的是天空，比天空更辽阔的是人的胸怀。"辽阔的胸怀就是用来容纳别人的语言。

如果说雄辩可以得天下的话，倾听则能够守天下。雄辩所能展示的风光，无论有多强的感染力，仍免不了语言的局限，倾听则能够在滔滔不绝的话语瀑布中发现一个人隐秘的心语。没有人会把自己的内心世界完全暴露给别人，也没有人能够不让自己的愿望从语言中流露出来。因此，了解别人最好的方式就是倾听。

倾听需要一种定力。心浮气躁的人，也是耳目闭塞的人，有多少生活的真谛离他们远去，他们却全然不知。不善于倾听的人，是因为没有一副胸怀能容纳别人的声音，他们急于表达，如同建设一处又一处半途而废的工程。

一个人最不了解的其实是自己，人们只了解自己的欲望，不了解自己的本性；只了解自己的所缺，不了解自己的所有；只了解自己的容貌，不了解自己的形象。为此，我们要学会倾听。它像澡堂里面的镜子，茫茫雾气凝为水珠淌下来之后，镜里才有了真容。

倾听也是听你内心的声音。每个人都有这样的经历：在每逢大事的时候，能听到自己的心音。人只有在最倾力思考时，才会听到内心的声音，心灵在宁静的时刻，才拨奏琴弦。

在别人的语言里，有鲜花，有荆棘，有废渣，有珍珠，有林林总总的一切，细心的倾听者能从中听到财富与机遇的脚步声……

6.1.4　与不同人群的沟通方式

在生活中我们会遇到各类人群，那么与各类人群的沟通方式也是不同的，下面我们来分享在生活中与不同人群的沟通方式。

1. 与孩子沟通：平心静气、换位思考

与孩子沟通并不需要特别的技巧，只需要关注孩子的语言与观点，把自己放在孩子的位置上思考[4]。这样与他们谈判的时候才会更有说服力、更加成功。

9 岁的大卫不想去看牙医，他很生气，激怒了他的姐姐蒂娜，她对他说："大卫，看牙医一点都不疼，不要像个 3 岁小孩一样！"大卫更生气了，行为变得更加令人讨厌。他的妈妈对蒂娜说："大卫今天很烦，他担心去看牙医。现在他需要我们所有人的体谅。"就好像变魔法一样，大卫马上安静下来，他去看了牙医，没有再抱怨。妈妈的回应平心静气、换位思考，是针对大卫烦躁心情的理解，而不是嘲笑讽刺，这使得大卫放松多了，因此也就不再那么生气了。

我们总是自以为懂得大量的育儿知识，懂得如何爱孩子，其实这并不一定能使孩子健康地成长，甚至不足以与孩子切实地交流和沟通。我们都希望家里充满民主、平等、尊重和自由，可一着急，火急火燎地就容易表现出专制和不平等，有时甚至羞辱和惩罚

孩子。这会给孩子造成极大的伤害。所以，我们希望想与孩子进行很好沟通的读者可以平心静气地读读《孩子，把你的手给我》[4]这本书。

2. 与朋友沟通：真诚、坦然

有一把坚实的大锁挂在铁门上，一根铁杆费了九牛二虎之力，还是无法将它撬开。钥匙来了，它瘦小的身子钻进锁孔，只轻轻一转，那大锁就"啪"的一声打开了。铁杆奇怪地问："为什么我费了那么大力气也打不开，而你却轻而易举地就把它打开了呢？"钥匙说："因为我最了解它的心。"

这个故事告诉我们，一是做事情选对方法的重要性，二是合作双方彼此了解的重要性。日常工作中，做到以上两点，都离不开一件事——沟通。要想成为一个受欢迎的、同事朋友愿意与之沟通交流的人，最容易、最有力量也是最重要的一点就是学会真诚待人。

爱因斯坦曾说："世间最美好的东西，莫过于有几个头脑和心地都很正直的、严正的朋友。"而想要获取这种朋友的唯一途径便是真诚，只有真诚待人，才能收获真诚。《庄子·渔父》中说："真者，精诚之至也，不精不诚，不能动人。"不真诚，就没有开启人心的力量，当然也就无法打开沟通之门。

美国前总统林肯就非常注意培养自己说话的真诚，他说："一滴蜂蜜要比一加仑胆汁能吸引更多的苍蝇。"人也是如此，如果你想赢得人心，首先就要让他相信你是他最真诚的朋友。那样，真诚就会像一滴蜂蜜吸引住他的心，也就是一条坦然大道，通往他的内心。

与人交流贵在真诚，与人沟通贵在真诚。

1858年，林肯在一次竞选辩论中说："你能在所有的时候欺骗某些人，也能在某些时候欺骗所有的人，但你不能在所有的时候欺骗所有的人。"这句著名的格言，成为林肯的座右铭，也成为我们今天说话者依据的座右铭。

如果你能用得体的语言表达你的真诚，你就能很容易赢得对方的信任，与对方建立起信赖关系，对方也可能因此喜欢你说的话，由此奠定了一个有效沟通的极佳基础。能够打动人心的话语，才可称得上是"金口玉言""一字千金"。

所谓"精诚所至，金石为开"，唯有真诚之心才能打动人心，以真诚之心对待他人，我们才能获得他人的信任、建立良好和谐的关系。任何时候，如果我们抛弃了真诚之心，所有的关系，都可能很快淡去。

真诚不需要华丽的言辞，也不需要漂亮的外衣，更不需要刻意去追求。真诚是自然的流露，是不图回报的奉献，也是不计后果的付出。真诚还是默默的行动，一件小事可以让人体会到不同的心境。我们不能要求付出与回报同等，但要时刻提醒自己，对人一定要真诚。

真诚可遇不可求，是心甘情愿的付出，是一个愿望的远足。真诚是彼此的坦然，也是一个心灵的释放。

3. 与同事沟通：尊重、理解

尊重是同事之间平等相处、团结协作的前提。同事之间应该相互尊重，因为只有尊重别人，才能赢得别人的尊重，从而形成一个温馨、和谐的工作环境。尊重别人实际上也是对自己的尊重，体现了自己的文明教养、胸怀和气度。

很多人认为没必要费这个事，尤其是那些自我感觉良好、功成名就、财大气粗的人。但是这个世界上大多数人都是普通人，所以，在这个社会中，无论是好是坏，各种各样的人都需要相互依赖——无论他们喜欢与否。

我们如何做到尊重同事呢？具体方法有以下几点。

1）尊重不同的性格

每个人的性格是独特而复杂的，各种性格类型都各有所长。因此，我们不能说哪一种性格是好的，哪一种性格是坏的，哪一个人的性格好，哪一个人的性格一无是处。我们无法改变性格，也不能消除差异，只能接受和承认。同事中必然存在不同的性格类型，同事之间工作接触和日常交往就必须了解这种差异、尊重这种差异。

2）尊重不同的工作思路和方法

同事间的工作思路和方法也会大有不同。面对同样的问题，不同的人解决问题的思路可能完全不同，运用的方法也不一样。只要最终可以解决问题、不影响工作，应该尊重同事的不同思路和方法，不能认为自己最有办法，不要求别人用自己的思路和方法去工作。

3）尊重不同的观点、态度

人是有意识的，对待事情总是有自己的观点、态度。尊重他人应该尊重他人的观点和态度，不将自己的观点、态度强加给别人，在不涉及原则问题的事情上，任何不同的观点和态度都应该受到尊重。

4）尊重个人的隐私、民族风俗、生活习性

每个人都有不愿让别人知道的个人隐私，任何人都有权利保护个人隐私。尊重他人应该尊重他人的个人隐私，不好奇、窥探他人的私生活；如果知道了他人的某些隐私，应该信守承诺保守秘密，不向任何人透露。

5）尊重他人的劳动成果

尊重他人还要尊重他人的劳动成果。对他人劳动成果的尊重既要尊重他人取得的智力成果，如发表的论文等，还要尊重他人的劳动付出；对于他人取得的工作成绩、奖励抱持尊重的态度，不诋毁、不贬低。

尊重不是别人给予的，而是自己身体力行的结果。只有获得别人的尊重才会有言语的效应，说起来容易做起来难，需要自己不断地积累和积淀，功到自然成。

正确的沟通会得到别人的理解，很多的事情都是缺少理解才会导致矛盾和分歧。沟通也是一门技能，需要认真地反思和学习。好的沟通技巧会促进人与人之间的理解和尊重。

▲ 6.2　更新四种沟通协调的观念

通过6.1节对沟通协调的理解，你一定对沟通协调有了自己的认识和感悟。下面我们介绍四种沟通协调的观念，进一步促进学习和运用沟通协调。

6.2.1　沟通能力的高低不在于多会说，而在于多会听

倾听是一种智慧、一种修养、一种尊重、一种心灵的沟通，是一种心态、一种成熟。

现实生活中，有些人以为沟通就是"听我说"。其实，能让谈话的花朵盛开的，并不是会说话的人，而是会聆听的人。好的沟通是双向的，如果只有人说而没有人听，就不可能沟通，说话的人只是制造出一些声音而已。

"听"的过程不仅限于听见，通过听，得到信息之后，经过大脑的加工转化，筛选出自己需要的信息，精选出对沟通有利的信息，从而去丰富沟通的论据，或调整沟通的策略。古语有说，言多必失。说服对方最简单的方法就是先听他讲，总有一些关键的信息会通过对方的话语流露出来，当你抓住这些关键信息，并以此为切入点进行说服时，对方就会比较容易接受了。

余世维在一个有关沟通的培训中提道："沟通是两个循环圈，一个人不会听话，通常都不会讲话，通常只讲话不听话，叫强辩，会听再会讲，叫善于思考。"注意听别人讲话是获得职场成功的一个非常重要的习惯，要善于倾听对方的话，通过解析，找到对方话语中的关键信息，然后再充分地跟他沟通。

曾看到这样一则小故事：

伦敦南部一家鞋店生意一直不太好。一天，店里来了两位年轻女孩，她们试穿了很多双鞋子，最后选定了两双。结账时，其中一人对同伴说："买鞋可真麻烦，一次次脱鞋又一次次穿鞋，太累人了。"听到顾客的怨言，店主并没有不高兴，而是转念一想：如果能让顾客赤脚进店，试鞋就轻松多了。于是，他在店内铺了地毯，在门口设置了鞋架，将店名改为"赤脚鞋店"，并贴出一份告示：店内铺有地毯，顾客可脱鞋进店购物，并由本店员工代为擦鞋。这一服务方式果然吸引了不少顾客，鞋店的生意从此越来越好。

试想，如果听到顾客抱怨，店主心存反感，不想办法解决问题，那么鞋店的生意就很难好转。古人云："知屋漏者在宇下，知政失者在草野。"我们认为，服务行业人员，特别是窗口人员要正确对待客户的抱怨，把倾听怨言当作了解服务情况的有效途径。要像那位鞋店老板一样，善于倾听客户的怨言，接受客户的"挑刺"，发现服务的不足，进而积极寻找方法改进服务，提高客户满意度。

客户有所想，我有所为；客户有所呼，我有所应；客户有所盼，我有所办。这样，服务才能更优。

我们不仅在商场上这样去做，在其他行业、各种职位上我们若要想取得成功，也应该有这样的沟通观念，它会对我们的成功有很大的推动作用。

美国知名主持人林克莱特一天访问一名小朋友："你长大后想要当什么？"小朋友天真地回答："我要当飞机驾驶员！"

林克莱特接着问："如果有一天，你的飞机飞到太平洋上空，所有引擎都熄火了，你会怎么办？"小朋友想了想说："我会先告诉坐在飞机上的人绑好安全带，然后我挂上我的降落伞先跳下去。"

当现场的观众笑得东倒西歪时，林克莱特继续注视着这孩子，想看他是不是自作聪明的家伙。没想到，接着孩子的两行热泪夺眶而出，林克莱特这才发觉这孩子的悲悯之情远非笔墨所能形容。于是林克莱特问他："为什么要这样做？"小朋友的回答透露出一个孩子真挚的想法："我要去拿燃料，我还要回来！我还要回来！"

因此，当你与别人相处、听别人说话时——你真的听懂他说的意思吗？你懂吗？如果不懂，就请听别人说完吧，这就是"听的艺术"，听话不要听一半。还有，不要把自己的意思投射到别人所说的话上面，要等对方把他所要表达的意思表达完整。设身处地地"倾听"就是要通过对方的言谈，明了对方的观点、感受和内心世界。这种倾听要耳到、眼到、心到，用眼睛去观察，用心去体会，真正体会他人的感受，而且能把它投射回去。全神贯注地倾听就是要面对对方，聚精会神、专心致志地听，对他讲的内容很有兴趣，决不走神、分心。戴尔·卡耐基说："成功的交谈，并没有什么神秘。专心地注意那个对你说话的人，是非常重要的。"

交谈，是社交活动中必不可少的内容。它是人们传递信息和情感、彼此增进了解和友谊的重要手段。但是，交谈要谈得"情投意合"，却不是件轻而易举的事。想要使交谈圆满成功，还得讲究交谈的艺术。

因此，我们要学会做一个好的听众。专心地听别人讲话，是我们给予别人的赞美。专心倾听对你说话的人，是非常重要的。

常发牢骚的人，甚至最不容易沟通的人，在一个有耐心和同情心的听者面前，常常会软化下来。真正有效的聆听，不仅仅是耳朵的简单使用，而是耳朵和嘴巴、大脑有效地配合。尤其是嘴巴，因为很多人认为当别人说话时，闭起嘴巴才是讲礼貌的表现。

有一句著名谚语提到："倾听是最高的恭维。"英国学者约翰·阿代尔说："对于真正的交流大师来说，倾听和讲话是相互关联的，就像一块布的经线和纬线一样。当他倾听的时候，他是站在他同伴的心灵的入口；而当他讲话时，他则邀请他的听众站在通往他自己思想的入口。"精神生理学的研究则表明，一个人的说话方式、习惯对健康有很大影响。人在说话的时候，血压、会适度升高，脉搏会适度加快，神经质的人尤甚。可是在听人说话的时候，血压、脉搏就会逐渐降下来，形成一种有规律的节奏，这种节奏能保护心脏、使人平衡。要做到既享受与人谈话的乐趣，又保持身心的健康，就要多听，并且在说话时保持平衡和均匀的呼吸。

6.2.2　沟通不见得非得用语言

除了用语言来进行沟通外，我们也可用非语言来进行沟通。非语言沟通是相对于语言沟通而言的，信息的内容部分往往通过语言来表达，而非语言则作为提供解释内容的框架，来表达信息的相关部分。因此非语言沟通常被错误地认为是辅助性或支持性角色。美国心理学家艾伯特·梅拉比安经过研究认为：在人们沟通中所发送的全部信息中仅有 7% 是由言语表达的，而 93% 的信息是由非语言来表达的 [5]。同样地，据专家估计，人际沟通仅有 10% 通过语言来进行，30% 取决于语调与声音，其余 60% 则得靠肢体语言 [2]。所以，在倾听的过程中，不仅要耳到，还要眼到、心到——用眼睛去观察，用心灵去体会。

非语言沟通是指通过某些媒介而不是讲话或文字来传递信息。非语言沟通包括身体语言沟通、副语言沟通、物体的操纵。

身体语言沟通是通过动态无声的目光、表情、神态、手势语言等身体运动或者静态无声的身体姿势、衣着打扮、空间距离等形式来表现沟通的。手势语言包括如聋哑人的手语、旗语、交通警察的指挥手势、裁判的手势，以及人们惯用的一些表意手势，如"OK"和胜利的"V"等。动作语言如饭桌上的吃相能反映出一个人的修养；一位顾客在排队，他不停地把口袋里的硬币弄得叮当响，这清楚地表明他很着急；在柜台前，拿起又放下，显示出他拿不定主意。

心理学家称非词语的声音信号为副语言。副语言沟通是通过非语言的声音，如重音、声调的变化、哭笑、停顿等来实现的。例如，一句简单的口头语"真棒"，当音调较低、语气肯定时，表示由衷的赞赏；而当音调升高、语气抑扬，则完全变成了刻薄的讥讽和幸灾乐祸。

物体的操纵是人们通过物体的运用和环境布置等手段进行的非语言沟通，如十字路口的红绿灯、谈判时会议室的布置。物体语言就是通过物体来反馈别人的信息。总把办公物品摆放很整齐的人，能看出他是个干净利落、讲效率的人；穿衣追求质地，不跟时尚跑，这样的人一定有品位、有档次。

非语言沟通的特点是无意识、情景性、可信性以及个性化。例如，与自己不喜欢的人站在一起时，保持的距离比与自己喜欢的人要远些；有心事，不自觉地就给人忧心忡忡的感觉。正如弗洛伊德所说，没有人可以隐藏秘密，假如他的嘴唇不说话，则他会用指尖说话。一个人的非言语行为更多的是一种对外界刺激的直接反应，基本都是无意识的反应。与语言沟通一样，非语言沟通也展开于特定的语境中，情境左右着非语言符号的含义。相同的非语言符号，在不同的情境中，会有不同的意义。同样是拍桌子，可能是"拍案而起"，表示怒不可遏；也可能是"拍案叫绝"，表示赞赏至极。当某人说他毫不畏惧的时候，他的手却在发抖，那么我们更相信他是在害怕。英国心理学家阿盖依尔等人的研究表明，当语言信号与非语言信号所代表的意义不一样时，人们相信的是非语言所代表的意义。由于语言信息受理性意识的控制，容易作假，人体语言则不同，人体语言大都发自内心深处，极难压抑和掩盖。一个人的肢体语言，和说话人的性格、气质是紧密相关的，爽朗敏捷的人和内向稳重的人的手势和表情肯定是有明显差异的。每个人都有自己独特的肢体语言，它体现了个性特征，人们时常从一个人的形体表现来解读他的个性。

6.2.3　沟通最多的是自己与自己的沟通

身处社会，一个人对自我的认识是非常重要的。首先根据自己和周围环境的现状，清楚自己的定位，要有短期、中期和长期的目标，并在实际中加以调整。这是自我沟通的体现。

在所有沟通中，自我沟通是基础。自我沟通主要包括自我反省、情绪管理、压力沟通等。通过自我沟通，人们能够探索自我、肯定自我，并且可以保持良好的心境。只有对自己有清楚的认知、了解自我特质、情绪不好时能自我排遣，才能在日常生活和工作中取得更大的发展[5]。

春秋时期，孔子的学生曾参勤奋好学，深得孔子的喜爱，同学问他为什么进步那么快。曾参说："我每天都要多次问自己：替别人办事是否尽力？与朋友交往有没有不诚实的地方？先生教的学是否学好？如果发现做得不妥就立即改正。"这就是著名的"吾日三省吾身"的含义，其实也是自己与自己沟通的一种表现，也是自己与自己沟通最大的收获。当然，还有很多人形成每天写感恩日志的习惯，或每天制订计划的习惯，其实都是自己与自己沟通的一种形式。

还有的人在明白了积极的心理暗示的作用后，也会通过一种积极的心理暗示与自己沟通，鼓励自己每天都往好处想，这也是自己与自己沟通的一种方式。人们可以随时随地与自己进行沟通，进而给自己一些比较好的心理暗示或给自己一些正面的、积极的认知，这样会使自己的内心越来越强大，而不再会受到太大的干扰，使自己每一天在每一方面都越来越好。

▲ 6.3 如何更好地进行沟通协调

了解了沟通协调的观念，那么，到底如何能够更好地进行沟通与协调呢？下面我们通过为你介绍缩小认知差距、遵循有效沟通的基本原则、掌握倾听的艺术、注意对方的各种信号以及掌握谈判的技巧来让你学习如何更好地进行沟通。

6.3.1 缩小认知差距

认知差距，是指每个人对某件事物的主观认识和评价都存在一定的差异。

很多人在各种问题上完全视对方的观点如无物。对许多人而言，如果对方不理解自己的观点，他们就会认为对方愚笨顽固或不可理喻。事实并非如此，通常，你自己深信的东西对方未必看得到，在对方眼里，那些东西是不存在的。

作为独立的个体，每个人对事物的认知都是基于自己的人生经历。在现实中，每个人的境遇千差万别，同样一件事情，对于我们自身来说，可能觉得很理所当然，但他人或许根本就没有听过、看过、了解过。在正式或非正式的谈判中，我们认为我们熟悉的事件背景、同一词汇，对方和我们的理解是一样的。这种"我以为"的先入为主的想法，不利于在谈判中说服与我们持不同观点的人。

人们总是以不同的方式陷入个人冲突，因为他们还没有学会问这个问题："对方的意思和我对他们说的内容的理解一样吗？"在心理学上，这种错误成为"基本归因错误"——你以为其他所有人对待事物的反应方式都和你一样。

乔斯林·多纳特（Jocelyn Donat）是摩根大通集团的执行董事。睡觉前，她对两岁的小侄女安娜说："现在是乔斯林姑姑讲故事的时间。"她的小侄女立刻就说："讲两个故事。"几个回合之后，乔斯林最后问小侄女为什么要讲两个故事，小侄女的回答是："因为我不累。"最后她们商定好讲一个比较长的故事。

两个人对故事的长短有着不同的看法。所以我们首先必须明白的一件事是：观点存在差异，沟通失败无时不在、无处不在。我们应该先来检查双方所说的意思是否一致。

因此，要想说服与你持不同观点的人，你必须先从这个观念入手，即你所谓的"各种事实"——你的思想、想法、观点对方是看不到的；你看得一清二楚的东西，对方也许完全看不见。

从现在起，当你与某人意见不一样的时候，问问自己下列问题：①我的看法是什么？②对方的看法是什么？③是否存在观点不一致的情况？④如果是，原因是什么？

在生活中，你有时候也许已经以一种特定的、随意的方式问过自己上述问题。现在，你应该让这样的问题成为众多谈判技巧中一个特殊的、重要的技巧。这意味着你要理解双方所持有的偏见，努力让对方明确表达出他们的观点，然后再来解释你的观点。

这里有两句话，其所用词语完全相同。第一句："我要去北京。你要去哪儿？"第二句："你要去哪儿？我要去北京。"两句话，词语相同，语序不同。经验表明，与第一句相比，第二句更容易为对方所接受。如果你首先询问对方的观点是什么，说明你很重视对方，对方会因此更有兴趣倾听你想说的话。对于那些还不知道这一技巧的人来说，他们喜欢打断他人说话，但通常是毫无意义的。即使对方的话被打断了，其脑海中的思想却并未中断。大多数情况下，对方不想听你说话。如果对方因为话被打断而恼怒，那听你说话的可能性就更小了。在谈判中，你必须首先让对方愿意听你说话。

6.3.2　遵循有效沟通的基本原则

有效沟通是指在一定的时间和场合，为了一定的目的，借助某种方式传递信息，表达思想和感情，并能被人正确理解和执行，达到某种效果的过程[5]。在进行沟通时，若要更好地达到自己的目标，我们要遵循以下有效沟通的基本原则[7]。

1. 始终保持沟通

谈判并不以对方回答你的问题而结束，始终和对方保持沟通顺畅，指出显而易见的问题，将对方引至己方设定的道路。

大多数谈判失败都是沟通不畅或根本没有沟通造成的。除非谈判双方一致同意休息片刻，或者你想结束谈判，否则千万不要走开。不沟通就得不到信息。威胁或责怪对方只能招致对方相同的回应，尊重对方才能获得更多。最出色的谈判者会将沟通中出现的显而易见的问题指出来，他们会说："我们之间似乎有些不愉快。"然后用三言两语化解掉当时的不快，将对方引至你为他们设定的道路上来。例如，"你们的目标是给顾客带来幸福快乐吗？"

你只有与对方保持沟通，交谈下去，才有可能使事情得到解决。

2. 倾听并提问

对方的言论和观点比你的更重要。

在谈判中首先要确认对方的观点。对方的言论比你的言论重要。对方主观上所听到的比你所说的更重要。要想说服对方，你必须先倾听他们在说什么，无论是语言上还是非语言上。你越想责怪对方，对方就越不愿意倾听。你越尊重对方，对方就越愿意倾听。事实上每一个人都是如此，包括儿童、政府官员、销售代表以及客户。

3. 尊重而不是责怪对方

各项研究表明，责怪对方会使对方表现变差、积极性降低。换句话说，赞扬对方会让对方表现更佳、积极性更高。

在和别人谈话的时候，总是望着对方的眼睛，保持注意力集中，而不是翻东西、看书报、心不在焉，显出一副无所谓的样子。

尊重他人的观点和看法，即使自己不能接受或明确同意，也不当着他人的面指责对方是"瞎说""废话""胡说八道"等，而是陈述己见、分析事物、讲清道理。在与人交往相处时，既不强调个人特殊的一面，也不有意表现自己的优越感。与人相处时要胸襟开阔，不会为一点小事情而和朋友、同事闹意见，甚至断绝来往。避免高声喧哗，在待人接物上，心平气和，以理服人，往往能取得满意的效果。扯开嗓子说话，不但不能达到预期目的，反而会影响周围的人，甚至使人讨厌。

消极因素所占比例越大，谈判成功的可能性就越小。事实就是如此。

4. 经常总结

要经常对你所听到的内容进行总结，然后用自己的话再给对方说一遍。这样做是尊重对方，还可确保你们双方的意见仍然保持一致。如果对方能看到你正在倾听他们的意见，那他们倾听你的意见的可能性就更大。即使你说得不太正确，对方也不会对你产生误解。

对所听到的内容经常进行总结也为你提供了一个能够以正确看待问题的方式收集整理信息的机会。

5. 进行角色互换

角色互换是指把自己置于对方的位置，这与前面提到的高效能人士的七个习惯的第五个知彼解己相似。

这一技巧能让你更清楚地了解对方的观点、也许正在面临的压力以及他们的梦想和恐惧。换句话说，要想理解对方，就必须尽量去感受他们的痛苦、快乐以及疑惑，并将其纳入你的谈判策略中，而且你还必须让对方知道你正在努力理解他们。

人们常常无法准确表达自己的感情。你的任务就是找出隐藏在人们言论背后的真正想法。如何才能做到这一点呢？可通过如下方式：努力找出有关对方的更多信息、将自己置于对方的位置、努力看清对方脑海中的画面。

即使你是错的，你为了理解对方而付出的努力也会让对方心存感激。经常将自己置于对方的位置，让你的同事扮演你的角色，参加模拟谈判。你不需要很多花哨的理论，你所需要的只是角色互换的方法、进行角色互换的意愿以及一点点时间。你会因此而成为一名更出色的谈判者。

6. 平心静气

最出色的谈判者都是头脑冷静的。一切的冲动和怒气冲冲都不利于问题的解决，反而还会使情况更糟糕，所以，越是重要的事情，越要冷静，只有冷静，才能作出正确的判断和决策，这就是所谓的"每临大事有静气"。按常人思维，遇到大事怎么能够淡定？这里举一个极端的例子：一天晚上，阿基米德正在做一道当时无人能解的数学题，这时房子里突然闯进来几个敌人，用剑指着他说：我们要杀了你。但阿基米德不慌不忙地回答："等等，让我把这道数学题证明出来了再杀我也不迟。"乍一看，阿基米德浑身冒傻气，竟然于危急关头置自己身家性命于不顾，但也正是这种异于常人的静，才使他以著名的阿基米德定律奠定了他在物理王国无可撼动的地位。

还有一个例子，戴维·霍罗克斯是一名健康资讯高管，他正在开展一个为期5天的项目。"在第二天项目中途，一名团队成员怒气冲冲地公开说我故意误导他。"戴维说。戴维没有表现出愤怒，相反，他详细询问了这名成员所做的事情。"当我明白了他的需求之后，我让他看到我没有故意误导他的动机。"戴维说。对方的怒气顿时平息下去，团队工作又顺利运转起来。

所以，请你回想一下在你的工作或个人生活中，处理不当、冲动易怒引起了多少争吵和冲突，留下了多少永久抹不去的伤痕，而这些都是可以通过平心静气来解决的。

7. 明确目标

设立目标并非意味着在谈判一开始确定好目标就万事大吉了，而是需要不断地声明与重申你的目标。还要不断审视：双方的意见仍然保持一致吗？新的事件或新的信息使你重新思考自己的目标了吗？你的行动仍然和你的目标一致吗？驱车前往目的地的时候，你会利用方向盘不断调整方向以到达目的地，包括必要的绕道行驶以避开路障。在谈判中，要想实现你的目标也需要进行类似的调整。

8. 在不损害双方关系的前提下坚持自己的立场

在谈判中，谈判者对对方所使用的具体词语和语气非常敏感。如果你的语气怀有敌意，如果你侮辱对方，如果你脾气暴躁，那你所说的话就会没有分量。你可以在不引起对方反感的情况下坚持自己的立场。例如，"我真的很需要这个，理由如下……"讽刺挖苦可能会在当时让你感觉过瘾，但在谈判中，它往往不会奏效。你也许看到，有些成功的谈判中也出现了讽刺挖苦，但是，那些谈判者获得成功并非因为运用了讽刺挖苦，而是因为他们对讽刺挖苦置不之理。

9. 寻找不起眼的小信号

在沟通协调过程中，注意各种信号，如果对方说："我不可能在这个时候为你这样做吧。"你就应该问："那你什么时候能这样做呢？"或"还有谁能这样做呢？"

如果对方说："这是我们的标准合同。"你就应该问："曾有过例外的情况吗？"

如果对方说："我们从来不议价。"你就应该问："好吧，那你们议什么呢？"

如果你仔细观察和倾听，大多数人都会给出可以说服他们的方法。但我们往往没有充分注意对方的言行。要注意对方的每一个用词、每一个语调的变化和每一个举动，这样可以让你在谈判中处于更加有利的地位。

10. 就知觉差异进行讨论

大多数人都认为双方存在差异不是件好事，会招致风险，令人讨厌和不快。但事实上，这些差异可以产生更多看法、更多观点、更多选择，使谈判更加成功、谈判结果更令人满意。多问对方几个有关差异的问题会让对方更加信任你，使双方达成更加理想的协议。伟大的谈判家都对差异钟爱有加。

11. 了解对方作出承诺的方式

在沟通协调中要弄清楚对方作出承诺的方式，因为有效的承诺既与对方脑海中的画面有关，还与对这些画面的理解有关。你必须就对方作出承诺和信守承诺的方式与对方进行明确的交谈。否则，你可能会碰巧面临瑞士一家大型公司那样的遭遇。

某家瑞士公司得到一份由其在中东的合作伙伴公司所签署的协议。瑞士公司自以为这是一份"具有约束力的协议"，便要求对方执行协议中的规定，结果被对方拒绝了。瑞士公司亮出了对方公司的签字，中东公司说这份协议对他们不具有约束力，之所以在上面签字只是为了"不失礼"。中东公司的代表说，只有自己和瑞士公司的代表亲自会晤并相互握手"达成口头协议"，协议才会生效并对他们产生约束力。

对瑞士公司而言，书面协议就是一份具有约束力的承诺；而对中东公司而言，只有握手才能使协议对他们起到约束作用。

12. 做决定之前进行协商

假设你正在做一个决定，而这个决定会影响到其他人。这个决定可能是去看电影，或去饭馆吃饭，也可能是开一家新店或一个新工厂。你并没有向每一个会受到这个决定影响的人征询意见，而是完全自己做主，这样做的结果是什么呢？

最有可能发生的第一件事是，人们会反对你，只是因为你轻视了他们，你没有充分考虑并询问他们的意见。无论他们要说的是否有价值，或者无论你是否已经知道他们要说什么，这都不重要。不去征询他们的意见说明你在疏远他们。这不仅不会节约时间，反而会让你花费更多时间。他们会想方设法为你制造障碍。这是因为你发送了一个非语言信号：他们的意见不值得一听。

最有可能发生的第二件事是，你错失你自己也许想不到的一些点子，这些点子往往还是好点子。

如果时间紧迫，那就发送一条信息，上面这样写："我要在明天某时间之前对此作出决定。如果届时没有收到你的信息，我就认为我可以据此开始实施计划。"这样一来，人们就会觉得你已经问过他们的意见了，而且很多人也不会产生非要与你联系的压力。如果他们在截止日期之后与你联系，你可以合情合理地向他们解释制定截止日期的必要性。如果他们不喜欢截止日期，你可以和他们一起为下一次行动制订出一个更好的计划。

不一定非要采用他们的意见，你可以解释你作出这样决定的原因。如果他们表示反对，至少你已征询过他们的意见。他们的不满情绪会因此减弱，因为你对他们表现出了尊重。

13. 专注于自己力所能及的事

我们无法控制昨天发生的事情，就像我们想改变昨天一样不可能。在谈判中，为昨天发生的事情而争斗永远不会让你所专注的事务取得任何进展。

为昨天而争斗会带来三个主要后果：战争、诉讼、无法达成交易。为昨天而争斗既要付出高昂的代价，又浪费时间，令人痛苦不堪，往往还不能使冲突结束，会让人们失去目标。

在谈判中，不为昨天而争斗大有好处。因此，我们更该鼓励对方只谈论那些他们力所能及的事情，这有助于区分主次、让双方更自信。你可以说："为什么要为了昨天而指责我，我并没有参与其中，我也不会支持那些参与其中的人。"

专注今天、专注此刻、专注自己力所能及的事才是最有意义的。

14. 避免争论谁是谁非

指责埋怨和施以惩罚是人类的自然反应。然而，从心理学的角度而言，对方很难同意接受惩罚。即便是承认自己有错也很难，因为这会让你在自己和他人面前显得有些丢脸。指责怪怨的时候几乎总是需要出现一个第三方：一名法官、一个陪审团或一名裁判。如果想争论谁是谁非，你会发现，让对方帮助你实现自己的目标就会变得难上加难。甚至你将被迫作出代价更高昂的选择——诉讼、第三方仲裁或战争。

在谈判中，最好能问一些这样的问题：我们现在该怎么办？我们怎样才能阻止这种情况再次发生呢？

争论对错只是在浪费时间，它于谈判毫无意义。

以上所讲述的每一种技巧都体现在细微处，只需在谈判中将你所说的话稍加改变就会使谈判朝有利的方向发展。在一场谈判中，不必一次使用所有技巧，试试其中一种或两种，对其加以实践，树立信心，实现目标。然后再逐步试试其他技巧。

但是，请记住一个比较有用的口号，这个口号因大卫·里恩（David Lean）导演的电影《印度之行》（*A Passage to India*）中的人物戈德博尔教授而闻名于世："你无法告诉任何人任何事，除非对方愿意倾听。"

6.3.3 掌握倾听的艺术

在沟通中，我们与人交谈，不是简单地听就可以的，而是要学会倾听，听出对方话语里所包含的各种信息。

在我们的生活中，倾听是必不可少的。在家庭生活中，倾听有助于家庭生活的和睦；在朋友之间，倾听有助于赢得朋友的信任和重视。总之，在这个人与人之间无时无刻不在进行着各种各样的交际的社会，倾听是一种非常重要的沟通技巧。如果你用时间耐心地倾听别人说话，往往会获益匪浅。你想要了解一个人，你得学会从他的话语中倾听出他所想要表达的真正看法；你想成为别人的朋友，你得学会倾听他的烦恼与快乐；你要与别人合作，你得学会倾听他的观点与想法。人的性格与智慧，是要用心倾听才会发现的。

国际倾听协会这样对倾听进行定义：倾听是接收口头和非语言信息、确定其含义和对此作出反应的过程[8]。因此，倾听不仅仅是听到和理解，更重要的是如何反馈。在倾听的过程中，我们应掌握一些倾听的艺术。

1. 要有正确的"听"的态度

当我们作为一个倾听者的时候，只有我们以正确的听的态度去听对方的诉说，对方才会有想与我们继续交流下去的意愿，这也是对对方最起码的尊重。尊重是双向的，这样的相互尊重会让双方之间的沟通变得更愉快。这是一切平等的成功的谈判最重要的前提，我们务必让对方感觉到我们对他的重视，以及我们很乐意去听他的话语的意愿。

2. 要善于非语言交流，做一个积极的"听话者"

对方讲话时，我们要注视对方鼻尖或前额，先盯着他的眼睛看一会儿，让对方意识到我们在听他说话，让对方觉得我们的眼神比较柔和。但不能一直盯着看，否则会让对方觉得不自然，然后我们要时不时地做沉思状，让对方觉得我们在认真考虑他的话。别人看我们的时候，不要过于紧张，可以面带微笑，不要迎着他的目光，可以看他的眉头及前额部分。

我们要善于使用非语言沟通，表明我们非常认真地在听对方的发言。我们要善于用点头、微笑、目光交流、鼓掌、记笔记等肢体语言来向对方暗示我们是在注意听他说话。做一个积极的"听话者"，使对方有一个好的心情而乐于诉说。

3. 要会提问题

我们可以通过一些简短的插话和提问，暗示对方你确实对他的话感兴趣，或启发对方，以引出你感兴趣的话题。人们做任何事情都有两种原因，一种是表面上的原因，这种原因可以冠冕堂皇，但这种原因往往并不是这个人做这件事情的真正原因。另一种是隐藏在表因背后的真正原因，往往是不便于说出来的难言之隐。如果倾听者会提问题，很可能就会找到真正的原因。例如在别人陈述完观点后，多问一句"除此之外还有什么呢？"这样的问话可能就会逐渐逼近真实原因，当然有些时候可能还是问不出来，但至少你离目标更近一步！我们也应善于从别人的话语里找出他没有能明白表达出来的意思，避免产生误解。我们还可以用一两个字暗示对方：你不但完全理解他的话，甚至和他趣味相投。我们更要注意提问的方式，以及对方一时回答不上来或是不愿回答的问题时不要一直追问、缠着不放，要善于转换话题。我们可以问一些无关紧要的事，先缓和一下气氛，再慢慢把话题拉回到正轨。

4. 不要中途打断对方

与人交流时，当对方在叙说一件事情或者在表达自己的观点时，切记不要中途打断，否则会扰乱对方的思路，让对方忘记自己之前所要阐述的内容。若是想要表达自己的观点，一定要等对方说完之后再说，这样既是对对方表示一种尊重，让对方感觉很好，也是让自己从对方的话中获取更多有用的信息，并让彼此的交流更加顺利与惬意。

5. 忠于对方所讲的话题

在沟通中，听了对方的话后，不要随意改变话题的方向，要就事论事。对方在说完自己的想法后是想要和你交流的，而不是仅仅说给你听的。不要仅想着把双方的焦点放在自己所想要谈论的话题上。无论你多么想把话题转到别的事情上去，达到你和他对话的预期目的，都要等待对方讲完以后再岔开他的话题。

6. 要巧妙地表达你的意见

要巧妙地表达你的意见，不要表示出或坚持明显与对方不合的意见，因为对方希望的是听的人"听"他说话，或希望听的人能设身处地地为他着想，而不是给他提意见。你可配合对方的发言，提出你自己的意见，如对方说完话，你可以重复他说话的某个部分或某个观点，这不仅证明你在注意听他所讲的话，而且可以以下列的答话陈述你的意见，如："正如你指出的意见一样，我认为……""我完全赞成你的看法。"

7. 要听出言外之意

一个聪明的倾听者，不能仅仅满足表层的听和理解，还要从说话者的言语中听出话中之话，从其语情语势、身体的动作中演绎出隐含的信息，把握说话者的真实意图。只有这样，才能做到真正的交流、沟通。

8. 创造良好的倾听环境

交谈通常是在一个特定的环境中发生的，如果能适应和控制环境中的因素，就能够在一定程度上改善倾听的效果。我们应慎重选择有助于倾听的时间和地点，如不要在午餐后或下班前安排汇报，一天中人们心智最差的时间就是这两个时间[5]。尽量避免与顾客面对面而坐，坐在对方对面容易让对方有一种对立的感觉；不要让顾客面对门或者窗而坐，这样的位置易让顾客分心，最好让顾客面壁，这样容易让顾客安心听讲，免受干扰。在会谈前，尽量排除所有分心的事。

在交际场中，能说会道的人不一定是善于沟通协调的人，善于倾听的人才是真正会沟通协调的人。会说的，有锋芒毕露的时候，也常有言过其实之嫌，言多必有失。静心倾听不仅没有这些弊病，而且还有兼听则明的好处。认真听，少做不成熟的评论，避免不必要的误解。大量事实证明，人际关系失败，很多时候不在于你说错了什么，或是应该说什么，而是因为你听得太少，或者不注意听所致。比如，别人的话还没有说完，你就抢口强说，讲出些不得要领、不着边际的话；别人的话还没有听清，你就迫不及待地发表自己的见解和意见；对方兴致勃勃地与你说话，你却心荡魂游、目光斜视，手上还在不断拨弄这个那个，有谁愿意与这样的人交谈？有谁喜欢和这样的人做朋友？因此，以理解的心情倾听别人的谈话，是维系人际关系、保持友谊的有效的方法。

6.3.4　注意对方的各种信号

在沟通协调中要注意各种信号——语言的和动作的——可以为你提供许多有用的信息以说服对方。

日本企业经常将很多人召集到一起会谈，目的是让大家仔细观察并倾听对方：微妙的措辞、手势或眼神、何时记笔记、眼神何时向下看等，这里包含了大量的信息。会谈结束后，小组成员就会聚集在一起，比较各自的笔记。对你而言，这意味着什么呢？这意味着，当你参加任何一个重要会谈时，要带他人和你一起去。当你的伙伴在认真地交谈、倾听并观察的时候，你就能捕捉到注意力不够集中的人所注意不到的信号。

1998 年，美国政府指控微软公司以不正当手段引导它的软件用户使用它的网页浏览器。这是一起重大的反垄断诉讼案。在这起案子里，美国政府错过了微软公司发出的和解信号，这个信号明眼人一眼就能看到。

在 1999 年至 2000 年法院要求的调解谈判中，美国政府要求微软公司为其视窗产品添加代码，让用户可以访问其他与微软公司展开竞争的浏览器，如网景浏览器（Netscape）。微软公司拒绝了这一要求。比尔·盖茨说，任何人都无权告诉他应该如何设计自己的产品。史蒂芬·霍利说，他是苏利文·克伦威尔律师事务所的合伙人，也是微软公司的谈判代表。于是，双方重回法庭，打起了长达 19 个月的官司。这场官司历时长久、耗资无数，令双方都精疲力竭。

当微软公司表示不会为其产品添加代码的时候，美国政府原本应该怎样回应呢？这样问怎么样："那你们会给什么添加代码呢？"或者"你们会给产品添加点什么呢？"微软公司给美国政府发送了一个极其明显的信号，说它不会给自己的产品添加代码，但它并没有对其网站、广告或任何置于视窗上的东西发表任何言论。

这一信号所包含的信息与微软公司和美国政府在 2001 年达成的协议非常相似：微软公司将在其视窗菜单中添加一个访问网景浏览器的链接，条件是除微软公司以外还有其他人——例如，客户或计算机制造商——在计算机上添加网景浏览器代码。霍利说，这一信息原本极有可能让双方不必再等 19 个月就能达成那项协议。但是，他说，在调解初期美国政府没有真正想解决问题，因此没有注意到那些最终能使问题得以解决的信号。

这一案例再次表明，即使你是多么了不起的谈判者，那些通常十分微妙的谈判技巧仍然需要单独加以学习。

只要认真倾听、仔细观察，对方就会以无数种不同的方式，明显的或不明显的，给出能够说服他们的办法。

6.3.5　掌握谈判的技巧

《沃顿商学院最受欢迎的谈判课》里分享了一个学员亲身经历的故事：

一对年轻情侣在不同的城市生活，两人约定某个周末去另外一个城市旅游，在设计好的行程中，两人需要乘机中转后才能到达目的地。不巧的是，飞机到达中转城市时晚点了，当两人飞奔至下趟航班的登机口时，登机口的门正在关闭。他们两个一再给对方解释是上一趟航班晚点才使他们迟到了，但登机口的工作人员说他做不了决定，他只能按规定关门。这时女孩子拉起男孩子的手就跑向旁边正对着飞机的大玻璃窗跟前，站在那里眼睛一眨不眨地盯着飞机上的飞行员，机舱里正、副驾驶正在交流着什么，飞机也正在嗡嗡地开始滑行。正在这时，其中一个飞行员看到了他们两个，给旁边另外一个说了句什么，接着，登机口的电话就响了，工作人员接完电话，冲着两个年轻人喊："快点！让你们上飞机呢！"这两个年轻人高兴极了，又飞奔着去了登机口。

从这个故事里，作者给出了在任何场合都比较适用的谈判技巧 [9]。

1.要沉着冷静

就如我们上面举的那对情侣误机例子一样，在十分紧张的情况下，在气喘吁吁飞奔至登机口的关键时刻，女孩子能马上保持冷静，并拉着男友到对着飞机的大玻璃窗跟前，而不是与登机口工作人员过多地交涉，这就是一种沉着冷静的表现。

对成功的谈判和谈判者而言，无法控制情绪是其大敌。感情用事只会毁掉谈判，必须强迫自己冷静下来。情绪化的人将无法倾听，他们常常会变得难以捉摸，很难专注于自己的目标。因此，他们往往会伤害自己，无法实现自己的目标。电影中常常出现一些慷慨陈词的场景，似乎在暗示这种讲话方式效果极佳。然而，事实是否如此取决于讲话者，要看其情绪是否激动到令其无法清晰思考的地步。

情绪化的人无法专注于目标、利益和需求，也无法进行有效的沟通，相反，他们会将注意力放在惩罚、雪耻和报复上。其结果是，交易失败，目标无法实现，判断无法作出，需求无法满足。激动的情绪会毁掉谈判、抑制创造性、失去重点，导致决策不力，还往往招致报复。

"通过控制情绪，我懂得了谈判并非感情测试，而是一个有条理地规划成功之路的机会。"高盛投资公司前任副总裁翁贝尔·艾哈迈德（Umber Ahmad）说。

2008 年美国总统大选，贝拉克·奥巴马为什么会获胜？原因可能在于第二轮总统选举辩论。每一次，当共和党候选人约翰·麦凯恩要对奥巴马施以猛烈抨击的时候，奥巴马总是面带笑容，表现得非常沉着冷静，显示出一派总统风范。当时由《纽约时报》和哥伦比亚广播公司联合开展的一项民意调查显示，麦凯恩怒气冲冲的样子和对奥巴马进行人身攻击的行为给 60% 的选民留下了负面印象。

就谈判而言，这意味着什么呢？如果你和对方讨论问题的过程不顺利，那就立刻停下来！回过头去冷静地想一想，谈一谈人的问题，然后将所有问题搞定。不要失去理智地一味继续下去，否则你将无法达成协议。或者即使你达成了协议，这项协议也不会长久维持下去。

一位女士在洛杉矶进行一场非常敏感的收购谈判。第一天一切进展顺利，第二天却出现了问题。因此她停止讨论谈判议题，向对方说："马克，我们昨天谈得很愉快，但今天却不太顺利。如果这是因为我说了什么或做了什么，我感到万分抱歉。我希望我们能重回正轨。你现在好吗？"

马克为自己分心表示歉意。大家发现导致谈判不顺利的原因竟然完全与谈判无关。他们重新检查了谈判流程，最后成功地达成了协议。

2. 准备充分，哪怕只有 5 秒钟

同样在这对情侣误机的故事里，女孩子在决定拉起男友的手去找能看到飞机驾驶员的地方时，她已经做了相当充分的准备，尽管时间非常紧急，也不容许她多想，但她能在短短的几秒钟内整理好思路，确实非常难得。

古人云："知己知彼，百战不殆。"当我们要进行一场谈判的时候，就好比我们要进行一场战斗，如同上战场一般，谈判桌上的变化风云莫测。我们要想很好地应对随机变化的局势，左右局势发展，就必须在事前做好充分的准备工作。

通常我们在谈判前需要做的准备工作是：对对方的情况做充分的调查研究，分析他们的优势和劣势；分析哪些谈判问题是可以谈的，哪些谈判问题是没有商量余地的；还要分析对于对方来说，什么谈判问题是重要的以及这笔生意对于对方重要到什么程度，等等；同时也要分析我们的情况。

列出一份谈判前应该了解的问题清单，然后一一作答，对自己也难以回答的谈判问题，可提前请教别人。当然，或许这些谈判问题客户不会问到，但是做好谈判前的准备

工作以防万一是必要的。

此外，还有像准备多套谈判方案、提前设定谈判禁区以及暗示自己要做到语言简练等，这些都是我们为促进谈判成功应该做的必要准备。

通常情况并不是像我们想象的那样允许我们用很多时间进行充分的准备。但无论如何都要进行准备，即使我们只有 1 分钟的准备时间，甚至是更短的时间，比如说是 5 秒，我们也应该尽我们所能去做一些准备工作。准备工作可以在谈判时为我们增加一些底气，舒缓一下紧张的心情，以使我们在谈判中从容淡定一些，更好地发挥我们的谈判优势。毕竟，没有多少人能从毫无准备的战斗中获胜。

3. 找出决策者

在上面提到的情侣误机的案例里，至少女孩子知道这时找到什么高级管理者都没有用，即使找到国家元首也无济于事，因为飞机已经启动，一切的办法都没有时间去实施，唯一能决定是否让他们顺利登机的只有飞行员，所以，她就想到了与飞行员进行沟通！

还有一个例子，也可以说明这个道理：法提赫·厄兹吕蒂尔克将自己所租的汽车交还到了波士顿，而不是租车原地，租车公司要求他交纳 470 美元的异地还车费。法提赫是一位老顾客，租车公司以前从未向他收取过异地还车费。而且，租车公司的网站上表明，他可以在波士顿还车，不用交纳额外费用。"柜台处的店员拒绝对我的要求予以考虑，"法提赫说，"他的态度非常粗鲁。"

在这种情况下，你的第一反应会是什么呢？怒不可遏吗？绝不能这样。那个店员非决策者，不要在他身上浪费任何时间。法提赫要求见经理。"经理出来的时候，我立刻肯定了他作为决策者所拥有的权力。"法提赫说。

法提赫说，该公司网站上的信息有误，他建议经理立即对其进行核查，经理依言进行了核查。"与其由我给总公司写信汇报此事，何不由您来写呢？"法提赫说，"您可以因为此事而受到嘉奖。"法提赫向经理指出了这件事的严重性。经理向他表示感谢，然后，"给我的账单至少打了五折，此外还免收了 470 美元的异地还车费。"法提赫说。

谈判的目的就是要通过双方的交谈而达成一种协议。我们必须寻找拥有决定权的决策者来进行谈判，只有这样我们的谈判才算是有效的。如果我们和一个无决定权的人进行谈判，就算我们谈得再顺利，也只是在白白地浪费时间和精力。因为他没有决策权力，无法与你达成某种协议。所以，我们应该找出决策者，与其进行有效的谈判。

4. 专注于自己的目标，不计较是非对错

在谈判中，要明确自己的期望，紧紧地盯住自己的目标。在上面提到的情侣误机的案例中，两个人的目标只有一个，就是能按时乘上这架马上要起飞的飞机去目的地旅行，其他说得再多也没有用，尤其是与工作人员来理论是上一趟飞机误点了，才导致他们

没能在规定的时间内及时到达这趟航班的登机口。一切的计较是非对错除了耽误时间、离目标越来越远外，没有任何益处。

我们往往会在谈判的时候遇到对方的刁难，此时我们就容易产生忧虑、紧张或是挫败感，以至于很容易分散注意力、忘记自己的目标。这时，最重要的是要记住自己的目标和双方的共同点，即共同利益。这是否意味着谈判者就要忽略自己的感受或情绪呢？不是的。由于关心自己的感受，我们就会在专注于自己的目标时选择一种策略去管理自己的情绪。这样就会帮助我们维护自己的利益、实现自己的目标。

谈判中没有什么是不可以谈的，一切都可以谈，也不要去计较自己坚持的是非对错。如果你犹豫了，你的犹豫就会成为对方击垮你的致命点。

5. 进行人际沟通

同样，在上面这对情侣误机的故事里，如果我们请求工作人员放行或是对登机口施加恶意的损坏，这对促成目标的实现是没有任何作用的，反而会对目标的实现起到相反的作用。人与人之间的沟通是最直接的沟通，沟通效果也超过人与动物、植物等的沟通。

英国前首相丘吉尔说："一个人可以面对多少人，就代表这个人的人生成就有多大！"无论是政界领袖，还是商界领袖，古今中外 99% 的深具影响力的成功人士都是善于沟通的大师。

我们每时每刻都在与人沟通，工作中与部属、同事、领导；家中与父母、爱人、兄弟姐妹、孩子；社会中与朋友、客户、服务人员等，但是你对于每次的沟通结果都满意吗？

大千世界本身就是一张谈判桌！我们可以把谈判看作人类行为的一个组成部分、人际沟通的一种特殊形式、广泛适用于企业内部的沟通，而不仅仅是生意场的一种手段。

在谈判意识上，也存在很大的差异。目前，相当一部分企业要求企业代表掌握的谈判技巧偏重于很少考虑谈判对手利益的"零和谈判"，但现在更受欢迎的是偏重于"双赢"或"多赢"的谈判结果。随着经济的全球化和中国企业的国际化，"零和谈判"已经不能适应企业之间和企业内部的交往。谈判已经被认为是一种艺术，成为促进国家之间、企业之间、企业内部共同发展的有效手段。

因此，我们在谈判中应将人际沟通能力运用得得心应手，以此来促进我们谈判的成功。

6. 承认对方的地位和权力

俗话说："人敬我一尺，我敬人一丈。"不管什么人，都有发自内心地让人尊重的需求，所以，不管在什么样的谈判场景中，都要承认对方的地位和权力，哪怕对方只是一个清洁工。在上面这对情侣误机的故事里，女孩子就是承认能做决策的飞行员的地位和权力，用近乎哀求的眼光盯着对方，希望对方能理解他们的处境，并对他们进行帮助。出乎常人意料的是，飞行员明白了他们的沟通意图，并且给他们提供了相应的帮助！

我们平时也总是这样说："当你与对方交手时，不管对方比你弱还是比你强，你都应该给予对方重视。"所以，我们在谈判中也必须给予对手承认与重视。不论是他的地位、权力，还是其他方面。

在谈判中，我们的目的是借助对方的地位和权力来达成有效的协议，或是得到对方的帮助。如果在谈判的时候你让对方感觉到你对他的足够重视，并承认他们，那么他会有一个愉快的心情，从而对你产生一种好感，你谈判成功的可能性会大大地增加，或许他还会满足你的一些额外需求。因此，在谈判的时候给予对手承认与重视，你不仅能快速地实现你的目标，也许还会有意想不到的收获。

◢ 6.4　沟通协调的开发与训练

对于如何锻炼自己的沟通协调能力，一方面，我们这里推荐三种沟通协调的训练方式来进行这方面能力的开发与训练。一是学会赞美他人，二是学会"胡萝卜加大棒"式的批评，三是学会真诚地指出对方的不足。另一方面，我们提出三种有助于沟通协调的素质及能力，一是认识自我，二是有效表达，三是学会发问。下面我们为你详细介绍这六点内容，便于你在学习与生活中进行学习。

6.4.1　学会赞美他人

赞美是人类语言的独特创意，它蕴藏着超乎寻常的力量。一句赞美，犹如久违的甘露，滋润萎黄草木焦渴的心灵；一句赞美，犹如初春的暖阳，消融残留的冰雪；一句赞美，犹如一座灯塔，会在你最迷茫的时刻点亮你搜寻的方向。

有一个5岁大的女孩，她有着优美的嗓音，她的音乐才华非常出众。当她渐渐长大时，她的家人请了一个很有名的声乐老师对她进行专业声乐训练。这位老师造诣很深，很少有人比得上他。他是一个十分苛求完美的老师。不论何时，只要这女孩的节奏稍微不对，他就会很细心地指正。一段时间以后，她对教师的崇拜日益加深。即便双方年龄相差很大，他的严格远胜于鼓励，她还是嫁给了他。他在婚后继续教她，但是她的朋友发现她那优美自然的腔调已有了变化，带着拉紧、硬邦邦的音质，不再是以前那种清爽而悠扬的声调了。渐渐地，邀请她去演唱的机会越来越少。最后，几乎没人邀请她了。

后来，她的先生，也是她的老师死了。她几乎没有登台演唱了，直到又有一位推销员追求她为止。有时候，当她正在哼着小调或一个乐曲旋律时，他会惊叹歌声的美妙："再唱一首，亲爱的，你有全世界最美的歌喉。"

他总是这样说。事实上，他可能不知道她唱得是好是坏，但是他确实非常喜欢她的歌声，所以他一直对她大加赞扬，她的自信心开始恢复了，她又开始前往世界各地演唱。后来，她嫁给了这位"良好的发现者"，又重新开始了成功的歌唱生涯。

赞美之于人心，如阳光之于万物。在我们的生活中，人人需要赞美，人人喜欢赞美。这绝不是虚荣心的表现，而是渴求上进，寻求理解、支持与鼓励的表现。爱听赞美，出于人的自尊需要，是一种正常的心理需要。经常听到真诚的赞美，明白自身的价值获得了社会的肯定，有助于增强自尊心、自信心。

尊重和荣誉是人的第二生命，欣赏与赞美他人不仅会使别人愉快，被赞美者的良性回报也会使你自己感到愉快，彼此得到了尊重，从而形成了人际关系的良性循环。

但我们要如何合适地自如地去赞美他人呢？针对此列出以下几点。

1. 直接赞美

比如"张三，你是一位善良的人，我很欣赏你！"这里的姓名、对人的描述如"善良"以及自己对别人的感觉如"欣赏"是可以根据场景的不同而灵活置换的。这里举一些学生在课堂中发言的例子：

"某某某，你是一位知识渊博的人，我欣赏你。"

"某某某，你是一位活泼可爱的女孩，我喜欢你。"

"某某某，你是一位非常有亲和力的人，我仰慕你。"

赞美他人最重要的是要表现出自己的真诚。懂得欣赏一个人的优点，是一件可贺的事情。尤其是他自己没有发现，而在他身上潜藏很久的优点，这种赞美从某种程度上来讲比任何馈赠都宝贵。在赞美他人的时候不必非要多么华丽的辞藻来做修饰，相反，可以直接用上述那种简单的句式来表达对某人的喜爱，这样不但能促进彼此的感情，而且可以更好地展现自己的坦诚，给彼此带来欢乐。

2. 赞美行为而非个人

如果对方是厨师，千万不要说："你真是了不起的厨师。"他心里知道有更多厨师比他还优秀。但如果你告诉他，你一星期有一半的时间会到他的餐厅吃饭，这就是非常高明的赞美。

3. 通过第三者表达赞美

如果对方是通过他人间接听到你的称赞，比你直接告诉本人多了一份惊喜。相反，如果是批评对方，千万不要通过第三者告诉当事人，避免添油加醋。

4. 边际效用递减原则

同样的一句美言，一个人听第一遍可能很开心，听第二遍就没有那么强烈的感觉了，听十遍可能都腻味了。这就是边际效用递减原则。

一个沉鱼落雁的美女前天听到别人说"美"，昨天又听到一句"真漂亮"，今天还是"你真的好漂亮"。她会觉得那不是赞美，而是陈词滥调。所以，对同一个人的赞美需要不时换一点新的花样，从不同角度、不同方面赞美他。

请多赞美自己和他人吧。这会让你自己和他人的世界都变得更美好。尝试每天都夸自己的一个优点，或者每天赞美他人三句话，一年之后，看这会给你带来怎样的改变。

6.4.2 学会"三明治效应"式的批评

俗话说：金无足赤，人无完人。人生在世，孰能无过。在我们的沟通协调中，往往会发现别人身上的缺点和过错。一般来说，人都有自知之明。人们发现自己的错误后，会对过失的性质、危害、根源等进行一些反思。但是，自己的反思再深刻，总不如旁观者看得透彻。所以，我们发现别人的过失时，及时地予以指正和批评，是很有必要的。有人说赞美如阳光、批评如雨露，二者缺一不可，这话是有道理的。我们在沟通中，既需要真诚的赞美，也需要中肯的批评。

有人以为，批评他人往往是得罪人的事，不是有良药苦口、忠言逆耳的说法吗？的确如此。但是，之所以如此，恐怕主要还是因为我们批评他人时缺乏技巧。医学发展至今，许多良药已经包上糖衣或经过蜜炙，早已不苦口了。那么我们为什么不能研究一下批评他人的技巧，变成忠言不逆耳呢？

说到"批评"这个词，人们就会很容易想到损人、让人丢面子等。然而在沟通中，若要协调自己的人际关系，在批评他人时绝不应有上述情况。要知道，我们批评人，真正目的并不是要把对方整垮，而是要帮助他成长。所以真正的批评，绝不能伤害对方的自尊心，而是要在维护对方自尊心的基础上，帮助他认识所犯过失的性质、危害、根源等，让他更加正确地行事，也使自己的人际关系更加和谐。

心理学研究表明，被批评的人最主要的心理障碍是担心批评会伤害自己的面子、损害自己的利益，所以在批评之前帮他打消这个顾虑，甚至让他觉得你认为他功大于过，那么他就会主动放弃心理上的抵抗，对你的批评也就更易于接受。事实证明，这种批评方法是非常有效的。

我们可以用"三明治"式的方式来批评他人，主要步骤有以下三个：第一步表扬动机，肯定成绩，不管怎么样，出发点都是好的；第二步用"同时，如果"这个句式提出要求；第三步希望……这一步指明方向，放大好处。

例如，公司职员小明每次任务总是不能按时完成，身为管理者可以这样说：小明，你平日在公司里工作很努力、很积极，交给你的工作你总能认真地完成，这是值得肯定的。同时，如果你在完成任务的过程中能加快一点将会更好，希望在以后的工作中，你能做到保证质量的同时注重效率，这样将会更加完美。

在批评心理学中，这种将批评的内容夹在两个表扬之中从而使受批评者愉快地接受批评的现象，被称为"三明治效应"，它最大的好处是给人指出缺点的时候不会让人有逆反心理，不但不会挫伤别人的自尊心和积极性，而且还会使其积极地接受批评，并努力去改正自己的错误。

同时在批评他人的时候也要注意以下几点。

（1）注意场合，不要当着外人的面批评自己的朋友或同事，这些话私底下说就好。

（2）批评别人时，每次只提及一点或两点，切勿万箭齐发，让人难以招架。因为批评的问题大多会使对方难堪。

（3）批评的话不宜反复说，一经点明，对方已经听明白并表示考虑或有诚意接受，就不必再说下去了。如果只图嘴巴快活，说个没完，效果势必适得其反。

（4）勿要多次批评。总是把别人过去的过失拿出来唠叨个没完，会给对方一个很沉重的心理压力，对你自己来说也是愚不可及的。这样会加深对方与你的对立情绪。所以要记住：你所批评的他人的过失一旦得到纠正，就永远把它忘掉。

（5）批评他人时，切忌用讽刺、挖苦的言辞，如"就你了不起""你不就是"等，因为这是一种轻视他人的态度，也是缺乏修养、没有沟通风度的表现。

有经验的沟通者，在批评他人时，会切实提出事实、讲道理、循循善诱，不会用讽刺、挖苦和粗话等有辱对方人格的方式。

可以参照如下示例：

"某某某在排练过程中表现得非常优秀，同时如果能够把细节再做具体一些会更完美，所以我希望你在以后的工作中，要重视对细节的把握。"

"某某某，你今天第一节课的发言非常精彩、非常完美，如果在以后的课堂中每节课都和第一节课表现一样，会变得更好，所以我希望在今后的上课过程中，你能够再接再厉，越来越多地把自己精彩的一面展示给大家。"

"李老师，您讲课的风格非常独特，在让我们获取知识的同时还能够让大家分享自己的经历和故事，我觉得非常棒。如果您能够将我们这个课程延续下去，在结课之后还可以进行交流学习，我们一定有更多的收益，所以我希望您在完成教学和科研任务的同时，可以维持我们这种学习氛围，多给我们这样的学习机会，多和我们交流。"

"某某某，你这两天能够牺牲自己休息的时间来这里坚持上课，表现不错，同时如果能够更多地参与课堂的发言和活动会更好一些，所以我希望在以后的课堂中，你能够积极地参与课堂，多与老师互动。"

6.4.3　学会真诚地指出对方的不足

真诚地指出对方的不足，有人也将其称为"拍金砖"。之所以称为拍金砖，一方面是因为指出不足；另一方面是因为真诚地指出不足，而这种不足一般在现实中很少有人给你指出，比较珍贵，所以，将这种不足比喻成像金子一样宝贵。

单刀直入地指出对方的缺点，让对方恍然大悟。这需要双方都具有勇气，一方要有勇气指出错误，一方要有勇气面对错误。

下面这则小故事就可以说明"拍金砖"的好处。

汉武帝喜欢游戏，为政之暇，常出谜语，让侍从猜测。东方朔每猜必中，应答如流，很快得到宠幸。而东方朔则利用接近皇帝的机会，屡屡向汉武帝谏诤国政。建元三年（前138年），汉武帝为了田猎游乐，拟划出关中方圆百里的良田，建造规模宏大的上林苑。朝中众臣大多迎合帝意，表示赞同，东方朔却据理力谏："听说谦虚谨慎，天将降福，骄傲奢侈，天将降灾。现在圣上嫌宫殿不高大，苑林不宽广，要建上林苑。试想，关中一带，土地肥美，物产丰饶，国家赖以太平，小民赖以富足，划地为苑，将上乏国家，下亏小民；为建造虎鹿乐园而毁人坟墓，拆人房屋，将使小民无家可归，伤心流泪，怨恨朝廷。昔殷纣王建九市而诸侯叛乱，楚灵王造章华台而楚民离心，秦始皇修阿房宫而天下大乱。前事之鉴，不可不察。"汉武帝虽不愿停修上林苑，但对东方朔表现出的胆识和忠诚十分欣赏，下诏赐给黄金百斤，并授予太中大夫给事中的官衔。

所谓"不识庐山真面目，只缘身在此山中"，受自身眼界所限，我们每个人的身上都有自己看不到的缺点。而这些缺点恰恰就是使你无法进入更高领域的瓶颈，甚至将自己引入歧途。当局者迷，旁观者清。只有旁观者，才能清楚地看到你自身无法发现的不足。我们应当尊重在生活中勇于向我们指出不足的人，因为他们是诚挚地期待我们更好地成长以及冒着极大的风险才向我们提出建议的。我们应当极力感谢这些人，因为他们让我们明白自身到底缺少了什么，让我们更加认识了解自己，为我们慷慨地赠予了无可估量的财富。这些建议的价值是无限的。

唐朝有名的谏臣魏征去世后，唐太宗曾说道："夫以铜为镜，可以正衣冠；以史为镜，可以知兴替；以人为镜，可以明得失。魏征没，朕亡一镜矣！"能够成为一国之君的镜子的人，一定是极具胆识的人。他真诚又勇敢地指出唐太宗施政上的种种不足之处，为唐初政治的清明和国力的繁荣昌盛作出极大的贡献，得到唐太宗的赞赏。

只有当一个人认识到自身缺少什么的时候，他才会有所进步。真诚地指出对方不足是对双方都有益的事情，被批评的人会知道自己的不足之处从而获得更大的成功，批评的人也会因自己的真诚得到一份真挚的情感。因而，我们希望从此以后大家能改变以往的怯懦不敢言或骄傲自大的行为，勇敢地为别人指出不足，也坦然地去接受他人为我们指出的不足，真诚地为他人"拍金砖"，虚心接受他人为我们"拍金砖"。这将会为我们带来极大的益处。

6.4.4　认识自我

"要说服他人，首先要说服自己"，自我沟通技能的开发与提升是成功的基本素质。

成功沟通的前提是成功地自我沟通。

一位心理学家曾做过这样一个有趣的试验：他把一个空香水瓶洗得干干净净，然后注满清水带进教室。心理学家打开瓶盖对学生说：这是一瓶进口香水，看谁最先分辨出它的味道。不一会儿，学生纷纷举手，有的说是玫瑰香味，有的说是茉莉香味，有的则强调是玉兰香味……学生被告知是清水时，都不禁捧腹大笑。其实这是教师对学生"暗示"的结果。

我们也可以通过自我暗示的方法来进行自我沟通。每当你遇到什么问题或困扰，你不妨常问自己以下几个问题 [7]。

（1）这件事的发生对我有什么好处和机会？

（2）我现在具有哪些优势？如何扩大这些优势？

（3）现在的状况还有哪些地方不完善？如何改善？

（4）我现在应该做哪些事情来达成我想要的结果？

（5）如果要达成结果，有哪些错误我不应该再犯？

（6）我要如何达成目标而且享受过程？

还可以通过镜子进行自我暗示。找一块至少能看见你大半个身体的镜子，挂在墙上。每天早晚对着镜子笔直站立，脚后跟靠拢，抬头、挺胸、收腹，再做三四次深呼吸，看着自己的眼睛，直到对自己的能力、力量和信心有了一种感受，然后注视自己的眼睛，告诉自己所要达到的目标，要讲得清清楚楚、坚定有力、充满自信。要坚持而不能间断，直到你实现目标。

积极的自我暗示能够使自己在人生目标的追求中，保持旺盛的斗志，积极进取，迈向成功。

6.4.5 有效表达

表达是沟通过程的重要方面，一个人的表达能力如何，直接决定了其向别人传递信息的质量，决定了其沟通目的是否能够有效实现。

有这样一则寓言 [8]：

猫到林中捕鸟，碰到一只老鹰。老鹰问它："亲爱的大哥，您要到哪儿去呀？"

"我去林中捕鸟吃。"猫答道。

"啊，猫大哥，千万别伤害我的孩子。"

"你的孩子长什么样子，这个你可得让我知道。"

"我的孩子呀，长得最漂亮。"

"知道啦。"猫认真地回答，老鹰放心地飞走了。

猫在矮树丛中找来找去，鸟巢里尽是些美丽的小鸟，猫担心这些是老鹰的孩子而没有动手。最后，猫发现一群长得非常难看的小鸟，于是放心地饱餐了一顿。

猫在回家的路上，又碰到了老鹰。猫说："你放心吧，我吃的是最丑的鸟。"

老鹰回来一看，它的"漂亮"孩子一个都不见了，窝里还有几根猫的胡须。

这则寓言中，老鹰描述不清晰，导致猫接收的信息与老鹰传递的信息完全相反，造成了严重的后果。因此，我们在表达时应完整准确地描述事物的特征，不能用模糊的标准来界定事物，以免引起听众的误解。

下面我们通过一个"话一转述会变样"的小游戏[8]来分析造成信息接收不对称的各种原因，由此来提高大家有效表达的能力。

时间：30分钟；人数：20人；地点：不限。

游戏内容：20人围成一圈，由培训师给出一句简短的话，要求第一个学员准确理解并自行组织语言，把这句话悄悄告诉下一位学员（每人从听到传达，不超过1分钟）。最后一位学员完成表达后，对比培训师原话，找出语意差别，并分析是谁改变了语意。

"闲话"就是这样产生的。二手传播不可信的另一个原因在于，我们无法确定当事人是以何种语气和神态来表达的，这一点很重要，因为语气、神态不同，意思也大为不同。

例如：下面这一句话，讲话者所强调的部分不同，表达的意思也随之发生变化。

"我"没说她偷了我的钱。（可是有人这么说。）

我"没"说她偷了我的钱。（我确实没这么说。）

我没"说"她偷了我的钱。（可是我是这么暗示的。）

我没说"她"偷了我的钱。（可是有别的人偷了。）

我没说她"偷了"我的钱。（可是她对这钱做了某些事。）

我没说她偷了"我的"钱。（她偷了别人的钱。）

我没说她偷了我的"钱"。（她偷了别的东西。）

同一句话，表达的语气不同，强调的词语不同，表达的意思就会大不相同。

6.4.6 学会发问

在沟通中，发问是为了引导对方有方向地聆听和反馈。在发问过程中，人们不再只是被动地接收信息，而是能够主动、直接地捕捉信息。

有这样一则故事，讲的就是该如何发问[8]。

一条街上有两家水果店。一天，有位老太太要买李子，她到了第一家店，问："有李子卖吗？"店主马上迎上前说："我这里的李子又大又甜，刚刚进货，新鲜得很呢！"没想到老太太一听，竟扭头走了。店主很纳闷：奇怪啊，我说错什么了？

老太太来到第二家水果店。店主马上迎上前说："老太太，买李子啊？我这里的李子有酸的也有甜的，您想买哪一种？""酸的。"老太太买来一斤酸李子回去了。

第二天，老太太又来买李子。第二家水果店的店主看到了，主动把老太太迎了过去："老太太，还买酸李子吗？您要多少？""我想要一斤。"老太太说。

一切仿佛都和前一天的情形一样。但这一次，第二位店主一边称酸李子，一边问老太太："一般人都喜欢吃甜的李子，您为什么要买酸的呢？"老太太回答说："儿媳妇怀上小孙子啦，特别喜欢吃酸的。""恭喜您老人家了！您儿媳妇有您这样的婆婆真是福气。孕期营养很关键，经常吃些猕猴桃等维生素含量丰富的水果，对宝宝会更好！"

于是，这一次老太太不仅买了李子，还买了猕猴桃，而且后来经常到这家店里买各种水果。

发问总是带有某种目的，或是为了启发引导，或是为了获得信息。可以运用开放式和封闭式两种提问方式进行发问。

开放式问题可以鼓励回答者说话、提供更多的信息、强调更多的要点，让发问者了解更多相关的内容。常以"你认为……是什么？""如何……""哪个……"等方式开头，但不给出备选答案。

封闭式问题能够限定回答者的回答范围，使回答者没有机会展开其他想法，但能为发问者提供特定信息。比如"你做秘书工作几年了？""你能否胜任这份工作？"回答这类问题，通常只需回答"是""不是"或简单的数字等。

我们可以运用以下方法来练习发问技能[8]、提高发问效果。

（1）提出的问题要能吸引对方，要具体，不要太抽象。

（2）为了引起对方对某个问题的注意，可以这样说："这件事您也许早知道了。"

（3）对自己没有把握的问题，可以以提问的方式引导对方说出结论。

（4）如果对方不愿直接说出自己的看法，你可以这样问："您的朋友是怎样看待这个问题的？"

（5）提出相反的看法，有时可以推动交谈深入展开。你可以这样说："事情不是这样吧""有这么一回事吗"等。

（6）适当的沉默能给人留有思考的余地。但为了避免过于冷场，或者当大家对某个问题兴趣不大时，可以提出新的问题。

（7）使用重复式提问方法，检验自己获得的信息是否正确。比如问："你是说……""你的意思是……是这样子吗？"

本章参考文献

[1] 丁宁. 管理沟通——理论、技巧与案例分析 [M]. 北京：人民邮电出版社，2016.

[2] 史蒂芬·柯维. 高效能人士的七个习惯 [M]. 王亦兵，译. 北京：中国青年出版社，2008.

[3] 弗兰克·贝特格.从失败到成功的销售经验 [M].冰凌，译.北京：地震出版社，2004.

[4] 海姆·G·吉诺特.孩子，把你的手给我 [M].张雪兰，译.北京：京华出版社，2004.

[5] 冯光明.管理沟通 [M].北京：经济管理出版社，2012.

[6] 江本胜.水知道答案 [M].猿渡静子，李炜，译.海口：南海出版公司，2009.

[7] 杜慕群.管理沟通案例 [M].北京：清华大学出版社，2013.

[8] 蔡升桂.沟通能力培训全案 [M].北京：人民邮电出版社，2011.

[9] 斯图尔特·戴蒙德.沃顿商学院最受欢迎的谈判课 [M].杨晓红，李升炜，王蕾，译.北京：中信出版社，2012.

（张荔，靳于谦）

即测即练

扫码测练

第 7 章

团队合作

团队合作是一种为达到既定目标所表现出来的自愿合作和协同努力的精神。在生活中，任何一个人的力量都是渺小的，只有融入团队，与团队一起奋斗，才能够实现个人价值的最大化，才可以成就自己的卓越。

本章我们主要从团队合作的内涵及例子、团队合作的故事、团队合作强的表现、如何进行团队建设、团队合作的开发与训练等方面进行展开。

7.1 团队合作的内涵及例子

俗话说：不善合作，一败涂地；齐心协力，共享成功。当然团队的成功离不开每个个体的努力，一个人如果想成为卓越的人，仅凭自己的孤军奋战、单打独斗，是不可能成大气候的。一个人要想成功，必须融入团队，必须借助团队的力量。

7.1.1 什么是团队

团队是指为了实现某一目标而由相互协作的个体所组成的正式组织。管理学家斯蒂芬·P. 罗宾斯认为：团队就是由两个或者两个以上的相互作用、相互依赖的个体，为了特定目标而按照一定规则结合在一起的组织。狭义的团队就是由基层和管理层人员组成的一个共同体，它合理利用每一个成员的知识和技能协同工作、解决问题，达到共同的目标，其构成要素总结为5P，分别为目标（purpose）、人（people）、定位（position）、权限（power）、计划（plan）[1]。

7.1.2 团队的类型

参考相关资料，我们将团队分为三种类型，分别是顾问型团队、伙伴型团队和教练型团队[2]。

在顾问型团队中，公司领导站在中间，干部和员工围绕在领导周围。干部和员工有什么问题，就直接问中间的领导。在这种团队模式下，领导充当顾问的角色，负责对下面的员工进行工作指导。

在伙伴型团队中，公司领导不再处于中心的位置，而是把自己定位为与干部、员工在同一个工作平台工作的伙伴。在这里，领导、干部和广大员工一起围成一个圈，大家围绕工作目标一起运转，形成的是工作伙伴关系。

教练型团队是这三种类型的团队中最为进步的一种，即公司领导起着教练的作用，领导重在帮助团队明确目标、关注团队成员各自的现状，使每个成员都能取得进步，并引导他们取长补短，实现优化组合，最终创造团队的高绩效。

7.1.3 团队的三要素

我们对团队的基本概念和团队类型已经有了基本了解，下面是我们归纳的团队所要具备的基本要素——自主性、思考性和协作性 [2]。

1. 团队的自主性

（1）团队的自主性就是指员工能够自动自发地做事，具备自我约束、自我管理的能力，同时能够清楚地认识自己、有效地管理自己，并不断地提升自己。

（2）如何培养团队的自主性。这一点是针对团队的领导者来说的，首先，要厘清领导自身的"授权范围"和员工的"有效操作空间"；其次，明确员工可以自主处理的权限并书面化；再次，确认员工知道各项工作的"优先顺序"；最后，能和员工共同讨论授权范围的扩大与缩小，随时提醒员工未能自动自发做的部分。

2. 团队的思考性

（1）员工在平时的工作中要善于思考解决问题。面对工作中出现的问题，要先进行思考，然后通过思考的过程来分析问题出现的根本原因，才能更好地去解决问题。同时还要不断地反思，哪些地方自己做得足够好，哪些地方自己做得还欠缺，需要改进，这样可以让自己尽快成长起来，积累经验，以免以后犯同样的错误。

（2）如何培养团队的思考性。对于员工个人，要审视自己的工作状况并提出改进意见，同时也要学习别人，也可以模仿他人，从他人身上汲取一些对自己有用的东西。通过修改和完善，不断提升自己。领导要定期检查每个人的"新知摄取量"，定期组织员工学习和实践来激发他们不断地进行思考活动。通过学习和实践，并与自身工作相结合，可以打破一些没有必要的习惯或规定，同时也可以促进团队的发展。

3. 团队的协作性

对于团队的成员来说，不仅要愿意自主做事、愿意开动脑筋，还要善于与周围的人合作，因此团队的协作性十分重要。

那么，如何培养团队协作性呢？协作性是群体和团队最根本的差异，群体的协作性可能是中等程度的，有时成员还有些消极、有些对立，但团队中有一种齐心协力的气氛。

领导者要检查在团队中有哪些事情是需要部门或者员工之间相互协作的，哪些事情可以自己完成，其重点处理团队中最难沟通或最难协调的部分，领导者在其中扮演平衡者的角色。团队要远离英雄主义，一个人的成功不等于整个团队的成功，相反，一个人的成功要依赖团队，只有相互协作、相互沟通才能使得团队获得成功，个人自然而然也就成功了。

7.1.4　团队合作的内涵

俗话说，没有完美的个人，只有完美的团队。一个团队的成功可以代表个人的成功，而个人的成功并不一定能够代表团队是成功的。团队合作的内涵包括五个方面，即建立信任、掌控冲突、统一承诺、增强责任感、关注结果[3]。

1. 建立信任

信任是团队合作的基础，信任可以增强团队的合作，可以使大家把焦点集中在工作而不是其他问题上，可以促进沟通和协调，可以提升合作的品质，可以起到相互支持的作用。在一个团队中，信任总是基于人们对弱点的承认，这对大多数人来说难以做到。当然，建立信任需要时间，但是我们通过不断的沟通与协调可以大大加快其进展速度。就像良好的婚姻那样，团队中的信任程度永远没有止境，所以我们必须时刻对其加以保持和巩固。

2. 掌控冲突

不同团队冲突的行为模式各自不同，但是要对其加以讨论并形成明确的标准。团队面对好的冲突需要以信任为基础，毫无保留、热情地围绕问题本身进行争论，就是对事不对人，仅仅关注问题本身。但是即使在最好的团队中，冲突也会让人感觉不快。这就需要优秀的领导者在中间起到调和作用，能够把握冲突的程度，在适当的时候化解冲突，且偶然出现的个人冲突，不应该影响团队的发展。

3. 统一承诺

承诺是需要被理解和认同的，但是认同并不要求全体一致同意。为了做到理解和统一承诺，团队应该避免出现对决议的猜测和含糊不清的解释。在讨论结束的时候，应该明确理解所作出的决定。卓越团队的成员明白，即使互相之间存在不同意见，也可以对某个决策作出承诺。

4. 增强责任感

对强有力的团队而言，责任感存在于同事之间，即能够对本职工作负责，如果是自己的工作存在问题，一定不会将责任推脱到别人身上。在强调责任感的企业文化中，领导者必须有能力面对棘手的问题，更重要的是要能够承担解决问题的责任，也要承担问题所带来的后果。平等地互相负责的最好机会出现在会议中，团队通过定期的会议可以培养员工的责任感。

5. 关注结果

为了保证将注意力集中在结果上，团队管理者必须公布他们想要的结果并能让员工都看到。团队是否优秀的衡量尺度是其对结果的实现程度及它设定了什么样的目标，把结果和目标进行比对，判断一个时期团队的成果。同时在整个团队向这个目标冲击时，为了避免分心，团队成员必须把集体追求的结果放在个人或部门需要前面，就是把集体目标放在首位。

7.1.5 团队合作的必要性

团队合作是团队管理建设的核心工作，好的团队合作不仅可以提高员工的忠诚度，还有利于团队成员之间的相互协作和对团队事务的尽心尽力及全身心投入，从而使团队成员充分发挥其潜能，使整个团队的工作效率最大化。团队合作具体表现为：团队成员间相互依存、同舟共济、互敬互重、礼貌谦逊；他们彼此宽容，尊重个性的差异；彼此间是一种信任的关系，待人真诚，遵守承诺；相互帮助、互相关怀，大家共同提高；利益和成就共享、责任共担。

团队合作的必要性体现在以下几点。

（1）现代高素质人才培养的目标就是要求真、务实，具有团队合作精神，有高度的社会责任感和强烈的爱国意识，有较强的社会竞争力乃至国际竞争力，人格和个性得到健全和发展。

（2）现代科学研究需要团队合作。现代科学研究的主要方式是集体研究，通过组建课题小组，小组成员按照共同讨论制订的工作方案，明确分工并有序协作，最终实现目标或完成科研任务。由此可见，科研人员除了应具备基本的业务素质和水平外，更重要的是要具备和他人协同合作的能力或素质。

（3）团队合作是新形势下企业发展的需要。一项调查表明，企业所需要的理想人才应具有的素质主要集中在三个方面："具有团队合作精神""实践工作经历丰富"和"受教育程度高"。

7.1.6 团队合作的例子

通过以上内容，我们学习了团队的相关基本概念及团队合作内涵的内容，对团队合作有了一定的了解。下面我们列出三个例子，来帮助你更加深刻地理解团队合作。

1. 京瓷公司 [4]

京瓷株式会社是日本的一个消费电子产品制造企业，由稻盛和夫创立于 1959 年，稻盛和夫把它从中小零散型企业培养成日本首屈一指的电子制造商。京瓷公司以"阿米巴经营"为经营理念，以人心为基础开展经营，每一位员工都是主角，把庞大的组织细分成一个个小集体，确立与市场挂钩的部门核算制度，培养具有经营者意识的人才，实现全体员工共同参与经营。在经营者与员工之间构筑家庭成员般的人际关系，建立一个有更多员工互相携手共同参与经营的公司。

2. 阿里巴巴 [5]

阿里巴巴，中国最大的网络公司和世界第二大网络公司，由马云在 1999 年一手创立。企业对企业的网上贸易市场平台是阿里巴巴开创的企业间电子商务平台（B2B），被国内外媒体、硅谷和国外风险投资家誉为与 Yahoo、Amazon、eBay、AOL 比肩的五大互联网商务流派之一。连续五次被美国权威财经杂志《福布斯》选为全球最佳 B2B 站点之一。全球著名的互联网流量监测网站对全球商务及贸易类网站进行排名调查，阿里巴巴网站排在首位。阿里巴巴坚持"团队合作"的企业文化。以共享共担、平凡人做非凡事为宗旨，成员积极融入团队，乐于接受同事的帮助，配合团队完成工作；决策前积极发表建设性意见，充分参与团队讨论；决策后，无论个人是否有异议，必须从言行上完全予以支持；积极主动分享业务知识和经验；主动给予同事必要的帮助；善于利用团队的力量解决问题和困难；善于和不同类型的同事合作，不将个人喜好带入工作，充分体现"对事不对人"的原则；有主人翁意识，积极正面地影响团队，改善团队士气和氛围。

3. 团队合作实验 [6]

美国加利福尼亚大学的学者做了这样一个实验：把 6 只猴子分别关在 3 间空房子里，每间 2 只，房子里分别放着一定数量的食物，但放的位置高度不一样。第一间房子的食物就放在地上，第二间房子的食物分别从易到难悬挂在不同高度的适当位置上，第三间房子的食物悬挂在房顶。数日后，他们发现第一间房子的猴子一死一伤，伤的缺了耳朵断了腿，奄奄一息。第三间房子的猴子也死了。只有第二间房子的猴子活得好好的。

究其原因，第一间房子的猴子一进房间就看到了地上的食物，于是，为了争夺唾手可得的食物而大动干戈，结果伤的伤、死的死。第三间房子的猴子虽做了努力，但食物太高，难度过大，够不着，被活活饿死了。只有第二间房子的两只猴子先是凭着自己的本能蹦跳取食，最后，随着悬挂食物的高度增加，难度增大，两只猴子只有协作才能取得食物。于是，一只猴子托起另一只猴子跳起取食。这样，每天都能取得够吃的食物，很好地活了下来。

▲ 7.2 团队合作的故事

为了让你能够理解团队建设的重要性，并能在实际中培养自己团队合作的能力，在本节中我们挑选出你可能比较熟悉的团队合作的故事，同时对其进行剖析，希望能帮助你对团队建设有一个更加深刻的认识。

7.2.1 大雁的启示

大雁是出色的空中旅行家，每当秋冬季节，它们就浩浩荡荡、成群结队地从西伯利亚飞到我国的南方过冬。虽然大雁的飞行速度很快，每小时能飞行 70 ~ 90 公里，但几千公里的漫长旅途也得飞上一两个月。每一次的迁徙都是历尽千辛万苦。每只大雁拍动翅膀都会为紧随其后的大雁造成一个向上的气流，利用 V 字形的队伍，整个大雁队伍的飞行速度比单飞要高出 71%，并且要比单独飞行多出 12% 的距离，产生"1+1＞2"的效果。那么，它对我们的团队合作有哪些启示呢？

（1）我们要如雁一般向着共同的目标前进，彼此相互依存，分享团队的力量。当某只雁偏离队伍时，它会立刻发现单独飞行的辛苦及阻力，并立即飞回团队，善用前面伙伴提供的"向上之风"，同时它的回归把团队的信心动力等优势提高了 9%。对于一个相互依存与外界竞争生存的团队来说，所有成员应如雁一般，紧跟队伍前进。我们接受他人的协助，也要协助他人。

（2）当领头的雁疲倦时，它会退到队伍的后方，而另一只雁则飞到它的位置上来填补。我们可以领悟到，艰难的任务不能仅仅依靠一个人的奉献，需要团队成员轮流付出。并且我们要相互尊重、共享资源，发挥所有人的潜力。只有这样，我们团队和成员才能够走到终点。

（3）当某只雁生病或受伤时，会有其他两只雁飞出队伍跟在后面，协助并保护它，直到它康复，然后它们自己组成 V 字形队伍，再开始飞行追赶团队。如果我们如雁一般，无论在困境或顺境时都能彼此保护、彼此鼓励、互相依赖，那么再艰辛的路程也不会惧怕。

（4）在队伍中的每一只雁会发出"呱呱"的叫声，鼓励领头的雁勇往直前。在旅程中我们也许会遭尽坎坷，但只要团队相互鼓励、坚定信念，终究一定能够成功。

该故事告诉我们的道理就是：如果与拥有相同目标的人同行，我们能更快速、更容易地到达目的地，因为彼此之间能互相推动；同时如果我们与大雁一样聪明的话，我们就会留在与自己目标一致的队伍里，而且乐意接受他人的协助，也愿意协助他人；在执行艰巨的任务时，轮流担任领导职务与共享领导权是有必要的，也是明智的，因为大家都是互相依赖的；我们必须确定从我们背后传来的是鼓励的叫声，而不是其他声音；如果我们与大雁一样聪明的话，不管是在困难的时刻还是在顺利的时刻，我们都会相互扶持、共同前行。

7.2.2 天堂与地狱的区别 [7]

一位一生行善无数的大善人，在他临终前，有一位天使特地下凡来接引他上天堂。天使说："大善人，由于你一生行善，成就很大的功德，因此在你临终前我可以答应你完成一个你最想完成的愿望。"

大善人说："神圣的天使，谢谢你这么仁慈。我一生当中最大的遗憾就是：我行善一生，却从来没见过天堂与地狱究竟长什么样子。在我死之前，您可不可以带我到这两个地方参观参观？"

天使说："没问题，因为你即将上天堂，因此我先带你到地狱去吧。"大善人跟随天使来到了地狱，在他们面前出现一张很大的餐桌，桌上摆满了丰盛佳肴。

"地狱的生活看起来还不错嘛！没有想象中的悲惨嘛！"大善人很疑惑地问天使。"不用急，你再继续看下去。"天使说。

过了一会儿，用餐的时间到了，只见一群骨瘦如柴的饿鬼鱼贯地入座。每个人手上拿着一双长十几尺的筷子。每个人用尽了各种方法，尝试用他们手中的筷子去夹菜吃。可是由于筷子实在是太长了，最后每个人都吃不到东西。

"实在是太悲惨了，怎么可以这样对待这些人呢？给他们食物的诱惑，却又不给他们吃。"

"你真觉得很悲惨吗？我再带你到天堂看看。"到了天堂，同样的情景，同样的满桌佳肴，每个人同样用一双长十几尺的长筷子。不同的是，围着餐桌吃饭的是一群洋溢着欢笑、长得白白胖胖的可爱的人。他们同样用筷子夹菜，不同的是，他们喂对面的人吃菜，而对方也喂他吃。因此每个人都吃得很愉快。

这个故事告诉我们，团队合作是非常重要的，关键时刻可能会救人命。

7.2.3 小矮人找灵石的故事 [8]

相传，在古希腊时期的塞浦路斯，有一座城堡里关着 7 个小矮人，他们是因为受到了可怕咒语的诅咒，才被关到这个与世隔绝的地方。他们住在一间潮湿的地下室里，找不到任何人帮助，没有粮食，没有水。这 7 个小矮人越来越绝望。小矮人中，阿基米德是第一个受到守护神雅典娜托梦的。雅典娜告诉他，在这个城堡里，除了他们待的那间房间外，其他的 25 个房间里，有一个房间里有一些蜂蜜和水，够他们维持一段时间，而在另外的 24 个房间里有石头，其中有 240 块玫瑰红的灵石，收集到这 240 块灵石，并把它们排成一个圈，可怕的咒语就会解除，他们就能逃离厄运，重归自己的家园。

第二天，阿基米德迫不及待地把这个梦告诉了其他的 6 个伙伴。其中 4 个人都不愿意相信，只有爱丽丝和苏格拉底愿意和他一起努力。开始的几天里，爱丽丝想先去找些木柴生火，这样既能取暖又能让房间里有些光线。苏格拉底想先去找那个有食物的房间；阿基米德想快点把 240 块灵石找齐，好快点让咒语解除。3 个人无法统一意见，于是决定各找各的，但几天下来，3 个人都没有成果，反而耗得筋疲力尽，更让另外的 4 个人取笑不已。

但是这 3 个人没有放弃，失败让他们意识到应该团结起来。他们决定，先找火种，再找吃的，最后大家一起找灵石。这是个灵验的方法，3 个人很快在左边第二个房间里找到了大量的蜂蜜和水。

在经过了几天的饥饿之后，他们狼吞虎咽了一番，然后带了许多分给特洛伊、安吉拉、亚里士多德和梅里莎。温饱的希望改变了其他 4 个人的想法。他们后悔自己开始时的愚蠢，并主动要求和阿基米德他们一起寻找灵石，解除那可恨的咒语。

为了提高效率，阿基米德决定把 7 个人兵分两路：原来 3 个人一组，继续从左边找，而特洛伊等 4 人一组则从右边找。但问题很快就出来了，由于前几天一直都坐在原地，特洛伊等 4 人根本没有任何的方向感，城堡对他们来说就像个迷宫，他们几乎就是在原地打转。阿基米德果断地重新分配：爱丽丝和苏格拉底各带一人，用自己的诀窍和经验指导他们慢慢地熟悉城堡。

当然事情并不像想象中那么顺利，先是苏格拉底和特洛伊那组，他们总是嫌其他两个组太慢。后来，当过花农的梅里莎发现，大家找来的石头里大部分都不是玫瑰红的；最后由于地形不熟，大家经常日复一日地在同一个房间里找石头。大家的信心又开始慢慢丧失。

阿基米德非常着急。这天傍晚，他把 6 个人都召集在一起商量办法。可是，交流会刚刚开始，就变成了相互指责的批判会。

性子急的苏格拉底先开口："你们怎么回事，一天只能找到两三个有石头的房间？"

"那么多的房间，门上又没有写哪个有石头，哪个是没有的，当然会找很长时间了！"爱丽丝答道。

"难道你们没有注意到，门锁是圆孔的都是没有石头的，门锁是十字型的都是有石头的吗？"苏格拉底反问道。

"你干吗不早说哪？害得我们做了那么多的无用功。"其他人听到这儿，似乎有点生气。经过交流，大家才发现，原来他们有些人找准房间很快，但在房间里找到的石头都是错的；而那些找得非常准的人，往往又速度太慢。他们完全可以将找得快的人和找得准的人组合起来。

于是，这 7 个小矮人进行了重新组合。并在爱丽丝的提议下，大家决定开一次交流会，交流经验和窍门。然后把很有用的经验都抄在有亮光的墙上，提醒大家，省得再去走弯路。

在7个人的通力协作下，他们终于找齐了240块灵石，但就在这时，苏格拉底停止了呼吸。大家震惊和恐惧之余，火种突然又灭了。

没有火种，就没有光线；没有光线，大家就根本没有办法把石头排成一个圈。

大家纷纷地来生火，哪知道，6个人费了半天的劲，还是无法成功——以前生火的事都是苏格拉底干的。寒冷、黑暗和恐惧再一次向小矮人们袭来。灰暗的情绪波及每一个人，阿基米德非常后悔当初没有向苏格拉底学习生火。

在神灵的眷顾下，最终火还是被生起来了。小矮人们胜利了。通过对团队的有效管理，团队的目标终于实现。

这个故事告诉我们：

（1）美好的愿景是团队组建的基础；明确的目标是团队成功的基础；团结协作则是团队成功的关键。

（2）提高效率，尽快完成团队的目标是任何一个团队所追求的。知识是生产力，是提高效率的重要手段。而经验是知识的有机组成部分，可以通过有意识的学习获得。

（3）团队的阻力来自成员之间的不信任和非正常干扰。尤其在困难时期，这种不信任以及非正常干扰的力量更会被放大。因此，在团队运作时，建立一个和谐的环境非常重要。

（4）相互指责只会使问题更加严重，对问题的解决没有丝毫的作用。

（5）一个团队里，具有专业素质的人非常关键。但是一个团队的运作，需要的是各种类型的人才，如何搭配各类人才，是团队管理要解决的重大问题。

（6）吃一堑，长一智，及时总结经验教训，并通过合适的方法将其与团队内的所有成员分享，是团队走出困境、走向成功的最好方法。

（7）分工有利于提高效率，但分工会使得团队成员知识单一。在一个团队里，不能够让核心技术掌握在一个人手里，应通过科学的体制和方法对核心知识进行管理。

7.2.4 狮子与熊分鹿的故事 [9]

在一片森林里，有两个好朋友狮子和熊，他们常常在一起打猎。这一天，目光敏锐的狮子发现山坡上有只小鹿，狮子正要扑上去，熊一把拉住他说："别急，鹿跑得快，我们只有前后夹击才能抓住它。"狮子听了，觉得有道理，两人就分别行动了。

鹿正津津有味地啃着青草，忽然听到背后有响声。他回头一看：啊呀，不得了！一只狮子轻手轻脚地向他扑过来了！鹿吓得撒腿就跑，狮子在后面紧追不舍，无奈鹿跑得真快，狮子追不上。这时熊从旁边窜出来，挡住鹿的去路。他挥着蒲扇大的巴掌，一下子就把鹿打昏了。狮子随后赶到，他问道："熊老弟，猎物该怎样分呢？"熊回答："狮大哥，那可不能含糊，谁的功劳大，谁就分得多。"狮子说："我的功劳大，鹿是我先发现的。"熊也不甘示弱："发现有什么用，要不是我出主意，你能抓到吗？"

狮子很不服气地说："如果我不把鹿赶到你这里，你也抓不到啊！"两人你一言我一语争个不休，谁也不让谁，都认为自己的功劳大，说着说着，两人就打了起来。

被打昏的鹿逐渐醒了过来，看到狮子和熊打得不可开交，赶紧爬起来，一溜烟逃走了。当他们打得精疲力竭回头一看，鹿早不见了。熊和狮子你看我、我看你，后悔得直叹气。

狮子和熊懂得一起合作抓捕猎物，但是最后还是因为彼此缺乏信任而让到手的猎物逃走了。

这个故事告诉我们：

（1）每一项事业都需要团队成员之间的互相信任、团结合作。只有这样，才能享受丰硕的成果、成功的喜悦。

（2）要想激发团队的合作精神，前提条件是要组织一个好的团队。好的团队绝不是随随便便凑合在一起的乌合之众，而是为实现一个共同的目标，按照必备的条件，经过严格的挑选而组织起来的精干的团体。所以，确定团队成员的特质，组织一个好的团队，乃是激发团队合作精神的关键和起点。

（3）增强大家对团队的认同感，建立一个明确的奖惩机制，谁做得好就应该奖励，奖励多少，谁做错了，就应该惩罚，如何惩罚，应该让团队的每一个人都清楚。

（4）做好团队成员之间的沟通与协调工作，使整个团体像一台机器一样，有条不紊地运转。

▲ 7.3　团队合作能力强的表现

读了上面四个故事，相信你从中一定有自己的感悟。一个合作能力超强的团队，其言谈、思维以及行为举止都与其他团队有很大不同，那么到底不同在哪些地方，我们通过四个方面为你详细阐述。

7.3.1　不说"他们"，只说"我们"

很多时候在工作岗位中，总有员工会用"你""他们"这个称呼和别人交谈。在团队中，要有团结协作的意识，说"他们"会给团队成员一种被隔阂而未能融入其中的错觉。而"我们"则会给各位成员一种亲切感，使成员不会感到被疏离，可以让成员感受到团队的力量，可以使大家觉得"我们"才是一个整体，少了任何一个人都不行。同时，"我们"也能够将大家凝聚在一起，为了共同的目标去奋斗。

7.3.2 雁行理论的启发

和大雁一样，团队的目标要保持一致，有领导者提供正确决策，每个成员发挥自己的优势、规避缺点、互帮互助、相互扶持、相互信任，从而促成目标的实现。有些人喜欢什么事情都自己做，从不向别人请教，不愿得到他人的协助，这样虽然也能完成工作，却会花费更多的时间和精力，工作的品质也不见得高。就像一只脱离团队的野雁独自飞行，迟缓而且吃力。愿意接受他人的协助，也愿意协助他人，是每个人成功的必要条件。我们处在团队中，如果能充分利用团队的资源，就能像雁群中的每一只大雁，利用前一只大雁所造成的气流飞行，事半功倍。因此我们除了本身的知识专长，还应该努力去学习别人会的技能，扮演多知多能的角色，与团队成员互相帮助、共同提高。我们应该像大雁一样，留在团队里，跟那些与我们走同一条路，同时又在前面领路的人在一起，他们会带领我们走向成功。

7.3.3 主动帮助他人

帮助他人一直是传统美德，从另一个层面来说也是自我提升的一个过程。每个人的人生经历都有限，单纯地靠自己的人生历程去解决所有的问题并不现实。而在帮助别人的过程之中，一方面，可以使别人得以脱离困境，强化朋友之间的感情；另一方面，帮助别人本身就是一个学习的过程，我们可以从中学到自己尚未掌握的本领以及经验，起到未雨绸缪的作用。在帮助他人的同时也会获得他人的尊重，促进人际关系进一步发展。主动帮助他人往往更能散发出一种亲切感，会使对方更加肯定你。如果团队里的成员能够做到主动互相帮助，那么团队成员的关系就会更加亲密，成员间合作交流也更密切。

7.3.4 百年企业的作风

下面我们将提到三个百年企业，并对其进行介绍。我们查阅资料并总结了这些百年企业的作风以及特点。希望大家通过学习，能够将其运用到学习和工作中。

1.百年企业

（1）同仁堂是国内久负盛名的中药老字号，始建于清圣祖康熙八年（1669 年），至今已有 300 多年的历史。"修合无人见，存心有天知"——这是同仁堂药店祖先牌位前的一副对联，也是同仁堂历经 300 多年不倒的秘诀！历经数代、载誉 300 余年的北京同仁堂，如今已发展成为跨国经营的大型国有企业——同仁堂集团公司。其产品以传统、严谨的制药工艺，显著的疗效誉海内外[10]。

同仁堂由乐家创立，又称为"乐家老铺"。"同仁"一词源于《易经》"同人"，象征一种人与人之间认同、和同、共和的精神。由于"同人"要与人和同，必须具有仁义之心，仁是儒家思想的核心，因而"同人"又写为"同仁"。很显然，乐家当初开中药铺取名"同仁堂"具有全家同舟共济、共同创业的意愿。从现在来看，也就是要形成一种团队精神。

（2）强生公司（Johnson & Johnson）是美国一家医疗保健产品、医疗器材及药物制造商，成立于 1886 年，全球总部位于美国新泽西州的新布朗斯维克。强生公司由在全球超过 250 家子公司组成，其产品销售遍及 170 多个国家。强生公司也是道琼斯工业指数的成份股之一，是财富 500 强的一员。强生公司向来以拥有良好的名誉著称，并在 2008 年《霸荣》杂志的调查中获选为最受尊崇的公司。

强生公司承担起对客户、对员工、对社会及对股东的责任，企业不只是为自身的利益而存在。强生公司以符合高道德标准并致力于提高人们的生活质量为公司发展的基本宗旨。那些行为符合道德规范、致力于实现信念价值、工作勤奋并有突出业绩的人可以在公司内获得更多的发展机会，具体表现为以下几方面 [11]。

①能以长远的眼光来看待个人职业发展。他们看重的是自己有继续学习和发展的机会，对这些员工来说，获得金钱不是成功的唯一标志，他们会坚持勤奋工作、不断付出。

②积极主动，不断创新。这些员工不满足于现有的成绩和现有的工作方式，而愿意尝试新的方法，他们知道，在不断变革的今天，只有未雨绸缪，才能化被动为主动，才有能力迎接新的挑战。

③有商业头脑，注重成果。这些员工知道，如果没有成果，不能达到预定的目标，所有的辛苦都会付诸东流。他们会以公司的信条为指南，对自己的行为负责，会尽全力去实现目标。

④富有团队协作精神。这些员工深知个人的力量是有限的，只有发挥整个团队的作用，才能克服更大的困难、获得更大的成功。

⑤不断学习。这些员工知道一个人的竞争能力还反映在他的学习能力上，他们会利用一切机会学习、吸收新的思想和方法，他们会从错误中吸取教训，从错误中学习，不再犯相同的错误。

（3）老凤祥公司。老凤祥公司成立于 1848 年，是中国首饰业的世纪品牌。老凤祥公司长期坚持品牌发展战略和品牌营销的市场策略，以品牌为先导，拓展全国市场，完善营销网络布局。企业的跨越式发展战略成效显著，全国的总销售额从 2001 年的 7.1 亿元已上升到 2019 年的 496.29 亿元，老凤祥公司遍及全国的连锁银楼达 700 多家、2300 多个销售网点，市场覆盖率达 90% 以上，在行业中处于领先地位 [12]。

老凤祥公司的企业目标是"共创经典、共享品质"。作为"海派首饰"的始创者和传播者，老凤祥公司已形成了"至诚、至信、至精、至善"的企业文化，并将以"共进、共赢、共享"的经营理念和"做优、做强、做大"的发展策略，为股东创造价值共同发展，与客户共拓市场实现双赢，与员工共享成果回报社会。老凤祥公司文化魅力与文化理念激发了职工的创造热情，企业员工将个人的价值观融入老凤祥公司的发展宏图中，通过开展人本管理，每一名员工滋生出更大的创造热情，在老凤祥公司发展事业中尽情展现自身的价值，从而形成了以价值观为核心的企业文化。

2. 百年企业的作风以及特点

（1）重视整体利益：在个人利益和整体利益相冲突的时候，一定将整体的利益放在首位，以大局为重，不计较个人得失。

（2）注重群策群力：在做决策的时候不能一人独断，一定要考虑到团队每个成员的观点和意见，要统筹兼顾，善于倾听不同的声音，这样能够防止决策失误。

（3）既确认团队贡献，又肯定个人成绩：无论对组织内部或外部，要以自己的团队为荣，团队无论取得什么样的成绩，都要给予肯定和赞扬；同时对于成员为整个团队作出的贡献，都要给予相应的奖励，鼓励其继续保持良好的状态为团队服务。

（4）寻求并利用差异与争论，去寻求整体和顾客的利益。

（5）相互信任，坦率沟通，正视并解决问题：在工作中遇到棘手的问题，要及时和团队成员进行毫无保留的沟通，将自己的想法说出来，同时也要彼此信任，理解其他成员，以信任为基础，共同解决问题。

（6）积极听取他人意见，主动与每一个人沟通，保持言行一致：不随意否定他人的意见，要仔细倾听成员提出意见的缘由，首先要肯定成员的举动，因为成员是经过思考的；其次要表里一致，这样才不会让团队成员产生误解。

（7）百分之百地支持决定：经过团队的讨论，最终对于某些问题的解决方案达成一致，即使这个方案和自己的观点有冲突，也一定要坚决支持这个方案，不能我行我素，同时在工作中以这个方案为基础来工作，否则只会离团队越来越远。

3. 百年企业的作风强调

（1）服从上级，支持决定，时刻以团队利益为重。

（2）在公司里大家可以争论，但对外时只能有一个声音。

（3）决策时可以有不同意见，但一旦达成一致，就要服从并支持。

4. 百年企业具备的其他条件

员工之间相互信任；拥有全力投入和负责任的队员，当队员全力以赴、投入团队工作任务的时候，团队任务才能又好又快地完成，当每个队员都积极主动承担责任、做好本职工作时，整个团队就在高效运行了；重视集体成绩，团队在合作中往往会遇到一些障碍，一个优秀团队必定能找到克服这些障碍的方法，并最终取得不错的成绩。

◢ 7.4   如何进行团队建设

一栋大厦，是由地基、各种钢架结构、砖瓦等材料建成，并且拥有自己独特的艺术风格，屹立于整个城市中。团队建设也是如此，优秀的团队领导和精进敬业的团队成员彼此团结合作，坚持"利他"思想文化，一定能在各种团队中脱颖而出。

7.4.1   团队建设需要具备的六个要素

要建设具有合作能力的优秀团队，我们首先要了解一下什么样的团队才是优秀的，优秀团队的标准是什么。下面我们总结了建设优秀团队所具备的六个要素。

1. 要有卓越的领导者指引团队前进

卓越的领导者是团队的核心。领导过程就是指挥、带领、引导和鼓励部下为实现目标而努力的过程。一个卓越的领导者能够有效指挥、带领团队成员朝着既定目标努力，引导和鼓励成员在工作中奋力前行。领导者要有吸引力和感召力。比如巨人集团的老总史玉柱在最困难的时候，在企业即将破产的情况下，很多部下一直追随他，即使不发工资也甘心跟着他干，就是因为史玉柱身上有一种吸引力和感召力，能让员工喷发出激情。

大到一个企业集体，小到一个职能部门，或者是一个工作小组，要想组织有力，使团队成员拥有较高的忠诚度，那么，优选一个大家都认可的团队领导人至关重要。这个团队领导一般应具有如下素养：首先，品德高。品德是一个优秀的人才拥有的良好的品格，可以让组织成员众望所归，可以成为组织的精神领袖，可以带领大家克服困难，迎来一个又一个成功。历史上的三国刘备以及水泊梁山"及时雨"宋江都是因为具备了较大的人格魅力，而吸引一大批英雄人才相伴左右的。其次，能力强。要想保证组织团队的同心同德，让大家心平气和地工作战斗在一个有效的平台上，这个企业或者组织优选出来的团队负责人，一定要具备某一专长，也就是要有突出的能力，突出的能力必然带来突出的业绩。只有在能力、业绩上，而不是学历上超越属下，大家才能心服口服，才能避免出现内讧或者内耗，让下属能够安心地工作与处事，这个负责人也许是技术型的，也可能是管理型的，甚至有可能是从低到高发展起来而属于实干型的。最后，多领导，少管理。作为一个团队领导，如果仅仅依靠组织授予的职权去管理下属，这是治标不治本的。通过组织授权是团队建设与管理的基础，但通过"领导"的方式，也就是通过个人内在涵养提升，展现自己的严于律己、率先垂范等人格魅力，才能摈弃通过组织授权而采取"高压管理"带来的缺乏人性化的弊端。比如，蒙牛集团牛根生，依靠他的组织团队，仅仅经过8年的时间，就打造出中国液态奶第一品牌，凭的是什么呢？就是他"小胜靠智，大胜靠德"的个人魅力。他的无私，带来了大家的无私，他的无我，带来了大家的无我，从而创造了中国企业史上的奇迹或者神话。

2. 要有共同的事业愿景

一个团队能否走得更远、更久，归结于这个团队是否有共同的远景，也就是团队信念。组织信念是让团队成员排除万难、风雨同舟，以及上下同欲的前提。中国共产党为何能够在"白色恐怖"下立场坚定，甚至抛头颅、洒热血，归根结底，是因为大家都有一个为人民大众"谋福祉"、实现共产主义的信念，这个信念促使大家一往无前而无所畏惧。

共同的事业愿景包括如下几方面。

（1）找到团队存在的价值和意义。要想团队的成员同心同德，就一定要给大家展示未来的前景，即要在阶段时间内，给组织、给社会、给世界留下什么。比如，微软公司愿景：让计算机进入每一个家庭，并使用微软的软件；福特公司愿景：汽车要进入家庭；中国移动通信：创无限通信世界，做信息社会栋梁；等等。

（2）实现事业的组织分工与责任。为了达成企业的事业愿景或者使命，团队成员要有各自的组织分工，要明晰自己承担的事业责任，明确了各自的职责，大家齐心协力，才能更好地达成组织的长远规划。

（3）清晰的团队目标。团队制定了明确的愿景或者使命后，要想更好地去实现，作为团队负责人，还要进一步规划与落实团队的目标，包括如下要素：第一，制订团队的经营目标。比如，销量目标、行业地位目标、品牌建设目标甚至利润目标等，这个目标应该包括团队的长、中、短期目标，包括更小组织单位的阶段目标，如三年、五年、十年目标，包括每一部门、每个工作小组、每个人的目标。第二，团队成员个人的利益目标。团队目标是个人目标的根本，但为了更好地实现团队的目标，团队成员的利益目标，也就是团队成员的"动力"目标也不可缺少，它是团队目标实现的保障。因此，团队要为成员设计未来的职业规划，要为属下描绘未来的"前景"和"钱景"，让大家心有目标、身有行动。

3. 要有敬业（忠于目标）、互补的团队成员

敬业的团队成员是一个团队的支柱。拥有敬业、忠于目标并且为之不懈努力的团队成员才能保证团队任务的有效完成。团队中仅有个别成员做到了敬业，可能只会创造出自己的价值，团队的发展是缓慢的；如果一个团队中的所有成员都能够做到敬业，有相同的目标和实现目标的勇气和信心，那么这样的团队才是可以走向成功的。因此，敬业的团队成员对于一个团队是不可或缺的。

要想保证团队的有效有力，团队成员的组成非常关键。很难想象，一个团队成员都是性格暴躁，或者性格柔弱，或者都是某一方面的高手，他们组合在一起能够给团队带来什么，因此，敬业并且互补型的成员，才是"黏合"团队的基础，包括如下两点：

①团队成员的个性互补，就像这个世界有男有女，方才和谐一样，一个组织的成员个性类型，一定要互补，性格都较强或者都较弱，会让团队成为"争吵"的平台，或者让团队成为"绵羊"，而缺乏活力或者柔性。因此，团队的性格类型应该强、弱、柔互补。②能力互补。战国时期平原君赵胜，为何能够解除"邯郸之围"，跟其拥有各类能力的"门客"有关。因此，一个团队，一定要有各类人才，才能更有力量。比如，有的人善管理，有的人懂经营，有的人善外交，有的人偏技术，等等，只有因材施用、因人制宜，团队才能产生"1+1>2"的效果。

4. 团队成员之间要团结精进和沟通协调

一个人的力量很小，但是，一群人的力量不容小觑。成员团结一心、精进合作、彼此相互交流，有利于加强团队意识，促进思想碰撞和新颖的思想的产生。俗话说，"三个臭皮匠，顶个诸葛亮"，一个人的能力毕竟是有限的，如果能将所有成员的力量凝聚起来，对问题进行相互之间的沟通和交流，那么这将会显著提升团队处理问题的能力。

5. 要有合理有效的合作/竞争机制

在一个团队中，竞争与合作是并存的。竞争离不开合作，竞争的胜利通常是某一群体内部或多个群体之间通力合作的结果；合作也离不开竞争，没有竞争的合作只能是死水一潭。竞争可促进合作，合作又增强竞争的实力。正是这种竞争中的合作和合作中的竞争，推动着人类社会的不断发展和进步。基于这样的立场，既要鼓励竞争、提倡竞争、保护竞争，又要提倡合作，提倡互相关心、互相爱护、互相帮助。一句话就是既要敢于竞争又要善于合作。合作与竞争机制有利于成员不断进行自我创新、改进工作，同时也提高了团队成员的个人能力和参与工作的积极性。在企业内部，管理者可以对员工在工作中的敬业程度、工作能力、工作态度以及对企业的贡献进行评估，这可以促进员工之间的有效竞争，提高员工的工作积极性，使其发挥自己各方面的能力，为企业作出自己的贡献。同时，加强部门之间的合作与竞争也同样是一个不错的方式，这样的合作与竞争机制会对企业的发展产生积极的影响。

6. 要有利他/奉献的团队文化

团队文化是团队成员在相互合作的过程中，为实现各自的人生价值，并为完成团队共同目标而形成的一种潜意识文化。团队文化是社会文化与团队长期形成的传统文化观念的产物，包含价值观、最高目标、行为准则、管理制度、道德风尚等内容。它以全体员工为工作对象，通过宣传、教育、培训和文化娱乐、交心联谊等方式，以最大限度地统一员工意志、规范员工行为、凝聚员工力量，为团队总目标服务。

团队文化是一个团队的灵魂，成功的团队必定拥有优秀的团队文化。敬业、利他、奉献的精神则是其基础。利他是在不期待任何回报的、自觉自愿的助人价值观下表现出的行为方式。利他能促进团队凝聚力的提升，人与人之间的凝聚力是互相吸引产生的。换句话说，如果人与人之间存在正面、积极的感觉，凝聚力就会存在。从个人利他的角度，利他能在人与人之间产生正能量，可以使人与人之间产生凝聚力。在团队文化的熏陶下，团队得以更加精进。

7.4.2 领导者在团队建设中的作用

在团队建设中，领导者是最重要和最关键的角色，因为领导者要带领整个团队向着目标前进，在过程中要不断去鼓励团队成员，不断和团队成员交流。大家都知道领导者的英文单词是"leader"，下面我们通过分享"领导法则"和"练就真我领导能力"等来理解这个角色的重要性。

1. LEADERS——领导法则 [13]

L= 观察倾听（listening）

卓越的领导者都有愿景，并且都能够将其展现出来。先观察倾听，然后再勾勒出自己的愿景。你不仅要注意观察倾听周围的一切，还要观察倾听自己内心的声音。

E= 情感联系（emotion）

领导者能够激发他人最大的潜能，善于描绘成功的愿景，他们能够建立持久的情感联系。当人们和你在感情上建立了联系之后，他们就会主动和你接触、为你效力，和你拥有共同的愿景。这样他们就有了深层次的动机，真正持久的忠诚也得以建立。

A= 运用意识（awareness）

无论你想干什么，或是成就怎样的人生，都始于意识。要想成为成功的愿景领导者，你必须要有极为清醒的意识。每时每刻都会有许多道路展现在你的面前，究竟哪一条才是你要走的道路，意识会告诉你。

D= 注重行动（doing）

领导者必须注重行动，只有行动才能使愿景实现。但愿景和行动必须协调一致，这需要一定的技巧。这种技巧首先就是要拿出行动来，激励周围的人，并把他们召集起来完成你们共同的使命。

E= 有效授权（entitling）

授权是成功行动的产物。行动与拥有权力相辅相成，因为没有权力助你克服困境与阻力来维持愿景，你的愿景就会逐渐凋零。这不是自身需求的自我授权，你在授权于自己的同时也在授权于他人。

R= 明确责任（responsibility）

每个领导者都要承担各种责任，但是如果从灵魂层次来领导，你就会有不一样的看法。你是在为自我的成长负责，为周围人的成长负责。你已选择带着愿景出发，为了实现这一愿景，你踏上了一条不只是外部成功的道路，你的内心也随着前进的步伐而成长，同时团队更高层次的需求也得到了满足。

S= 同步性（same）

每一位领导者都需要支持，而没有什么比来自灵魂的支持更有力的了。它会源源不断地从那神秘之地给我们带来大大小小的礼物。这是同步性的功劳，这不可见的智慧使你在合适的时间处于合适的地点。

2. 练就真我领导能力 [14]

领导能力我们都比较了解，那么如何理解真我呢？

首先，真我就是我们所说的言行一致、知行合一。你的外表和你的内在是平衡的，是统一的。

其次是立场一致。在不同情景下，我们都表现一致，表现出稳定的价值观。

最后是内外一致。也就是我们所说的初心，它是前两者的内在推动力，也是内心的本原。内心的本原让你表现一致。心理学实验早就告诉我们，1 岁的孩童，当他还不能用语言来表达的时候，他已经感觉到周围的人，能分辨出谁是真正爱他的，谁是看他父母的面子才对他好的。虽然还这么小，但他已经能够清晰地看清这一切。这就是我们所谈的内外一致。

同时，真我还包括 4C——清晰的认知（clear）、一致的行为（consistent）、关爱的心态（caring）、选择的力量（choice）

第一，清晰的认知要求我们非常清楚地知道，我是谁，我的信仰是什么，我什么时候处在最佳状态。

第二，一致的行为就是无论我们在什么时候、什么空间、什么场合，都能够保持一致性。

第三，关爱的心态指我们既要关爱自己，也要关爱他人。而且，首先是关爱自己，然后才能去关爱别人。这个关爱，包括我们怎样把握好一种平衡，处理好方方面面的关系，让我们心中有这样一份宁静。

第四，选择的力量，就是我们要选择出最好的方案，创造出最好的环境，来达到多赢的目的。

大家不妨问一下自己的 4C 是不是很清楚，是否有清晰的自我认知，有一致的行动，有关爱的心态，还有选择这样的力量。

3. 领袖是怎么练成的 [15]

那么到底是什么造就了一位领导人？领导人是坚定果敢的，还是灵活多变的？他们应该有远见，还是应该更务实？他们应该多考虑自己，还是应该多考虑他人？我们如何才能培养出更多的领导人？

对于这些问题的回答可能难以达成一致，然而有一点就是，领袖们往往可以激励其他人挑战自己，做他们觉得做不到的事情。

第一，成为一个领袖需要洞见。小说家 Zadie Smith 说，作为一个领导人，有洞见很重要，洞见是一种"天赋"，是能够聆听多种声音，能够对不同情况充满敏感度。西点军校对于领导能力发展的诠释是"一个人认知自己的能力，以及多视角看待世界的能力"。这种能力就像"护照"，能让我们穿越时空，多元思考。

第二，除了洞见，领袖还要有随机应变的能力。在西点军校，训练学生的方法是将其置于他无法控制的情况下，这叫作 friction（摩擦）。这样你的思考能力会超出你本身原有的能力。文学、艺术、音乐、历史——这些都是 friction，因为它们或令人费解或引人深思或激动人心，都会让我们质疑、前进，以全新的方式，重塑自我与世界。

第三，领袖如何让语言变得更有说服力。语言的力量是无法抗拒、无可争辩的。很多时候，给我们生活带来翻天覆地变化的，往往是那些将语言视为行动的领袖。正是这些领袖，激励人们，战胜内在惰性，敢于冒险。这些领袖有一个共同点，那就是他们都有语言天赋，都可以通过语言来鼓励他人。

第四，经常问自己"对于我们这个团队，怎样算是成功？"

领袖们通常都有衡量成功的标准，有的标准很可能别人也在用。问题是，这些标准能否真正定义我们领导的团队的成功？如果向团队成员提问，成功对于他们个人以及团队分别意味什么，他们能否说得清？领袖们不会满足于用容易完成的指标来衡量成功，而是花时间思考，从活动、行为、关系等方面看，团队怎样才算真正成功。

7.4.3　团队建设需要激励团队成员

优秀的团队离不开成员的付出与奉献，只要成员为团队做了贡献，哪怕是一点点，领导者都要肯定员工的付出，并且要从不同方面去激励员工，让员工保持同样的积极性去完成各项工作任务。激励方式主要有以下几种。

（1）物质激励。物质激励指运用物质的手段使受激励者得到物质上的满足，从而进一步调动员工的积极性、主动性和创造性。它的出发点是关心群众的切身利益，不断满足人们日益增长的物质文化生活的需要。物质激励有资金、奖品等。

（2）精神激励。精神激励即内在激励，是指精神方面的无形激励，包括向员工授权，对他们的工作绩效的认可，公平、公开的晋升制度，提供学习和发展、进一步提升自己的机会，实行灵活多样的弹性工作时间制度以及制定适合每个人特点的职业生涯发展道路等。精神激励是一项深入细致、复杂多变、应用广泛、影响深远的工作，它是管理者用思想教育的手段倡导企业精神，与物质激励的目的相似，也是调动员工积极性、主动性和创造性的有效方式。管理者应经常在员工中走动，多与员工沟通，以此来激励他们。

（3）事务激励。事务激励就是多给予新员工在工作上的激励，多组织员工参加与企业相关的培训活动，或者是邀请行业内知名人士及专家来企业给员工举办讲座，让他们从具体事务中得到经验和教训，同时可以和优秀企业联系，让员工去该企业学习。这种激励有利于员工对自己工作有更深刻的认识，能够通过学习来提高自己的工作能力，促进员工高效率地工作。

（4）言语激励。言语激励就是在企业中，对于员工做出来的成绩以及为企业作出的贡献，领导者一定要通过口头语言给予其认可和肯定，对于不足的地方也不能采取过激的语言去批评，可以使用我们沟通协调的方式（如胡萝卜加大棒）去给员工提建议，以此来激励员工努力工作。

（5）人性化激励。人性化激励包括定期给每位员工进行体检、组织体育比赛来增强员工体质等。同时，领导要多与员工进行沟通，了解每位员工的个人情况，对有难处的员工给予一定的帮助，从精神层面给员工一些激励。

▲ 7.5　团队合作的开发与训练

在本节内容中，我们将为你推荐几个可以提高团队合作能力的方法，在生活和工作中，每个部门或者团队都可以采用下列的活动和方法来提升本团队的合作能力。

7.5.1　信任同坐

全体成员成一路纵队前后靠紧站立，然后首尾相连围成一个大圆圈。听到"坐下"口令后，前边的人坐到后边人的大腿上，双手扶在前边人的双肩上。其目的是加强团队协作配合，增进团队成员间的信任融合，使配合协作更加完美，打造高绩效卓越团队，将活动气氛推向高潮。一般在具体实施时可以分成两个小组，以坚持的时间长短为评价的标准，当然需要注意的是要符合规范。

成员对于信任同坐活动的感受如下。

（1）"信任同坐活动最要注意的问题就是身高和体重，因为每个人的身高和体重是不一样的，所以就要考虑到每一名成员的情况，根据各种情况来进行相应的调整和改变。该活动不仅仅是对体力的考验，也是对整个团队成员之间的默契、毅力等的考验。"

（2）"大家做'信任同坐'活动的时候，每个人要尽量支撑住自己的身体，同时还要给其他成员依靠，就是在团队合作中，一定要尽力使自己做到最好，并且为团队贡献出自己的力量。每个人在坐下的那一刹那也是对其他成员的一种信任，这有利于团队形成默契，只有团队成员之间有充分的信任，整个团队才会有更好的发展。"

（3）"我觉得整体中的个体也是非常重要的，如在做'信任同坐'活动中，只要有一个人撑不住了，其他成员也就会有很大的压力，最终使大家坚持不下去。所以就是说团队中只要有一个人完成不了自己的任务，整个团队的发展就会受到影响。这就要求我们每个人首先要管理好自己、做好自己。"

（4）"在进行活动的时候，我们不仅要团结，并且要有一定的技巧，如在第一次进行这个活动的时候，结果不理想，但后来按照个子大小来排队会省力，在坐下的时候身体往前倾比往后靠更轻松。不仅仅是对于这个活动，无论团队在做什么，都需要每个成员贡献出自己的智慧。"

（5）"第一次做这个活动的时候，听老师的建议，就是脚跟贴脚尖，贴得非常紧，同时把自己的力量全部交给队友，自己感觉比较轻松。而第二次做的时候发现自己的脚会出现打滑的现象，这是因为自己的脚尖没有贴紧前面同学的脚跟。从这个现象我明白了，团队就是要紧密地团结在一起。"

（6）"可能第一次做'信任同坐'活动的时候，我的姿势有较大的问题，以至于我会一直往下滑，结果从我开始，大家也都开始往下滑，最终导致团队坚持不下去。第二次做了相应的调整之后，我们团队比第一次做得更好，坚持的时间更长。一个团队需要每个成员都发挥自己的作用，只要有一个人松懈，那么整个团队就不会成功，尽管每个成员都有自己独特的一面，但是还需要成员之间相互调节、相互合作，这样的话整个团队才会更出色。"

（7）"我觉得每个团队中的个体都有一定的差异和独特的一面，如第一次做这个活动的时候，我后面的同学腿太长，而我的腿太短，他每次坐的时候就会比较吃力；而到第二次做的时候，我们按照个头高矮做了相应的调整，我前后同学在坐下的时候也比较轻松，因此整个团队坚持的时间也比较长。"

7.5.2　信任背摔 [16]

规则：全队每个人轮流上到背摔台上背向队友，双脚后跟 1/3 露出台面，培训师需要做出示范动作，身体重心上移尽量垂直水平倒下去，下面的队员安全把他接住即为完成，具体如图 7-1 所示。

图 7-1　信任背摔

在做这个项目的过程中需要注意以下两点。

（1）背摔队员必须严格按照动作要领来做才可以保证足够安全，特别要遵守以下几点：不要向后窜跃，倒下时肘关节收紧不要打开，不要垂直向下跳，要控制自己的双脚不要上下摇动并打开，在倒下时不要回头看，不要突换动作以免给下面的队友带来伤害。

（2）搭人床的第一组队员的肩膀距背摔台沿约 30 厘米的距离，个子不用很高，通常可以安排为女士。第二、三组应用力度最大的四个人，当然，如果背摔队员的个子较高，受力点应向后调节。每组队员的肩膀应紧密相连勿留空隙。人床形状应保持由低渐高的坡状，剩下的队员要用双掌推住最后一组队友的肩膀处，以保护人床的牢固，所有队员在任何时候都不可以撒手或撤退。当听到背摔队员询问"准备好了吗"时，做保护的队员头要向后仰同时侧向队友的背部，背摔队员倒下来后一定遵守"先放脚后将身体扶正"的拓展安全第一原则。另外，做保护的队员不要迅速撒手或鼓掌，以免发生其他意外。最后，二、三组队员在承接几名队员后要互相交换位置以免疲劳。

这个活动的目的是增强自信和自我控制，建立团队内部的信任感，理解信任和承诺的重要性与力量，理解信任建立的基础，信任来自对他人的能力和品质的把握以及工作流程的设定。

7.5.3　绑腿跑 [17]

规则：发令前，每队按横排立于起点线后，分别将相邻队员的左右腿用绑绳绑在一起（绑在踝关节附近）。所有队员以站立方式起跑，听到发令后，同时走或跑向终点（终点处放有海绵包），以最后一名队员通过终点线为计时终止，用时少者名次列前。行进中所有相邻队员两腿自始至终要用绳子绑在一起，如遇脱落，需在原地重新绑好后才可继续行进，否则成绩无效。如中途有队员摔倒，待整理好后可继续行进。通过团体活动促进团队成员建立互信、体会团队合作的重要性。

7.5.4 传瓶游戏 [18]

规则：一班分为几组，10人一组，在最短时间内从第一名到最后一名，然后再到第一名，传递3个瓶子，依次传递，若瓶子掉在地上，按总时间加10秒/次处理，可借助工具，每个瓶要在每个人手上传递，每组设定时间目标后分几轮操作然后得实际结果。

目的：不要低估自己的能力，不要首先为自己的工作和学习找借口，怀疑自己的能力，要以积极的态度面对问题，看似不能实现的目标，在团队充满智慧的合作中能非常出色地完成。

7.5.5 为策划出一个点子 [19]

1. 游戏概况

（1）形式：集体参与。

（2）时间：60分钟。

（3）材料：空白卡片。

（4）场地：教室。

（5）应用：创造能力培养、决策技巧。

2. 目的

介绍产生灵感的一种方法——头脑风暴法，帮助学生认识到打破约束创造能力的方法有很多。

3. 程序

（1）开场白：这是一个头脑风暴讨论会，你们有多少人参加过头脑风暴讨论？出点子活动与头脑风暴讨论法类似。以下是该活动的要求。

①每个参与者面前将放一叠空白卡片，请在每张卡片上写一个策划方案。

②每张卡片写完点子后，请立即将卡片传给你的左边参与者，也就是说你的右边参与者写完点子后会立即将卡片传给你，请认真参考卡片上的点子，再在另一张卡片上写上另一个新点子，并将这两张卡片同时传给你的左边参与者。

③拿到两张卡片后，请认真参考两张卡片上的点子，再在另一张卡片上写上

另一个新点子，并将这三张卡片同时传给你的左边参与者。

④以此类推，一共重复 3 ~ 4 次。

（2）出点子活动与头脑风暴有一点不同。在头脑风暴中，你会看到点子围着桌子的动态运动。所以，如果你想不出点子，就写一个问题，别人就会回答你的问题。有些人会选择回答你的问题，有些人则不回答。该活动的目的是把事物向前推动。

①我们将要用此方法讨论的主题是：你们可以用什么方法来激发创造能力？

②会出现什么问题？

③记住，我们在寻找冲破束缚创造能力的方法。

（3）讨论。让参与者从卡片中选出各自认为具有以下特点的点子与大家分享。

①最有创造能力的点子。

②最实用的点子。

③你最喜欢的点子。

④所有人可以做到的点子。

⑤最疯狂的点子。

（4）总结与评估。总结头脑风暴的优点。

①在较短时间内产生较多点子。

②容易将这些点子分类。

③如果有必要，可以匿名提出。

本章参考文献

[1] 罗宾斯 . 管理学 [M]. 北京：中国人民大学出版社，1997.

[2] 余世维 . 打造高绩效团队 [M]. 北京：北京大学出版社，2009.

[3] 帕特里克·兰西奥尼 . 团队协作的五大障碍 [M]. 华颖，译 . 北京：中信出版社，2013.

[4] 稻盛和夫 . 阿米巴经营 [M]. 陈忠，译，曹岫云，审译 . 北京：中国大百科全书出版社，2013.

[5] 王乾龙 . 阿里巴巴的企业文化 [M]. 深圳：海天出版社，2010.

[6] 佚名 . 猴子与猫的启示：团队执行力五大经典案例解析 [EB/OL].（2015-10-31）. http：//www. 360doc.com/content/15/1031/00/43608_509571110.shtml.

[7] 佚名 . 天堂与地狱的区别 [EB/OL].（2011-05-08）. http：//www.3lian.com/zl/2011/05-08/63347.html.

[8] 佚名 . 七个小矮人的故事 [EB/OL].（2005-11-22）. http：//www.sunbus.cn/static/a023357b4773.html.

[9] 佚名 . 小故事之团队合作 [EB/OL].（2015-01-09）. http：//www.php230.com/wtoutiao/233421.html.

[10] 佚名 . 同仁堂 [EB/OL].（2014-11-22）. http：//baike.so.com/doc/5381852.html.

[11] 佚名 . 强生 [EB/OL].（2017-06-08）. http：//baike.baidu.com/link?url=Q752Ur66OmyENxpuT5Fi Sw0VyxsED9-B61PKPJ1USxm6Mdd7akLkRX-Ka8v7qIUr9h6pYCzU-SU1_1OlazB56FAFSiBRB4CdsLcQUC87dN X3ba7U0m2kacYqi07X_oCbdG7VrUFn0hNhuLp6CNalDKD5HGUGPuQL1OfUqw77UwgS27WNcz9 VHpfhosORd4u6.

[12] 佚名 . 老凤祥 [EB/OL].（2015-08-12）. http：//baike.baidu.com/item/ 老凤祥 .

[13] 迪帕克·乔普拉 . 愿景领导者：卓越领导的七大核心法则 [M]. 高玉芳，译 . 北京：中信出版社，2012.

[14] 佚名 . 忻榕博士：真我领导者的力量 [EB/OL].（2017-03-29）. http：//www.ppsyw.cn/siliao/ppfp.html.

[15] 福斯特 . 哈佛女校长教你如何成为一个领袖 [EB/OL].（2016-11-23）. http：//mt.sohu.com/20161123/n473935969.shtml.

[16] 佚名 . 信任背摔 [EB/OL].[2021-09-17]. http：//baike.sogou.com/v5839934.htm.

[17] 佚名 . 绑腿跑比赛规则 [EB/OL].[2019-05-14]. https：//www. xiexiebang.com/.

[18] 佚名 . 团队小游戏 [EB/OL].（2015-04-07）. https：//wenku.baidu.com/view/2fc28169a216147916112872.html.

[19] 佚名 . 出一个点子 [EB/OL].（2013-06-15）. http：//baike.71xuexi.com/183.shtml.

（田敏）

即测即练

扫码测练

第 8 章
五种职业素养之间的相生相克关系

通过对第 3 ～ 7 章内容的学习，我们对本课程核心的"五种职业素养"内容已经有了相关了解。这五种职业素养相辅相成，既相互联系，又相互影响，共同形成了一个人表现在外的职业素养。由于个体的差异，每个人具备的五种职业素养在程度上各不相同，自然个体差异也比较明显，如何通过一定的逻辑与路径将这五种职业素养相互联系起来并进行整体的培养与提升呢？首先需要明确这五种职业素养之间相互促进与相互制约的关系，然后通过自测和训练来有效地提升这五个方面的职业素养。我们一方面借鉴中国传统文化中的"五行生克制化理论"来分析五种职业素养之间的关系；另一方面，借鉴已有理论研究，对这五种职业素养的结构进行分析并测量，以便帮助教师来提升学生的职业素养。

8.1 阴阳与五行学说

8.1.1 阴阳学说

中国贤哲用"阴阳"二字来表示万物两两对应、相反相成的对立统一，即《道德经》所谓"万物负阴而抱阳"[1]、《易经》所谓"一阴一阳之谓道"[2]。阴阳学说是中国传统文化的核心思想之一，与五行学说成为传统文化的一经一纬。这是两套体系，交织成一张网，把中国传统文化全部贯穿起来。阴阳学说认为世界是物质性的整体，自然界的任何事物都包括阴和阳相互对立的两个方面，而对立的双方又是相互统一的。阴阳的对立统一运动，是自然界一切事物发生、发展、变化及消亡的根本原因。正如《素问·阴阳应象大论》所说，"阴阳者，天地之道也，万物之纲纪，变化之父母，生杀之本始"。

阴和阳，既可以表示相互对立的事物，又可用来分析一个事物内部所存在的相互对立的两个方面。一般来说，凡是剧烈运动着的、外向的、上升的、温热的、明亮的，都属于阳；凡是相对静止着的、内守的、下降的、寒冷的、晦暗的，都属于阴。以天地而言，天气轻清为阳，地气重浊为阴；以水火而言，水性寒而润下属阴，火性热而炎上属阳。

任何事物均可以阴阳的属性来划分，但必须是针对相互关联的一对事物，或是一个事物的两个方面，这种划分才有实际意义。如果被分析的两个事物互不关联，或不是统一体的两个对立方面，就不能用阴阳来区分其相对属性及其相互关系。

阴阳学说的基本内容包括阴阳对立、阴阳互根、阴阳消长和阴阳转化四个方面。阴阳对立是指万物都包含阴阳两种属性，它们之间是对立、统一的；阴阳互根是指阳依附于阴，阴依附于阳，在它们之间，存在着相互滋生、相互依存的关系，即任何阳的一面或阴的一面，都不能离开另一面而单独存在，并且阴中有阳、阳中有阴；阴阳消长是指阴阳双方是在对立互根的基础上永恒地运动变化着，不断出现"阴消阳长"与"阳消阴长"的现象，这是一切事物运动发展和变化的过程；阴阳转化是指同一体的阴阳，在一定的条件下，当其发展到一定的阶段，双方可以各自向其相反方面转化，阴可以转为阳，阳可以转为阴。如果说阴阳消长是一个量变过程的话，则转化便是一个质变的过程 [3, 4]。阴阳学说已经渗透到中国传统文化的方方面面，包括宗教、哲学、历法、中医、书法、建筑等，也被国际学术界所应用 [4-8]。

8.1.2　五行学说

1. 五行学说的概念及五行蕴藏的意义

1）五行学说的概念

五行学说同"阴阳学说"一样，它也是一种哲学概念，是一种认识和分析事物的思想方法。"五行"，就是自然界中木、火、土、金、水这五类物质的运动。"五行学说"是指这五类物质的运动变化，以及它们之间的相互关系，以相生、相克作为解释事物之间相互关联及运动变化规律的说理工具 [9, 10]。祖国医学中，首先以归类的方法，说明人体各部位与外在环境之间的相互关系；其次是在五行归类的基础上，以五脏为中心，以五行的相生、相克关系，说明人体各部之间在生理过程中的关系。在病理情况下，也以这种关系分析判断病情。

五行的属性：木——生气旺盛的——"木曰曲直"，火——炎热的、向上的——"火曰炎上"，土——具有营养作用的——"土曰稼穑"，金——具有摧残杀伤作用的——"金曰从革"，水——寒冷的、向下的——"水曰润下"。

2）五行蕴藏的意义

水：润、曲、隐。五行本身就是象义，所以水具有流动性、连续性、漂流不定、奔波劳碌、善变性、清洁性。润，润泽、滋润、润洁、润滑，如油、洁肤乳、保湿膏、清洁剂等都具有润的象义；曲，因势利导、委曲求全、圆滑通达、谦虚退让、柔性随和；隐，隐瞒、隐藏、隐晦、阴暗、淫欲、阴险。

木：生、达、散。木具有伸展、运动、决断、传播、飘荡、向上等性质。生，生长、升发、生机；达，条达、直达、发达；散，发散、开展、伸张。一切与之相关事物，都可归到木五行上。如果水是能源，那么木就是能源的推动力，若没有木这个推动力作用，则水难以被利用，后面的火、金会无从转化，故木为首为重。

火：炎、丽、导。火具有光明、发挥、热烈、鲜艳、传播、修饰、炎热、燥烈、急速等性质。炎，炎热、光亮、发烧、燥烈；丽，艳丽、装饰、修饰、美观；导，教导、传导、导演、引导。一切与之相关事物，都可归到火五行上。

土：纳、育、缓。土具有包容、养育、运化、阻碍、延缓等性质。纳：接纳、容纳；育，养育、培育；缓，延缓、阻滞、稳重。土如大地，包容一切，厚德可载物，土是金、木、水、火四行转化的平台。

金：收、刑、革。金具有坚硬、肃杀、收敛、沉降、刚烈、武断、管束、制约等性质。收，收敛、收缩、丰收、收藏；刑，刑罚、刑伤；革，改革、革除。

2. 五行学说的内容

1）五行学说的基本规律

五行学说的基本规律有相生、相克、制化、相乘和相侮五个规律，具体如图8-1所示。

（1）相生规律：生，含有滋生、助长、促进的意义。五行之间，都具有互相滋生、互相助长的关系。这种关系简称为"五行相生"。图8-1中的实线箭头表示的顺时针方向就是五行相生规律，它们的次序是：木生火，火生土，土生金，金生水，水生木。在五行相生的关系中，任何一行都具有生我、我生两方面的关系，也就是母子关系。生我者为母，我生者为子。以水为例，生我者为金，则金为水之母；我生者是木，则木为水之子。其他四行，以此类推。由于肝属木、心属火、脾属土、肺属金、肾属水，结合五脏来讲，就是肝生心、心生脾、脾生肺、肺生肾、肾生肝，依次起着滋生和促进作用。

（2）相克规律：克，含有制约、阻抑、克服的意义。五行之间，都具有相互制约、相互克服、相互阻抑的关系，简称"五行相克"。图8-1中的长虚线箭头表示的方向就是五行相克规律，它们的次序是：木克土，土克水，水克火，火克金，金克木。也可以将其简单地描述为相隔相克。在五行相克的关系中，任何一行都具有克我、我克两方面的关系，也就是"所胜""所不胜"的关系。克我者为"所不胜"，我克者为"所胜"。以木为例，克我者为金，则金为木之"所不胜"；我克者为土，则土为木之"所胜"。其他四行，以此类推。结合五脏来讲，就是肝克脾、脾克肾、肾克心、心克肺、肺克肝，依次起着制约和阻抑的作用。

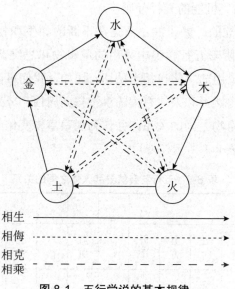

相生 ——————————→
相侮 - - - - - - - - - →
相克 — — — — — →
相乘 — —— — —— — →

图 8-1 五行学说的基本规律

（3）五行制化：在五行相生之中，同时寓有相克，在相克之中，同时也寓有相生。这是自然界运动变化的一般规律。如果只有相生而无相克，就不能保持正常的平衡发展；有相克而无相生，则万物不会有生化。所以，相生、相克是一切事物维持相对平衡的两个不可缺少的条件。只有在相互作用、相互协调的基础上，事物才能生化不息。例如，木能克土，但土却能生金制木。因此，在这种情况下，土虽被克，但并不会发生偏衰。其他火、土、金、水都是如此。古人把五行相生寓有相克和五行相克寓有相生的这种内在联系，名之曰"五行制化"。制化规律的具体情况如下：木克土，土生金，金克木；火克金，金生水，水克火；土克水，水生木，木克土；金克木，木生火，火克金；水克火，火生土，土克水。

（4）相乘规律：乘，是乘袭的意思。五行相乘规律是一种病理的反常现象。相乘与相克意义相似，只是超出了正常范围，达到了病理的程度。图 8-1 中的长虚线箭头表示的方向就是五行相乘规律，它们的次序是：木乘土，土乘水，水乘火，火乘金，金乘木。例如木克土，当木气太过，金则不能对木加以正常的制约，因此，太过无制的木乘土，即过强的木克土，土被乘更虚，而不能生金，故金虚弱，无力制木。

（5）相侮规律：侮，是欺侮的意思。五行相侮规律，与相乘一样，同样属于病理的反常现象。但相侮与反克的意义相似，故有时又曰反侮。图 8-1 中的短虚线箭头表示的方向就是五行相侮规律，它们的次序是：木侮金，金侮火，火侮水，水侮土，土侮木。

以上相乘、相侮的两个规律，都是在病理情况下才会产生。例如，水气有余，便克害火气（图所胜），同时又会反过来侮土（所不胜）。如果水气不足，则土来乘之（所不胜），火来侮之（图所胜）。这都是由于太过和不及出现的反常现象。

2）自然与人体结构、机能的五行分属

任何事物都不是孤立的、静止的，而是在不断的相生和相克运动之中维持着协调平衡。中华民族祖先在阴阳五行学说中采用的逻辑物化思维艺术，不仅在人类的认识史上空前绝后，而且所借用的物化也相当贴切。比如，我们可以按照五行的各个特性，用取类比象的方法，将自然界和人体有关的事物按其属性，分别归纳成为五大类。其主要目的是便于了解各种事物之间的关系，并作为观察事物变化的推演法则。五行与自然界和人体之间的关系如表 8-1 所示。

表 8-1　五行与自然界和人体之间的关系

自然界								五行	人体						
五音	五味	五色	五化	五气	五时	五方	五季		五脏	六腑	五液	五官	五形	五情	五德	五声
角	酸	青	生	风	平旦	东	春	木	肝	胆	泪	目	筋	怒	仁	呼
徵	苦	赤	长	暑	日中	南	夏	火	心	小肠	汗	舌	脉	喜	礼	笑
宫	甘	黄	化	湿	日西	中	长夏	土	脾	胃	涎	口	肉	思	信	歌
商	辛	白	收	燥	合夜	西	秋	金	肺	大肠	涕	鼻	皮	悲	义	哭
羽	咸	黑	藏	寒	夜半	北	冬	水	肾	膀胱	唾	耳	骨	恐	智	呻

从表 8-1 中可以看出，每一行所属各种现象之间的关系，也可能说明事物变化发展互相推移的综合关系。例如，以木来说，春季草木开始萌芽生长，呈现了蓬勃的生气，并出现青的颜色，故用木来象征春，用青代表五色。在生、长、化、收、藏的过程中，木属于"生"的一环。春季多风，结合人体肝脏性喜条达舒畅，象征着木和春的情况。而五脏中的肝和六腑中的胆是表里关系，肝又开窍于目，在五体中主筋，故肝病每多出现目病或抽筋（痉挛）的症状。肝木旺者多喜怒，而大怒又易伤肝，所以肝在五情中主怒。某些肝病，面色往往会变青。

把以上这些自然现象和生理与病理现象联系在一起，就可以把木、春、肝、胆、目、筋、怒、青等一系列的事物和现象，归于木类之下，形成了一个系统。

若是从纵的方面来看，则亦有明显联系，就以五行本身来说，木生火，火生土，土生金，金生水……就是明显的纵的联系。

8.1.3　阴阳与五行的关系

阴阳属于阴阳五行学说立论的基础。阴阳与五行属于形式与内容的关系，就是指无论阴的内部、阳的内部和阴阳之间都具备木火土金水五种物象表达的那种生克利害的基本关系。换句话来说，阴阳的内容是通过木火土金水物象反映出来的，五行属于阴阳内容的存在形式。例如宇宙虽然无边无际，但在地球这个视角其相互对立的两个方面就是天地，天地的空间就是通过东南中西北显示出来的[11]。

阴阳是纲，五行是领，五行实际是阴阳的延伸。整个中国传统文化都离不开阴阳五行这个大纲领，无论学中医、术数，还是为人处世，以阴阳五行做指导思想，一切都会变得简捷。古代先哲采用整体观念和哲学方法，运用阴阳五行类比思维法学习知识，而现代科学则倾向于采用还原论方法将学科越分越细，导致学科之间出现壁垒，不同学科之间相互不了解。古人通过体悟阴阳五行使人思维开阔、灵活变通，在短时间里掌握多方面知识，并能始终把握知识的整体性和连贯性。我们不要把阴阳五行当作中医、术数的专利。它是一种思维方式，这种思维方式是历史文明达到顶点后总结出来的，经过了历史验证，不需要我们去求证，只需学会运用即可。我们现代的文明还没有达到顶点，等达到顶点后也会总结出一套类似阴阳五行这样的学问，世间任何文化知识都是由简到繁，再由繁到简这样发展的。阴阳五行学说是哲学中的科学、科学中的哲学[3]。

8.2　五种职业素养之间的相生相克

8.2.1　五种职业素养与五行的对应关系

五种职业素养共同作用形成一个人的完整职业素养。五行强调整体概念，描绘了事物的结构关系和运动形式，可以说是一种原始的系统论。在哲学、中医学等方面得到普遍应用的五行学说，用来解释五种职业素养的关系也是非常适用的。

那么如何将五种职业素养与五行相对应呢？通过我们的反复思考及在课堂与学生（尤其是 MBA 学生）的反复探讨，我们给出了五行职业素养模型以及它们之间的对应关系："火"与"积极心态"对应，"土"与"敬、自、多"对应，"金"与"没有任何借口地执行任务"对应，"水"与"沟通协调"对应，"木"与"团队合作"对应，具体如图 8-2 所示。

（1）火与积极心态的关系。从五项职业素养来说，最重要的是积极心态，而积极心态需要有火一样热情的心。所以，我们就将第一种职业素养积极心态与火对应，而火在五脏中刚好对应的是心，这两者之间的对应关系非常密切。

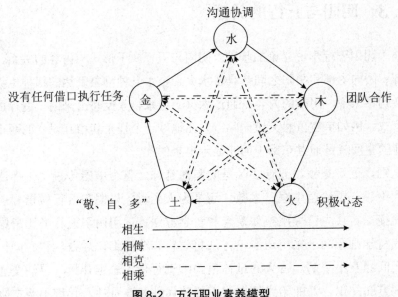

图 8-2　五行职业素养模型

（2）土与"敬、自、多"的关系。我们将土分配给了第二种职业素养"敬、自、多"，因为从五行的属性来说，土的五行属性是化，并且人的后天之本是通过脾和胃来润化的，而脾胃在五脏六腑中对应的就是土，只有通过脾胃的共同作用人体才能将吸收的食物变成相应的养分供全身运行。而一切成事的前提就是"敬、自、多"，就像人要想活得舒服，就需要通过脾胃来吸收外在营养一样，人要想做成事，就需要通过"敬、自、多"来不断地实践和探索，否则将会一事无成。所以，我们将两者进行对应。

（3）金与没有任何借口执行任务的关系。我们将金分配给了第三种职业素养"没有任何借口执行任务"，因为在五行属性中，金是收的意思，对应的是秋季，秋季是硕果累累的季节，而这些收获都是需要沉下心来埋头苦干的。所以，将金派给了第三种职业素养。

（4）水与沟通协调的关系。我们将水分配给第四种职业素养"沟通协调"，是因为水藏的属性，并且水有上善若水、水利万物而不争、润物细无声、水到渠成等含义。在沟通协调过程中，人们需要利用水的这种特性去完成其沟通协调的目的，沟通协调的最高境界是将目标达成，有藏的追求。所以，水对应着第四种职业素养沟通协调。

（5）木与团队合作的关系。木属于生发之性，对应的是春季，属于第一个季节，而这个季节草木开始萌芽生长，呈现了蓬勃的生气，并出现青的颜色。团队合作一方面取了独木难成林的意思；另一方面，人多力量大，才能显示出生机盎然的境况。所以，我们将木与团队合作进行对应。

当然在这个模型中还有生克制化关系，我们将在下文进行解释。

五行职业素养模型的内容如表 8-2 所示。从表 8-2 可以看出，五行的属性与五种职业素养的对应关系是确定的，需要解释的是其核心元素、主要作用以及基本定义。

表 8-2　五行职业素养模型的内容

五行属性	火长	土化	金收	水藏	木生
职业素养	积极心态	"敬、自、多"	没有任何借口地执行任务	沟通协调	团队合作
核心元素	正能量辐射	坚不可摧	埋头苦干	迂回曲折	厚积薄发
主要作用	精神	基础	行动	媒介	支撑
基本定义	积极向上，一切都往好处想	积极主动是成事的前提	果断的执行力	通过各种方便的形式达成目标	将每个人的力量都激发出来

资料来源：根据"柏学薷.王道——五行战略领导力[M].上海：上海远东出版社，2012."改编[12]。

（1）积极心态对应的核心元素与其对应的火的五行属性"长"和相应的职业素养特性有关，我们将其解释为正能量辐射，主要作用是精神，意思是积极向上，一切都往好处想。

（2）"敬、自、多"对应的核心元素与其对应的土的五行属性"化"和相应的职业素养特性有关，我们将其解释为坚不可摧，主要作用是基础，意思是它是成事的前提，也就是做任何事情"敬、自、多"都是基础。

（3）没有任何借口执行任务对应的核心元素与其对应的金的五行属性"收"和相应的职业素养特性有关，我们将其解释为埋头苦干，发挥"行胜于言"的作用，主要作用是行动，意思是果断的执行力。

（4）沟通协调对应的核心元素与其对应的水的五行属性"藏"和相应的职业素养特性有关，我们将其解释为迂回曲折，主要作用是媒介，基本定义是通过各种方便的形式达成目标，也就是沟通协调这种职业素养是通过水藏的属性和润物细无声的媒介作用，方便而巧妙地达到沟通协调的目标。

（5）团队合作对应的核心元素与其对应的木的五行属性"生"和相应的职业素养特性有关，我们将解释为厚积薄发，主要作用是支撑，并且将每个人的力量都激发出来。

8.2.2　五种职业素养之间的相生关系

通过上文五行职业素养模型的描述和对应关系的解释，我们接下来需要对五种职业素养之间的生克制化关系进行深入的探索，首先需要解决的是五种职业素养之间的相生关系，具体分析如下所述。

（1）积极心态可以促进"敬、自、多"。这个原理来自两者之间与五行的对应关系，积极心态对应的是火，而"敬、自、多"对应的是土，五行相生关系中，火能生土，所以，积极心态可以促进"敬、自、多"。可能的解释是如果一个人具备了积极的心态，那么这个人在做任何事情的时候都想着如何将事做成功，一切都往好处想，在这个过程中，"敬、自、多"就出现了。所以，两者是促进关系，即积极心态可以促进"敬、自、多"。

（2）"敬、自、多"可以促进没有任何借口执行任务。原理来自两者之间与五行的对应关系，"敬、自、多"对应的是土，没有任何借口执行任务对应的是金，五行相生关系中，土能生金，所以，"敬、自、多"可以促进没有任何借口执行任务。可能的解释是如果一个人在所有的事情上都可以做到敬业并自动自发地多做一些的话，那么这个人的执行力就非常到位，自然两者之间是促进关系，即"敬、自、多"可以促进没有任何借口执行任务。

（3）没有任何借口执行任务可以促进沟通协调。原理是来自两者之间与五行的对应关系，没有任何借口执行任务对应的是金，沟通协调对应的是水，而在五行相生关系中，金生水，所以，没有任何借口执行任务可以促进沟通协调。可能的解释是如果员工在做事情的时候能够做到没有任何借口地执行任务的话，自然沟通协调就会变得非常容易。因此，从这个角度来说，没有任何借口执行任务就可以促进沟通协调。

（4）沟通协调可以促进团队合作。原理是来自两者之间与五行的对应关系，沟通协调对应的是水，团队合作对应的是木，五行相生关系中，水能生木，所以，沟通协调可以促进团队合作。可能的解释是如果沟通协调能力较强的话，就会使大家能够高效率地达成共识，每个人的信息是非常完备的、透明的，自然没有太多的疑惑和内耗，这样就更有利于团队合作能力的提升。所以，从这个角度来说，沟通协调就可以促进团队合作。

（5）团队合作可以促进积极心态的形成。这个原理是来自两者之间与五行的对应关系，团队合作对应的是木，积极心态对应的是火，木能生火，所以，团队合作可以促进积极心态。可能的解释是，如果大家都齐心协力的话，就容易促使目标的达成，这样，大家就会从目标达成的过程中共享成就感和激发大家积极做事与做成事的热情。这样大家的心情是舒畅的，精神状态是饱满的，做什么事都会往好处想、往好处去努力。所以，从这个角度来说，团队合作就可以促进积极心态的形成。

8.2.3　五种职业素养之间的相克关系

五行之间除了相生关系外，还有相克关系，同样，五种职业素养之间也有相克制约关系。下面我们来分析五种职业素养之间的相克关系。

（1）积极心态对没有任何借口执行任务的制约作用。这个原理是来自两者之间与五行的对应关系，积极心态对应的是火，没有任何借口执行任务对应的是金，火能克金，所以，积极心态对没有任何借口执行任务有制约作用。可能的解释是，如果一个人的心态过于积极，可能会对完成任务的难度估计不足或认为所有的人都可以完全做到没有任何借口地执行任务，但现实可能会存在参差不齐，所以，过于积极的心态会影响没有任何借口地执行任务。

（2）"敬、自、多"对沟通协调的压制作用。这个原理同样是来自两者之间与五行的对应关系，"敬、自、多"对应的是土，而沟通协调对应的是水，土能克水，所以，"敬、自、多"对沟通协调就会有压制作用。可能的解释是，如果一个人的"敬、自、多"表现非常突出的话，这个人可能就会专注于自己手头的事情，并且自认为已经非常敬业并自动自发地多做一些，所以，就可能忽视与其他人的沟通协调。但有些时候，事情并不像个人想象的那么简单，过程中会有很多特殊情况，就可能会出现只顾低头拉车、没有抬头看路的现象，这样就可能造成不必要的麻烦或不好的结果。所以，"敬、自、多"可能会对沟通协调产生压制作用。

（3）没有任何借口执行任务对团队合作的制约作用。原理同样是来自两者之间与五行的对应关系，没有任何借口执行任务对应的是金，而团队合作对应的是木，金能克木，所以，没有任何借口执行任务对团队合作有制约作用。可能的解释是，如果一个人太过于遵守没有任何借口地执行任务的话，可能就会过于专注任务的执行，而不顾团队其他成员的任务进度，进而影响团队合作的开展和效果。

（4）沟通协调对积极心态的制约作用。原理同样是来自两者之间与五行的对应关系，沟通协调对应的是水，而积极心态对应的是火，水能克火，所以，沟通协调就会对积极心态产生制约作用。如果一个人太注重沟通协调了，可能就会因为掌握了过多的信息而带来不必要的内耗，这样反而使其在做事的过程中存在一些担忧或受到干扰。所以，沟通协调会对积极心态产生制约作用。

（5）团队合作对"敬、自、多"的制约作用。原理同样是来自两者之间与五行的对应关系，团队合作对应的是木，而"敬、自、多"对应的是土，木能克土，所以，团队合作对"敬、自、多"会产生制约作用。可能的解释是，如果一个人太注重团队合作了，可能就会因为照顾齐头并进，或者对团队成员产生依赖心理，从而降低了自己敬业并自动自发地多做一些的愿望，自然做事的结果也会受到影响。所以，团队合作对"敬、自、多"会产生制约作用。

8.2.4 五种职业素养之间的制化关系

我们知道，五行制化是指五行相生寓有相克和五行相克寓有相生的内在联系，制化规律的具体情况如下：木克土，土生金，金克木；火克金，金生水，水克火；土克水，水生木，木克土；金克木，木生火，火克金；水克火，火生土，土克水。下面我们就从这五种具体情况来分析五种职业素养之间的制化关系，这些关系可以从图8-2中的实线箭头和长虚线箭头看出来。

（1）木克土，土生金，金克木。从五行职业素养模型来说，对应的就是团队合作对"敬、自、多"有制约作用，但"敬、自、多"对执行任务有促进作用，没有任何借口执行任务又对团队合作有制约作用。也就是说尽管太注重团队合作时，会影响人们"敬、自、多"的发挥，但由于"敬、自、多"的发挥可以促进任务的执行，并且任务的执行又可以抑制团队合作，使团队合作朝着适度的方向发展，所以，这三者之间就会处于相对制衡的状态，而不至于过度发展或发展不足，即在局部执行任务、团队合作和"敬、自、多"可以处于适度协调的轨道上。

（2）火克金，金生水，水克火。从五行职业素养模型来说，对应的就是积极心态会制约执行任务，但执行任务又可以通过促进沟通协调来压制积极心态的过度发挥。具体内涵我们在五行职业素养的相生相克中已经有所论述，这样从另外一种角度又保持了三项职业素养的适度发展。

（3）土克水，水生木，木克土。从五行职业素养模型来说，对应的就是"敬、自、多"对沟通协调有制约作用，但沟通协调又可以通过团队合作来影响"敬、自、多"，使"敬、自、多"不至于过于盲目。这样"敬、自、多"、沟通协调和团队合作就会处于协调发展的状态之中。

（4）金克木，木生火，火克金。从五行职业素养模型来说，对应的就是执行任务对团队合作有制约作用，但团队合作又可以通过执行任务促进积极心态来制约执行任务的过度发展。这样，执行任务、团队合作和积极心态这三种职业素养就会处于适度发展的状态之中。

（5）水克火，火生土，土克水。从五行职业素养模型来说，对应的就是沟通协调对积极心态有制约作用，但积极心态又可以通过促进"敬、自、多"来制约沟通协调的过度发展。这样，沟通协调、积极心态和"敬、自、多"三项职业素养之间就又处于动态平衡。

通过以上这些制化的调节，每种职业素养不能过度克制其他职业素养，也避免了某种职业素养的过度发挥，保证五种职业素养能够平衡发展，产生最有效的搭配。同时，这五种小循环在五种职业素养的大循环中有序运行，促进一个人的职业素养的发展。个人要保证五种职业素养的适度发展，不能过度也不能缺乏，否则都会产生不利的后果。

综上所述，我们可以看出，五种职业素养之间也同样存在五行生克制化的关系，当然，也会符合乘侮规律，这里我们就不再赘述。

◢ 8.3 五种职业素养与"人生五道"

8.3.1 五种职业素养与"人生五道"的关系

多年大学教师的职业生涯使我们体悟到一位大学教师的五道循环就是闻道、证道、悟道、得道、传道。这个循环的顺序是基于人们认识自然规律的一般过程来说的。我们从小都是先听大人们对我们说什么是好的、什么是坏的，什么能做、什么不能做，然后再经过自己的实践去验证大人们对我们说的是否正确，正确的就继续传承，不正确或不是这回事的就去完善，这就是证道的过程。然后沉淀下自己对自然一种独特看法或认识，而这个就是悟道的过程。悟道之后，将这些规律规则的"道"逐步内化于心，形成自己内在的自然的东西，也就是"得道"。得道以后我们会去告诉自己的后代或周围其他人，什么是好的，什么是坏的，什么能做，什么不能做，我们开始了传道之旅。同样地，大学教师本身的职责就是传道、授业、解惑，而传道之前需要有闻道、证道、悟道、得道的过程，当然，也可能没有完全按这个顺序发展，如有的一闻道，就开始传道了，并没有经过证道、悟道和得道的过程。但没有经过证道、悟道和得道过程的"道"传播起来的效果就会大打折扣，有可能会造成以讹传讹的结果，毕竟每个人看问题的角度是不同的。

"道"是中华民族为发现自然、认识自然所用的一个名词。在中国哲学中，它是一个重要的概念，意思是万事万物的运行轨道或轨迹，也可以说是事物变化运动的场所。道，自然也。自然即是道。自然者，自，自己；然，如此，这样，那样。一切事物非事物自己如此，日月无人燃而自明，星辰无人列而自序，禽兽无人造而自生，风无人扇而自动，水无人推而自流，草木无人种而自生，不呼吸而自呼吸，不心跳而自心跳，等等，不可尽言皆自己如此。因一切事物非事物，不约而同，统一遵循某种东西，无有例外。它即变化之本，不生不灭，无形无象，无始无终，无所不包，其大无外，其小无内，过而变之，亘古不变。其始无名，故古人强名曰"道"[13]。

"道"的概念是老子首先在《道德经》中提出来的："道生一，一生二，二生三，三生万物。""道生天地万物，生仙佛，生圣生贤，俱以从道而生，阴抱阳，生生化化，无极无穷之妙哉。"道也代表极致的宇宙世界观，宇宙世界规律、规则。此一概念，不单为哲学流派道家、儒家等所重视，也被宗教流派道教等所使用。《易经》曰："一阴一阳之谓道。"意思是：阴阳的交合是宇宙万物变化的起点。或者说：阴阳是世间万物的父母。

结合五行职业素养模型，我们给出了如图 8-3 所示那样的五种职业素养与五道循环，由于传道需要借助沟通协调的能力来进行，再加上五道循环和五行的固有顺序，我们将五种职业素养与五道循环的对应关系描述如下。

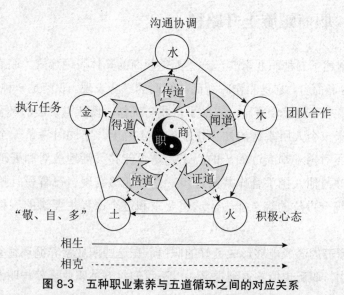

图 8-3   五种职业素养与五道循环之间的对应关系

（1）团队合作（木）与闻道对应。因为"闻道"的概念就是听别人说的道，既不是自己悟出的，也不是经过自己实证的，"闻道"是学习"道"的过程[13]。闻道一定是通过两个以上的相互沟通才可能发生的事情，而团队合作也是两人以上才能形成的一种结果，所以，团队合作与闻道两者对应有一定的道理。

（2）积极心态（火）与证道对应。"证道"就是亲身实证实践之道，是用自己的实际行动证实"此道"是"非常道"的过程。因为证道是比较难的事情，需要有像火一样热情的和强大的内心来进行，所以，这种对应也非常有道理。

（3）"敬、自、多"土与悟道对应。"悟道"是从内心真正明白某些道理与规律，真正体验到某个道理，是自己思考体悟"道"的过程。悟道比证道会更困难一些，没有敬业并自动自发地多做一些的心态，可能就不会开悟，因为开悟其实是一个判断力、洞察能力同时提高的过程。

（4）执行任务金与得道对应。"得道"泛指知晓事理，通俗来讲就是人的认识达到一定高度，思想境界得到提升。得道需要不断地实践与体悟，而执行任务就是一个实践的过程，所以，得道与执行任务对应起来是比较合适的，而得道之人一般相对比较低调、比较务实，金的收敛属性恰恰也符合这一点。

（5）沟通协调（水）与传道对应。"传道"可以理解为向听众讲授解释道义、道行。正像开始说的那样，传道需要不断地沟通与协调，所以，传道与此对应是非常有道理的。

综上所述，五种职业素养与五道循环之间是有很紧密的对应关系的。并且，从图8-3还可以看出，五行中间是由阴阳构成的，而这个阴阳又处于五行的中间，代表一个人的职商（前面所指的人整体职业素养的高低），而五行之间又是相临相生（用实箭头表示）、相隔相克（用虚箭头表示）的。

8.3.2　职商螺旋上升路径

上文我们阐述了五种职业素养，这些都是职商的具体表现形式。职商，全称职业商数。就职商的内涵而言，它是工作时智商与情商的综合表现。职商是一种包含判断能力、精神气质、积极态度的综合素质，它关乎自我与工作、现状与发展的契合度。

职商不仅指一个人所掌握的知识技能的扎实程度，它同时考量一个人在职场和团队中是否具备面对困难却专注如一的心态，是否能够灵活地应对和处理工作中的各种问题，是否能够与他人携手合作共同进步，是否能够发现自己喜爱且擅长的事情并踏踏实实做下去等全方位的综合能力。这些要求和这个课程主要讲的五种职业素养不谋而合。

五种职业素养的养成能够形成良好的职商。在这些职业素养循环往复、生生不息的运动变化过程中，职商也能够得到提高。以下我们对五种职业素养与职商的关系进行具体的介绍。

"职商"这一词新的含义缩写为"EELTAP"：education（教育），experience（经历），leadership（领导能力），teamspirit（集体主义精神），attitude（心态），passion/performance（热情/绩效）。

education 和 experience 对应沟通协调。education 是教育，是最基本的因素，experience 是人生经验或经历，包括社会经验和家庭经验。我们可以把它们统一看作沟通协调。这么说是有原因的，我们接受的教育、得到的人生经验大多是通过间接方式获得的，也就是说通过和人及万物之间的沟通协调获得的，因此可以说沟通协调是我们提高职商的最基本手段。

leadership 对应"敬、自、多"。leadership 是领袖气质，需要有领导才能。这一含义可以与"敬、自、多"联系起来，在"敬、自、多"这一行为方式的作用下可以提高团队成员个人在团队中的威信，使其他成员更愿意向他靠拢，领导也由此产生。领袖气质就是这种"敬、自、多"中所包含的优秀品质——有责任心，遇事果敢，做事全心投入，沉着稳重。因此，"敬、自、多"可以提升你的 leadership，进而提高你的职商。

teamspirit 对应团队合作。teamspirit 是集体主义精神，能够与人合作，有无私奉献的精神，避免一个人势单力薄。这一含义与五种职业素养中团队合作的关系一目了然。集体主义精神是团队合作的灵魂，一个由集体主义精神凝聚起来的团队才是一个优秀的团队。正所谓"独木难成林"，个人的力量是有限的，只有团结在一起才会有无穷无尽的力量，这就是团队存在的意义，也是职商的作用。

attitude 对应积极心态。attitude 是对工作生活积极态度。这一含义与积极心态相对应。乐观的态度在面对职场挫折时，能够自信，不气馁，不妥协，说服自己微笑面对，是提高职商的具体途径。当一个人积极心态这一部分的智商有所提高时，作为多种智商之和的职商也会随之提高。

P 有双重意义，一是 passion 即热情，二是 performance 即绩效，其对应的是没有任何借口执行任务。对工作热情一定会产生效益。没有任何借口地执行任务的目的也是实现效益的最大化。一个有激情的人才会有热爱工作的心，有热爱之心的人才会有为工作付出一切的魄力，有付出魄力的人才会没有任何借口地去执行任务。

总的来说，职商与五种职业素养之间的关系就是整体和部分之间的关系。整体即职商就是事物的各内部要素相互联系构成的有机统一体及其发展的全过程。部分即职业素养是指组成事物有机统一体的各个方面、要素及发展全过程的某一阶段。当五种职业素养以合理的结构形成职商时，职商的功能就会大于五种职业素养功能之和；当五种职业素养以欠佳的结构形成整体时就会损害职商功能的发挥。

8.4 五种职业素养的结构与测量

8.4.1 积极心态的结构与测量

根据赵凌飞的研究，我们将积极心态的结构分为对生活的态度、对人际关系的态度和对完成工作的态度三个维度，每个维度又分别由不同的题项组成，具体如表 8-3 所示。

表 8-3 积极心态的结构与测量

题号	测量内容	符合度
	本部分考察对生活的态度	
1	对世界充满好奇和兴趣	1 2 3 4 5
2	喜欢学习，课堂上或自学	1 2 3 4 5
3	常怀有生机勃勃的雄心	1 2 3 4 5
4	能从生活和自然中体验欣赏到其魅力和优秀之处	1 2 3 4 5
5	诚实并以真诚真挚的态度生活	1 2 3 4 5
6	对未来有美好的期望，并努力达成心意	1 2 3 4 5
7	认为人生的价值在于奉献	1 2 3 4 5
	本部分考察对人际关系的态度	
1	会宽恕得罪自己的人，并给别人第二次机会	1 2 3 4 5
2	喜欢笑并逗人开心，会看到事情积极的一面	1 2 3 4 5
3	重视与人的亲密关系，尤其是互相分享和关怀的关系	1 2 3 4 5
4	能够微笑面对不利的闲话	1 2 3 4 5
5	常常感恩朋友和家人，并表达谢意，留意美好事情的发生	1 2 3 4 5
6	能够看到自身的不足，承认别人胜过自己的地方	1 2 3 4 5
7	善于发现别人的优点	1 2 3 4 5
8	可以和不同的人成为好朋友	1 2 3 4 5
9	热心助人，享受为别人做好事	1 2 3 4 5
	本部分考察对完成工作的态度	
1	可以统揽全局，有很好的洞察能力和独立的见解	1 2 3 4 5
2	以信念指导行动，无所畏惧，绝不退缩	1 2 3 4 5
3	热心并充满激情，精力充沛	1 2 3 4 5
4	总是向好的方向思考问题	1 2 3 4 5

资料来源：赵凌飞.制造业企业员工积极心理水平评测模型的构建研究[D].沈阳：辽宁大学,2014.

注："1"代表"完全不符合"，"2"代表"有点不符合"，"3"代表"不确定"，"4"代表"有点符合"，"5"代表"完全符合"，其他四项职业素养的测量中的数字也表达同样的意思。

8.4.2　"敬、自、多"的结构与测量

根据"敬、自、多"方面的研究成果，我们将"敬、自、多"的结构分为对"敬业"的态度、对"自动自发"学习的能力和"多做一些"的能力三个维度，每个维度又分别由不同的题项组成，具体如表 8-4 所示。

表 8-4　敬业并自动自发地多做一些的结构与测量

题号	测量内容	符合度
	本部分考察对"敬业"的态度	
1	应对挫折时有抗压能力，尽自己所能克服各种遇到的困难[1]	1 2 3 4 5
2	在各种场合能够专注，集中注意力并且全身心投入其中[1]	1 2 3 4 5
3	在学习的时候态度严谨[2]	1 2 3 4 5
4	每项科目学得精通，全面掌握，并且取得优异成绩[3]	1 2 3 4 5
5	具有很强的责任感，把各项任务井然有序地完成[3, 4]	1 2 3 4 5
	本部分考察对"自动自发"学习的能力	
1	很快适应不断变化的环境，有着一定主动学习的能力[5]	1 2 3 4 5
2	不断提升自己，扩大知识内存[2, 5]	1 2 3 4 5
3	感觉学习时间过得非常快[1]	1 2 3 4 5
4	对自己的专业领域很热衷[6]	1 2 3 4 5
5	自主学习能力强，喜欢钻研并且能够独立完成任务[5, 6]	1 2 3 4 5
6	在课堂活力十足，精力充沛，很好地与老师进行互动[1]	1 2 3 4 5
7	会向老师和同学提出一些新的观念和创新点来突破自我[2]	1 2 3 4 5
	本部分考察"多做一些"的能力	
1	常常思考在学习中出现的问题及如何精通每项学科[1]	1 2 3 4 5
2	认为自己必须要对自己的成绩负责[5]	1 2 3 4 5
3	常常在休息的时候还在想着学业的内容[1]	1 2 3 4 5
4	一整天的学习任务非常紧张，可以说除了吃饭几乎剩下的时间都在忙碌[1]	1 2 3 4 5

资料来源：

[1] 萧鸣政，段磊.国有企业员工敬业度：结构探索与量表编制[J].中国人力资源开发，2014(1)：35-41.

[2] 赵欣艳，孙洁.员工敬业度研究综述与展望[J].北京邮电大学学报(社会科学版)，2010(5)：92-98.

[3] 薛雷.当代大学生敬业精神的价值与培育途径[J].吉林师范大学学报，2009(6)：119-123.

[4] 殷雷.诚实敬业量表研究[J].职业，2010(27)：174-176.

[5] 陈牧川.加强高校青年教师职业素养的若干思考[J].教育学术月刊，2011(12)：54-55.

[6] 田丽丽.中国文化背景下员工敬业现状调查研究[J].渭南师范学院学报，2014(15)：35-44，5，6.

8.4.3 没有任何借口执行任务的结构与测量

根据没有任何借口执行任务方面的研究成果，我们将没有任何借口执行任务的结构分为对执行力的态度、对没有任何借口的态度和对执行任务的能力三个维度，每个维度又分别由不同的题项组成，具体如表8-5所示。

表8-5 没有任何借口执行任务的结构与测量

题号	测量内容	符合度
本部分测试对执行力的态度		
1	一旦有了自己的目标，就要千方百计地去践行之[1]	1 2 3 4 5
2	持之以恒、坚持不懈地执行既定目标[1]	1 2 3 4 5
3	在完成任务中的每一环节都要追求完美、切实执行[1]	1 2 3 4 5
4	责任心是完成任务的基础[2]	1 2 3 4 5
5	围绕既定目标立即行动，以最快的速度完成目标[1]	1 2 3 4 5
本部分测试对没有任何借口的态度		
1	坚决服从安排，即便与自己的意愿相反[3]	1 2 3 4 5
2	能够意识到自身的问题，不推卸责任[2]	1 2 3 4 5
3	服从意味着承诺，不找任何理由来打破承诺[3]	1 2 3 4 5
4	以饱满的热情接受并完成任务[1]	1 2 3 4 5
5	遇到困难不抱怨，积极地寻找解决方法[1]	1 2 3 4 5
本部分测试执行任务的能力		
1	善于学习新知识，了解新环境[4]	1 2 3 4 5
2	对环境的变化感觉敏锐，能够快速地适应环境[4]	1 2 3 4 5
3	以百分之百的精力去完成自己的任务[2]	1 2 3 4 5
4	具备良好的心理素质，能够从容应对突发事件[4]	1 2 3 4 5

资料来源：

[1]徐初佐.提升大学生执行力——走出理想与现实的困境[J].文教资料,2006(24):20-21.

[2] 周钦河,庞长江,林庆文.在教学过程中提高学生执行力[J].新课程,2010(3):14-15.

[3]凯普.没有任何借口[M].北京:中国工人出版社,2004.

[4]张建宇.基于破坏性创新的企业执行力形成路径与变革机制研究[D].天津:天津财经大学,2008.

8.4.4 沟通协调的结构与测量

根据沟通协调方面的研究成果，我们将沟通协调的结构分为沟通专注、沟通感知、沟通反应和沟通协调四个维度，每个维度又分别由不同的题项组成，具体如表8-6所示。

表 8-6 沟通协调的结构与测量

题号	测量内容	符合度
	本部分考察沟通专注	
1	在交谈中我会走神和错过很多谈话的部分[1]	1 2 3 4 5
2	通常在谈话中我不够关注[1]	1 2 3 4 5
3	在交谈中,我很仔细地听对方说话[1]	1 2 3 4 5
4	通常在谈话中,我喜欢占主动而没有全面关注对方[1]	1 2 3 4 5
5	通常在交谈中,我会装作倾听,但实际上我在想其他事情[1]	1 2 3 4 5
	本部分考察沟通感知	
1	通常我非常想知道交谈中对方对我的看法[1]	1 2 3 4 5
2	在交谈中,我针对对方的谈话目标作出积极反应[1]	1 2 3 4 5
3	通常在交谈中,我都没有仔细观察对方对我的反应[1]	1 2 3 4 5
4	在交谈中,我通常不能很精确地感知对方的目的和动机[1]	1 2 3 4 5
5	在交谈中,我很能理解到方行为的意思[1]	1 2 3 4 5
	本部分考察沟通反应	
1	在交谈中,我感到疏远和不合群[1]	1 2 3 4 5
2	在交谈中,我不能确定对方的需求直到去作出合适反应[1]	1 2 3 4 5
3	交谈中,我不能确定自己的角色、对方的动机和正在发生的事[1]	1 2 3 4 5
4	在交谈中,我不确定别人期望我作出什么样的反应[1]	1 2 3 4 5
5	在交谈中,我不知道该说什么,找不到合适的台词[1]	1 2 3 4 5
6	在交谈中,我不知道自己应该扮演什么样的角色,我不确定别人对我应有什么期待[1]	1 2 3 4 5
7	在交谈中,我感觉自己知道该说什么和做什么,但我却没有作出反应[1]	1 2 3 4 5
8	在交谈中,我知道谈话的进展,也知道该如何做[2]	1 2 3 4 5
	本部分考察沟通协调	
1	我可以较好地完成学习、生活中需要协同合作的部分[2]	1 2 3 4 5
2	我能够较好地与同学进行合作[2]	1 2 3 4 5
3	我可以和其他同学保持良好的关系[2]	1 2 3 4 5
4	在日常生活中,我可以和其他人进行密切的合作[2]	1 2 3 4 5

资料来源:

[1] BOOROM M L, GOOLSBY J R, RAMSEY R P. Relational communicationtraitsand their effect on adaptiveness and salesperformance[J]. Journal of the academy of marketing science, 1998, 26(10): 16-30.

[2] 马湘桃. 大学生人际沟通能力调查研究 [D]. 湘潭: 湖南科技大学, 2009.

8.4.5 团队合作的结构与测量

根据团队合作方面的研究成果，我们将团队合作的结构分为包容度、互惠性和合群意愿三个维度，每个维度又分别由不同的题项组成，具体如表 8-7 所示。

表 8-7 团队合作的结构与测量

题号	测量内容	符合度
本部分考察包容度		
1	在与同学一起合作的时候，我愿意多听取他人的意见，即使这些意见我并不赞同	1 2 3 4 5
2	在与他人共同完成任务时，我能够整合他人的意见	1 2 3 4 5
3	生活中，我通常会考虑双方利益	1 2 3 4 5
4	在工作、生活中，我通常能够站在其他成员的立场上考虑他们的利益	1 2 3 4 5
5	在处理事情时，我一般都能考虑多方的意见	1 2 3 4 5
本部分考察互惠性		
1	任何工作的开展与完成都离不开小组其他成员的帮助与合作	1 2 3 4 5
2	我相信好的工作伙伴能使自己战胜一切对手	1 2 3 4 5
3	一个人要想取得好成绩，必须依靠小组其他成员的帮助	1 2 3 4 5
4	为了成功，一个人必须与他人合作	1 2 3 4 5
本部分考察合群意愿		
1	在工作中，我喜欢与小组成员协同工作	1 2 3 4 5
2	我喜欢与小组成员一起工作获得共同的成功	1 2 3 4 5
3	与小组成员一起工作让我很愉快	1 2 3 4 5
4	我相信在工作中合作比竞争更容易提高成绩	1 2 3 4 5

资料来源：谢晓非，余媛媛，陈曦，等.合作与竞争人格倾向测试[J].心理学报，2006，38(1)：116-125.

本章参考文献

[1] 老子.道德经 [M].陈忠译，评.长春：吉林文史出版社，2006.

[2] 杨权.易经 [M].邓启铜，注.南京：东南大学出版社，2013.

[3] 佚名.阴阳五行学说详解 [EB/OL].（2012-06-07）.http://www.360doc.com/content/12/1008/20/2622442_240304105.shtml.

[4] 李纯青，霍维亚，马军平，等.B2B 模式下基于文化融合与创新的新产品品牌文化表述研究——以环意国际旅行社为例 [J].管理案例研究与评论，2017（1）：58-69.

[5] BAI X，ROBERTS W. Taoism and its model of traits of successful leaders [J]. Journal of management development，2011，30（7/8）：724-739.

[6] LI P P. Towards a geocentric framework of organizational form： a holistic， dynamic and paradoxical approach [J]. Organization studies， 1998， 19（5）： 829-861.

[7] LEWIS M W. Exploring paradox： toward a more comprehensive guide [J]. Academy of management review， 2000，25（4）： 760-776.

[8] MITCHELL A，MADILL J，CHREIM S. Social enterprise dualities： implications for social marketing [J]. Journal of social marketing， 2016，6（2）： 169-192.

[9] 佚名 . 自然界和人体的五行属性 [EB/OL].（2012-06-18）. http：//www.360doc.com/content/12/0618/11/446260_218857425.shtml.

[10] 佚名 . 五行学说 [EB/OL].（2013-08-01）. http：//blog.sina.com.cn/s/blog_7f3ac3ed0101node.html.

[11] 佚名 . 阴阳五行说 [EB/OL]. [2021-01-26].https：//baike.baidu.com/item/%E9%98%B4%E9%98%B3%E4%BA%94%E8%A1%8C%E8%AF%B4/1866264.

[12] 柏学翥 . 王道——五行战略领导力 [M]. 上海：上海远东出版社， 2012.

[13] 佚名 . 道 [EB/OL]. [2021-07-25]. https：//baike.so.com/doc/1867581-1975383.html.

（李纯青，张荔）

即测即练

扫码测练

—— 第三篇 ——
五项能力

第 9 章

洞察能力

▲ 9.1 洞察能力的内涵

在日常工作中，我们有时绞尽脑汁、苦思冥想了很长时间，依然无法解决问题。然而，一件偶然发生的事或者不经意的一瞬间，有时则会带给我们"柳暗花明又一村"的喜悦，使我们突然发现一种解决问题的好办法。这就是洞察能力的力量。

根据加里·克莱因的定义，洞察能力是一种能够透过表面现象获得新发现，并找到解决问题办法的能力。洞察能力具有穿透性，意味着能看到别人看不到的东西，发现事物的本质。它往往会使事情"峰回路转"，将人们从一种僵局中解放出来，突然改变对事物的固有看法，获得全新的视角、思路和方向，带领人们走出重重迷雾并接近事物的本来面目。这一过程往往伴有一种茅塞顿开、拨云见日和醍醐灌顶的感觉（即俗称的"啊哈时刻"），使人们对于解决问题产生了有把握和自信的感觉，让人们强烈地感觉到：这就是解决问题之道，就是那个令人满意的答案！简单地说，"洞察能力就是，当它出现之后，所有事物都改变了！"[1]

那么，为什么洞察能力对我们重要？它的来源是什么？它是一种能够学习和培养的能力吗？为什么有的人富有洞察能力并善于获得新发现，而有的人却不能？究竟如何有意识地训练和开发洞察能力呢？这些将是本章所要探寻的问题。

▲ 9.2 洞察能力的重要意义

9.2.1 解决问题和提高工作绩效

敏锐的洞察能力可以帮助我们过滤无效信息，促使我们在海量信息中迅速发现事物的真正重点和本质。它可以帮助我们换一种角度、换一种方式来看待问题，引导我们关注那些常被人忽略的微小细节，并最终帮助我们找到解决问题的方法、达到目标、改善工作现状、提高工作绩效。加里·克莱因曾指出，绩效的提高等于错误的减少和洞察能力的提升，如图 9-1 所示。

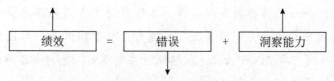

图 9-1 绩效与洞察能力的关系示意图 [1]

电影《教父》里有这样一句话："花半秒钟就看透事物本质的人，和花一辈子都看不清事物本质的人，注定有截然不同的命运。"洞察能力就像童话里神秘的魔法石，为公主排除了前进道路上的阻碍，带领她找到那隐藏的宝藏。它有助于我们解决困惑已久的问题，照亮前进的道路。从地壳波浪镶嵌学说到达尔文进化论的提出，从发现世界上第一款抗生素到发现霍乱疫情传播的真实途径，许多行业的例子和故事都表明，那些在自己工作领域中取得骄人成绩甚至获得巨大成就的人都拥有超出一般人的敏锐洞察能力。

往宝马车里弹烟灰的人会是车主吗

有一次，两名警察在马路上开展例行巡查。不远处一辆崭新的宝马车吸引了他们的注意。令人惊讶的是，驾驶那辆宝马车的人吞云吐雾，没有丝毫犹豫地将香烟烟灰弹在了车内。这一异于常人的举动立即引起了两名警察的好奇："谁会把烟灰弹在自己崭新的宝马车内？这位司机难道不是车主？"结果可想而知，两名年轻的警察立即下车前去检查，于是轻而易举地破获了一桩汽车盗窃案。

9.2.2 发现市场机会并提升企业竞争力

洞察顾客需求、发现市场机会是企业研发产品和开展经营活动的起点。正如罗伯特·劳特朋所说，"竞争优势的唯一可持续性来源就是更好地理解客户。竞争对手可以仿制你的产品，但是没有办法仿制你对客户的理解"。尤其在当前中国经济面临结构转型升级的重要关口，我们需要培养越来越多的、具有洞察能力的优秀营销人员来充分挖掘和理解消费者深层次的需求、发现市场机会，才能为新产品创新、产品设计、包装以及建立品牌提供源源不断的灵感和创意，才能最终赢得消费者的心、提高企业的竞争力。简言之，洞察能力能够赋予人们"鹰一般的眼睛"，帮助市场人员和企业识别市场机会、占领市场先机。

李宁洞察消费者心理，主打国潮风

从前的李宁品牌在服装设计上缺乏新意，给人留下落伍、老土、无趣、呆板的印象。然而，近年来，李宁通过深入洞察Z世代的消费心理，发现他们真正需要的不仅仅是时尚、独立、个性，更需要在这国际化的浪潮里构建属于自己的独特的、感到骄傲的民族身份。因而，李宁开始重新定位，主打国潮风，努力挖掘和弘扬中国传统文化中的体育元素，并凸显自身的民族身份，立即获得了中国年轻消费者的广泛共鸣，取得良好的市场反应。比如，"悟·行"主题秀，与红旗汽车、人民日报的联名款，在敦煌沙漠上举办的"李宁三十而立·丝路探行主题派对"等都令品牌格外引人瞩目，使品牌形象焕然一新。

洞察健康饮品市场，元气森林推出真正的无糖饮品

在2020年，元气森林推出了一款极为火爆的产品，其想法源于敏锐的客户需求洞察。相关数据显示，我国成年人糖尿病患者数量正在持续增长，到2019年中国的糖尿病患者已达1.16亿人，预计到2030年中国成年人糖尿病人数将持续上升，达到1.41亿人。随着摄入糖分过多带来疾病与困扰增多，消费者期待一种真正的无糖饮料的诞生。元气森林敏锐地洞察到这一庞大的市场需求，设计并推出了真正的健康无糖饮料，主打零糖、零脂、零热量，立即赢得了广大年轻消费者的青睐。

洞察小型车市场，五菱宏光 MINI EV 问鼎"国货之光"

当今，中国消费者面临着出行难、停车难、成本高等诸多问题。特别是后疫情时代，许多城镇消费者每天需要上班、接送孩子、买菜等，对实用、安全、经济、便捷的短距离通勤需求增加。五菱通过大量市场调研，敏锐地洞察到这一深具潜力的细分市场，并于2020年成功推出五菱宏光 MINI EV 车型。它凭借外形靓丽时尚、配置实用安全、定价亲民、车身小巧灵活、空间合理舒适、成本低廉优惠等优势随即吸引了大量消费者，成功拿下连续四个月销量第一、民族新能源汽车销量第一、年销量超12万台的好成绩，被称为"国货之光"。

9.2.3　适应人工智能的新时代

随着人工智能技术的不断成熟，人类即将进入人工智能的新时代。诸如汽车司机、清洁工、银行前台、接线员等从事重复、简单、机械的体力劳动者将逐渐被智能机器人所替代。然而，人类所独有的情感、创造能力和洞察发现新事物的能力是很难被机器替代的，也成为人类应该加强的独特能力。因此，人工智能时代的到来对教育提出了新的要求。那就是，我们在培养人才的过程中要逐渐淡化记忆、计算和操作性技能，更加侧重洞察能力、共情力、创造能力以及创新性思维方式的培养，才能使学生提高自身竞争力、适应未来社会的需要。

▲ 9.3　获取洞察能力的一般方式

既然洞察能力如此重要，那么洞察能力是如何产生的呢？究竟是什么激发了人们的洞察能力？为什么有的人能从一堆毫无关联甚至完全矛盾的信息中有所发现，有的人却不能？人们究竟是如何灵光乍现、洞悉明理的呢？事实上，洞察能力的产生并非单一途径，而是有多重方式 [1]。

加里·克莱因在其关于洞察能力的著作中提道，洞察能力的产生经历了四个阶段：准备阶段、酝酿阶段、顿悟阶段和验证阶段 [1]。在这四个阶段中，准备阶段尤为重要，专业背景知识是前提，学习某些特定知识是获得洞察能力的先决条件。只有当人们对某个事物有兴趣，拥有了一定背景知识和经验，才会在思想上做好准备，发现别人发现不了的东西。

洞察能力往往是突然涌现的，并非有意识或刻意寻得的，是一种意想不到的转变，在获得之前没有先兆，是由量变到质变的结果。正如"众里寻他千百度，蓦然回首，那人却在灯火阑珊处"。因此，我们苦思冥想而得不到答案时，不妨停下脚步、放松心智、扫除干扰，让潜意识自由翱翔。这时，洞察能力往往会和我们不期而遇。我们的头脑会在无意之中完成重任，将看似不相关的信息节点重新组合，激发洞察能力。

然而，洞察能力的获得也绝不仅仅是碰运气，而是一项可以习得和追求的能力。除了天分的作用外，确实存在一些可以学习的方法和途径，人人都有获得洞察能力的潜能和空间。按照加里·克莱因的观点，人们产生洞察能力一般有以下几种方式。

9.3.1　触类旁通

触类旁通是指一种交叉和跨界的思维方式，即接触到之前没有想到的新思路后迅速意识到可以将其应用于当前工作，解决当前的问题，随即产生豁然开朗、茅塞顿开的感觉。一个看似与当前工作无关的思路往往能给予人们灵感，从中获得重要发现。以下一些例子中的人正是通过触类旁通这种方式获得洞察能力的。

海浪与"地壳波浪镶嵌"学说

20 世纪 20 年代，地质学家张伯声坐船赴美，旅途漫长，他坐在船头，一边盯着一波又一波的海浪，一边满脑子思考着地质构造的学术问题。有一天，他突然冒出一个想法：为什么浪涌不是直上直下的？他认为海浪肯定采取最省力的方式，如果直上直下，岂不累死了大海。进而，他想到大自然地壳的构造，一定也是以最省力的方式在运动。受此灵感启发，他后来创造性地提出了著名的"地壳波浪镶嵌"学说，极大地推动了地质学的发展。

螺旋式钻井方法的提出

长期以来，石油钻井一直采取直上直下的方式，效率低下，而且多处钻孔容易破坏生态环境。一名壳牌石油钻井工程师为此非常苦恼。有一次，他和孩子在一个饮品店休息聊天。这时，他看到孩子将吸管倒置放入杯中，一边吸一边转动吸管，结果较短的那一段吸管通过来回转动快速将杯中的饮料吸入嘴中。孩子无心的、突发奇想的这一创意举动一下触动了这名工程师父亲，他意识到钻井时也可以采用类似的螺旋方式，这不仅会极大地提升采油效率，还避免了多处钻井所导致的高成本和环境污染。这就是后来推动钻井方式巨大革新的螺旋式钻井方法。

《人口学原理》与进化论的提出

1831年，年仅22岁的达尔文有机会搭乘英国皇家海军"小猎犬号"远渡重洋去绘制南美洲的海岸线。在历时五年的远程旅途中，他看到了多种多样的物种并开始思考物种丰富的原因。1838年9月，当偶然阅读到马尔萨斯的《人口学原理》时，达尔文突然意识到，正如人类社会一样，物种也会为了资源进行竞争、优胜劣汰，不断通过变异和选择性保留完成进化。马尔萨斯的文章，使达尔文找到了缺失的那一角，解释了自己的所有观察现象，最终提出了进化论的观点[1]。

从以上例子可以看出，我们完全可以善用触类旁通的方式来获取洞察能力。有时，我们不能局限于当前的思路和仅有的信息，可以有意识地多接触新想法，获得新启发，让大脑建立新联系，学会将现有信息与"无关信息"进行整合，补上那"缺失的一角"，从而获得洞察能力、产生新发现。一个人的想法不可避免地会有其局限性，多种思想的碰撞也许会产生美妙的、意想不到的发现。因此，日常工作生活中，我们应该鼓励不同想法之间的碰撞和交流，培养多元化兴趣和见识，以便催生不同信息的新联系、交叉跨界；鼓励群体合作和网络化合作，增加触类旁通的机会和可能性，从而激发洞察能力，切忌闭门造车。

也许，一种惯常的方式已经被大众认知、接受，甚至麻木，但若将其应用于别的领域，也许会焕发新的生机与活力。有时，我们的困顿只是因为自己的惯性思维。所以，让我们换一种眼光看世界吧，那些看似毫不相关的事物，却能够给人以灵感；那些看似相距甚远的事实，却能够给人以启迪。

9.3.2 巧合事件和好奇心驱使

当我们在工作生活中碰到一些令人好奇、有趣的现象时，有的人会认为这纯属意外，无关痛痒，不值得关注；而有的人则会留心并努力探寻背后更深层次的规律，并由此与洞察能力不期而遇。按照加里·克莱因的观点，巧合事件是指那些偶然间同时发生的事情。人们通过一次意外的观察，发现某些现象之间似乎有关联，呈现出某种共同的、不断重复的规律或模式，并以此为指引，通过调查研究和实验来探索背后的原因，最终获得洞察能力和重要发现。在这一过程中，巧合事件是获得洞察能力的原点，而好奇心是驱动人们获得洞察能力的重要动力。面对巧合事件，有些人会感叹："这真有趣！"并努力寻找答案。在《洞察能力的秘密》一书中，许多科学家的洞察能力和科研发现都来源于这种方式 [1]。

心理学家发现 18 个月大的婴儿已经具备移情能力

爱丽森·戈普尼克是任教于加利福尼亚大学伯克利分校的一名发展心理学家。她两岁儿子的一句随口评论，竟让她产生了联想，获得了洞察能力。一天晚上，她邀请朋友来家里吃晚餐，做了一份精致的点心——樱桃酒浸菠萝。两岁大的小儿子品尝后露出了一个痛苦的表情，并在之后几周，不断说道："妈妈，你可能觉得菠萝很美味，但是我觉得真难吃。"就这样，她儿子无心的一句话成为戈普尼克后续实验的灵感来源和开端。她对这一看似普通的现象十分好奇，并最终通过实验证明了 18 个月大的婴儿就已经开始具备移情能力。

科学家发现世界上第一款抗生素

"这究竟是怎么一回事呢？"如此一个简单的问题可能会带来可观的发现，青霉素正是这样问世的。1928 年，弗莱明外出休假多天后发现葡萄球菌培养皿已经长霉了，靠近长霉地方的葡萄球菌都被杀死了，而没有与霉菌接触的葡萄球菌则完好无损。在好奇心的驱使下，他对霉菌进行培养，不断验证，最终发现了其中含有一种抗菌物质——青霉素，即世界上第一种抗生素。

由此可见，如果我们要获得洞察能力和新发现，就必须对那些偶然发生的甚至多次重复的、有趣的现象保持敏感，保持好奇心并纳闷地问"这里究竟发生了什么？"，而不能视而不见。要努力关注和留心那些容易被人忽略的细节与蛛丝马迹，不断追问和探索，深度挖掘，才有可能有所发现。需要注意的是，在把巧合当真之前必须加以检验，收集充足、可靠的证据，进行验证，才能产生真正的洞察能力。

9.3.3　自相矛盾

托马斯·库恩在其《科学革命的结构》一书中认为，多数研究都是正常的科学，只是在对现有的理论和知识体系补充细节、不断完善而已。然而，当所观测的结果不符合科学界所公认的理论框架时，往往会给科学带来重大发现和突破，洞察到一套解释现象的新方式，发生"范式的转变"，即科学革命。同样道理，按照加里·克莱因的观点，自相矛盾是指那些看起来奇怪、不正常、讲不通、不合理的现象，当人们严肃对待那些与已有的理论不一致、异常的悖论情况，大胆地喊出"这太奇怪了，这里面肯定有问题"时，往往是获得洞察能力和新发现的另一种方式。《洞察力的秘密》一书中所描写的以下一些例子中的人正是通过这种方式获得洞察能力的。

霍乱疫情真的是通过空气传播的吗

19世纪中期，霍乱席卷英国，绝大多数人相信这种疾病是通过污染的空气进行传播的。此时，工人家庭出身的斯诺凭借精湛的麻醉术声名鹊起。他之所以对霍乱的致病源感兴趣，是因为诸多矛盾的事实：水手在宿舍死亡，却没有引起同一宿舍区人们的感染。如果霍乱真的通过有毒空气传播的话，病人肺部应该出现损伤。然而事实是，病人的肺部完好无损，消化系统却有所损伤，所以有理由怀疑病人是通过消化系统染上霍乱的。排除了众多源头并开展了充分的实地考察后，斯诺最终确定霍乱的源头其实是饮用水系统受到污染。这一重要发现成功帮助英国人防止了霍乱的侵袭。

发现蓝田股份的造假事件

"蓝田股份"曾经顶着"中国农业第一股"的旗号叱咤风云，却在600字的文章面前轰然崩塌。2001年，正在编书的中央财经大学研究员刘姝威，发现蓝田股份的财务报表中存在诸多矛盾。作为一家以水产品销售为主营业务的企业赊销不可或缺，应收账款怎么会如此之少？企业大量借款融资，现金流怎么会如此紧张？行业低附加值，毛利率怎么会如此之高？最终，2001年10月26日，刘姝威在《金融内参》上发表文章，彻底揭露了蓝田股份的财务造假和欺诈行为，直接促成蓝田股份泡沫大厦的倒塌。

预测美国房地产泡沫的破灭

2003—2007年，美国商品房市场泡沫不断膨胀，投资人心中的"摆动警报"不断警告，警示他们提高警惕，约书亚·罗斯纳就是其中的一个。2005年，贷款利率不断攀升，这本应导致住房需求降温，但次级抵押贷款的增长速度竟然还在加快，这违背科学规律。深入分析后，他洞察到，贷款公司将高危贷款卖给华尔街银行将其重新打包，以债券的方式进行掩盖。次级抵押市场的狂热扩张与他所意识到的市场即将迎来大崩溃的事实形成了显著的矛盾，而这正是罗斯纳洞察到美国房地产泡沫的根源所在。

以上案例都表明，表面上明显的矛盾，往往是获得洞察能力和新发现的突破口，可能扭转事物的发展方向。矛盾事件有可能促成重大发现、揭露事物的真相。因此，如果我们想获得洞察能力，就应该时刻保持一种怀疑精神，鼓励批判性思维，敢于打破思维定式和局限，敢于挑战常规，而不要想当然、因循守旧、执迷不悟。有时，我们不得不放弃一些固有的认知锚点，对那些反常的观点和可能性保持开放，不断修订和更新观念，才能获得洞察能力和新发现。所以，千万别对"这肯定有问题"的警示视而不见，因为它可能蕴藏着背后的秘密。

9.3.4 共情

乔拉米卡利和柯茜认为，共情是理解他人特有的经历并相应作出回应的能力，就是那种像在身上安装了"情绪雷达"，能够很敏锐地感知他人的感受的能力，能看透别人的内心动机、知道他人想法、感受他人情绪的能力[2]。换句话说，共情就是感同身受，就是设身处地地分享、理解他人情绪和需求的能力。它能让我们想象另一个人正在经历什么，想象他们此时此刻的感受如何，从而深深地感到彼此连接，从他人的角度看问题，并找到方法来帮助他们。正如乔拉米卡利和柯茜所说，"共情的实质就是把你的生活扩展到别人的生活里去，把你的耳朵放到别人的灵魂中去，用心聆听那里最急切的喃喃私语"。共情的核心是理解，能提高我们对他人想法、感受和动机的洞察能力，发现这个世界隐藏的细微之处。

辛迪·戴尔将共情分为五种类型：①自然共情，即感知自然生命体（如动物、植物）的"感受"；②身体共情，即身身相应，能够在你自己身体里感受到别人身体的病症与疼痛状态；③情绪共情，即对他人情绪状态（如快乐、悲伤、恐惧、愤怒和厌恶等）的敏锐感知，就像发生在自己身上一样；④精神共情，即理解他人是如何思考的，就好像"知道"别人在想什么；⑤心灵共情，即直觉地感知到一个人的诚实与否、心灵善恶与本质意图[3]。

许多学者指出，共情也是培养洞察能力的重要方式[4, 5]，而这一点却被加里·克莱因忽略了。正因为共情的本质是感同身受、理解他人，所以它能够帮助许多特定职业的人培养非凡的洞察能力，从而提高工作绩效。比如，具备共情力的动物饲养员才能理解动物的感受和需要，与它们融洽相处；具备共情力的医生才能很好地理解病人的痛楚，洞察他们的需要；具备共情力的教师才能敏锐地洞察到学生的情绪反应，改进教学方式；等等。此外，尤其对于企业经营来说，唯有具备共情力的市场营销人员才能更好地洞察顾客需要，制定适当的市场战略，打造有意义、吸引人的产品和服务。乔恩·科尔科提出，以设计为中心的产品开发，其核心就是情感投入，要体会到顾客在使用产品时的深层感觉，必须设身处地地感受他们的感受[4]。产品设计正是以共情为中心的，只有深入共情才能发现有待解决的问题，理解顾客对产品的情感诉求。如何才能与顾客建立如此深切的共情呢？唯一的方法就是花时间与他们相处，建立起私人的亲密关系，了解他们，看到他们所看到的，体验他们所体验到的，亲身经历和感受他们的生活。可见，共情正是日常工作生活中的"读心术"，能帮助人们带来非凡的洞察能力，从而解决问题、提高工作能力。

新加坡航空通过共情洞察旅客需要

作为第一个进驻杜莎夫人蜡像馆的品牌形象，新加坡航空（以下简称"新航"）空姐优雅的形象、甜美的微笑、亲切的语气、热心的服务、蹲下倾听、语言的流畅极大地拉近了与乘客之间的距离。机长专业的技术水准、自信坚定的声音、提前告知气流颠簸的实况，尽全力使乘客踏实、放心、摒除一切担忧。世界顶尖的烹饪团队根据季节、假日、国家不断推出特色菜品，种类涵盖养生餐、宗教餐、儿童餐等，配以美酒，回味无穷。专门的娱乐屏幕、随便吃的哈根达斯、特色的婴儿床、赠送的购物券……这一切，都体现了新航特色。其实，新航的卓越服务正是来源于其对员工共情能力的培训。他们曾要求空姐们将自己捆在座椅上来实际体会和感受自己有多么的无助，想象自己遇到紧急情况时多么需要帮助。新航要求空姐们设身处地地进行换位思考，理解和感受旅客需要怎样的温馨、周到的服务，这才使得新航能够洞察到其他航空公司看不到的旅客需求，最终成为航空公司的标杆。

海底捞通过共情打造卓越服务

海底捞以其卓越的服务被大众所熟知。多种口味的锅底、多样的可供选择的菜品、半份菜的人性化设计、四宫格的分布类型、筷子合适的长度、阻隔气味的围裙、保持清洁的湿纸巾、放置手机的密封袋、免费的小吃甜点、主动提供的婴儿座椅、生日时的集体祝福、周内手护周末美甲、极具观赏性的扯面表演、学生价格的优惠、工作人员亲切的问候、无微不至的关怀，这些特色服务都源自海底捞员工细致入微的观察、设身处地的换位思考、强烈的情感共鸣。正是这种卓越的员工共情力使得他们能洞察消费者心底潜藏的真正想法，打造出领先业界的标杆服务。

梅奥医疗服务中心的特色医疗服务

长期以来，医疗服务忽视了患者在就诊过程中的内心感受，"见病不见人"的情况比较普遍。美国梅奥医疗服务中心为了创新现代医疗服务，多次组织服务人员与病人进行推心置腹的谈话，通过体验病人的身份切实了解到病人的真实诉求，感受病人的情绪、痛苦与困难，做到主动性服务、预见性服务、个性化服务与超值性服务的统一。花坛草坪随处可见，壁画挂饰琳琅满目，儿童房卡通图案活泼可爱、明亮艳丽，妇产科素丽淡雅、洁净整洁，透出一种自然、和谐、安静、生动的环境氛围。正是员工的共情力使他们能够深入洞察病人的需要，打造出温馨、卓越的医疗服务。

然而，虽然共情对于洞察能力如此重要，但是并非人人都能很容易地与他人共情。乔拉米卡利和柯茜认为，慈悲心、利他主义、关爱他人、尊重、友善的态度、宽容、谦逊、谦卑之心乃是共情的前提[2]。他们在《共情的力量》一书中曾介绍了有利于产生共情的八种状态，包括诚实、谦逊、接纳、宽容、感恩、信念、希望和宽恕。也就是说，诚实是共情的血液；谦逊是共情最重要的基础。当我们把自己从中心移开，就为他人的视角和观点让出了空间。此外，我们需要耐心地倾听，坚信人们心中基本的良善，才能很好地平静下来理解对方。八种共情行为状态及其对立面如图9-2所示。总之，每个人都可以培养共情力。真正的共情是由真正关心他人和渴望帮助他人的心理状态激发出来的。正如特蕾莎修女所说："如果我们无法平和，那是因为我们已经忘了自己是属于彼此的。"

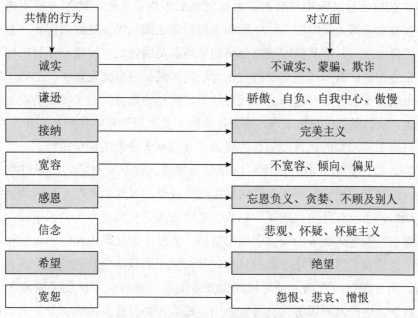

图 9-2　八种共情行为状态及其对立面 [2]

综上所述，人们获取洞察能力的一般方式包括触类旁通、巧合事件和好奇心驱使、自相矛盾以及共情。也就是说，如果我们想要富有洞察能力，就需要善于接触新想法、获得新启发，让大脑建立新联系，鼓励不同想法之间的碰撞和交流。对那些偶然发生的、有趣的现象保持好奇心；善用批判性思维，敢于打破思维定式和局限，敢于挑战常规；努力培养自己理解他人情绪和需求的共情能力。

9.4　洞察能力的开发和训练

基于以上洞察能力产生的四种一般方式，我们主要从看（观察）、听（倾听）、试（亲身体验）和想（思维方式）这四方面入手，通过一些有趣的团体游戏来着重开发和训练学生对市场机会和顾客需求的洞察能力。

9.4.1　观察

按照宇见的观点，观察在捕捉顾客行为特征、识别和洞察消费者真实需求方面具有突出优势 [6]。想要洞察用户需求、理解顾客，市场人员需要敏锐的眼睛和敏感的心。我们需要深入消费者的生活和消费场景，把消费还原到完整的、活生生的日常生活中，才能有所洞察。只有沉浸式观察才能发现产品在消费者生活中扮演的角色，发现那些一般人不曾注意的细节。正如鲍勃·迪伦曾在歌中所写："有些人能感受雨，而有些人只是被淋湿。"

许多企业都是通过敏锐观察消费者而洞察到市场需求的。比如，霍华德·舒尔茨当初正是观察到美国人只能在工作场所和家庭两者之间枯燥地往返而提出了星巴克"第三空间"的价值主张。欧莱雅印度分公司的市场人员通过观察发现，年轻的印度男性因为缺乏男士专用的护肤品而被迫使用自己母亲的护肤品，由此发现了一个巨大的印度男士护肤品市场。麦当劳的市场人员曾经很好奇，店里的奶昔产品多半在清晨被顾客购买且打包带走。他们用心探索后发现，原来许多顾客是上班开车时将奶昔当作早餐。由此，麦当劳专门提供了浓稠的奶昔和细长的吸管，充当顾客通勤的最佳拍档。

你以为人们住处附近的社区面包店仅仅在售卖面包吗？市场人员通过每天观察来此购买面包的顾客，他们发现大人们常常在孩子放学后带他们来购买面包甜点给孩子小小的"奖励"，所以社区面包店其实也代表着"每天总有小确幸"的亲子时光。有此洞察后，一家社区面包店就专门设计了梯形货柜，方便小朋友挑选面包，还预留了休闲空间，设计了儿童餐盘区，改进了装修风格，从而赋予面包店全新的价值 [6]。

因而，通过观察，市场人员可以帮助企业洞察到顾客说不出的、隐藏在内心的真实需求，从而改进产品和服务，提升竞争力。那么，如何开发和训练学生的观察力呢？不妨试试以下几个有趣的游戏。

🎖 游戏设计

1. 走出教室，发现顾客需求

参加人数：10 ～ 30 人

游戏时间：30 分钟

难度等级：较高

游戏简介：鼓励学生走入不同的消费场景，发现顾客的不便之处，从而训练观察力和共情力。

游戏过程：

首先，主持人将学生分组。

其次，每组同学选定一个学校周边的消费场所（如超市、便利店、理发店、餐厅），然后走出教室，前去假装成顾客进行观察，看是否能有所发现。

最后，每组同学返回教室分享自己的发现，并提出服务改进计划。

2. 喜欢谁，讨厌谁，谁有趣 [7]

参加人数：10 ～ 30 人

游戏时间：15 分钟

难度等级：较高

游戏简介：通过情景剧人物扮演，理解演员的内在情绪及心理感受，从而训练观察力和共情力。

游戏过程：

首先，主持人从参与者中选出四名"戏精"担任情景剧演员。

其次，四位演员要重新审视除自己外的其他三人，心里认定"喜欢谁，讨厌谁，谁有趣"。

然后，在主持人给定特定情境后，参与者进行表演，通过细微动作和微表情表达自己的情绪。

最后，观众猜测每个演员心目中的"喜欢谁，讨厌谁，谁有趣"并公布结果！

你们都猜对了吗？

3. 闲逛一刻钟 [7]

参加人数：10 ～ 50 人

游戏时间：30 分钟

准备道具：手机

难度等级：中等

游戏简介：将人们带回到熟悉的环境中，通过"有意识地看"，发现寻常生活中的不寻常。这种面向真实环境的观察力训练会让参与者在极短的时间内找到一些新的发现，有利于参与者应对未来需要应对的真实情况，提前演练，更有助于增强其信心。

游戏过程：

首先，主持人请大家到室外闲逛 15 分钟。在这段时间内，每个人选定自己感兴趣的事物，并用心观察，看看是否有所发现。拍照后返回。

其次，在小组内分享自己眼中的有趣事物。

9.4.2　倾听

共情是以行动为导向的，正如乔拉米卡利和柯茜所说，"真正做到共情要比共情重要得多" [2]。真正的共情意味着带上一颗真心，渴望地问：你的感觉如何？你是怎么想的？你最看重什么？我能了解到什么？我能做些什么？我怎样能帮上你？因而，倾听是训练共情并进而产生洞察能力的重要方式。

倾听总是以对方为中心，目的是要让对方感觉到他全然被理解了。倾听的目的是有所发现和洞察，使倾听者看到那些肉眼看不到的东西，感觉到那些用手触摸不到的东西。真正的共情要求我们停止以自我为中心来看待这个世界，全心投入另一个人的体验之中；需要我们走出自己，走进他人的体验之中，和那个人一起来看这个世界。倾听能够把我们带入一个相互理解的亲近空间。

另外，倾听需要集中注意力，不仅要关注对方说出来的话，还要关注对方的手势、动作、姿势、面部表情等身体语言；要有意识地放下你的倾向性，学会与他人的情绪产生连接，需要身体前倾、双眼凝神、提出问题、不随意打断对方。如果倾听如此清晰而深入，能让他人真正觉得被听到了、被重视了、被理解了，这种倾听就是一种"神圣的倾听"，是一种美妙的时刻。这种共情式的倾听能深入他人的内心和灵魂，听到他人心灵深处的声音，能让对方敞开心扉，发现对方内心所隐藏的焦虑、不安、愤怒、不满和欲望[2]。

按照乔拉米卡利和柯茜的观点，在倾听的步骤和注意事项方面，倾听者首先需要使用开放式问题，传达出你对他人的尊重，交出控制权，允许他人把你带领到他想要或者希望你去的地方；其次，倾听者需要放缓节奏，不要匆忙作出评判，让对方的故事充分展开[2]。总之，我们需要学会倾听，倾听他人的请求和痛苦，在倾听中感知他人的殷切期望，并据此作出正确的回应，改进我们的产品和服务。以下是一些企业员工通过倾听与顾客共情、洞察到顾客需求并赢得顾客的例子。

满足生命最后愿望的面包店

一位叫布兰登·库克的年轻人去医院看望他得癌症的祖母。祖母告诉布兰登，医院的汤非常难喝，渴望喝到帕尼罗面包店做的蛤蜊浓汤。但问题是，帕尼罗面包店只在周五才卖这种汤。布兰登来到最近的帕尼罗面包店，把他祖母的愿望告诉了店长苏珊娜·福捷。在聆听到祖母的请求后，苏珊娜没有丝毫犹豫，不仅破例为她做了蛤蜊浓汤，还额外送了一盒甜点作为礼物。听了布兰登的讲述，店长深刻地感受到了祖母心中最后的愿望，在生命面前一切都不值一提，作出了正确的决定。也正是如此一个有爱的举动和故事，使帕尼罗面包店在社交网络上美名远扬[8]。

深圳万象城停车场的新奇体验

深圳万象城经营多年，一直坚持倾听顾客的声音、满足他们的需求，采用月度面谈的方式进行满意度调研，通过"朋友间的聊天"的方式了解消费者新的喜好和需求，并据此做相应的调整、升级、完善。2018 年 12 月，深圳万象城在停车场地下二层开辟出一个 2 800 多平方米的区域，作为黑金卡会员的专属停车空间，还配置了一个近 200 平方米的休憩等候空间，其中包含儿童游乐区、东方茶道、化妆间、母婴室等多个功能区，方便会员在等待工作人员取车时放松休息。万象城此举不但给会员带来了新奇的体验，更搭建了高端圈层的人际网络，而这都源于用心倾听顾客、与顾客共情而带来的顾客洞察[9]。

7-11 敲门询问客户需求

便利店有很多，但像 7-11 分布如此之广的却没有几个。7-11 的客户从来都不是等来的，而是他们自己叫来的、找来的、吸引来的。从创立之日起，7-11 每年都会派出大量员工上门去倾听客户的需求，挨家挨户敲门询问："你需要什么产品、需要什么服务？"针对行动不便的老人，7-11 会提供上门订货服务；针对工作繁忙的上班族，7-11 会提供便当、三明治、茶水；针对无家可归的流浪者，7-11 会提供一个短暂休憩的温暖适的场所。正是这种用心的倾听、与顾客共情和洞察顾客需求的行为使 7-11 不断发现新市场、创造新增长 [10]。

那么，如何开发和训练学生的倾听和共情能力呢？可以试试以下几个游戏和测试。

共情类型的测试：你是哪种类型？ [3]

为了了解上述五种共情能力哪种更适合你，请进行如下测试：阅读问题后，圈出能代表你想法的数字，0～5 依次表示程度渐增，0 代表完全不符合，5 代表完全符合。

（1）我承受了周围人身体的伤痛。

0 1 2 3 4 5

（2）我对他人的情绪和感受是敏感的。

0 1 2 3 4 5

（3）我总能理解是什么在驱使他人，虽然他们自己都不理解自己。

0 1 2 3 4 5

（4）我总能区分出动物在身体和情绪上正在经历什么。

0 1 2 3 4 5

（5）我总能感觉到无形生命的存在。

0 1 2 3 4 5

（6）我总是在自己身上感觉到他人身体疼痛和疾病的症状。

0 1 2 3 4 5

（7）陌生人会无缘由地靠近我，并和我分享他们内在最深处的感受。

0 1 2 3 4 5

（8）我很难对人们解释我是怎样知道我所知的事物的。

0 1 2 3 4 5

（9）我常常能预言天气或环境状况的变化，甚至在它们被公布之前我就知道了。

0 1 2 3 4 5

（10）对于那些按自己的价值观生活的人，我能感觉到他们内心平静。

0 1 2 3 4 5

（11）有时候，我握住一样东西就会产生强烈的感觉，如头晕目眩、恶心反胃。

0 1 2 3 4 5

（12）我经常在某一事件出结果之前就涌出一股情绪，无论这个结果是积极的还是消极的。

0 1 2 3 4 5

（13）"读懂言外之意"，还有搞明白人们真正在想什么、说什么对我来说很容易。

0 1 2 3 4 5

（14）能与自然的土地、水和天空和谐相处是我最开心的时刻。

0 1 2 3 4 5

（15）乐于帮助人们，发现他们自己的生命意图。

0 1 2 3 4 5

（16）在我走进一间房子之前，我就能感觉到它以前的主人和造访者的影响。

0 1 2 3 4 5

（17）要是有人正处于深深的悲伤中，就算他们不说出口我也能分辨出来。

0 1 2 3 4 5

（18）就算我对他人不太熟悉，我也能轻易明白他们的想法。

0 1 2 3 4 5

（19）我在自然方面有一种特殊的园艺才能，能自动知道何时该给植物浇水，何时该给它们更多的阳光。

0 1 2 3 4 5

（20）我总能分辨出人们是不是在说谎。

0 1 2 3 4 5

（21）我经常能准确知道某人身体里哪个部位受了伤或生了病。

0 1 2 3 4 5

（22）有时候我会感觉到一波又一波强烈的情绪，这正是后来我见到的人正在体验的感受。

0 1 2 3 4 5

（23）我能够毫无缘由地准确知道自己该注意什么信息。

0 1 2 3 4 5

（24）天文事件经常强烈影响和困扰我。

0 1 2 3 4 5

（25）缺乏道德和正直比任何事都困扰着我。

0 1 2 3 4 5

计算问题得分：以上每个问题都有对应的特定共情类型，算出五种类型中同类问题的总分。这五种类型的每一种，你最多可得25分，某一类型得分越高，你这类共情的天资也就越高。其中，高度共情，20～25分；中度共情，12～19分；低度共情，0～11分。

1. 自然共情

问题（4）

问题（9）

问题（14）

问题（19）

问题（24）

2. 身体共情

问题（1）

问题（6）

问题（11）

问题（16）

问题（21）

3. 情绪共情

问题（2）

问题（7）

问题（12）

问题（17）

问题（22）

4. 精神共情

问题（3）

问题（8）

问题（13）

问题（18）

问题（23）

5. 心灵共情

问题（5）

问题（10）

问题（15）

问题（20）

问题（25）

游戏设计

1. 吐槽大会

参加人数：30 ～ 50 人

游戏时间：30 分钟

准备道具：手表

难度等级：容易

游戏简介：通过倾听他人亲身经历的最糟糕的一次产品使用或服务经历，来训练倾听者共情和洞察客户需求的能力，并提出该品牌或服务的改进措施。

游戏过程：

首先，根据人数将所有成员分为 5 ～ 7 人 / 小组，小组成员分别讲述自己曾经最糟糕的一次产品或服务体验。

其次，每位成员讲述后，大家选定一个成员的产品服务品类，共同探讨原因及改进措施。

最后，小组派代表进行分享，提出建设性建议。

2. 寻找鞋子很酷的人 [7]

参加人数：15 ～ 30 人

游戏时间：30 分钟

准备道具：笔记本、笔

难度等级：较高

游戏简介：将追求创新和时尚个性的"极端用户"作为观察对象。穿着酷酷鞋子的人就是这样一种"极端用户"的代表，通过观察和采访鞋子很酷的人，来训练学生的观察和倾听能力。

游戏过程：

首先，主持人确定一个主题。比如，我们想了解"年轻人周末晚上都去哪里"。

其次，参与者可以 2 ～ 3 人为一组，列出一个初步的采访问题提纲，以小组为单位一起出发，去教室外面寻找穿着酷酷鞋子的人。

然后，参与者可以以夸奖对方鞋子很酷为破冰问题，采访完成后拍摄一张鞋子的照片作为记录，采访 2 ～ 3 位受访者。

最后，所有参与者回来后，进行分享和探讨。

3. 你的故事我来说 [7]

参加人数：10 ～ 50 人

游戏时间：15 分钟

准备道具：一个故事主题、一段轻柔的音乐

难度等级：中等

游戏简介：通过让学生复述另一位组员所讲述的故事来训练学生倾听和共情的能力，进而洞察顾客需要。

游戏过程：

首先，根据人数将学生分为 2 ～ 10 人 / 小组，在每组选择两名队员 A 和 B。

其次，确定 A 是讲述者，B 是倾听者。A 向 B 讲述一个自己亲身经历的、难忘的故事，B 可以在沟通过程中发问，双方的交流就像是轻松聊天，计时 15 分钟。

然后，B 抱着"我现在就是他"的心态，讲述 A 的故事。

最后，同组可以另外选定讲述者和倾听者，再次进行。

9.4.3 亲身体验

与前文所述共情的要求类似，亲身体验也是训练共情并进而洞察顾客需求的重要方式。永远不要坐在办公室里面对冰冷冷的数据和表格，而要进入那混乱、粗粝又激动人心的真实世界。对于市场人员来说，想象中它是这样；然而，现实中它又是那样。不经过切实的亲身体验，很难真正地理解某一类顾客群体的行为，也很难设计出真正符合他们需求、使他们满意的优秀产品和服务。

比如，好孩子也正是通过让市场人员亲身体验"父母"使用婴儿车，才洞察到父母对便携式婴儿车的需求。他们设计的婴儿车可以随意调节高度，小朋友可坐可躺；采用八轮设计，减震性好，云端体验，舒适安睡；单手就可折叠，简单方便，利于出行；展开遮阳篷后能为宝宝挡风遮阳；可拆卸前扶手，更好地保障宝宝的安全；5点式安全带，是宝宝出行的"第一护卫"。另外，德国一个"关爱救助无家可归者"项目团队曾经做过这样一个实验，帮助自己去感受流浪者的生活：一位德国小伙子带上几件衣服，在柏林城铁下面待了24小时[7]。他讲述道，他最大的感受就是：他觉得自己透明了。因为人们从他身边走过时，就像没看见他一样，没有任何反应，既不看他一眼，也不躲避他。在体验流浪汉生活过程中，肯定充满了各种不适，甚至无数次想过放弃，而这才是切实的流浪汉生活：绝望、孤独、无助。这种共情式体验能够很好地帮助项目设计者感受流浪汉的实际生活处境和洞察他们的需要。以下一些游戏可以帮助学生通过训练自己亲身体验和共情来获得顾客洞察的能力。

🎖 游戏设计

1. 黑暗的世界 [7]

参加人数：10 ~ 30 人

游戏时间：20 分钟

准备道具：场地、眼罩、其他各种物品

难度等级：中等

游戏简介：盲人在日常生活中，往往会遇到各种各样的困难，普通人很难理解其生活中存在的问题。通过蒙住普通人的眼睛，使其更真切地体验盲人的生活、洞察他们的需要。

游戏过程：

首先，请各位成员戴上眼罩。

其次，在空旷的教室内自主行走，找到指定的物品，并完成一个主持人规定的任务。

最后，成员分享自己的想法。

2. 当你老了 [7]

参加人数：5～20人

游戏时间：20分钟

准备道具：凡士林、眼镜、胶带

难度等级：中等

游戏简介：要感受别人的感受，你需要真正成为那个人。游戏通过让成员扮演并实际体验80岁老人来感受他们的生活日常，从而产生共情，洞察他们对生活设施的需要。

游戏过程：

首先，让参与成员戴上涂了凡士林的眼镜，将手指的关节处用胶带绑起来增加你的身体负担。

其次，弯腰驼背，模拟老年人的行走状态，完成一个主持人规定的任务。

最后，参与成员进行感受分享，并提出项目改进方案。

9.4.4 思维方式

正如前文所述，摒弃固有的思维、采用新的思维方式是获得洞察能力的重要途径。我们对顾客需求的理解往往停留于表面，但若仅仅局限于此，可能会错失掉许多市场机会。要想理解顾客目标和其深层次的心理需求，我们必须放下心里的固有看法和偏见，必须不断深挖和追问下去，刨根问底，才能真正理解顾客、与他们共情，并洞察到其真实需求。阶梯法就是我们探寻顾客需求的常用方法。

阶梯法，是一种基于手段目标链模型理论的技术，在商业场景中把消费者的价值观和产品特性结合起来，可以帮助研究人员分析消费者对产品特性层次的认知结构。在深度访谈中，研究人员可以根据下面的示例对参与者进行口头引导 [6]。

✖ 示例

A："你为什么喝这个牌子的瓶装水？"

B："因为它比水龙头的水干净。"［产品特性］

A："干净重要在哪里？"

B："我希望自己喝进去的是对身体有益的东西。"

A："为什么这对你很重要？"

B："我会感觉很好。（如何好？）我会更加安静，不那么紧张。"［功能性利益］

A："不紧张的结果是什么？"

B："我会有平衡感，对所有事、所有人都会放松下来。"［情感性利益］

A："这种水是如何让你做到这一点的？"

B："水是纯天然的。当我在户外时喝到纯天然的水，我会感觉更加安静。"［产品价值］

许多品牌正是在这种思维方式的指引下洞察到顾客深层次的心理需求。比如，多芬（Dove）不仅仅是产品，更引领着消费者对美的理解。多芬经过对市场的深入分析，将价值观赋予品牌，坚定地站在女性的角度上考虑问题，将美丽这个概念拉回现实，推出了"简约而真实的魅力""你比你想象的更美"系列广告，主张女性自信的美丽，不再受传统的条框规矩的束缚，真实做自己。也正是这样的品牌定位，使多芬在激烈的品牌竞争中脱颖而出。

再比如，SKII认为他们不仅仅在销售化妆品，而是要将独立、自信的女性形象赋予品牌。长期以来，中国大龄单身女性一直饱受传统价值观的摧残，甚至被贴上"剩女"的标签，在公园的相亲角"明码标价"。SKII洞察到这一社会现实，暗访相亲角，记录下她们最真实的声音。《她最后去了相亲角》广告以直白的语言发出主宰自己人生的声音，引发了消费者强烈的心理共鸣和认同。

此外，江小白也是通过这种方式洞察顾客内心需求的。"跟重要的人才谈人生""所谓孤独就是，有的人无话可说，有的话无人可说""走过一些弯路，也好过原地踏步""想见你的人，二十四小时都有空""说不出的事叫心事，留不住的人叫故事"……2015年，一个个表达瓶，一批批瓶身文案，让初出茅庐的江小白火遍大江南北。这一条条文案，如同尖刀戳进了消费者的心里，洞穿了晚间独饮之人的孤独与悲伤，看透了世间的人情冷暖。这些文案，伴随着江小白，流进了消费者的内心。

接下来，学生可以通过以下游戏来训练自己洞察顾客深层次心理需求的能力。

🏆 游戏设计

1. 这不是一支笔 [7]

参加人数：10 ～ 50人

游戏时间：15分钟

准备道具：笔、纸

难度等级：中等

游戏简介：创意阶段是一个思维发散的阶段，需要参与者打开思路、发挥想象。"这不是一支笔"给了参与者一个想象的支点，进行创意发散练习，训练学生洞察顾客对产品需求的能力。

游戏过程：

首先，主持人在每位参与者的座位上放上白纸和笔。

然后，参与者两两一组，各自拿起这支笔，想象"如果这不是一支笔，它会是什么？"。

最后，各组成员分享自己的想法。

2. 我们还能为您提供什么？

参加人数：10～20人

游戏时间：10分钟

难度等级：容易

游戏简介：通过不断追问消费者额外的需求，为产品或服务改进提建议。

游戏过程：

首先，请每组中一位成员选定一件产品或一项常规服务。

其次，其他组员不断向该成员提问，运用阶梯法不断深入，直至探究到更多的需求信息。

最后，根据刚才的问答结果，讨论产品或服务改进建议。

本章参考文献

[1] 加里·克莱因.洞察力的秘密 [M].邓力，鞠玮婕，译.北京：中信出版社，2014.

[2] 凯瑟琳·柯茜，亚瑟·乔拉米卡利.共情的力量 [M].王春光，译.北京：中国致公出版社，2019.

[3] 辛迪·戴尔.同理心——做个让人舒服的共情高手 [M].镜如，译.北京：台海出版社，2018.

[4] 乔恩·科尔科.好产品拼的是共情力 [M].赵婷，译.北京：中信出版集团，2019.

[5] 克莱尔·布鲁克斯.共情营销 [M].肖文键，译.天津：天津科学技术出版社，2019.

[6] 宇见.洞察力：让营销从此直指人心 [M].北京：电子工业出版社，2018.

[7] 税琳琳，任欣雨.神奇的设计思维游戏书 [M].北京：人民邮电出版社，2021.

[8] 彭勇.友好比聪明更可贵 [J].上海经济，2012（11）：74.

[9] 商业V评论.停车场里的"美学空间"，深圳万象城为顾客呈现极致新体验 [EB/OL].（2019-01-28）[2021-06-11]. https://www.sohu.com/a/291885700_466446.

[10] 智慧零售与餐饮.零售力量——7-11 的登顶之道 [EB/OL].（2018-11-29）[2021-06-11]. https://www.sohu.com/a/278500326_100256004.

（刘伟）

即测即练

扫码测练

思考题

1. 请阐述获得洞察力的四种方式及相对应的具体做法。

2. 谈论你知道的洞察力开发与训练的方法并举例。

第 10 章

领导能力

任何人都是潜在的领导者。

——罗杰·费希尔、艾伦·夏普（美）

说到领导能力，人们的第一反应就是那是领导者才需要考虑的事情，是领导者需要提升的能力。但是，詹姆斯·库泽斯（James Kouzes）与巴里·波斯纳（Barry Posner）在其合著的《领导力：如何在组织中成就卓越》一书中指出，在生活中的各个领域，我们都可以发现领导能力，"你可以在孩子们的游戏场上看到领导能力，有人被选为队长，或者有人自发成为队长。你可以在社区里看到领导能力，志愿者在领导一个项目或活动"[1]。正如罗杰·费希尔和艾伦·夏普在其《横向领导力》一书中提到的，"任何人都是潜在的领导者"[2]，我们每个人也需要关注如何提升自身的领导能力，因为领导能力无时无刻不在，也无时无刻不在影响着我们的生活和工作。

◢ 10.1 领导能力是什么

引例1：德国动物学家霍斯特发现了一个有趣的现象：鲦鱼因个体弱小而常常群居，并以强健者为自然首领。然而，如果将一只较为强健的鲦鱼脑后控制行为的部分割除，此鱼便失去自制力，行动也发生紊乱。但是其他鲦鱼却仍像从前一样盲目追随、忠诚于它，这就是"鲦鱼效应"，又称为"头鱼理论"。

引例2：2021年5月20日，字节跳动创始人张一鸣发布内部全员信，宣布卸任CEO（首席执行官）一职。张一鸣决定放下公司日常管理，聚焦远景战略、企业文化和社会责任等长期重要事项，计划"相对专注学习知识、系统思考、研究新事物、动手尝试和体验，以十年为期，为公司创造更多可能"。从2012年创办今日头条到2021年的9年里，张一鸣带领今日头条从一个小公司，一跃成为中国互联网巨头公司，2021年4月他以356亿美元财富位列2021年《福布斯》全球富豪榜第39名。在他的卸任演讲《以退为进》中，张一鸣认为，对于创始人或领导者来说，如果不能乐此不疲地自我修炼，那么他自己将成为企业发展最大的负担。换言之，对于每一个领导者来说，认知的边界就是企业的边界。一个优秀的领导者，从来不会停止认知的突破。

想要成为一个优秀的生长型的领导者，就要在这个时代构筑这样的世界观——一切都可以学习、可以训练、可以调试。

通过以上两个案例，我们可以看出一个领导者自身领导能力素质对员工、工作群体/团队的重要性。一个人的领导智慧和才能恰恰就是其领导能力的体现，领导能力直接决定领头羊、领导者的领导才能和成果。正如拿破仑所说的："一头狮子带领的一群羊，可以打败一头羊带领的一群狮子。"领导者所展现出的领导能力决定了群体发展的方向，如果领导能力本身出现了问题，那么其对员工、工作团队甚至整个组织的发展肯定会有影响。

10.1.1 领导能力的概念

究竟什么是领导能力（leadership）呢？不同的学者有不同的观点。例如，哈罗德·孔茨（Harold Koontz）认为，领导能力是"一门促使其下属充满信心、满怀热情来完成他们任务的艺术"；杜宾（Dubin）认为，领导能力即实施权威与决定；戴维斯（Davis）认为，领导能力是一种说服他人热心于一定目标的能力。正如美国前国务卿基辛格（Henry Kissenger）博士所说："领导（leader）就是要带领他的人们，从他们现在的地方，去还没有去过的地方。"综合上述观点，我们认为，领导能力是一种对他人施加影响力的能力，即一种影响他人的能力。

10.1.2 领导能力的来源

领导能力从何而来呢？权力是领导能力形成的基础，但又不仅仅局限于正式权力。美国学者弗兰奇（French）和瑞文（Raven）提出了领导权力的五种来源[3]，分别是：①强制性权力：也称惩罚权，是指通过精神、感情或物质上的威胁，强迫下属服从的一种权力。②奖赏性权力：是指基于被影响者执行命令或达到工作要求而对其进行奖励的一种权力。③法定性权力：组织内部各管理职位所固有的、法定的、正式的权力。④专家性权力：由于个人的特殊技能或某些专业知识而产生的权力。⑤感召性权力：也称个人的影响权，是与个人品格、魅力、经历、背景等相关的权力。其中，强制性权力、奖赏性权力和法定性权力属于职位权力，而专家性权力和感召性权力属于非职位权力。

可以看出，领导者的影响力主要来自两个方面：一是职位权力，这种权力是由于领导者在组织中所处的位置由上级和组织赋予的。二是非职位权力，即个人权力，这种权力是由于个体自身的某些特殊条件才具有的。作为一名普通人，我们可以通过提升自身的专家性权力和感召性权力来提升我们对他人的影响力。其中，在专家性权力方面，有一个非常有趣的研究发现，即当女性表现出一些只有男性才擅长的技能时，其领导能力高于拥有同等技能的男性；当男性表现出一些只有女性才擅长的技能时，其领导能力高于拥有同等技能的女性。

这是为什么呢？性别角色理论（gender role theory）[4] 认为，人们对不同性别的个体往往会产生一些特定的社会角色和行为期望。例如，男性个体更容易被期望拥有一些代理性品质（agentic qualities），如魄力、自信和独立性，并且被期望能够参与到一些与领导角色相符的行为中。女性个体则被期望拥有一些群体性品质（communal qualities），如乐于助人、善良等，并且被期望能够参与到一些与领导角色不同的行为中。基于该理论，研究发现，男性个体在任务导向的情境下更容易表现出领导能力，而女性个体则在社会导向的情境中更容易表现出领导能力[5]，因为这符合社会对他们角色的期望。

然而，Lanaj 和 Hollenbeck 在《美国管理学会学报》（*Academy of Management Journal*）杂志上的一篇研究文章中有一个有趣的发现：当女性个体参与到任务导向的行为和跨边界行为中时，更容易产生过度领导能力涌现现象（over leadership emergence）[6]。而当男性个体参与到社会性行为中时，更容易产生过度领导能力涌现现象。他们基于期望违背理论（expectancy violation theory）认为，当女性参与到积极的、典型的领导行为中，但却与自身性别不符时，相比于参与到相同行为中的男性，女性更容易获得更高的领导能力评价。

10.1.3 领导能力的类型

根据领导能力的来源不同，领导能力一般包括正式领导能力（职位权力）和非正式领导能力（个体权力）。传统领导理论对领导能力的研究基本上将其视为一种垂直的、自上而下的正式领导能力模式，忽视了由个体员工所提供的领导能力，因为领导能力并不一定是由拥有正式任命的个体所表现的[7]。一方面，随着复杂性领导理论（complexity leadership theory）和适应性领导理论（adaptive leadership theory）的出现，学者们逐渐拓展了对领导能力的认知范畴，并认为它是一种源于动态复杂的系统，且可以分布于系统中任何成员之间的领导能力[8]。另一方面，随着变幻莫测 UACC 时代（era of uncertainty, ambiguity, complexity and changeability）的到来，企业所面临的内外部环境越来越不稳定。例如，管理结构越来越扁平化，组织边界越来越模糊，企业需要转变管理方式，并赋予员工更多的权力来灵活地应对这种趋势。在这种视角下，组织如果想实现绩效最优化，不能再仅依赖团队单一的正式领导者提供的领导能力，还需要利用好团队成员所提供的非正式领导能力。而在本书中，我们重点关注的是，普通个体或员工所表现出的领导能力，即非正式领导能力。

1. 正式领导能力

正式领导能力（formal leadership），即由组织中的正式领导者所展现出来的领导能力，一种影响员工的影响力。纵观已有的领导能力研究，可以发现这些领导能力从以领导者为中心的领导理论，如魅力型领导能力（charismatic leadership）、变革型领导能力（transformational leadership）、交易型领导能力（transactional leadership）、家长式领导能力（paternalistic leadership）、伦理型领导能力（ethical leadership）、真诚型领导能力（authentic leadership），逐渐演变为以去领导者为中心的领导理论，如服务型领导能力（servant leadership）、授权型领导能力（empowering leadership）、自我牺牲型领导能力（self-sacrificial leadership）、谦卑型领导能力（humble leadership）等一系列正式的领导能力。

2. 非正式领导能力

可以看出，不论是以领导者为中心的领导理论还是以去领导者为中心的领导理论，均围绕着正式领导者，但随着领导能力研究的深入，逐渐出现了以员工为中心的领导能力。正如"管理理论之母"玛丽·福列特（Follett）在其《领导理论与实践的偏差》一书中所指出的，"被领导者不是简单的被动角色，他们不仅仅遵循并服从，而是必须协助领导者掌控情境。我们不要认为自己不是领导者就是一个小角色。作为一个被领导者，我们也参与了领导" [9]（第125页）。除了正式领导者所展现出来的领导能力，个体员工也可以展现出一定的影响他人的能力，这种由个体员工所展现出的领导能力往往源于个体自身的特质、能力。我们一般把由个体员工展现出的领导能力称为领导能力涌现（leadership emergence），其反映的是通常在一个没有正式领导的群体内部，个体对其他成员所表现出的领导能力的感知过程 [10]。相比于其他群体成员，涌现出领导能力的成员往往具有一定的主导地位，且对群体具有较大的影响力。

◢ 10.2 领导能力为什么重要

不论从企业发展的实践角度，还是从已有的领导能力理论视角，我们都可以看出，推进组织发展和企业创新进步的力量，不是组织规模的大小或市场占有率的多少，归根结底是领导能力的强弱。领导能力已成为提升企业核心竞争力的重要内容。戴维·尤里奇（Dave Ulrich）说过：没有人质疑领导能力对组织发展的重要性。那么，为什么领导能力如此重要呢？接下来，我们将从以下四个方面论述。

10.2.1 领导能力是提升自我影响力的重要途径

正如开篇所述，领导能力是一种影响力，如果没有领导能力，你永远也不可能去影响他人。通过对自身领导能力素质的开发，可以不断提升我们对他人的影响力。

10.2.2　领导能力是加强自我管理的重要途径

在互联网时代背景下，随着企业内外部环境的变化，员工是否能够较好地发挥自我主动性以及自我领导能力对企业的发展来说至关重要。一方面，随着"千禧一代"涌入职场，他们急于想要满足自我尊重、自我实现的需求，想要更多地进行自我管理来彰显其独立性与价值。故而，组织如果能够较好地对他们的自我领导能力进行培养与提升，则可以更好地帮助他们尽早地实现组织社会化过程以及满足自我实现的需要。另一方面，随着2020年新冠肺炎疫情的暴发，越来越多的企业已经采用或者未来将采用远程居家办公等形式。例如，Facebook在2020年已经宣布允许员工永久在家工作，这样做虽然有助于防控疫情，但也对个体员工的自我管理能力提出了更高要求。这就需要企业不断加强员工的自我领导能力，而这可能会涉及时间管理、工作管理、目标管理等方面。所以，可以看出，在独立的工作环境下，提升员工的自我领导能力，既符合新生代员工的个性特征，又能解决虚拟工作模式中的员工激励与管理难题。

10.2.3　领导能力是培养优秀领导者的重要途径

领导能力对一名领导者来说，本质是获得他人追随的能力。对于正式领导者来说，当其具有较高的领导能力时，不仅可以展现出自身较高的领导水平，也可以更好地去影响他人。对于普通员工来说，正如上文所说，"任何人都是潜在的领导者"，当我们自身涌现出较高的领导能力时，不仅可以更好地提升我们自身的工作能力与工作绩效，还有助于让我们成为团队的潜在领导者。

10.2.4　领导能力是培养优秀追随力的重要途径

有领导者就有追随者，领导能力与追随力（followership）二者是相伴而生的。正如心理学家哈利·奥维斯特所说，"所有影响力的本质都在于让别人参与其中"，当我们自身展现出较高的领导能力后，我们是否能够发挥自身的影响力来影响他人，让他人发挥出卓越的追随力，从而继续扩大我们自身的影响力也很重要。汉高祖刘邦曾经对他手下的张良、韩信和萧何有如下的评价，"我谋不如张良，带兵不如韩信，治国不如萧何"，这个评价看似刘邦在表扬、凸显部下，不如说是在彰显自己，其言外之意是尽管自己的部下业务能力都比自己强，却一样听自己指挥、在自己左右、为自己所用。为此，有没有领导能力关键看你身后有没有追随者，大凡没有追随者，只是"散步"而已。乔布斯曾说，"我的工作是带领一群优秀的人，帮助他们成为更好的自己"。所以通过提升我们自身的领导能力，可以让我们更好地去影响他人、培养更多优秀的追随者。

◢ 10.3　如何提升领导能力

既然领导能力如此重要，那么如何培养与提升个体自身的领导能力呢？根据经典的领导特质理论（traits theory of leadership），个体特质可以解释其是否出现领导力涌现 59% 的方差[11]。究竟拥有哪种人格特质的个体展现出高领导能力素质的可能性最大呢？接下来，本书将从九个方面提出提升个体领导能力的一些措施。

10.3.1　责任心

责任心（conscientiousness）是指个体具有谨慎、自律、努力工作的倾向。研究发现个体是否具有责任心与其是否展现出高水平的领导能力有很强的关系[12]。下面的案例 1 向我们呈现了亚马逊 CEO 贝索斯的责任心与主人翁精神对亚马逊团队管理、企业效率的影响。

案例 1：亚马逊 CEO 贝索斯的"主人翁精神"

领导者是主人翁。他们会从长远考虑，不会为了短期业绩而牺牲长期价值。他们不仅代表自己的团队行事，更是代表整个公司做事。他们绝不会说"那不是我的工作"。亚马逊如何增强员工的责任心与主人翁精神？贝索斯用两个方法做到。

第一，对于表现卓越、有潜力的员工，贝索斯给出"难题"，尤其是令人望而生畏的难题以激发他们的"胜欲"，同时做到充分授权，让接受挑战的负责人和核心团队以全职、跨职能的组合形式，全程负责到底。1999 年，他给刚加入亚马逊负责物流业务的杰夫·维尔克一个挑战，"如何为一个新兴的电商业务搭建一个有别于传统模式的全新物流网络？"当时被广泛采用的沃尔玛物流模式已经不适应亚马逊在线零售业务的快速变化。维尔克带领团队重新编写软件程序，把杂乱的物流网络改造成了一个更加精确的多项式方程系统，运送时间大大缩短，从最初的 3 天缩短至 4 个小时，效率大大提升。

第二，贝索斯用"风险共担、利益共享"的薪酬回报方式留住核心人才。从拿到手的现金收入看，对比谷歌、苹果等科技企业，亚马逊高管的薪酬待遇不是最高的，云服务 CEO 安迪·贾西 2018 年的工资只有 17.5 万美元。但亚马逊重视股权激励，高管的股权占比很大，不过需要用 4 年时间才能拿到。1997 年，贝索斯就解释了亚马逊这么做的原因，"股权激励可以让核心人才成为公司真正的股东，有利于激发员工的积极性和发自内心的主人翁责任感"。截至目前，亚马逊核心高管"S 团队"有一半在亚马逊任职超过 20 年时间。

那么如何提升我们的责任心呢？根据 NEO 五大人格问卷（NEO-Five-Factor Inventory，NEO-FFI）[13]，我们可以从以下这些方面来提升自身的责任心。

我是否：

在工作上，我是有效率又能胜任的。我会保持我的领地整齐和清洁。

我不是一个做事有条不紊的人。我好像总是不能把事情安排得井井有条。

我会尽心尽力完成一切分派给我的工作。我有时不能做到我应有的可靠或可信。

当我做了承诺，通常我能坚持到底。我凡事必追求卓越。

我有一套明确的目标，并能有条不紊地朝着它而工作。

我努力完成我的目标。我能按照自己的步伐，把事情按时办妥。

我要花很多时间才能安顿下来工作。

10.3.2　开放性

开放性（openness）是指个体具有丰富想象力和寻求变化的倾向。研究发现个体是否具有较高的开放性与其是否展现出高水平的领导能力有很强的关系[12]。对任何一个领导者来说，只有自身不断学习、不断寻求新的变化，才能把企业带到正确的发展道路上。正如美国管理学者在《创造卓越》一书中提道，战略管理者应该具备应变能力。应变能力是指接受、适应和利用变化的能力。

谢丽尔·桑德伯格则在《向前一步》中指出，"学习力是一个领导者必须具备的重要素质"。要想保持开放性，我们必须保持对外界环境的敏感性以及学习力。领导者从不停止学习，总是不断寻找机会以提升自己。领导者对各种可能性充满好奇，并做出行动进行探索。贝佐斯非常爱阅读和思考，还带动身边的高管团队组建阅读会，进行讨论。巧合的是，亚马逊的很多业务发展理念都源自他和团队阅读的书。细数公司发展历史，有三本书至关重要：《从优秀到卓越》里面提到的"飞轮效应"就启发贝佐斯及团队构建了"增长飞轮"模式，让亚马逊化解了一次危机；《创造》作者是一名游戏开发商，这本书启发贝索斯及技术团队想到了 AWS 业务的发展方法；《创新者的窘境》这本书启发了贝索斯发展 Kindle 业务。

案例 2：任正非的提前布局

华为很多项领先的业务其实都是提前布局很久的，华为如今之所以能在 5G 技术上取得领先地位，其实早在 10 年前就展开了 5G 技术的研发。还有芯片能够研发至 5 nm，也花费了 16 年。鸿蒙操作系统的研发花费了 10 年。而这些的提前布局，凸显了任正非对外界环境的敏感，以及不断追寻变化的眼光。

请注意这个时间节点：2009 年。在此前一年，即 2008 年 5 月，国际电信联盟才正式公布了第三代移动通信标准，也就是我们俗称的 3G。任正非和华为在那个时点里，认知到 5G 在 10 年后会成为风口，并不奇怪。因为这是规律。但在 2009 年就开始研发 5G，任正非需要怎样的胆魄？毕竟若干年间的若干风口，华为都必须有一大批力量留在研发里。若干年后的 5G 标准，还指不定花落谁家⋯⋯

但就像 7 年前任正非在一次谈话中说到海思：我们可能坚持做几十年都不用，但是还得做，一旦公司出现战略性的漏洞，我们不是几百亿美元的损失，而是几千亿美元的损失。我们公司今天积累了这么多的财富，这些财富可能就是因为某一个点，让别人卡住，最后死掉。所以，可能几十年还得在这个地方奋斗，这个岗位、这个项目是不能撤掉的，但是人员可以流动。这是公司的战略旗帜，不能动掉。现在看呢，海思这颗"核弹"的战略作用极大凸显！在大部分系统中的占有率直线攀升、麒麟经过几年的积淀也能够独当一面，特别是进入了 5G 时代，海思渐渐在各个方面筑成自己的护城河，厚积薄发。可以见得，对于海思的投资，今天看来是绝对正确、绝对有先见之明的！

华为在 2012 年展开了鸿蒙操作系统的发展规划，由于在美国的行动下，华为无法使用谷歌提供的 GMS 服务授权，于是华为提前展开了鸿蒙的发布。2019 年 8 月 9 日，鸿蒙正式诞生。时至 2021 年 4 月底，华为鸿蒙展开了公测版本的推送。从项目规划到实际开发，并从发布第一代版本到面向手机终端公测，足足走过了 8 年，但是当成功突破全球操作系统市场格局的那一刻，一切都是值得的。

10.3.3 韧性

"韧性"（resilience）一词源于拉丁语，它原本是物理学上的一个概念，也称为弹性、恢复力、抗逆力等，是指一种可发展的积极心理能力，可以帮助个体从灾难、不确定性、冲突、失败甚至积极的改变中恢复[14]。在韦尔奇的领导能力模型里，有一个领导能力素质就是"韧性"。韦尔奇强调：韧性是指坚韧的弹性。每一位领导都会犯错误，都会跌倒。作为一个领导者，必须学会把韧性贯彻到自己的工作中，否则，到危机来临的时候再去领会就太迟了。可以看出，这里面包含了两层意思：一是领导者要有抗压能力，能够在压力下迅速恢复；二是领导者要有面对逆境和挫折的意志。美国前国务卿鲍威尔将军说过：作为领导者，如果你在挑战面前胆怯、犹豫了，那你的跟随者就会更加胆怯、犹豫。领导能力韧性可以理解为了达成组织目标，领导者展现出的能够带领团队积极适应压力、扫清阻碍及接受并战胜挑战的能力。正如纳尔逊·曼德拉所说，"遇到喜悦时能够谦逊退后，遇到困难时能够首当其冲。此时，人们会欣赏你的'领导能力'"。那么，如何构筑领导能力韧性呢？可以从以下两个方面出发：首先，在认知层我们需要洞悉环境，拥抱变革，富有危机意识。其次，在行动层，领导者必须持续不断更新技能，通过知识与技能的动态管理，强化行动有效的韧性。

10.3.4　工作热情

杰克·韦尔奇在《赢》一书中，讨论了通用电气的领导能力模型，其中一个就包括激情（Passion）[15]。热情饱满对于一个人是非常重要的，对于一个团队更重要。无论是什么样的团队，拥有一个热情饱满的领导者都是非常重要的，拥有一个这样的领导者的团队也是非常高效的。奥巴马就是这样一个领导者，他具有非常饱满的热情，每次演讲都是充满激情的，因此，他几乎每次演讲都非常具有鼓舞性，人们也不由得被他所感染而变得充满热情。一个充满热情的领导者就像一个旋涡，能够不断地吸引远处的队员，而且越是接近他，吸引力越大；一个热情饱满的领导者也像多米诺骨牌的第一张，他的热情能够带动整个团队的情绪；一个拥有饱满热情的领导者就像是火箭的助推器，能够保持整个团队前进的动力……

案例 3：实验："热情的魔力"

著名社会心理学家阿什就曾为此做过专门的实验，并将该实验命名为"热情的魔力"。在实验之初，阿什召集了一批被试者，这些被试者的各方面条件基本相似。被试者召集来了之后，为了保证实验的科学性以及消除额外因素的影响，阿什将他们随机分成两组。该实验的实验材料是两组描述人类性格特征的形容词，A 组和 B 组，这两组词几乎一样，只有一个词不同。A 组的形容词为：聪明的、灵活的、勤奋的、热情的、果断的、现实的、慎重的；B 组的形容词为：聪明的、灵活的、勤奋的、冷酷的、果断的、现实的、慎重的。实验开始的时候，实验者将这两组词随机分配给两个小组，让他们观看分到手里的形容词。待他们看完之后，实验者告诉被试者他们看到的是一个人的性格特点，然后要求他们根据看到的形容词写一段话来描述这是一个什么样的人。

拿到 A 组形容词的被试者写的话大概是这样的：这是个聪明而热情的人，他很幽默、快乐、善于交际，他非常乐观、很受欢迎，对人的影响比较大；拿到 B 组形容词的被试者写的大概是这样的：这是个势利的人，他使人远离、冷漠无情，是个不受欢迎的人。通过这两组描述可以知道，拿到 A 组形容词的被试者所做的描述要比拿到 B 组形容词被试者所做的描述更加积极向上、更多赞美之词，采用的褒义词的百分比也要高得多。相对而言，拿到 B 组形容词的被试者所采用的贬义词要比拿到 A 组形容词的多得多，评价也更低。

仔细观察两组形容词，可以知道它们的区别仅仅是 A 组采用了"热情的"一词，而 B 组是"冷酷的"一词，一词之别却让人产生了如此不同的印象。因此，心理学家认为，热情对于一个人印象的形成具有非常大的影响。人们普遍对热情的人印象更好，热情的人对人影响也更大，热情饱满的领导者给队员的印象也更好，就算是领导者不在面前，或者人们听说某个人热情饱满，人们也会觉得这个人是一个充满魅力的领导，是一个高效的领导者。

要有最好的团队士气，就要做一个拥有极大魅力的领导者，就要成为一个热情饱满的领导者。这样的领导者才能保持团队的动力，才能带领团队不断地前进、不断地创新。

10.3.5 积极主动

"积极主动"是广泛优秀的素质的基础，主动性人格。世界著名的钢铁大王卡内基曾说过这样一句话：在这个世界上，有两种人注定一生会一事无成。一种是只做别人要求做的事而不会主动做事的人；另一种则是即使别人要求他做，他也做不好事情的人。

这里有一个关于张一鸣的故事。

张一鸣大学毕业之后，参加第一份工作，就展现出积极主动的素质。有人问张一鸣：为什么你在第一份工作中就成长很快？是不是你在那个公司表现特别突出？张一鸣说，其实不是。当时公司招聘标准也很高。跟我同期入职的，我记得就有两个清华计算机系的博士。那我是不是技术最好？是不是最有经验？我发现都不是。后来我想了想，当时自己有哪些特质。一是我工作时，不分哪些是我该做的、哪些不是我该做的。二是我做事从不设边界。

从这个故事可以看出，作为一个领导者，积极主动地去完成工作，以及影响他人，不仅能够提升自身的能力，也能够提升影响他人的能力。

案例4：华为领军人物的胜任素质模型——主动性

从2006年开始，华为在集体面试当中引入了领军人才的五项素质，其中一个核心素质就是主动性。具体地，华为将主动性划分为四个层级。

主动性零级的人不会自觉完成工作，需要他人督促，不能提前计划和思考问题，直到问题发生才意识到事情的严重性。

主动性一级的人能主动行动，自觉投入更多的努力去工作。这类人不需要别人督促，只要分配的工作在他的工作范围内，他就会自觉地投入时间去做。很多企业家羡慕深圳这块创业热土。在深圳南山的科技园里，每天晚上10点之后还有很多大厦灯火通明，陆陆续续有人从大楼里走出来下班回家。其实这种场景的出现是因为企业选择了一大批主动性一级以上的人才。如果不想整天催促员工，最简单的办法就是选择主动性高的人。

主动性二级的人能主动思考、**快速行动**，及时发现某种机会和问题并快速作出反应。二级建立在一级的基础之上，主动性二级的人不光能快速自觉地工作，还会主动思考，预判某一种情况，然后采取相应的行动。如果你手下有这样总是"蠢蠢欲动"的人，那真是捡到宝贝了。

主动性三级是最高层级。这类人不会等着问题发生，而会未雨绸缪、提前行动、规避问题，甚至创造出机会来。谈管理的时候，常常会说到一个抗洪的例子。很多人说洪水来的时候有抗洪先锋就行了，但也有人说我们平时把工作做好，疏浚通淤，建造堤坝，就不会有洪水发生。这个例子很好地说明了主动性二级和三级的区别。任正非曾在接受外媒采访的时候说，华为不仅5G做得好，微波也做得好，这两个合起来在全世界范围内华为做得最好。而华为微波产品的开发所带来的成功就是主动性三级人才打造的。华为微波产品的诞生有这样一段历史：早年任正非认为微波没多大用，提出把微波这条产品线砍掉。但微波产品线总裁彭智平根据自己对市场的嗅觉，觉得这是一个好产品，就偷偷在他的人力预算中挤出了几十号人研发微波产品。两年以后，在非洲市场发现埋光纤不现实，建基站成本太高，而微波是最低成本的通信工具。正在任正非万分后悔的时候，彭智平说，任总，没问题，我们的微波产品已经可以交货了。这个故事体现的就是主动性三级人才未雨绸缪的能力。

总结一下，从零级的没有主动性到一级的主动行动，再到二级的主动思考、快速行动，最后到三级的未雨绸缪，每一个提升都是一次飞跃。

10.3.6 善用权威

权威所具有的强大力量会影响我们的行为，即使是具有独立思考能力的成年人也会为了服从权威的命令而做出一些完全丧失理智的事情来。古希腊著名将军色诺芬曾经说过，"领导人无论倡导什么，只要表明他自己最擅长履行，就很少会遭到手下人的蔑视"。

案例5：医院理疗医师的职业困境

全球著名的影响力研究专家罗伯特·西奥迪尼（Robert B. Cialdini）对美国一家大型医院的理疗康复中心进行了诊断和咨询。通过咨询他发现，这家理疗康复中心病人康复率极低(<10%)的原因在于，无论这些理疗医师如何强调常规性家庭锻炼的重要性，病人似乎都无动于衷。后来，他将医院内所有理疗医师获得的各种奖励证书、学历学位证明以及其他荣誉和成果全部展示在理疗中心的墙上供病人参观，病人康复率达到34%。

10.3.7 亲和力

亲和力，或宜人性（agreeableness），是指个体具有信任、顺从、关怀和温柔的倾向。研究发现个体宜人性的高低与其是否展现出高水平的领导能力有较强的关系[12]。事实上，领导者深知，得人之前必先得其心。我们大多数人总是更容易答应自己认识和喜爱的人所提出的要求，对于这一点，恐怕不会有人感到吃惊。

那么，如何成为一个受他人喜欢的领导者呢？印象管理理论（impression management theory），也叫自我呈现理论（self-presentation theory）[16]，是美国社会心理学家戈夫曼（Goffman）于 1959 年提出的，是指人们试图管理和控制他人对自己所形成的印象的过程。通常，人们总是倾向于以一种与当前的社会情景或人际背景相吻合的形象来展示自己，以确保他人对自己作出愉快的评价。以赞美赢得人心、以赞美获得好感、适度表扬他人都可以提升他人对我们的喜欢之情[17]。

案例 6：著名的经理人"淘汰"研究

美国创新领导研究中心对来自美国和欧洲的一批中层核心管理者进行了为期数年的追踪研究。他们把成功晋升 CEO 与提前结束领导生涯的管理者进行对比研究。结果发现，是否受到下属和同事的喜欢（人际关系）决定了这些潜在经理人的晋升或提前被"淘汰"。

10.3.8　激励参与

真正的领导能力不在于拥有一个职位或头衔。要想成为卓越的领导者，要想使员工追随你不是因为他们不得不听你的，那么你必须掌握投资于人并鼓舞他们的能力，为了实现个人角色的进步突破，你必须卓有成效地建立并领导一个富有生产力的团队。领导者想要激励员工真正地参与，可以从思想和行动两个方面行动。

第一，在思想方面，需要建立统一愿景与目标，让员工知道我们为什么需要在一起工作，以及我们将要去向哪里。让员工胸怀整体的目标，也让他们看到自己微不足道的力量在整体目标中的意义，因而也看到了自身工作的意义，正是这样的意义激励了他们的主动参与。

第二，在行动方面，需要对员工进行授权，即赋予员工一定的权力让他们更好地参与到工作中。领导者在对员工授权的时候可以按照以下四个方法去做[18]：①提升员工对工作意义的感知（enhancing the meaningfulness of work），如帮助团队成员理解团队的目标；②培养员工的工作参与度（fostering participation in decision making），如让他们一起做决策；③表达出他们可以展现出高绩效的信心（expressing confidence in high performance），如相信他们可以处理要求苛刻的任务；④从制度约束中为他们提供工作自主性（providing autonomy from bureaucratic constraints），如允许团队成员按照自己的方式工作。

正如老子说的，"太上，不知有之。其次，亲而誉之。其次，畏之。其次，侮之。信不足焉，有不信焉。悠兮其贵言，功成事遂，百姓皆谓：我自然"。一个好的领导者就走在员工的旁边，让员工自己走向目的地。领导者通过愿景激励让团队成员从认知上明白他们为什么要为集体工作以及他们的目标是什么，而通过授权让他们可以为了集体目标共同努力，从而更好地激励他们参与，来提升自身的影响力。

案例 7：子贱放权

孔子的学生子贱有一次奉命担任某地方的官吏。他到任以后，却时常弹琴自娱，不管政事，可是他所管辖的地方却治理得井井有条、民兴业旺。这使得那位卸任的官吏百思不得其解，因为他每天即使起早摸黑、从早忙到晚，也没有把地方治理好。于是他请教子贱："为什么你能治理得这么好？"子贱回答说："你只靠自己的力量去进行，所以十分辛苦；而我却是借助别人的力量来完成任务。"

10.3.9　与他人互惠

互惠原理认为，我们应该尽量以类似的方式报答他人为我们所做的一切。简单地说，就是对他人的某种行为，我们要以一种类似的行为去加以回报。如果人家施恩于你，你就应该以恩情报之，而不能对此不理不睬，更不能以怨报德。互惠在领导能力的研究中，有学者将其称为慷慨（generosity），而是否慷慨也是决定一个人领导能力强弱的重要因素。例如，上海财经大学欧阳侃等在《应用心理学杂志》（*Journal of Applied Psychology*）上发表的研究发现，当个体给予的帮助多于他们所得到的，这被称为慷慨的帮助给予（generous favor giving），同事可能会对其更加感恩以及感知到该给个体更强的能力，从而给予这些人较高的地位评价，有利于他们领导能力水平的提升 [19]。

罗伯特·西奥迪尼在其《影响力》[20] 这本书中分享了一个互惠故事。他拒绝了在街上兜售马戏门票的男孩，于是男孩说："要是你不想买门票的话，买我们几根巧克力棒如何，一根才一块钱。"而一张马戏票 5 美元，于是作者买了两根打发了他。其实作者也不需要什么巧克力棒，但事后却发现这个小孩子用了互惠原则让其买他的东西。可以看出，互惠原理表明，要是有人以某种方式对我们行事，我们理当对他还以类似的行为。我们已经看到，这一规则造成的后果之一是，面对接受的善意，我们感到有义务要偿还；而这一规则带来的另一后果则是，倘若有人对我们让了步，我们便觉得有义务也退让一步。

案例 8：华为的"财散人聚"

做到财聚人散容易，但是做到财散人聚就不容易了。在这其中，财散人聚做得最好的要数华为了。目前，华为仅有两个股东，一个是任正非，持股 1.01%，第二个就是工会委员会，持股 98.99%。其中，这 98.99% 的股份由华为 96 768 名（截至 2018 年底）员工持有，是真正的全员持股。这些持股的员工持有的都是干股，可以分红，只要员工一直在这里工作的话，都有股份，都有分红。但是员工一旦离职的话，公司就要回购股份。可见，任正非占比较少，从这一点上看，任正非做到了财散人聚。此外，任正非曾说过："物质薪酬是生存的保障，一定要给他加薪的机会！"网友爆料称，华为为了感谢员工的奋斗和努力，在"双11"给员工发放了两份特别奖金：一个是人人一个月阳光普照工资奖；一个是参与国产组件切换人员的20亿元奖金，涉及人数2万，意味着人均10万元。华为在这样的激励机制下，通过"财散人聚"的互惠方式，让员工更加愿意追随公司的领导者。

综上所述，这九条提升我们自身领导能力的措施，既有与领导能力涌现相关程度非常高的个体特质，也有非常有效的激励下属的行为。更重要的是，这九条措施由内及外呈现了个体领导能力提升的路径。例如，责任心、开放性、韧性、工作热情和积极主动这五条措施更多的是从个体自身领导能力素质提升出发，而善用权威、亲和力、激励参与、与他人互惠则强调与员工之间的互动与交互。

本章参考文献

[1] 库泽斯，波斯纳. 领导力：如何在组织中成就卓越 [M]. 徐中，周政，王俊杰，译. 5版. 北京：电子工业出版社，2013.

[2] 费希尔，夏普. 横向领导力 [M]. 北京：北京联合出版公司，2015.

[3] FRENCH J P R，RAVEN B. The bases of social power[M]// CARTWEIGHT D，ZANDER A. Group dynamics. New York：Harper and Row，1960：607-623.

[4] EAGLY A H. Sex differences in social behavior：a social-role interpretation[M]. Hillsdale，NJ：Lawrence Erlbaum Associates，1987.

[5] EAGLY A H，KARAU S J. Gender and the emergence of leaders：a meta-analysis[J]. Journal of personality and social psychology，1991，60（5）：685-710.

[6] LANAJ K，HOLLENBECK J R. Leadership over-emergence in self-managing teams：the role of gender and countervailing biases[J]. Academy of management journal，2015，58（5）：1476-1494.

[7] DERUE D S，ASHFORD S J. Who will lead and who will follow? A social process of leader ship identity construction in organizations[J]. Academy of management review，2010，35（4）：627-647.

[8] UHL-BIEN M，MARION R，MCKELVEY B. Complexity leadership theory：shifting leadership from the industrial age to the knowledge era[J]. The leadership quarterly，2007，18（4）：298-318.

[9] FOLLETT M P. The essentials of leadership[M]. London：Management Publications Trust，Ltd.，1949.

[10] LORD R G，DE VADER C L，ALLIGER G M. A meta-analysis of the relation between personality traits and leadership：an application of validity generalization procedures[J]. Journal of applied psychology，1986（71）：402-410.

[11] ZACCARO S J，FOTI R J，KENNY D A. self-monitoring and trait-based variance in leadership：an investigation of leader flexibility across multiple group situations[J]. Journal of applied psychology，1991，76（2）：308-315.

[12] JUDGE T A，BONO J E，ILIES R，et al. Personality and leadership：a qualitative and quantitative review[J]. Journal of applied psychology，2002，87（4）：765-780.

[13] COSTA P T，MCCRAE R R. Revised NEO Personality Inventory and NEO Five-Factor Inventory[M]. Odessa，FL：Psychological Assessment Resources，1992.

[14] LUTHANS F，AVOLIO B J，WALUMBWA F O，et al. The psychological capital of Chinese workers：exploring the relationship with performance[J]. Management and organization review，2005，1（2）：249–271.

[15] 韦尔奇 . 赢 [M]. 北京：中信出版社，2017.

[16] GOFFMAN E. The presentation of self in everyday life[M]. New York：Doubleday，Anchor Books，1959.

[17] 刘文江 . 非权力领导艺术 [M]. 北京：中国时代经济出版社，2002.

[18] AHEARNE M， MATHIEU J，RAPP A. To empower or not to empower your sales force? An empirical examination of the influence of leadership empowerment behavior on customer satisfaction and performance[J]. Journal of applied psychology，2005，90（5）：945-955.

[19] OUYANG K，XU E，HUANG X，et al. Reaching the limits of reciprocity in favor exchange：the effects of generous，stingy，and matched favor giving on social status[J]. Journal of applied psychology，2018，103（6）：614-630.

[20] 西奥迪尼 . 影响力 [M]. 闫佳，译 . 北京：北京联合出版公司，2016.

（蒿坡）

即测即练

扫码测练

思考题

1. 什么是领导力？领导力的来源？领导力包括哪些？

2. 请谈一谈领导力为什么重要？

3. 领导力提升的途径有哪些？请结合一个方面展开论述。

第 11 章

创造能力

◢ 11.1　什么是创造能力

11.1.1　创造能力的概念

谈起创造能力，大多数人常常联想起新颖性、不寻常的、理想的、想象的、独一无二的、古怪的、开放的、令人兴奋的等词汇，也常常将创造能力与艺术联系起来，如创作、表演喜剧、写文章、作曲等，还有一些人把创造能力与神秘（mystery）、神奇（magic）、神叨（madness）等词联系起来 [1]。事实上，创造能力是一个复杂且具有挑战性的概念，涉及大量心理学范式，同时因研究兴趣和角度差异，不同学者对创造能力的理解差异很大，仅日本创造学会运营委员会委员长恩田彰教授在《创造性心理学：创造的理论和方法》中就罗列了 83 种创造的定义 [2]。韩旭在整理前人研究的基础上提出创造能力的不同内涵和层次，如表 11-1 所示 [3]。

表 11-1　创造能力不同要素的层次分类 [3]

创造能力潜力（creative potential）	个体	人格特质（traits）、态度（attitudes）、动机（motives）
	过程	问题发现、问题解决等
	环境和压力	时代精神（zeitgeist）、社会文化、组织文化、团队文化、奖惩设置等
创造能力产出（creative performance）	产品	立即得到的概念方案（ideas）、最终产生的产品，包括出版物（publications）、专利（patents）以及发明（inventions）等
	说服力	对他人的影响，最终对整个领域的影响

可见，人们在观察和研究创造能力的同时，虽提出了各种理论、实验研究，却一直没有统一的定义。但从词源上看，创造即首创前所未有的事物，其中"创"有伤、损、破坏的含义；"造"有做、为、建立、建造、建设的含义。二者组合起来即为"破坏—建立"的意思，引申为不破不立、破旧立新的意义 [4]。因此我们可以简单地将创造能力看作人类身上具有的创造新事物的能力，即将创造能力理解为创造者潜在的能力，被一项创造活动所激发、产生创造的情境动机并出现真正创造产品的过程。

尽管定义和视角并没有统一，但关于创造能力的几个特点是大家统一认识的。

第一，创造能力是人的本性，是指正常人头脑中的一种自然属性。它不是文学巨星、科学巨匠、艺术大师等少数天才的专利，而是普通人拥有的一种能力。尽管表现风格和表现水平不同，但人人都有创造能力。许多创造性的文章倾向于关注杰出艺术家和科学家的故事，却常常忽视普通个体的创造性行为。这里的普通个体的创造往往被称为"日常生活中的创造"或"小创造"，而区分科学、艺术和方法上的"特殊领域的创造"或"大创造"。

第二，创造能力具有明显的"新颖性"和"独特性"。创造往往具有第一次的性质，是非重复性的活动，区别于发明、创新、发现。创造即首创前所未有的事物。

第三，创造能力与其他个体因素、过程因素、外界因素等紧密相关，是一个动态的概念。例如，诺勒提出创造能力方程式 $C=f_n$（K, I, E），明确指出创造能力与知识（knowledge）、想象力（imagination）和评价（evaluation）紧密相关，是反映了健康和积极地运用创造能力的一种社会态度（interpersonal attitude）[5]。有意思的是，儿童具有很好的想象力，但是他们需要帮助以获得知识和经验，并掌握评价想法或行为的合格标准；而专业人士通常掌握了大量知识和评价能力，却想象力不足。所以创造能力会随着经验知识的改变而改变，同时需要在想象力和评价之间保持动态平衡[1]。因此艾萨克森等将与创造能力相关的因素放在一个思维图中，以表示要将其视为一个整体才能获得创造性的完整图像，如图11-1所示。

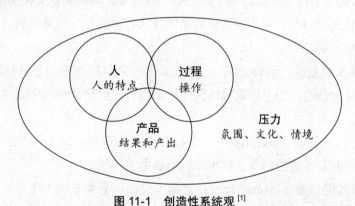

图 11-1 创造性系统观 [1]

11.1.2 创造能力的理论

1. 创造组成模型理论

著名学者阿玛贝尔提出了针对个体创造的组成模型理论（componential model），并在此基础上提出与组织创造能力的结合方式[6]。

以下是个体创造能力的三个关键组成部分。

（1）有关领域的技能（特定领域的事实性知识与专业技能；培训）。

（2）有关创造性的技能（后改为创造能力相关过程，包括与产生创造性思维有关的策略、适当的认知风格、与产生创意的工作方式有关的显性或隐性知识；训练、经历、人格特质）。

（3）工作动机（个体工作态度和对自己工作动机的感知。内在动机来源于个人兴趣、参与程度、好奇心等，外在动机来源于任务以外）。

同时，阿玛贝尔强调社会和情境因素对员工创造能力的影响。例如创造能力和创新的高低程度取决于输入成分的强度；创造能力的过程是风格化的、理想化的，事实上可能是典型的、即兴创作的等；其过程也可能是迭代的、循环的等。

另外，阿玛贝尔在个体创造能力组成模型的基础上进一步指出组织创造能力的重要作用及组成模型。她认为，组织在功能上像一个信息处理系统，不断从所处环境中接收信息并进行处理（组织与个体一样具有"智力"）。同时组织是一个不断发展的信息分享网络，组织内的信息交换采用某一特定语言和社会交往方式进行。因此，组织智力源自组织中个体的智力积累及个体之间互动情况的影响，时间和其他环境因素仍然能在很大程度上产生影响。

2. 创造五层次理论

美国创造心理学家泰勒曾提出"创造五层次"的著名观点[7]。

（1）表露式的创造（expressive）：意指即兴而发，但却具有某种创意的行为表现。例如，戏剧小品式的即兴表演、诗人触景生情时的有感而发、儿童涂鸦式的创作等，其创造水平或程度一般。

（2）技术性的创造（technical）：意指运用一定科技原理和思维技巧以解决某些实际问题而进行的创造，如"把素材按新的形态组合生产出新事物"或"某种旧的结合解体，新的结合重新产生"。

（3）发明式的创造（inventive）：意指在已有的事物基础上，产生与以往曾有过的事物全然不同的新事物的创造，如电灯、电话的发明等。

（4）革新式的创造（innovative）：意指不仅在旧事物基础上产生新事物，而且是在否定旧事物或旧观念前提下造出新事物或提出新观念的"革旧出新"的创造。比如技术史上各种新工具的出现替代旧工具、科学史上发现新定律替代旧定律等。

（5）突现式的创造（emergent）：意指那种与原有事物无直接联系，看似"从无到有"地突然产生新观念的创造。例如诺贝尔科学奖中的重大发现等。

▲ 11.2　为什么要提升创造能力

11.2.1　打造具有创造能力的产品或成果并改变人类生活

创造能带来改变人类生活的想法或产品。比如19世纪末，法国园艺学家莫尼哀想设计一种牢固坚实的花坛，可是他只熟悉园艺，对建筑结构和建筑材料一窍不通，但他联想到把花坛的构造转换成植物的根系，就可以创造出一种用水泥包住钢筋的新型花坛。这样不仅造出来坚固的花坛，而且建筑史上跨时代的新型建筑材料——钢筋水泥也就由这个建筑业的门外汉发明出来了。

然而要想开发出具有创造能力的产品或成果却非常难。对 51 家美国公司的调查研究表明，获得一个成功的新产品平均需要 50 多个想法，需要将大量想法进行筛选或选择。史蒂文和伯利也发现，需要多达 3 000 个原始的、未记录下来的想法才能够产生 300 个左右可以进入正式筛选程序的想法 [1]。显然，只有在一个想法丰富的环境中，才能够产生创造性的产品。

11.2.2　提升创造能力有助于获取敏捷感知能力和克服障碍的能力

早期的学者关注于人类想象力研究时就已经发现，创造过程能将直觉或者内隐的想法外显化，因此学习一些提升创造能力的思维和方法能够帮助人们改变认知。例如运用类比和隐喻改变对问题的认知、将问题搁置一边以酝酿和获得顿悟以及从伟大的音乐或艺术作品中寻求灵感等。但是在创造过程中往往存在种种藩篱，如存在三种一般性的、相互交叠的障碍：个人障碍、问题解决障碍和环境障碍 [8]。要想创造，就需要意识到一些影响创造性思维和行为的障碍。一般来讲，人们对新奇性的抗拒是天生的，因为新奇的实物总是需要你改变已有的方法、行为和思维方式。人的心理状态一般是由所处的环境或情境之间的交互作用而形成的。创造能力培训能帮助大家意识到这些障碍的存在和影响，进而能有效地克服它们。我们可以从很多经典著作中汲取认知能力和思维方法，除了奥斯本的传统著作外，还可以阅读《伟大的心灵》[9] 等经典著作，另外认知神经科学中的创造能力内容也能为我们提供真知灼见 [8]。

11.2.3　培育创造能力能获得问题解决途径并提供一种变革模型

"变革是不可避免的，而发展是可以选择的。"当人们具有创造能力时，可以用创造性问题解决方法来处理变革事宜，无论是主动变革还是被动变革，是独立工作还是团队协作，创造能力都可以提供一个灵活的问题解决结构。运用创造能力进行变革，它会提升工作效率，还能改善和提升组织甚至社会工作和生活品质。例如创造性思维之一的多面思维（Janusian think）告诉我们需要具有同时兼容多面的思维方式。当我们解决问题时，如果能构建这种相反的或对立的想法、观念或主张，尽管看起来是非逻辑和自我矛盾的，但却能帮助我们在关键时刻更全面地看待问题、修改或润色观点、提出创造性解决方案。

可见，创造性问题解决方法就是用来帮助人们以一种能够让自身成长或成熟的方式来处理变革事宜的，无论是主动变革还是被动变革，创造性的问题解决方法都将提供一个灵活的结构。因此艾萨克森等进一步指出，创造性问题解决方法将帮助人们厘清所需要产生的变革类型、提出各种可能的变革想法、形成有效的解决方法和实施变革的计划，它还会帮助人们慎思变革、思考可能涉及的整个系统，使人们更有效地完成变革[1]。

练习题

1. 试着列出一些创造性的事情或者挑战。

2. 思考某个让你吃惊的创造性人物，然后列出你对这个人印象深刻的特征，将你列出的特征与其他人进行比较。

3. 思考某个让你感觉特别有创造性的时间或地点，列出这些场合的特点，什么因素在支持你的创造性，将你的答案与创造性的环境描述进行比较。

11.3 怎样提升创造能力

11.3.1 创造良性情绪激发创造思维潜能

人们常常在特殊情况下表现出来潜能，思维方面也有类似情况。例如诸葛亮在敌方大军压境的危急关头想出"空城计"的妙策，普通人也会"急中生智"，还有些人原来智力平平，但脑部受伤或者病变后却使得某一部分智能大幅度提高。这些现象背后是存在理论根据的，据研究，人的大脑是世界上最复杂的、也是效率最高的信息处理系统，仅仅 1 600 克左右的重量中却包含着 100 多亿个神经元，在其周围还有 10 000 多亿个胶质细胞[8]。科学家们认为，人在自己的一生中，仅仅运用了头脑能力的10%，可见人脑的潜力之巨大。因此我们需要激发创造思维潜能[9]。

1. 用良性暗示激发创造思维潜能

暗示可以分为积极的暗示即"良性暗示"和消极的暗示即"负面暗示"。暗示通过显意识进入潜意识，从根本上影响着、折射着、塑造着人的生命。积极的暗示能够开发头脑中的思维潜能，应尽可能地多从周围环境和别人那里得到积极暗示，或直截了当地对自己进行良性暗示，同时拒绝和抛弃那些压抑思维潜能的消极暗示。就好比我们看到大海，就会顿觉心胸开阔，变得愉悦。因此我们要善用暗示对自己进行启发，如用暗示克服自己的缺陷，不把自己当作弱小来看；为同伴高声喝彩，特别是对新手从旁喝彩；多表扬、少批评，等等。

根据著名成功学者希尔的研究，积极的带有创新意识的暗示会让你在自发心理中实现自己的目标。在学习良性自我暗示时要牢记五大原则[9, 10]。

第一，简洁：你默念的句子要简洁有力，如"我越来越进步""我挣了越来越多的钱"等。

第二，正面：这一点极为重要，如果你说"我不要挨穷"虽未言穷，但这种消极的语言将会将挨穷的观念印在你的潜意识里，因此你要正面地说"我越来越富有"。

第三，信念：你的句子要有可行性，以避免与心理产生矛盾与抗拒，如果你觉得"我会在今年之内赚到100万元"是不太可能的话，选择一个你能接受的数目，如"我今年之内会赚到50万元或30万元"。

第四，观想：默诵或朗诵自己定下的语句时，要在脑海里清晰地形成印象。"你永远不会成功，除非你能在脑海中见到自己成功的模样"。

第五，感情：观想自己健康，你要有浑身是劲的感觉；观想自己创富，你要有富裕人生的感受。希尔博士指出，"当你朗诵你的套句时，要把感情贯注进去，否则光用嘴是不会有结果的，你的潜意识是依靠思想和感受的协调去运作的"。

2. 用幽默和快乐激发创造思维潜能

从创新思维的角度说，各种类型的幽默都是言谈举止方面表现出来的一种创意。就是说能够引起我们发笑的地方，一定是出乎意料的新东西。幽默与创新思维之间存在着密切的关系，一个人为了激发出幽默，必然要摆脱理性思考和固有结论的束缚，而这正是创新思维的必要条件。考斯勒提出的喜剧灵感就是两种相互排斥的情景之间发生相互作用，把两种本来没有关系的思想和事物突然结合在一起，产生幽默[8]。相声中的抖包袱正是这个原理。

幽默作为激发思维潜能的一种重要方法，鼓励大家不预设严肃的课题，而是充分发挥想象力，鼓励胡思乱想，越逗人笑越好。有人举办过一次"笑与研究"的聚会，他们在会上进行爆笑式的创意开发，甚至有人设想用微波炉烘干淋湿的猫。这些奇思异想惹得人们哄堂大笑，但专家都明显感觉到，平时未曾留意的事，这时突然注意到了，因为此时他们利用幽默和快乐成功地转移了思考问题的着眼点，发现了自己的思维方式的盲点[8]。可见，如果能够利用幽默和快乐自由地转换视角，也许就能够解决问题。

另外，幽默和微笑也是一种宽容，能够消除人与人之间的敌意。而内心调节，也就是思维视角的转变。因此有人建议我们要从光明的角度看世界；要宽容别人、快乐自己，不要让别人破坏自己的好心情；要学会摆脱忧虑和烦恼；把"要我做"变成"我要做"；要心地平稳安宁，才能处处青山绿水。

3. 用冥想境界激发创造思维潜能

冥想是一种古已有之的锻炼身体与心灵的方法。冥想的过程中，个人把自己意识中的内容列入无意识的层面，使思维中潜伏的能量运作起来。在激发创造思维潜能方面，可以采用三种冥想境界方法。

第一，心灵远足。日本的中松义郎堪称当今最大也最有钱的发明大王，已有 2 000 多项专利。中松博士有两个工作室，一个叫"静屋"，也叫石屋；另一个叫"动屋"。在构思新创意时，他就到"静屋"去，伴随音乐进入心灵远足的状态；接着再到"动屋"去把刚才的创意付诸实践。他认为夜深人静的时候是心灵远足的好时光，也是创意爆发的时刻 [8]。我们可以跳出思维框框，来一趟想象的远足。

第二，自我交谈。冥想的另外一种方式是自己和自己说话。因为每个人的发展和变化都是遵循着自己的所想，当前的思维决定着未来的命运。自我交谈时，反复对自己说的任何话，都会决定你的形象和自我观念，从而对行为产生影响。因此可以通过自我交谈改变头脑里储存的观念，激发创造思维。

第三，内心电影。思维学家告诉我们，由于神经系统无法区分实际的生动的经验和心理图像，这便给我们提供了一个实践机会，把新的优点和方法"付诸实践"，心理图像为我们获得技巧成功和幸福开拓了一条新路。美国行为心理学家艾得·布利斯曾经讲行过一项实验，证明心理练习对改进投篮技巧的效果，第 1 组学生在 20 天内每天练习实际投篮，并记录下第一天和最后一天的成绩。第 2 组学生也记录下第一天和最后一天的成绩，但中间不做任何练习。第 3 组学生记录下第一天的成绩，然后每天花 20 分钟做想象中的投篮，如果投不中，他们便在想象中纠正相应动作。实验结果表明，第 1 组每天练习 20 分钟进球增加了 24%，第 2 组因为没有练习也就毫无进步，第 3 组进球增加了 26%，这就充分显示出内心电影的作用。

11.3.2　扩展思维视角激发创造能力

创造性思维的发生，需要逻辑思维和非逻辑思维的协同，通常情况下逻辑思维是容易的，关键是要打破通常的逻辑思路，才能产生创造性的飞跃，因此开发创造性思维，逻辑训练的重点是打通非逻辑的通道。下面有关发散性横向思维以及逆向思维的训练，能够帮助学生打开思路、走出思维僵化状态、告别循规蹈矩的思维方式，让创意悄然降落心中 [11]。

1. 质疑思维——向概念和毋庸置疑发出挑战

著名哲学家笛卡尔在《谈谈方法》和《形而上学沉思录》两本著作中，详细描述了自己对万事万物的质疑以及从质疑中所得的创新结论 [12]。端正方法的第一步，就要运用质疑的方法审查一下我们头脑中拥有的知识和观念是否正确。我们头脑中各种理论知识有哪些是我们独立思考的结果，它们来自老师或权威，或来自口口相传，经过了不少歪曲。另外经验也同样靠不住。一座六角形的塔从远处看来，似乎是圆形的；温度相同的两桶水，如果你的两只手的温度不同，分别插入两只桶内，就会感到水温不一样。

甚至那些当下感觉到的，眼睁睁看着的事实也需要打一个问号，如到底是庄周做梦变成蝴蝶呢，还是蝴蝶做梦变成庄周呢？这个问题中外哲学家都进行过探讨，但是没有得出令人信服的答案。我们需要向常规进行质疑，而怀疑就是思考、思索。这就是拉丁语中的"我思索，所以我存在"，也就是汉语中的"我思故我在"[8]。

1）向概念挑战

概念是人们在千百次的社会实践中形成的，关于某一事物大家都接受认可的特征的认知。向概念挑战就是向公众都接受的观点、事物及解决问题的公认方法进行挑战。要把被挑战的概念从所要解决的问题中系统抽取出来，切断其一切联系，孤立的问题就较为单纯，具有可操作性。如果不抽取出来就会向这个问题有关的一切方面挑战，挑战范围太大无法下手，只有集中火力、目标明确才能取得胜利。要把批判概念和挑战概念相区别，批判概念是概念本身存在缺陷，运用批判找出这些缺陷，指出概念的必须替换性，无须考虑建设性的意见，挑战概念的目的在于找到可替的事物或方法。

例题：设计窗帘

第1步，对窗帘重新定义。原定义为一种用来遮住窗户的纺织品，重新定义为一种用来控制光线进入的工具。

第2步，产生新的理想窗帘。可以不是纺织品，而是类似窗帘那样的东西，如可以在双层玻璃之间加上涂料，在人的控制下，这种涂料可以显示颜色遮住光，也可以不显示，相当于拉开了窗帘。

[?] 练习题：请对以下概念进行挑战：公园、文具、书

提示：公园的概念就是公共的游玩和休闲的园林，在公园里发生的行为是休闲锻炼游戏。公园还是什么？是无家可归者的家，是旅游帐篷的安扎地？请向公园这个概念挑战，你有什么新设想吗？

2）向毋庸置疑挑战

向毋庸置疑挑战，就是挑战那些看起来不可动摇的观念和做法，通过挑战可以打破思维定式，产生出其不意的效果。例如缝纫技术的根本是用来缝制衣服，这是普通常识，但是你能想象它可以缝制飞机吗？美国国家航空航天局和波音公司就利用已有200多年历史的缝纫技术，研制出一种新型高速先进缝纫机。通过把复杂的碳纤维复合材料缝制成长40英尺（1英尺=0.304 8米）、宽8英尺的巨大板材，就可以制造出飞机的机翼结构，从而使每个机翼节省大约8万颗机械金属铆钉，这样整个商业飞机，机翼的重量可以减轻25%，成本也可以降低20%。这种缝纫机建在一个深21英尺的大坑里，以便桌面系统和支撑设备能够沿长达75英尺的并行轨道移动。4个针头采用长

几英寸的线程攻略，用针对厚度为 1.5 英寸的碳纤维材料进行缝制缝纫，速度为每分钟 3 200 针，缝纫密度为每英寸 8 针，最后在碳纤维材料板上缝上一层加固用的网状材料并覆上环氧树脂，以增加强度。如果不是对毋庸置疑的缝纫技术进行挑战，就不会有缝合机翼的奇思妙想。

练习题：分析以下情况的毋庸置疑，并得到相应的解决方案。

✓ 西安是个老旅游城市。

✓ 都市房价涨势不断。

✓ 大型超市顾客多。

2. 发散性思维——向唯一和非此即彼发出挑战

从提升创造能力的角度来看，思维的广度是必不可少的，发散性思维是整个创造性思维的基础和核心。发散性思维，追求思维的广阔性，海阔天空大跨度地进行联想，它的量和质直接决定集中性思维取得的结果和达到的目的。与发散性思维相对应，收敛性思维是另外一种思维模式。收敛性思维是选择性的，在收敛时需要运用知识和逻辑，包括分析、综合、归纳、演绎、科学抽象等逻辑思维和理论思维形式；而发散性思维需要尽可能地将信息扩散开去，不受已确定的方式、方法、规则或范围的约束，包括联想、想象、侧向思维等非逻辑思维方式，一般认为发散性思维的过程并不是在定好的轨道中产生，而是依据所获得的最低限度的信息，因此是具有创造性的。要进行发散性思维，就要向唯一性挑战、向常规挑战。

俗话说，条条大路通罗马，没有唯一，只有最佳、最好、最适合。"你在做事时如果只有一个主意，那这个主意是最危险的"。创造性解决问题就是在大海里捞针，在毫无所知又看不见的情况下，只有尽可能地向四面八方搜索，范围越广，找到的可能性越大。美国一家制糖公司每次往南美洲运方糖，因为方糖受潮，损失很大，公司里的一位员工受到轮船上有通风洞的启发，建议在方糖包装盒的角落里戳个针孔，使之通风以达到防潮的目的。日本的一位商人得知此事后深受启发，希望自己也能通过戳小孔搞出发明，于是他东戳西戳地研究后发现，在打火机的头芯盖上钻个小孔，可以使打火机省油，灌一次油使用的时间由原来的 10 天变成现在的 50 天。那么，钻小孔还能用在哪儿呢？日本盛行一时的"香扣子"，就是有人发现在妇女的衣扣上开个小洞灌入香水，香水不易散失而且保持香味扑鼻。美国一家飞机制造公司也尝试着在飞机的机翼上钻了无数微孔，结果发现微孔可以吸附周围的空气消除紊流，从而大大减小空气的阻力，据此研发出可节油 40% 的飞机[8]。除此之外，戳小孔的方法还能用在哪里呢？

[?] **练习题：请说出曲别针的不寻常用途，列举得越多越好**[8]。

答案提示

扫码阅读

在有的情况下，可以采取强制式思维发散。采取某种不合常规的方法，强制自己的头脑转换思考方向，朝思维盲点发散。比如想设计一种新式的鞋子，就可以想一想，鞋子可以吃、会说话、可以扫地、可以指示方向，甚至鞋子只穿一次。对于上述想法有人嗤之以鼻，有人认为荒唐、发神经，但是我们采取发散式思维的方法却可以受到启示，设计开发出新颖实用的鞋子[8]。

✓ 鞋子可以吃，但不是用嘴吃，而是用脚吸收，在鞋内加些药物可以通过脚吸收，从而消除脚汗等，甚至可以防治高血压、关节炎等。沿着这个思路可以开发出防病鞋、治病鞋。

✓ 鞋子会说话，对于儿童来说既好玩又实用。设计一种穿鞋时能放音乐或唱出生活常识内容的歌可以让儿童不依靠父母自己穿鞋，有序摆放，提高生活自理能力和趣味性。

✓ 鞋子可以扫地。设计一种带静电的鞋，走到哪里就把哪里的灰尘吸走，在朋友聚会及办公室里穿上这种鞋，不但不扬灰，反而越走越干净。

✓ 鞋子可以指示方向。在鞋子上装上指南针，调到所选择的方向，当方向偏离时，鞋子就会自动发出警报，这对野外考察探险的人来说很有用。

✓ 鞋子只穿一次。设计一次性鞋，价格便宜可以经常更换鞋子的样式和颜色，这对宾馆和家庭来说需要量很大，而且卫生，大受欢迎。

3. 横向思维——向逻辑和按部就班发出挑战

横向思维是一种打破逻辑局限，将思维往更宽广领域拓展的前进式思考模式。它的特点是不限制任何范畴，以偶然性概念来逃离逻辑思维，从而可以创造出更多匪夷所思的新想法、新观点、新事物，与垂直纵深的传统纵向思维方式相对应。在著名思维训练专家德·波诺的著作《新的思维》中有一个"挖井"的比喻，论述了纵向思维和横向思维两种不同思维模式的关系。德·波诺认为纵向思维从单一的概念出发，并沿着这个概念一直向前推进，直到找到最佳的答案或方法，但是万一那个作为起点的概念选错了，一直找不到最佳方案的话，那问题就麻烦了。挖井人已经投入如此多的时间和精力，所以只有坚持下来才可以看到希望。随着开发工程的延续，人们一方面感觉到越来越失望，同时也感到希望越来越大，这就是典型的纵向思维。而横向思维要求我们从各个角度去思索问题，然后再确定，并找出最佳的解决方案。在挖井这个例子中，横向思维要求我们首先确定井的正确位置，一旦发现位置错了而打不出水，应果断放弃另寻新址，不可贪恋那口挖了半截的枯井。另一个德·波诺给出的经典横向思维的例子是所罗门判案：两个妇女被带到所罗门王面前，她们都自称是一个婴儿的母亲。所罗门下令将那个婴儿切成两半，给两个妇女一人一半。所罗门的本意是确定婴儿的母亲到底是谁，但这条命令乍听起来显然与此背道而驰。然而最终的结果是发现了真正的母亲：她宁愿让另一个母亲占有自己的孩子也不愿让他死去。纵向思维需要步步正确，但横向思维可能绕个弯，甚至是逆向而行，却有效地解决了棘手的难题。战国时期齐将田忌与齐王赛马，孙膑所出主意"今以君之下驷与彼之上驷，取君上驷与彼中驷，取君中驷与彼下驷"，终使田忌三盘两胜，得金五千。这也是横向思维所生妙想之实例。

？ 练习题

1. 某工厂办公楼的灯泡经常被偷。管理此事的老王不能改变灯泡的位置，也没多少预算供他使用，你能为他提出一个解决方案吗？

2. 去西藏旅行的游客有时会从景区的玛尼堆上取下石头作为纪念品，造成不必要的影响。你如果是管理当局人员，如何能够阻止这一行为呢？

3. 某地区常被森林大火所困扰，政府当局想清除城镇周围山坡上的灌木丛，但如果用螺旋桨飞机来操作，反而极易引起火花，导致火灾，政府当局该怎么办？

4. 一位年轻的股票经纪人即将开始经营他自己的业务，但是他没有客户。他如何使一些富有的人相信他能够准确地预计股票价格走势呢？

5. 许多商店把价格定得略微低于一个整数，如9.99美元而不是10美元，或者99.95美元而不是100美元。通常这样做会使顾客觉得价格看起来更低。但是这并不是这种做法最初的目的，那么这种定价方式最初的目的是什么呢？

6. 在加利福尼亚淘金热期间，一位年轻的创业者怀着把帐篷卖给矿工的想法来到此地。他认为，成千上万的人聚集在一起找金矿，那里肯定会有一个非常好的帐篷市场。不幸的是，天气非常温暖，矿工们都是露天睡觉，没有多少人买他的帐篷。他该怎么办呢？

7. 舒适航空公司是欧洲以低成本领先的航空公司。它已经在低成本空中旅行方面作出了多项创新。在舒适航空公司的航班中没有免费的饮料，如果你想喝点什么就必须掏钱去买。在一期杂志中，有一篇文章说明了这种做法的两大优点：一个是带来了收入，你认为另一个会是什么呢？

答案提示

扫码阅读

学者提出培养横向思维的思路和方法。比如要广泛涉猎多个领域，因为思维的惯性很容易使自己在一个特定的问题领域中做循环思索，这时候就需要跳出来看一看其他领域，从别的地方寻找一些材料以启发自己。例如计算机专家布里克林受到会计学流水账的启发，创建了微型计算机的软件工业；数学家冯·诺依曼通过分析一般人玩扑克牌的行为，创立了博弈论经济模式；第一次世界大战的武器设计家从毕加索和布拉克的立体派艺术中寻找到灵感，成功地改进了大炮和坦克的伪装[8]。因此，爱迪生说："留意别人的新颖有趣的设想，只要把它们用到你现在正要解决的问题上，你的设想就是创造性的。"

4.逆向思维——向常规和循规蹈矩发出挑战

春秋战国时，范蠡就指出"旱则资舟，水则资车"，意思就是在旱灾时要准备舟船待涝，在水灾时要准备车辆待旱。其思维方式正是逆向思维，即从相反方面考虑。传统的习惯思维是一种顺藤摸瓜的工作方式，而逆向思维是从相反的对立的颠倒的角度去思考问题。好比开汽车要学会倒车技术一样，逆向思维正是帮助人们在思维上开倒车。当对立的属性联系在一起时，就可能会得到意想不到的新方案。例如由黑暗想到光明，由温暖想到寒冷，这样的思维使人容易看到事物的对立面，大幅度地改变思维套路，产生意想不到的好方法。

逆向思维包括顺序的反向，有空间上的上变下、下变上；前变后、后变前；左变右、右变左；时间顺序上的先变后、后变前；滞后变超前、超前变滞后；快速变慢速、慢速变快速等。比如最早的飞机发动机放在飞机的前部，用发动机带动螺旋桨。喷气式飞机的发明正是把发动机全部改到了后部，用喷气产生的推力克服空气阻力，使飞机离开跑道。第二次世界大战中，苏联的66个跑道曾被炸毁，致使许多飞机不能起飞，怎么才能克服这个障碍呢？有人巧妙地在飞机顶部装上了螺旋桨，借助螺旋桨的飞速旋转产生升力使飞机能垂直上升。和喷气式飞机的发明非常类似，有人又想到了变升力为推力，他们让飞机的发动机向下喷气，于是设计出了鹞式战斗机——在飞机重心附近安装四个喷气口，在起飞时喷口向下喷出的高速气流形成四道气柱，使飞机升空；当飞机到达一定高度喷口向后旋转，气流向后喷射使飞机可以高速向前推进。追溯飞机的这段发明历程，我们既能看到一种顺序反向的思考方式，也能看到一种功能上反向的思路[11]。

以此类推，逆向思维还可以有结构反向、形态反向、维度反向。在结构反向上，也包括内转外、外转内；对称变非对称、非对称变对称；平面变立体、立体变平面；方形变圆形、圆形变方形；大变小、小变大；反向变正向、正向变反向；零变整、整变零；多变少、少变多等。

11.3.3　运用创新思维技术激发创造能力

创新思维有许多技术层面的问题，为了打破思维枷锁、扩展思维视角、激发思维潜能，我们还需要一定的思维技术。比如一把木柄刀，能削水果皮、裁纸、剖东西，但如果利用思维技术将刀背的用途开发出来，这样一把刀的功能就多了很多。这就要求我们掌握各种思维技术。本节介绍的思维技巧和创造技法都是人们从创造发明的实践中总结出来的，是建立在创造心理学和认知规律基础之上的，可以更有力地激发想象、联想和直觉等非逻辑思维的产生，促进思维的灵活转化。自20世纪30年代以来，人们总结的创造技巧和方法有300多种，本节筛选并介绍一些最常用的方法。

1. 联想法

1）焦点联想法

从一个事物想到另一个事物，从一个概念想到另一个概念，从一种形象想到另一种形象的心理活动叫作联想。联想法就是通过一些技巧激发自由联想或是强制联想，从而解决问题。焦点联想法以解决的问题为焦点，随便选择一个事物作为刺激物，通过刺激物和焦点之间的强制联想，获得新设想。

焦点法的操作程序如下。

第一步，确定目标 A。

第二步，随意挑选与 A 风马牛不相及的事物 B 做刺激物。

第三步，列举事物 B 所有属性。

第四步，以 A 为焦点，强制性地把 B 的所有属性与 A 联系起来产生强制联想。

在使用焦点联想法时，每产生一个层次的联想，就意味着突出该事物的一种属性，如某种功能。类比如适当，刺激物的有用要素与目标进行重组，表象的联结就趋于成功。

例题：设计一种新帽子[11]

若想法新奇有效，就得到一系列有关帽子的设想，如发光帽子、发热帽子、电动帽子、插座帽子、旋转式帽子、真空帽子……有的很可能很荒唐，有的有一定价值，如果都不满意，还可以就其中一种属性产生进一步的联想，如发亮、白天、云彩、会变形、会变色、会形成雨、会被风吹走、会悬浮。

✓ 像云彩一样会变形的帽子。

✓ 像云彩一样会变色的帽子。

✓ 会下雨降温的帽子。

✓ 会吹风的帽子。

✓ 有悬浮感的帽子……

联想可以把任何毫无关联的事物拉在一起，这样乍一看好像非常荒唐，其实是打开了事物联系之网，提供了发现相似性和相反性的可能与机会，有助于打破原有的固定联系。通过强制联想，打乱原有信息存储编码，创造新的编码，然后搜索可行的新编码，放弃无意义的新编码。比如花与床没有联系，这是因为信息存储是花，植物床作为家具是分类编码，存储的花的脆弱、床的坚硬，花的短暂、床的长久，花的香味、床的无味，都是它们不能被编在一起的原因。当把它们强制连接在一起，或许会发现花作为承受雨露的容器与床作为盛人的容器是相通的，能找到彼此的类似前提是联想两者建立联系，发现了类似也就为转换做好了铺垫。

?/ 练习题

请在下面列出的事物中随便选择一个做刺激物，使用焦点联想法发明或设计新式眼镜。

A. 樱桃   B. 月球   C. 曲棍球   D. 跳绳

2）图片联想法

利用图片产生联想，称之为图片联想法。与众不同的是，图片联想法利用视觉形象做刺激物，可以使人直接从形象思维中进入问题，更符合人的思维基本状态和过程。康德说过，没有抽象的视觉谓之盲，没有视觉的抽象谓之空。人们往往在接受抽象思维的认识之前缺乏丰富的情感认识积累，所以一旦需要展现这一类事物，脑子里只有抽象符号，直接的经验和生动的形象十分匮乏，成为在创造发明中难以突破的障碍。因此，图片联想法能够弥补空洞抽象思维的缺陷，以一种全新的途径解决问题。

2. 类比法

类比是指利用不同事物或现象在一定关系上的部分相同或相似性进行比较、分析、综合。类比法是人类探索未知世界过程中，将陌生的对象与熟悉的对象、将未知与已知联系起来的比较方法，可以启发思路、提供线索、触类旁通。正如康德所说："每当理智缺乏可靠论证的思路时，类比这个方法往往能指引我们前进。"美国创新学家戈登对创新过程中常用的类比进行了分析，总结提出拟人类比、直接类比、象征类比和幻想类比四类。

1）拟人类比

拟人类比又称情感移入、角色扮演，在创新发明活动中发明者把自己想象为创新对象的某个因素，并由此出发设身处地地想象。比如想象人手臂动作发明挖土机、模拟人体动作设计机器人等。这种手法在中国古代运用比较多，如孔子的"知者乐水，仁者乐山；知者动，仁者静"；用自然山水比拟人的性格时，石峰之坚固正直、劲松之长绿不谢、寒梅之傲立风雪等都是主观情感的外移。

拟人类比法最简单的做法是，思索"假如我是它……"这是一种移情、拟人化，把自身的性格、情感、感觉与课题对象等同起来，看问题的角度变了，感受也就变了。

例题 [11]：

某罐头厂想要设计一种榨果汁的机器，工厂的技术人员在提设想时运用拟人类比法，把自己想象成橘子瓣中的一个小液泡，然后问自己："我怎样才能从包围我的细胞壁中跑出去呢？"从而得到一些有趣的想法。

有人说：想一想气球里的空气是怎样跑出去的？是使劲挤压，把气球压破了，空气就跑出来了。那么谁来挤压我呢？若找一个大重砣压在我身上，啊，好重，我都有些喘不上气了。

有人说：把包围我的细胞壁冻一下，它变脆了，一碰就破，我就跑出来了。不过这样也容易把我冻坏。

还有人说：用绳子拴个石头抓在手里在头上转几圈，一松手石头就飞出去了。如果也能给我这样的离心力，就像从背后推了我一把，帮我冲破细胞壁的包围，跑出去。

最后罐头厂设计出了离心式榨果汁机。

练习题

为了防止丢失汽车，人们想出了很多办法，如上车锁、存车处安放报警装置等。假如你就是汽车，你能有什么感受？你怎样与小偷周旋。由此得出灵感，想出简便易行的方法。

2）直接类比

直接类比是从自然界或已有的成果中，寻找与创新对象相类似的东西，做比较的方法。例如古代巧匠鲁班发明锯子，就是从草割破手指得到启发；要设计一种水上潜艇的控制装置，人们可以将它同汽车类比，借用汽车上的车灯、喇叭、制动器等控制方式；通过分析鱼鳃启闭的动作设计枪的自动结构；农机师参考机枪连发射击发明了机枪式播种机。

直接类比可以分为外形类比、结构类比和功能类比。在外形类比中，我们经常看到借助外界事物的形象来进行设计。例如著名建筑师阿尔托在构思城镇房子时，盒子、毛毛虫和蝴蝶等形象都来到他的脑海，他借助昆虫的形态和动作设计出建筑空间。在结构类比中，借助意大利木质百叶窗解决建筑物幕墙的隔热和采光问题。在功能类比中，可以借用贝尔发明电话的过程。"它吸引我注意到，与控制耳骨的灵敏的薄膜相比，人的耳骨的确很大，这使我联想到，如果一种薄膜也是这样灵敏以至能够摇动几倍于它的很大的骨状物，这就是较厚而又粗糙的膜片不能使我的钢片振动的缘由。"于是电话被构思出来了。再比如第一次世界大战时，德国军队向法国军队所隐藏的树林里放毒气，只有野猪存活下来，于是人们观察发现野猪碰到怪气味时会本能地把长鼻嘴埋进土壤里，于是猜测土壤可以防毒气。实验证明土壤颗粒能吸附空气中其他物质，起到过滤作用，于是防毒面具被发明出来。

3）象征类比

象征类比是借助具体的事物形象和象征符号来比喻某种抽象的概念或思想感情的类比方法。象征类比在建筑设计中应用甚广，如设计桥梁要赋予"虹"的象征格调，设计纪念碑、纪念馆要赋予宏伟庄严的象征格调，而设计展览馆、音乐厅、歌舞厅要赋予艺术优雅的象征格调。上海金茂大厦在设计时则融合了多层象征含义，其形象像竹笋，象征着节节攀升；像宝塔，富有民族气息；像一支笔，在蓝天描绘未来。整座大厦的设计与中国人喜欢的"八"字相连，总高八十八层，中间是八角形混凝土核心，周边是八根巨型钢柱，塔式建筑的向上收缩点均位于与"八"有关的楼层，用"八"象征兴旺发达。

以下是一些常见的象征类比。

棘轮结构——可靠的问题

固态——强制集合

森林火灾——渐进的毁灭

机枪点射——连贯和间歇

靶子——愿望的焦点

橄榄树枝——和平

大炮——强权、战争

例题：运用符号类比法创造新的建筑物[11]

第1步，什么动物、植物会建房架桥；第2步，分析它们建房架桥的方法；第3步，用对立矛盾的词来形容这一过程；第4步，选择其中一组词，由这组词产生新的联想，还有什么事物符合这组词所描写的状态；第5步，运用动植物的这一原理发明一种新的房屋或桥梁，大胆运用，不要怕荒唐；第6步，修改完善。

答案提示

扫码阅读

4）幻想类比

幻想类比就是空想类比或狂想类比，它是变已知为未知的主要机制，但无明确定义。戈登认为，摆脱自我的束缚，挖掘潜意识的优势，最好的办法是有意识地"自我欺骗"。而幻想类比就能发挥有意识的"自我欺骗"，简而言之就是利用幻想来启迪思路。古代神话、童话、故事中的许多幻想，在技术逐步发展之后已经变成现实。比如在愚人节那天有人信口开河地希望能够培育一种有牛肉口味的西红柿，后来这个想法被新闻报道出来。加拿大生物学家经过两年努力，成功地把哺乳动物的基因移植到植物身上，跨越了动植物之间的基因鸿沟，研发出牛肉口味的西红柿。《一千零一夜》故事中的阿拉伯飞毯非常神奇，有人就借助它想象能否发明一种与人高度互动的地毯。于是一个背面有三个独立气囊并附带充气装置的地毯诞生了，它可以通过调整气囊中的空气容量来改变外观，使得可以随意形成姿态，为喜欢席地而坐的人们提供了快乐的享受。

3. 设问法

设问法就是通过提问发现事物的症结所在，进而产生创造发明的技法，创造能力高的人都有善于提问的能力，提出一个好的问题就意味着问题解决了一半。设问法的种类比较多，这里介绍 5W1H 法、奥斯本设问法和十二聪明法。

1）5W1H 法

5W1H 法是第二次世界大战中美国陆军提出的以期提高军备利用效率的一种检核表法，可广泛用于改进工作、改善管理和技术、开发价值等方面。该技法对创造对象提出 6 个问题，即为什么（why）、做什么（what）、谁去做（who）、何时做（when）、何处做（where）和怎样做（how）。后来又有人提出一个做多少的问题，于是把 5W1H 法又变成了 5W2H 法。5W2H 法属于抓住主要矛盾进行分析的方法，实用性强。

2）奥斯本设问法

1941 年出版的《思考的方法》提出了世界上第一个创新发明技法"智力激励法"。1941 年出版世界上的第一部创新学专著《创造性想象》，提出了奥斯本检核表法，此书的销量达 4 亿册。奥斯本设问法，即检核表法，是由美国奥斯本博士提出的一种可以作为创造技法的普通检核表。它是根据需要解决的目标，从多方面列出一系列的有关问题，然后一个一个地加以分析讨论，从而确定出最好的设计方案。这一技法综合多种技法的特点，由此产生大量的创造性思路，被誉为"创造发明技法之母"。奥斯本设问法对现有产品或发明从下述九个角度进行检核讨论和启发思维。第一，现有产品能否他用？比如把灯光作为信号、装饰工具？比如把沙发由坐式扩大到坐卧两用式。第二，现有产品或技术能否借助其他创造发明的启示加以改进？比如泌尿科大夫借鉴爆破工程技术，创造了在人体内运用爆破技术消除肾结石的新技术。第三，现有产品是否可以改变形状、颜色、味道、制造工艺等？比如时装设计师不断地翻新款式，推出时髦的新式服装等。第四，现有产品能否扩大应用范围？如为了延长使用寿命，发明不锈钢炊具、餐具等产品。第五，现有产品可否缩小体积、减少重量，以便于分割组合？如新颖的组合式家具。第六，能否找到现有材料的替代品？比如纸代替木的火柴、纸代替布的一次性尿片。第七，能否改变型号或更换数据？比如我国的歼七机是对苏联米格飞机进行改型研制的。第八，颠倒过来使用怎么样呢？比如把火箭技术颠倒利用，便发明了快速掘井的探地火箭。第九，可否将几种技术组合在一起综合利用？比如收音机加录音机，便有了收录机，照相机与光源结合出现了闪光照相机。奥斯本设问法的核检项目如表 11-2 所示。

表 11-2 奥斯本设问法的检核项目 [13]

序号	检核项目	含　义
1	能否他用	现有事物除了我们大家公认的功能之外，是否还有其他的用途
2	能否借用	能否将其他事物中的原理、结构、方法、材料等方面移植过来，为我所用
3	能否改变	改变现有的形状，改变制作的工艺，改变物品的结构
4	能否扩大	现有事物能否扩大面积、增大声音、增大距离、延长时间、延伸长度、加增高度、增加数目等
5	能否缩小	现有事物能否缩小、缩短、减少、减轻、分解、折叠、卷曲、删减
6	能否替代	现有事物能否用其他物品、材料、元件、结构等代替
7	能否调整	现有事物或事物的一部分能否变换排列顺序、位置、型号、材料等
8	能否颠倒	现有事物能否从功能、结构、原理、里外、上下、左右、前后、横竖、因果等角度颠倒来用
9	能否组合	能否与其他的事物进行组合，可以按照原理、材料、功能等方面进行

奥斯本设问法的提问，把寻找问题的目标与解决问题的思路融会贯通，帮助人们对拟改变事物进行分析，通过明确问题、缩小需要探索和创新的范围，把握创造发明的目标与方向，达到准确有效地解决问题的目的。

3）十二聪明法

十二聪明法也是一种检核表法，是由上海和田路小学进行创造能力开发工作的实践总结而得，所以又称和田十二法。该技法深入浅出、通俗易懂，具体内容如下。

第一，加一加。可在现有发明基础上加大、加长、加高、加厚或加在一起等。例如机床加电脑成为数控机床，物体振动频率增至 2 万赫兹以上产生超声波等。

第二，减一减。可在现有发明基础上减少时间、次数，减去某项功能或某部分等。例如新工艺降低食盐中钠的含量，制出低钠盐。

第三，扩一扩。使现有发明放大扩展，如电炉扩展为电热毯等。

第四，缩一缩。例如雨伞通过折叠缩小。

第五，变一变。改变形状、颜色、音响、味道、次序、时间和大小等。如绞肉机改变刀片形状可以磨豆浆。

第六，改一改。该发明还存在哪些缺点，还有哪些不足之处需要改进，它在使用时是否给人们带来不便和麻烦。

第七，拼一拼。某事物的结果与它的起因有什么联系？能从中找到解决问题的办法吗？例如三色圆珠笔的发明。

第八，学一学。模仿其形状结构，学习其原理技术。例如根据充电效应原理发明太阳能电池等。

第九，代一代。从材料方法和功能等方面寻找可替代者。例如用塑料替代金属木材，用磁效应制冷技术替代氟利昂制冷技术等。

第十，搬一搬。把这件东西由这里搬到那里，如把照相机的镜头装到扩印机上，作为扩放照片的镜头。

第十一，反一反。把一个事物的正反、上下、左右、前后、横竖或里外颠倒。例如翻毛产品。

第十二，定一定。为解决某一问题或改进某一事物需要规定些什么。例如定时、定温、定型、定人或定纪律等。

本章参考文献

[1] 斯科特·G. 艾萨克森，K·布莱恩·多瓦尔，唐纳德·J. 特雷芬格 . 创造性问题解决之道：改革与创新的框架 [M]. 孙汉银，译 . 北京：北京师范大学出版社，2017.

[2] 恩田彰 . 创造性心理学：创造的理论和方法 [M]. 石家庄：河北人民出版社，1987.

[3] 韩旭 . 面向工科人才的工程创造能力及其培养研究 [D]. 杭州：浙江大学，2020.

[4] 孙学雁 . 创造理论与实践 [M]. 北京：北京师范大学出版社，2011.

[5] NOLLER R B. Scratching the surface of creative problem solving：a bird's eye view of CPS[M]. Buffalo，NY：DOK，1979.

[6] AMABILE T M. A model of creativity and innovation in organizations[J]. Research in organizational behavior，1988，10（10）：123-167.

[7] 游敏惠，刘秀伦 . 大学生创造力培养与开发 [M]. 北京：人民邮电出版社，2004.

[8] 梁良良 . 创新思维训练 [M]. 北京：中央编译出版社，2000.

[9] GARDNER H. Multiple intelligences：the theory in practice[M]. New York：Basic Books，1993.

[10] 伍心铭 . 拿破仑·希尔成功学全书 [M]. 北京：北京工业大学出版社，2011.

[11] 罗玲玲 . 大学生创造力开发 [M]. 北京：科学出版社，2007.

[12] 卡恩 . 西方哲学经典 [M]. 刘国明，译 . 北京：中国商业出版社，2012.

[13] 奥斯本 . 创造性想象 [M]. 北京：中国发明创造者基金会，1985.

（张宸璐）

即测即练

扫码测练

思考题

1. 什么是创造力？怎样从系统观看待创造力？

2. 有人说"只有科学家艺术家需要具备创造力就可以了，普通人不需要创造力"。你如何理解这句话？为什么？

3. 谈一谈你觉得有哪些简单的方法可以提升你的创造力？

第 12 章

创新能力

▲ 12.1 创新的概念

12.1.1 创新

"创新"一词源于拉丁语"innovare",意思是"创造新事物"。《现代汉语词典》(第7版)对"创新"一词的释义为:作为动词,创新是指抛开旧的,创造新的;作为名词,创新是指创造性;新意[1]。

不同的学者从各自的领域出发,对创新是什么有着不同的见解。

1. 哲学领域的观点

创新是一种人的创造性实践行为,在产生创意的特定思维形式下,通过对物质世界矛盾的利用和再创造,形成新的矛盾关系或新的物质形态。对于发现的否定性再创造是人类创新发展的基点,创新构成了人类相对于物质世界的解放。

2. 社会学领域的观点

创新是指人们为了发展需要,运用已知的信息和条件,突破常规,发现或产生某种新颖、独特的有价值的新事物、新思想的活动。创新的本质是突破,即突破旧的思维定式、旧的常规戒律。创新活动的核心是"新",它或者是产品的结构、性能和外部特征的变革,或者是造型设计、内容的表现形式和手段的创造,或者是内容的丰富和完善。

3. 经济管理学领域的观点

经济管理学领域对创新的概念,可追溯到美籍经济学家、哈佛大学教授约瑟夫·熊彼特 1912 年出版的《经济发展概论》。在该书中,他从经济学视角,系统地定义了创新的概念。他认为,创新是指把一种从来没有过的关于生产要素的新组合引入生产体系。创新的目的在于获得潜在利润。

熊彼特从创新的内在机理出发,解释了资本主义经济运行呈现"繁荣—衰退—萧条—复苏"四阶段循环的原因,说明了不同程度的创新,会导致长短不等的三种经济周期。他定义了创新的五种形式[2]。

(1)引入新的产品,即产品创新。

（2）采用一种新的生产方法，即工艺创新或生产技术创新。

（3）开辟一个新的市场，即市场创新。

（4）获得一种新的原材料或半制成品的新供给来源，即开发新的资源。

（5）实现一种新的企业组织形式，即组织管理创新。

到了 20 世纪 60 年代，伴随新技术革命的迅猛发展，"创新"的概念发展为"技术创新"，并且将"技术创新"提高到"创新"的主导地位。

我国从 20 世纪 80 年代开展技术创新方面的研究，从企业发展的角度，认为技术创新是企业家抓住市场的潜在营利机会，以获取商业利益为目标，重新组织生产条件和生产要素，建立起效能更强、效率更高和费用更低的生产经营方法，从而推出新的产品、新的生产（工艺）方法，开辟新的市场，获得新的原材料或半成品供给来源或建立企业新的组织，它是包括科技、组织、商业和金融等一系列活动的综合过程。

进入 21 世纪，信息通信技术的发展和知识网络的形成突破了知识传播的物理瓶颈，随处可得的互联网最大限度地消除了信息不对称性，人类可以利用知识网络快捷和方便地共享和传播知识与信息。信息通信技术推动下知识社会的形成及其对技术创新的影响也进一步被认识，以用户创新、大众创新、开放创新、共同创新为特点的，强化用户参与、以人为本的创新民主化，构成了技术创新的时代特征[3]。

本书认为，创新是把机会转变为创意，并广泛应用于实践的过程。围绕以人为本的需求，将创新产生的新想法应用于实践，则形成了富含商业价值和社会价值的活动。

12.1.2 创新者与创新能力

创新者是创新的主体，创新者创造从未有过的、新兴的事物，这种能力和素养被称为创新能力。

创新者具备创新思维。通常我们认为，右脑发达的人，直觉更强，善于发散思维，更具有创新思维，更具有创新的天赋。但近年来的研究表明，创新思维并非与生俱来，所有人都有创新思维的潜在能力[4]。创新者是可以造就的，创新技能并不仅仅是天赋异禀，更可以通过后天培养。因此，首先需要理解创新技能，然后操练创新技能，从而具备创新的能力。

随着社会的进步和科技的发展，创新所需的知识的广度和深度日益扩展，并非所有人都能具有所有的专业技能。越来越多的事实表明，创新需要某个领域的专家，同时也需要具备组织内的丰富知识，这种类型的职业素质使得不同功能特性的产品和服务相互之间协同成为可能。一种认为创新者是 T 型人才的理论被提出[5]。T 型人才代表知识广博而有深度、全面发展而有特色的人才。T 型人才是有效解决问题者，同时也能够与多个领域的专业人士进行互动和相互理解。如图 12-1 所示，T 型人才需要具备的能力包括两类，一是在 T 的纵向上描述的，至少具备一个专业领域的深度知识；二是在

T 的横向交叉上描述的，整个组织内的综合知识（和组织纵向）、技术、人员和共享的信息。

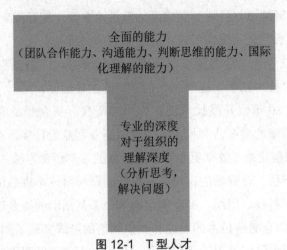

图 12-1　T 型人才

12.1.3　创新的基本类型

根据不同的角度，可以按照创新的来源和创新的内容，对创新进行分类。

1. 按照创新的来源分类[6]

按照创新的来源，可将创新划分为知识驱动、需求拉动、危机驱动、新兴市场、大众创新及设计驱动。

1）知识驱动

知识驱动型创新是指通过实验室里的研究行为、公共或私营部门的科学研究设施以及对研发的大量投入驱动的创新。

历史上曾出现过诸多知识驱动的创新。贝尔实验室、巴登实验室以及飞利浦、福特等公司的实验室都建立于 20 世纪 90 年代，这些实验室结合技术基础和前沿科技，满足市场上对汽车、消费类电子产品、合成材料、化工制品日益增长的需求，有组织地进行研发，保证稳定持续创新。

2）需求拉动

"需求是创新之母"。一方面，创新通常是为了满足人们对改变的需求，包括对食物、安全、出行、穿衣等最基本的需求，以及对社交、环境、发展等更高层的需求；另一方面，知识推动创新，但是并非每个有创意的想法都能够找到合适的出口，关键是如何发现需求，并通过创意满足特定的需求。

3）危机驱动

危机所导致的资源匮乏，常常引发需求的迫切性和延伸性，成为激发创新的原动力。

例如，在救援领域，人们在灾难情况下的极端需求引发了一系列突破性创新，其中包括：可迅速分发的高能量饼干，极端环境下的服装装备，可快速部署和组装的建筑材料，可以在危机中快速搭建、改善信息交流的强大的沟通平台等。

4）新兴市场

新兴市场是指人均年收入处于中下等水平，资本市场不发达，股票市场价值只占GDP（国内生产总值）很小部分，工业化程度不高的国家或地区。这些市场广泛分布在亚洲、非洲、拉美以及东欧等地区。

新兴市场的规模普遍偏小，但是企业规模增大常常比西方同类公司的快，具有高成长与高回报的特征。因此，关注新兴市场，寻求新的条件下全新的创新轨迹，成为强有力的创新来源。

5）大众创新

伴随互联网技术的普及，将大众的观点进行收集、分析，运用众人的智慧实现创新成为可能。通过互联网集结大众智慧而产生的创新，开阔视野，扩大参与范围以及增加人们所做贡献的丰富性。

例如，在一个名为"创新中心"（innocentive）的网站，聚集了9万多名科研人员，他们并非受雇于某一个公司或机构，他们更像自由职业者，完全出于个人兴趣开展研发工作。在"创新中心"的网站上，他们有一个共同的名字，被称为"解决者"（resolver），他们是这个研发供求网络的"半边天"。与此对应的是"寻求者"（seeker），成员包括波音、杜邦和宝洁等世界著名的跨国公司，它们把各自最头疼的研发难题抛到"创新中心"上，等待隐藏在网络背后的高手来破译。据统计，"创新中心"上的难题破解率为30%。"创新中心"的首席科技官 Jill Panetta 表示，通过互联网向大众寻求解决方案的做法和传统的雇用研发人员的做法相比，效率要高出30%。

6）设计驱动

设计驱动是使用工具和技能在产品中表达与创造意义以及增加服务，从而创造对人们生活有意义的突破性概念。例如，苹果产品之所以成功，源于用户对其外观和体验感受到惊喜，这不是分析用户需求的结果，而是通过设计过程实现的。这个过程赋予产品有意义的外观和形式，即用户没有想象到的特性和特征。

有时客户的需求并不清晰，需要被挖掘、唤醒和创造。在设计的驱动下，需要结合心理因素和文化因素，了解产品在人们生活中的意义，并将其纳入创新过程。如同苹果公司的 iPhone 改变了手机的意义，使其从一个通信设备变成一个高度互动的社会系统核心。

2. 按照创新的内容分类 [2]

按照创新的内容，可将创新划分为产品创新、工艺（流程）创新、服务创新和商业模式创新。

1）产品创新

产品创新是指创造某种新产品或对某一新或老产品的功能进行创新。产品创新可分为全新产品创新和改进产品创新。全新产品创新是指产品用途及其原理有显著的变化。改进产品创新是指在技术原理没有重大变化的情况下，基于市场需要对现有产品所做的功能上的扩展和技术上的改进。

2）工艺（流程）创新

工艺（流程）创新是指生产和传输某种新产品或服务的新方式。例如，对产品加工过程、工艺路线以及设备进行的创新。工艺（流程）创新的目的是提高产品质量、降低生产成本、提高生产效率、降低消耗及改善工作环境等。

3）服务创新

服务创新是企业为了提高服务质量和创造新的市场价值而发生的服务要素变化，是对服务系统进行有目的、有组织的改变的动态过程。服务创新为用户提供以前没能实现的新颖服务，使用户感受到不同于以前的崭新内容。

4）商业模式创新

理解什么是商业模式创新，首先需要界定什么是商业模式。商业模式是一种包含了一系列要素及其关系的观念性工具，用以阐明某个特定实体的商业逻辑。它描述了公司能为客户提供的价值以及公司的内部结构、合作伙伴网络和关系资本等用以实现这一价值并产生可持续、可盈利收入的要素。

商业模式创新是指企业把新的商业模式引入社会的生产体系，并为客户和自身创造价值。新的商业模式，既可能在构成要素方面不同于已有商业模式，也可能在要素间关系或者动力机制方面不同于已有商业模式。企业通过商业模式创新，实现新的有效方式，为客户提供产品和服务，并获取利润。

12.1.4　创新与信息科技

数字化、网络化、信息化使得人类的生存方式发生了根本性的转变。1997年，美国麻省理工学院教授兼媒体实验室主任尼古拉·尼葛洛庞帝在《数字化生存》（*Being Digital*）一书中讲解了信息技术发展的趋势，蕴含巨大的价值和数字时代的宏伟蓝图，阐明了信息技术、互联网对时代和人们生活的影响与价值。他指出，"计算不再只和计算机有关，它决定我们的生存"[7]。

进入21世纪，数字化生存方式已经成为主要的生存方式。这是一种依赖数字生活的方式，人类生存于一个虚拟的、数字化的生存活动空间，在这个空间里人们应用数字技术（信息技术）从事信息传播、交流、学习、工作等活动。数字化生存方式下消费者的消费习惯正在彻底地转变商业模式：阅读的媒介几乎都是电子读物，偶尔买书也决不去书店；决定去哪里吃饭和购物的参考依据是平台网站上的评分和朋友圈里的好友推荐；在网上购买所有的东西，包括洗衣机、电冰箱乃至房子。

数字化生存时代，世界范围内出现的各种现象级企业及其创新行为体现出与信息技术的密切关联，创新者表现出对信息技术敏锐的感知能力和理解能力。因此，对于企业和组织，驾驭数字能力成为企业创新的核心动力；对于个人，创新能力的培养也与信息技术息息相关，顺应数字化是一种基本的生存能力，形成信息素养成为一种基本的素质。

2021 年是"十四五"开局之年，"十四五"规划纲要将数字经济独立成篇，建设数字中国的号角已经吹响。"十四五"规划纲要描绘出未来 5 年数字中国建设的崭新蓝图，并圈定了七大重点产业，分别是云计算、大数据、物联网（internet of things，IoT）、人工智能、虚拟现实（virtual reality，VR）和增强现实（augmented reality，AR）、区块链以及工业互联网。

1. 云计算

云计算是一种通过分布式计算提供资源的网络。云计算以一种定制的形式，通过互联网为企业和组织提供托管服务，访问服务器、存储、应用程序和网络等计算资源。

云计算的服务类型分为三类，即基础设施即服务（IaaS）、平台即服务（PaaS）和软件即服务（SaaS）。

云计算提供一种即买即用的计算资源使用方式，企业或组织无须在本地部署资源，当需要更多资源时，只需提出请求。因此，云计算的价值在于以下几方面。

（1）IT 服务成本可以直接与使用和需求挂钩。更容易看到成本与服务交付之间的关系，使得成本更加透明。

（2）快速配置硬件和软件资源。新设备在几分钟内就能就绪，而传统方式下本地部署的资源平均需要 2～3 个月才能就绪。

（3）降低资源使用的复杂性。云计算将安全稳定使用资源所需的维护等责任交与云服务提供者，因此，作为用户端的企业和组织可以聚焦在核心业务而非 IT 技术任务上，极大地降低了运维风险。

2. 大数据

研究机构 Gartner 对大数据给出的定义是：需要新处理模式才能具有更强的决策力、洞察发现力和流程优化能力的海量、高增长率和多样化的信息资产。

麦肯锡全球研究所对大数据给出的定义是：一种规模大到在获取、存储、管理、分析方面大大超出了传统数据库软件工具能力范围的数据集合，具有海量的数据规模、快速的数据流转、多样的数据类型和价值密度低四大特征。

发展大数据的意义在于如何通过专业化的技术，处理规模巨大的结构化（如交易数据）和非结构化（如行为轨迹、图像视频等）数据集，发现和挖掘数据背后蕴含的富含价值的信息与知识，实现对问题现状的了解和对未来趋势的预测。

3. 物联网

物联网，即物物相连的网络，是互联网基础上的延伸和扩展的网络。如果说互联网实现了信息与信息的互联，移动互联网实现了人与人的互联，那么，物联网则进一步实现了人与人、人与物、物与物之间信息的全面连接。

物联网通过智能感知、识别技术与普适计算等通信感知技术，广泛应用于网络的融合中，也因此被称为继计算机、互联网之后世界信息产业发展的第三次浪潮。伴随物联网及相关技术的日趋成熟，任何拥有互联网接入和 IP 地址的设备都能链接，并且自动收集数据、跟踪及统计一切，人类对智慧生存的诸多愿景，如生产线的全面自动化和智能化、智能家电、自动驾驶等，均能成为现实。

4. 人工智能

人工智能通过研究认知技术，提升人类对世界的理解，在此基础上，研究如何使得计算系统能够像人类一样有效地解决问题并作出决策。人工智能研究和开发用于模拟、延伸和扩展人的智能的理论、方法、技术及应用系统，已经发展成为一门新的技术科学。

基于人工智能的创新在多个领域得到成功的实践。例如，餐饮店中机器人，可以实现自动配餐和送餐；基于语言识别的智能音箱，可以理解人类的自然语言，并根据指令完成任务；基于图像识别的交通警察，可以自动识别违规车辆的车牌；等等。

5. 虚拟现实和增强现实

虚拟现实是一种可以创建和体验虚拟世界的计算机仿真系统，它利用计算机生成一种模拟环境，使用户沉浸到该环境中身临其境地进行计算机三维空间模拟。增强现实是一种全新的人机交互技术，与 VR 相比较除了可视，更强调可控和交互作用，AR 技术更强调通过参与者与虚拟对象之间的实时互动，从而获得一种奇妙的沉浸式体验。

随着 VR 和 AR 技术在功能性、可靠性、使用难易程度、经济可承受性和可利用性上的实现，越来越多的用户实现和真实世界的信息交互，并数字化地控制这些信息。一些新的组织机构正和 VR 供应商合作将各种应用以一种身临其境的体验带到用户家中，包括营销领域的现场活动、各种娱乐和游戏体验。采用 VR 技术的平台将改变人机之间物理接口，将世界推向一个我们以往只能在科幻小说中看到的场景。

6. 区块链

"数字经济之父"唐·塔普斯科特（Don Tapscott）曾经表示：影响人类文明与进步的新机遇正在到来，这既不是社交媒体、不是大数据，也不是人工智能或机器人，而是数字货币的底层技术——区块链[8]。纵观人类社会的发展，经历了从个人信任到制度信任的变化，而区块链技术将带领我们进入一个全新的机器信任的时代。

狭义来讲，区块链是按照时间顺序将数据区块以顺序相连的方式组合成的一种链式数据结构，并以密码学方式保证的不可篡改和不可伪造的分布式账本。

广义来讲，区块链技术是利用块链式数据结构来验证与存储数据，利用分布式节点共识算法来生成和更新数据，利用密码学的方式保证数据传输和访问的安全，利用由自动化脚本代码组成的智能合约来编程和操作数据的一种全新的分布式基础架构与计算方式。

区块链的本质是一个分布式的公共账本，任何人都可以对这个公共账本进行核查，但不存在一个单一的用户可以对它进行控制。基于区块链的领域应用实现机器信任，其特点包括以下几方面。

1）去中心化

个人信任时代，事务或交易需要权威人士证明（例如：土地交易需要权威人士做担保人）；制度信任的时代，需要一个中心节点进行认证（例如：出生证、房产证、结婚证等，均需要政府备书保证其真实有效）。而区块链的分布式公共账本，彻底颠覆了集中式的认证机制，无须中央认证，交易无须权威背书。

2）集体维护

区块链定期更新节点信息，并采用"拜占庭将军"算法，保证每个节点信息的一致性。

3）高度透明

区块链上的每一笔交易，均广播到网络从而保证面向整个网络交易信息的透明。

4）去信任

区块链上的任何节点，都无法造假，也无法伪造。数据块上的信息随时可以被拿出来考证。因此，两个陌生人的交易就无须信任机制了，这便称为区块链的去信任。

5）匿名性

区块链上的"财富"是可见的，但谁拥有这笔财富却是匿名的。例如，比特币一共发行 2 100 万个，现已开采 1 800 多万个，这个信息是透明的，但谁拥有比特币，除了区块链上获得比特币密钥的个人，其他人无法知晓。

7. 工业互联网

工业互联网是将全球工业系统与高级计算、分析、感应技术以及互联网连接融合的技术。

在 5G 等新技术的支撑下，工业互联网实现数字化向企业生产的核心环节的延伸，通过传感器的接入，实时获取生产运营信息，实现整个生产的过程数字化和管理数字化，提高生产效率。同时，工业互联网通过供应链、销售链等数字链，实现数字化向企业外部多端的延伸，促进生产制造和多种生产性服务紧密结合。不久的未来，工业互联网将支撑多个百亿级、千亿级产业的形成，形成多点连接的产业网链，使全球分工体系的稳定性、安全性大大提高。

12.2 创新能力的重要性

12.2.1 创新能力体现个人价值

创新能力是创新者所具备的重要的能力。我们通常用智商（intelligence quotient，IQ）衡量不同人所具备的一般智力，用情商（emotional quotient，EQ）衡量识别、评判、控制自己和他人情绪的能力。近年来，一种衡量一个人开拓新领域、研发新产品核心程序想法的能力，即发现商（discovery quotient，DQ）被提出 [4]。

《创新者的基因：打造个人和组织的创新能力》一书的作者杰夫·戴尔等在研究了近 500 名创新者并比较研究了近 5 000 名主管后发现，创新型组织的领导是发现商非常高的人，同时，即使在一个普通的组织内部，发现技能也是高管相对于下属的优势。

成功的企业通常首先是由具有创新能力的企业创始人创造。很多创新型的企业在创业的初期，由一些具有创新能力的企业创始人引领组织和企业突破极限，这些人更加具有创业精神，创造经济或社会价值的同时，体现个人价值。

正如苹果公司的创始人史蒂夫·乔布斯，他在执掌苹果公司期间，苹果公司获得更加突出的业绩，这与他个人为苹果公司贡献的"非同凡响"的想法密不可分。1980—1985 年，乔布斯初次管理苹果公司，公司的创新溢价是 37%。然而，1985—1998 年，乔布斯缺席苹果公司时，苹果公司的创新溢价跌到了年均 31%，苹果公司不再创新，投资者也对苹果公司的创新能力失去了信心。之后，乔布斯重返苹果公司，经过几次调整，公司创新溢价飙升到 52%。

12.2.2 创新能力为企业或组织创造商业价值

创新能力是企业的一种重要的能力，在企业发展的不同阶段，创新能力均能为企业创造商业价值。

创新与增长息息相关。新的创意能够为企业带来竞争优势，并通过这一过程产生新的业务。尽管企业的竞争力有时还来源于企业规模和企业资产等方面的因素，但在当前瞬息万变的商业环境下，那些能够利用其知识及技术技能和经验开发出创新性的新产品、新服务和新工艺流程的企业更具有优势 [2]。

创新能力为企业发展带来长期动力，是企业所有人的职责，能够为企业创造持续的价值。《创新者的窘境》的作者克里斯坦森提出大胆的结论：流行了近半个世纪的成熟的公司治理理论，已经无法适应快速变化的世界，越是大型的成功企业，越是在未来的竞争中成为无法改变自己命运的"恐龙"。在这本书中，他也提出了破解这一怪圈有可能的解药，那就是使组织创新能力下沉。

案例 1：宝钢的技术创新

宝钢集团公司是中国最大、最现代化的钢铁联合企业，年产钢能力 3 000 万吨左右，产品畅销国内外市场。作为中国最具竞争力的钢铁企业，宝钢投产 13 年来，坚持一手抓生产稳定运行，一手抓引进技术的开发创新，结合宝钢生产实际，对原装备中的不足和缺陷，不断进行改造完善。宝钢在 20 世纪 80 年代初引进的技术装备，继续保持世界一流水平，消化引进，开发创新，成果斐然。先后开发科研项目 1 980 项，开发创新技术 610 项，取得 806 项重要科研成果。累计申请专利 380 项，授权 179 项。获省部级以上科技进步奖 124 项，其中"宝钢生产系统的优化技术"获国家科技进步特奖。1998 年 10 月，宝钢通过科技进步取得直接经济效益 166.78 亿元，科技成果转化率达 95%。2020 年中国钢铁企业专利创新指数研究结果显示，宝钢被评为最具创新能力企业之一。截至 2020 年 9 月，宝钢股份营业总收入达 2 006 亿元。

案例 2：海信在交通领域的创新

海信集团成立于 1969 年，集团一直坚持"技术立企、稳健经营"的发展战略。近年来，公司实现了从传统的家电制造业向高科技公司转变，从单一的电视机产品向多媒体、家电、IT（信息技术）智能信息系统和现代服务业等高端产业和产业高端布局的持续健康发展。海信在智能交通领域已深耕 20 多年，市场占有率连续多年国内第一。率先提出了以云脑为核心的场景化指挥系统，服务于交通管理和出行，系统以大数据及 AI（人工智能）为支撑，通过对不同交管场景下的重点交通要素的智能分析、固化优秀的指挥方法、以数据代替经验决策等方式，由系统智能推荐指挥处置方案，从而降低交通指挥的难度和门槛，打造了"人人都是优秀指挥员"的无差异指挥效果。目前，海信在指挥交通领域已形成 75+ 场景化应用算法、产品和解决方案，并将其应用于全国近 150 个城市。在丰富业务场景理解、AI+ 工程化落地能力以及规范 AI 应用评测体系方面，海信均具有核心技术领先优势。

2020 年 10 月，中国企业家协会发布中国战略性新兴产业领军企业 100 强排行榜。海信蝉联战略性新兴产业领军企业 20 强，是连续两年唯一入选 20 强的家电企业。

12.2.3 创新能力衍生社会价值

创新是一个民族进步的灵魂，是一个国家兴旺发达的不竭动力。创新衍生社会价值，造福人类，推动了整个社会的进步。

近代以来人类文明进步所取得的丰硕成果，主要得益于科学发现、技术创新和工程技术的不断进步，得益于科学技术应用于生产实践中形成的先进生产力，得益于近代启蒙运动所带来的人们思想观念的巨大解放。可以这样说，人类社会从低级到高级、从简单到复杂、从原始到现代的进化历程，就是一个不断创新的过程。

案例3：无人驾驶技术改变人类出行模式

不久的未来，在5G技术的支撑下，自动驾驶汽车带给人类的，不仅是提供了一种新能源交通工具，更代表人类出行方式创新性的革命。

在19世纪，如果问人们想要什么样的交通工具，那么人们肯定会说，他们想要更快的马。但是，福特通过创新性的产品，带给人们更快捷的出行体验。随着科技的进步，飞机、高铁、磁悬浮……更多的创新技术，实现了出行速度的不断突破，减少了社会流动成本，推动了整个社会的进步。如何进一步推动人类出行的革命？无人驾驶给我们提供了美好的愿景。伴随大数据、人工智能技术的发展，结合5G等设施的技术创新突破，无人驾驶将彻底改变人们出行的方式。无须驾驶，则使出行的空间转变成灵活的、可定制性的个人活动空间，人类将会在出行自由上又迈进一大步。

▲ 12.3　如何培养创新能力

12.3.1　培养创新意识

在生活、工作和学习中，我们总会遭遇各种困境，而具备创新意识的人，可以坦然面对，将困难视为每一天的挑战，在甚至不擅长的领域寻求成功。创新意识并不是艺术、设计或创意专业人士所独有的素质，创新意识与生活和工作息息相关，是一种可以通过培养和训练形成的素养。培养创新能力，首先要培养自我创新意识，有意识地开发自己的创新潜能。

1. 保持初学者心态

初学者总是拥有最新鲜的视角，拥有新的思维，愿意尝试任何事情。初学者不知道什么是"对"的，因此也不存在做错事情的心理压力和负担；初学者不知道应该如何去做，因此也未形成一个既定的工作模式，可以用更加放松的心态和自由的空间实现创新。

案例4：儿童在"棉花糖挑战"中表现出色

在设计训练领域有一项挑战被称为"棉花糖挑战"。四人组建团队，使用的材料是20根意大利面条、一米长的胶带、一米长的细绳，以及一粒棉花糖。挑战的目标是在规定的时间内，建构最高的独立式结构，并且，棉花糖必须放在结构的顶端。"棉花糖挑战"是一项看似简单，但实际上相当困难的挑战。接受挑战的人们必须迅速组成团队，并在规定的时间内迅速实现设计且搭建棉花糖塔的原型。全世界范围内的诸多企业及机构在进行设计训练的时候，都尝试了这个挑战。一个有趣的发现是：在成功搭建棉花糖塔的队伍中，名列前茅的竟然是幼儿园刚毕业的孩子们，他们不仅做出了最高的结构，同时也搭建出了最有趣的结构。那些成人花了大量时间做计划，根据已有的认知对问题进行预判，花大量时间扩大架构，最后在时间快到的时候，在结构的顶端，小心翼翼地放上棉花糖，并期待成功。但事实是，往往由于棉花糖的重量，最后这一步导致整个结构的变形坍塌。

2. 接纳自己的独特之处

每一个个体都是独一无二的，都有着对世界独特的认知，具备对问题独立的思考能力，独立思考意味着认识并接受自己的独一无二。要成为成功的创新人士，需要认识到做自己是可以的，认识到对于公司、学校、事业或家庭来说，能够表现出独特之处是创新者的最大优势[9]。

案例5：独立女性可可·香奈儿

法国先锋设计师、独立女性可可·香奈儿曾说过："为了无可替代，你必须不同。"从她事业的最开始，香奈儿便无视传统。她反对女人为了看起来时尚而被迫穿得不舒适，所以用更加随意、简约又舒适的款式来取代刻板、紧身的衣物。她最初被时尚媒体疯狂抨击，却非常坚定地宣称："奢华必须是舒适的，否则就不是奢华。"香奈儿的新美学视角使她成为时尚史上重要的人。在20世纪20—30年代，她广泛推广时尚运动系列，香奈儿的小黑裙和经典款的套装，跨越时间的设计，在今日依然流行。人们嘲讽她的穿着，但这却成为她成功的秘密：看起来和其他人不一样。对她来说，最勇敢的行为就是始终保持独立思考，并勇敢表达。

3. 做个乐观主义者

具有创新意识的人得以成功的关键，在于他们保有乐观主义的精神。面对失败和挫折，如何应对消极情绪，如何处理这些事情，是区分成功与否的秘诀。面对不可预知的失望与困难，心理学家有一项被称为90/10的定律，即生命中会有10%是发生在你身上不可控制的事情，而剩下的90%是你可以决定，取决于你的选择去控制的事情。当遇到并未按照预期发生的事情时，出现不安、恼火、失望是很自然的，但具有创新思维的人会及时从负面情绪中恢复，保持积极心态，获得积极成果。

案例6：伟大的发明家爱迪生

灯泡的发明者爱迪生为了找到一种合适的材料做灯丝，不屈不挠地进行了上万次的尝试。试验初期，他找到了1 600多种耐热材料，反复实验2 000余次，结果发现只有白金较为合适。但是，白金比黄金还贵重，从商业价值的实现角度，结果并不可行。之后，他又经过上万次的试验，写成试验笔记就有150多本，通过不断的努力，爱迪生终于找到了既具有经济可行性又具有技术先进性的发光材料，获得了巨大的成功，给人类带来了"光明"。面对挫折，爱迪生说："我并没有失败，我只是发现了10 000种行不通的方式。"创新的过程坎坷曲折，但爱迪生的故事告诉我们，超越暂时的失败，如何去面对的态度比能力更重要。

4. 在自然中汲取灵感

大自然能够给予创新者新的视角。自然界经过了40多亿年的进化，形成万物生存的解决方案。自然不仅知道如何去做，更知道如何能够持续更久[4]。因此，如果你缺乏创新的灵感，那么可以从大自然中去汲取。

在自然中汲取灵感意味着要有一双善于观察的眼睛，发现周围事物的相同和差异之处；还意味着要有善于质疑的心态，对即使身边习以为常的事物和现象，也时常问几个"为什么"。

案例7：来自自然的灵感促成多领域成就

在设计领域，约恩·伍重（Jorn Utzon）为悉尼歌剧院所设计的标志性建筑，灵感源于他在午餐时切开的橙子；赫尔佐格（Herzog）和皮埃尔·德梅隆为2008年北京奥运会设计的"鸟巢"体育馆，外表犹如一个由泥土、羽毛和苔藓构成的真实鸟巢，其网状结构更是有效解决了通风和照明的问题，成为建筑界的典范。

在信息学科领域，诸多人工智能算法源于对自然界规律性事物的模拟和实现。遗传算法模仿人类进化，设计选择、交叉、变异算子，实现迭代优化，获得最优解；蚁群算法模拟蚂蚁群体在觅食过程中，总能找到一条最优化的路径，并逐渐迭代，实现全局最优化；专家系统模拟人类大脑逻辑思维的方式，搭建知识库，使用推理机制，实现问题决策；人工神经网络参考人类大脑的构成及思维方式，发现信息是通过神经元的兴奋模式分布存储在网络上，信息处理是通过神经元之间同时相互作用的动态过程来完成的，由此模拟并实现了可以发现和识别模式的人工智能系统。

5. 不受环境影响

史蒂夫·乔布斯说："你的时间有限，所以不要为别人而活。不要被教条所限，不要活在别人的观念里。不要让别人的意见左右自己内心的声音。"

不受环境影响意味着集中关注那些极度吸引你的、让你有启发的事情。那些产生新想法的革命性思想者往往是被兴趣所驱动，他们不随便妥协，执着于在头脑中产生的、由信息所触发的挑战性思维，坚持完成所追求的事物。

不受环境影响意味着为自己的期望担当。创新意味着打破原有规范，提出新的规则。创新也可能是突破现状的过程，创新往往还会否定现存。因此，创新的过程可能充满了和环境的冲突。作为创新者，要坚定自己所做的事情是独特而与众不同的，接受这种冲突，不随便放弃和妥协。

案例8：诺贝尔奖获得者苏布拉马尼扬·钱德拉塞卡

天体物理学家苏布拉马尼扬·钱德拉塞卡（Subrahmanyan Chandrasekhar）19岁时，因成绩优异获得政府奖学金，只身乘船前往英国剑桥求学，并逐渐投入天体物理学的研究中。1935年，在皇家天文学会的会议上，年仅24岁的钱德拉塞卡在会议上宣读了自己在星体结构方面的研究发现，但他的想法并不被接受。当时天体物理学界的权威爱丁顿走上讲台，他当众把钱德拉塞卡的讲稿撕成两半，宣称其理论全盘皆错，原因是得出了一个"非常古怪的结论"。但这并没有减弱钱德拉塞卡对于专业的偏执和热爱，在长期的不被理解和接纳的环境中，他仍然执着钻研。

钱德拉塞卡在芝加哥大学任教期间，开设了一门天文学课程，并对这门课程怀揣期待，但报名的学生只有两个，这令人尴尬的学生数字一度成为同事们的笑柄。钱德拉塞卡可以取消这门课，但是他并没有，因为他爱这门课和这个班，他和他的学生们在课上互相激发灵感、全情投入，被想法所带来的愉悦驱动，教授和学生都在这门课上因找到描述科学问题的新方法、新的观察视角获得巨大的满足。几年后，这两名学生均获得了诺贝尔奖，他们就是物理学家李政道和杨振宁。

经过差不多50年的探索，"钱德拉塞卡极限"的发现才得到了天体物理学界的公认，并且被认为是对星体结构的革命性发现，奠定了黑洞理论的基础，钱德拉塞卡最终获得了诺贝尔物理学奖。1983年，当他从瑞典国王手中接过诺贝尔奖章时，已是两鬓斑白的垂垂老者。他曾经教授过的史上最小的班级，最终班里的两名学生都获得了诺贝尔奖，成为大学教育中最成功的一个班。

6. 正视竞争获得创新驱动力

竞争是成功的催化剂，拥有一个好的对手能够激发竞争意识和忧患意识，最大限度地激发潜能，唤醒创新者内在的主动生产力。带着一丝嫉妒去敬仰对手的作品，那么对方将成为激励我们前进的最亲密的伙伴。

比尔·盖茨说："我们获得所有的成就都归功于我们的竞争者，无论是研发新产品还是学习新技术。"比尔·盖茨和乔布斯作为一对强有力的竞争对手，分别带领微软公司和苹果公司，相互对抗。但是在1997年，当苹果公司陷入财政危机，微软公司入股150万美元，帮助其摆脱困境。他们懂得彼此竞争的重要性，因此也都因为要超越对方而造就了自身的伟大。

案例9：透纳和康斯坦布尔

透纳和康斯坦布尔是英国历史上杰出的画家，共同推动英国风景画走向世界艺术的巅峰。1832年，两位大师同时参加了皇家艺术学院画展，康斯坦布尔展出了一幅花了近15年才完成的作品，而摆放在他的作品旁边的，正是透纳花了几个小时完成的灰色海景油画。在展览开幕的前一天，艺术家们可以做展览前最后修整。透纳长久地凝视康斯坦布尔的画作后，在自己的画上，轻轻地做了修改并离开。随后赶来的康斯坦布尔敏锐地发现透纳的微小修改，并叹气道："他来过，并伤害了我。"原来，透纳在观察了康斯坦布尔的画作后，重新审视自己的作品，并在画中加了一笔像浮标一样的小小的红色，这使得整个作品有了不易察觉的点睛之笔。

这两位处于同一时代的伟大艺术家，具有截然不同的个性，究竟谁更优秀，在艺术界长期存在着争议。有趣的是，欧美诸多艺术馆，都将透纳和康斯坦布尔的画作放在同一个展厅的同一面墙上进行展示，似乎在暗示着这两位伟大的艺术家，他们因对方的存在，不断超越，在竞争中相互促进，并获得了更高的成就。

7. 关注交叉领域

关注多元化交叉领域，培养多元化兴趣。在一个领域中得到共性认知的事物，可能会启发另一个领域获得不同寻常的发现；一个领域中的知识，可能会启发创新者解决另一个领域的问题，成为有效的解决方案。多个领域的交叉融合，产生了新的研究方向，解决现实世界中存在的复杂性问题。

创新者善于尝试结交不同知识领域的专家。科学家肯特·鲍恩（Kent Bowen）说："在解决我们面临的许多具有挑战性的问题时，我们所需要的想法往往源于我们行业和科学领域之外。我们必须主动出击，将其他领域和行业的成功和进展融入我们的工作，并引以为豪。"

列奥纳多·达·芬奇，思想深邃，学识渊博，擅长绘画、雕刻、发明、建筑，通晓数学、生物学、物理学、天文学、地质学等学科。张衡是东汉时期杰出的天文学家，同时他也是数学家、发明家、地理学家和文学家。爱因斯坦每天都会拉小提琴，去哪里都随身带着他的琴。控制论的创始人诺伯特·维纳也是一名小说家。这些历史上伟大的人，他们的广泛兴趣让自己的领域更加丰富。

案例10："美第奇效应"

当思想立足于不同领域、不同学科、不同文化的交叉点上，就可以将现有的各种概念联系在一起，组成大量不同凡响的新想法，这种现象被称为"美第奇效应"（Medici effect）。

美第奇家族是意大利佛罗伦萨的银行世家，曾出资帮助各种学科、众多领域里锐意创造的人。由于这个家族以及几个有着相似背景的其他家族的鼎力资助，雕塑家、科学家、诗人、哲学家、金融家、画家、建筑家齐聚于佛罗伦萨。居住在这座城市里面，他们得以互相了解对方，彼此相互学习，从而打破了不同学科、不同文化之间的壁垒。他们一同用新的思想，开创了人类历史上的一个新的思想纪元，这便是后来被称为"文艺复兴"的那个时代。这种情况使得该城成为创造能力的爆炸中心，这一时期也是最具有创造能力的历史时期之一。时至今日，人类仍然能够感受到美第奇家族当年影响的余脉。

12.3.2　培养创新能力

创新者运用富有创新性的想法，为组织或企业打造有利的竞争优势，创造巨额财富。如何学习并具有创新能力？通过对 75 个国家 500 多名创新者及 5 000 多名主管的研究，得出一个关键性的发现：形成创新性想法的能力不仅源于大脑的功能，也源于行为的功能 [4]。这意味着只要改变自身的行为，培养行为的习惯，就能够提升创新能力。

创新者所需培养的行为，由五项发现技能构成，分别是：联系能力、提问能力、观察能力、交际能力和实验能力。这五项发现技能汇聚在一起，就构成了创新者基因。创新者还具备四项执行技能：分析、计划、细节化实施、纪律化管理 [4]。

1. 联系能力

联系能力是一种可以让你跨越知识领域、产业乃至地域，并将它们联系在一起进行思考的能力。创新者通过提问、观察、交际和实验积极地探求广博的新信息和新想法，这些方式都是创造新联系的催化剂。

创新者之所以能有"非同凡响"的想法，是因为他们能够发现尚未被联系起来的事物之间的有效链接关系。爱因斯坦曾经将创造性思维称为"组合游戏"，并认为这是"建设性思维"的本质特点。史蒂夫·乔布斯认为创造就是联系事物，他说："如果你问创新型人才，他们是如何做到的，他们可能有些惭愧。因为他们并没有真正去做什么，而只是看到了一些事物，他们能够将自身经历联系起来，整合成新鲜事物。"这种能力就是联系性思维能力，是位于创新者基因的核心的认知技能。

创新者是"T 型人才"，他们在某个知识领域有专业造诣，又积极吸收了其他不同领域的知识。拥有这样知识结构的人，通常会通过两种方法构造联系、实现创新：①从其他领域引入一个想法，并将其植入自己精通的专业领域；②从自己精通的专业领域拿出一个想法，并将其植入自己略懂的众多领域之一。

练习环节：SCAMPER 思考法

SCAMPER 思考法由美国心理学家罗伯特·艾伯尔（Robert F. Eberle）提出。作为一种创意思考工具，SCAMPER 所包含的内容代表七种改进或改变的方向，激发人们推敲出新的构想，如表 12-1 所示。

表 12-1　SCAMPER 挑战

SCAMPER 挑战	创意命题, 如：一块砖头产生的联想
S: 替代	冰块、茶砖
C: 合并	砖块灯
A: 改造	桌椅、积木

SCAMPER挑战	创意命题，如：一块砖头产生的联想
M：调整	彩色砖
P：改变用途	镇纸、案板、健身工具、武器
E：去除	空心砖、砖花盆
R：反向	棉花砖

1）substitute（替代）

替代指分析事物的元素，通过改变事物的某个部分实现创新。

例如，显微镜是医生诊断疟疾的必备工具之一，但对于疟疾肆虐的非洲来说，显微镜价格昂贵，体积和重量较大，不方便乡间医生使用。于是，美国斯坦福大学的生物工程学家用纸板替代普通显微镜的结构，制造了纸板折叠显微镜。纸板显微镜可以很方便地折叠，价格只相当于人民币 35 元，它的发明大大降低了医生的使用成本。

2）combine（合并）

合并指将多个事物的元素分解出来，通过组合、整合、搭配实现创新。

例如，在印度的农村，卫生条件堪忧，学生没有养成用肥皂洗手的习惯。面对这个问题，一家卫生健康公司发现，通常学生用粉笔做练习题后会主动洗手，于是，他们将肥皂与粉笔结合起来，制作出肥皂粉笔。学生在洗手时，残留在手上的粉笔灰会变成肥皂，起到清洁作用，从而保障学生的健康。

3）adapt（改造）

改造指审视原有事物的特质和功能，为其增加某个功能或属性实现创新。

例如，给饮品增加占卜的功能，就成了爆红的答案茶。畅销饮料脉动则为饮料增加了提神的作用。王老吉结合中医养生理论，以中草药为原料，为饮料增加了预防疾病和保健的功能。上述这些产品均在原有产品基础上，增加了部分功能，得到消费者的认可。

4）modify（调整）

调整是对原有事物进行特征修改，实现功能的更新升级。

例如，伴随电子商务的繁荣发展，传统商场的百货、服装销售等功能受到了严重的冲击。因此，不少商场开始探索功能的转型升级，为商场赋予"餐饮""儿童游乐场""影院""书店""健身房"等多样化的生活服务功能，而传统的购物则成为一种顾客流量吸引后的附加功能，探索出一条传统实体店生存的有效路径。

5）put to other uses（改变用途）

改变用途是将原事物应用于其他方面，创造出新的用法实现创新。

例如，传统手机的用途就是接打电话，但伴随互联网尤其是移动互联网的普及，手机已经转变了用途，成为用户不可或缺的智能终端，承载着检索、生活服务、娱乐等各种各样的应用功能。

6）eliminate（去除）

去除是将原有事物的属性或特征去除或省略，从而创造出新的事物。

例如，近年来深受年轻人喜爱的百事可乐的无糖气泡水、农夫山泉的炭火无糖咖啡、康师傅的无糖冰红茶等，这些产品均是在保障原有饮料口味的基础上，去除了糖分，从而满足消费者对于健康饮品的需求。

7）reverse（反向）

反向是反向思维，将事物的特性列出，并尝试将其中的某些特性翻转过来，通过反常规的方式突出产品的特点。

例如，常规情境下，我们认为脏的东西是不能吃的，但是"脏脏茶""脏脏包"等产品，正是利用反向思维进行产品创新，把事物外观做成"脏"的样子，引发消费者的关注和兴趣，前来购买。

2.提问能力

教育家陶行知先生说："发明千千万，起点是一问。"创新者善于打破沉默，提出发人深思的问题，并通过提问，催生其他发现行为，包括观察、交际和实验。

提问是创新者的工作方式。创新者往往提出许多问题，从而更好地理解现状及其他可能性。爱因斯坦说："问题的形成往往比问题的解决更重要。"为了解决问题而提出问题需要创造性的想象力。宝洁公司前董事长兼首席执行官阿兰·乔治·雷富礼，与人交谈和开会的时候，总会开门见山地提出问题："你的目标消费者是谁？消费者需要什么？消费者想要的体验是什么？消费者觉得现在产品少了些什么？"在深入了解现状之后，他会将探寻的重心转移到"如果……会怎样"的问题上，用于进行以消费者为中心的创新。不断地提出问题，雷富礼改变了宝洁公司的运作模式。

提问可以启发创造性的见解，可现实中，人们往往不愿意或羞于提问。这主要源于两个阻碍：①不想让自己显得很傻；②不想让别人觉得自己不合作或者唱反调。对于第一个阻碍，要从心理上克服，要认识到，伟大的提问者都有很强的自尊心和自信心，同时能够谦虚地向他人学习，甚至是向学识不如自己的人学习。提出问题的人不该被嘲笑，不懂装懂的人才最可笑。对于第二个阻碍，不想让人觉得自己不合作，可以改变提问的方式。例如，在提问之前，可以尝试说："接下来我要问一些听起来有一点儿傻的问题，以弄清楚事情为什么是现在这个样子。"这样可以帮助提问者投石问路看看是否可以质疑现状，同时又不会显得不合作。

问题是激发创造性想法的催化剂。然而，仅有问题，不足以产生创新，还需要创新者将当下提出正确问题的直觉和其他创新技能结合起来。例如，通过一边搜寻新想法一边提出问题，一边观察一边提出问题，一边实验一边提出问题，那么就能够有更多的发现，从而更有可能成功地开发出创新的产品、服务或业务。

练习环节：参与问题风暴

问题风暴是由杰夫·戴尔提出的一个有用的提问工具[4]。它是指一个团队像掀起风暴一样提出许多与难题有关的问题。如果被一个问题困住，无法通过常规的头脑风暴程序找到进一步的想法，那么暂时停止头脑风暴，不再尝试提出解决方案，而是先集中大家的精力，专注地围绕难题提问题。通过只提问题，对面临的挑战进行更加深入的认识，扩大视野，对问题有新的了解。

首先，个人或团队找出一个需要解决问题的个人、工作部门或是组织性的难题或挑战。其次，针对这个难题或挑战，按照如下规则，写下至少 50 个问题。

（1）指定团队中的专人负责将问题写在白板上，这样每个人都可以看到这些问题，从而可以开始思考每一个问题。

（2）过程中，督促团队成员问出"情况是什么""原因是什么""为什么要……""为什么不……""如果……会怎样"这一系列问题。

（3）只有前一个问题被写到白板之后，才能开始问下一个问题。

（4）提问过程必须开门见山，不允许长篇大论。

（5）每个人专注提问题，直到提出至少 50 个问题为止，这之前不允许回答问题。

通过问题风暴，团队会更加深入探寻问题产生的深层次原因，或是某次机遇的方方面面。提问环节结束后，选出最重要或最具有启发性的问题，列为优先考虑的问题，并进行讨论，以获得更好的解决方案。

3.观察能力

大多数创新者都是积极的观察者。他们仔细观察身边的世界，通过观察，既能够了解事情成功的经验，也往往敏感地注意到事情不成功的原因。通过观察，创新者还能够发现在其他环境中可能存在的更胜一筹的解决方案，进而，他们便开始在未被联系过的数据之间牵线搭桥，最终激发非同寻常的想法。这样的观察通常需要调动多重感官，并且常常源自引人注意的问题。

观察是为了产生洞察，即能够解释问题产生和存在的真正原因。观察某个人或某个群体在特定情境下的做法，可以启发完成任务的想法，还可以找到更好的完成方法。因此，对于大多数创新者，观察是一项关键的发现技能。

宝洁公司曾经一度遭遇洗衣液销量下滑的问题。按照传统的方法，公司可能会采取改变洗衣液的香气、换包装或投放更多的广告等宣传方式改变现状。但这次，公司研发团队深入消费者群体，观察消费者行为，探求销量下滑的真实原因，他们意外地发现了一个年轻人群体，他们从来不洗牛仔裤，因为他们认为用水洗涤牛仔裤会使牛仔裤变形，因此，他们宁愿采取太阳暴晒、冰箱冷冻等方法为牛仔裤杀菌，也不愿意用水清洗。基于对这个群体的观察，宝洁公司研发团队设计出了一款牛仔裤消毒喷雾，只需用喷头将清洁剂均匀喷洒在牛仔裤上，直接晾晒，这样既不会使牛仔裤变形，也清洁了牛仔裤。

练习环节：观察小游戏

选定一个群体或对象（或安排一次企业考察），围绕下面三个方面进行观察练习，并详细记录观察的结果。

（1）积极地观察对象。

（2）特别留意那些出人意料或异常的事物。

（3）寻找机会在不同的环境中进行观察。

4.交际能力

创新者善于通过广泛的人际关系网络，花费时间和精力寻找并检验想法，从而得出极为不同的观点。这里搭建的人际关系是指思维和想法的交际，而并非资源的交际。许多人参与交际的目的是推销自我、推销公司或者和有对口资源的人建立联系，这样的交际很难促进创新。相反，创新者较少会为了获得资源或发展职业生涯而参与交际。他们与人交际时会通过与各种有想法和观点的人交谈，积极地深入搜索新想法和见解。

创新者善于走出自己的行业和领域，结识拥有不同背景和观点的人，以此拓宽自己的知识面，建立起通向不同知识领域的桥梁。易趣的创始人皮埃尔·奥米迪亚经常会与非专业人士（和专家）进行交往，从而寻求意想不到的见解。他说："我重视来自不寻常之处的想法。更通俗地说，比起和 CEO 交谈，我更加愿意和收发室的人交谈。我要寻找背景广、思考方式多种多样的人。我想让自己接触到一些不同的思考风格。当我从这些不同的方向上获得信息时，并不限定目标，也不会有的放矢。"

练习环节：梳理人际关系网络

列一张名单，写下你想要找出或改进某个想法时会联系的 10 个人（表 12-2）。观察你列出的结果，查看表格内容是不是很少，人员结构是不是单一，从而梳理你的人际关系网络。

表 12-2　梳理人际关系网络

序号	姓名	居住地	行业（专业）	性别	职业	组织内的级别	年龄差	政治观点	经济情况
1									
2									
3									
⋮									
10									

5. 实验能力

将创新的想法综合凝练，转化成原型的能力，是创新者所具备的实验能力。创新者通过创造产品原型和开展试点测验，积极地尝试新的想法。他们不仅仅在传统意义的实验室工作，世界就是创新者的实验室。除了创造原型，创新者还尝试新的体验，拆解产品和程序，目的是搜寻也许会激发创新性想法的新数据。优秀的实验者知道，虽然提问、观察和交际能够提供过去的数据（过去是什么情况）和现在的数据，但是要收集关于未来可行方案的数据，最好的方式就是实验。

美国统计学会前任主席乔治·博克斯注意到，"要想知道一个复杂的系统在被更改后如何运转，唯一的办法就是更改它，然后看它如何运转"。他因此肯定了实验塑造未来的力量。实验能够给予创新者关键数据，证实想法在实际中的表现，还能够帮助他们一点点地塑造出革命性的商业模型。

大多数创新者都至少会尝试下述三种实验中的一种。

（1）通过探索尝试新的体验。例如：在不同的城市居住，在多个行业工作，培养某项新的技能等。

（2）拆解，包括动手拆解和动脑拆解。例如：拆解一个物件，勾画一段程序，拆分一个想法等。

（3）通过试点和产品原型检验一种想法。例如：创建一个原型，尝试一个新程序，成立一家新公司等。

◢ 12.4　设计思维创新方法

12.4.1　设计思维的概念

设计思维（design thinking）既是一种方法论，也是一种采用以用户为中心的方式解决复杂问题的过程。作为一种思维方式，它被普遍认为具有综合处理事务的能力，能够理解问题产生的背景，催生洞察能力，并能够理性地分析和找出最合适的解决方案。

在当代设计和工程技术当中，以及商业活动和管理学等方面，设计思维已成为流行词汇的一部分，它还可以更广泛地应用于描述某种独特的"在行动中进行创意思考"的方式，在 21 世纪的教育领域中有着越来越大的影响。

设计思维的体验式学习，是通过理解设计师们处理问题的角度，了解设计师们为解决问题所用的构思方法和过程，从而激发个人乃至整个组织更好地连接实现创新的构思过程，达到更高的创新水平，以期在当今竞争激烈的全球经济环境中建立独特优势。

世界顶级创意公司 IDEO 董事长蒂姆·布朗（Tim Brown）曾表示："设计思维是以一种以人为中心，结合人类需求、科技的可能性和商业上的可行性的设计工具。"设计思维聚焦于如何获得切实可行的结论及解决方案，它促进设计者的理解，将技术可行性、商业策略与用户需求相匹配，从而转化为客户价值和市场机会。有效创新的最佳结合点如图 12-2 所示。

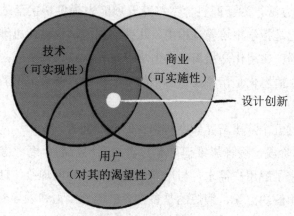

图 12-2　有效创新的最佳结合点

技术上的可实现性，是指结论或方案可以被开发成实用性的产品或流程。

商业上的可实施性，是指结论或方案在商业环境中能够实现。

用户对其的渴望性，是指结论或方案能够满足真实用户的需求。

通过设计思维，获得满足技术上的可实现性、商业上的可实施性以及用户对其的渴望性三者交集的创新，即设计创新。

12.4.2　为什么使用设计思维

1. 设计思维是全球创新者的共同语言

设计思维是一种方法论，用于为寻求未来改进结果的问题或事件提供实用和富有创造性的解决方案。在这方面，它是一种以解决方案为基础的，或者说以解决方案为导向的思维形式，它不是从某个问题入手，而是从目标或者是要达成的成果着手，然后，通过对当前和未来的关注，同时探索问题中的各项参数变量及解决方案。

设计思维将所有的相关人员融入创新落地的过程，而不仅仅是设计人员。使用设计思维，可以帮助创新者用清晰的分析思路解决复杂问题，因此，设计思维现已成为全球创新者的共同语言。

近年来，学术界，如斯坦福、哈佛、MIT（麻省理工学院）等院校纷纷开设设计思维课程，为学生提供创新能力培养的平台和工具，设计思维课程成为深受学生喜爱的课程。国内外的企业界，从讲究创意的领先企业，如 IDEO、苹果、SAP 等，到传统产业，如 GE、P&G、3M、联想、大众等都把设计思维纳入经营策略。

2. 为新商科学生培养五项能力提供落地的工具

设计思维提供了一种开发创造能力的思维方式，遵循五个步骤，即共情、问题定义、创意、原型及测试。其核心思想是探索问题的究竟、更巧妙更具突破性的点子、探索真实的世界和同理心等。体现结构化（structured）、实用化（pragmatic）和情境化（situational）的方法，为新商科学生培养五项能力提供切实落地方案。

这里的结构化是指学生培养过程中，从共情到测试，设计思维的五个步骤所遵循的结构化方式和布局；实用化是指简化学生培养过程，操作性更强，同时不会影响到教学所要求的严谨性；情境化是指将设计思维的五个步骤，结合案例教学，用于商科教育的不同环节。

设计思维通过五个阶段培养新商科学生的五项能力。

（1）在共情阶段，设计思维倡导参与者站在用户的角度考虑问题，通过观察、访谈和沉浸等方式来了解用户需求，与用户产生共情，即同理心，针对用户使用产品或服务中的痛点，给出解决方案，锻炼的是参与者的洞察能力和领导能力。

（2）在问题定义阶段，通过共情，洞察问题背后隐藏的真实原因，并以团队协作的工作方式，重新定义团队要解决的问题。这个问题可以是设计一个产品（如购物车），也可以是完成一项任务（如进行案例开发），这个阶段锻炼的是参与者的五项素养和五项能力。

（3）在创意阶段，即根据所定义的问题，提出一切可能解决问题的办法，锻炼参与者的创造能力和领导能力。

（4）在原型阶段，即根据前三个阶段，得出所设计产品或方案或服务的原型，锻炼的是参与者的创新能力和领导能力。

（5）在测试阶段，也就是要将设计的产品原型或方案投放到市场中去测试，检验市场接受度或方案可行性等，锻炼的是参与者的创业能力和领导能力。

12.4.3　设计思维的流程

根据斯坦福 D.school 的研究，设计思维的五个阶段为：共情、定义、创意、原型和测试，其中，通过理解和观察可达到与用户的共情（图 12-3）。设计思维的五个阶段是迭代的、灵活的，专注于创新者和用户之间的协作，重点在于根据真实用户的思维、感受和行为来将创意变为现实。

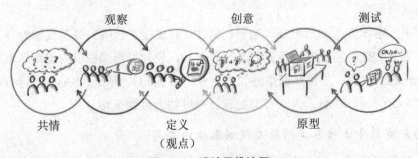

图 12-3　设计思维流程

1. 共情

在共情阶段，获得对你正试图解决的问题的共情理解。

共情是设计的核心，在设计思维过程中，共情对以人为本的设计过程至关重要，共情让设计者可以抛开自己对世界的假设，以深入了解用户及其需求。

与对方产生共情的方法有很多，包括观察、调查、行动体验等。根据时间限制，在共情阶段，设计者可以通过亲身体验的方式，如深入客户所经历的环境，参与和理解用户的经历与动机，将自己沉浸在物理环境中以更深入地了解所涉及的问题。也可以通过观察，如通过浏览客户提供的大量文字、图片信息，还原场景和情境。

无论采用何种方式，达到共情，能够使设计者产生关于对需要解决问题的新的见解，对特定产品开发背后的问题形成最佳理解，即洞察。

2. 定义

在定义问题阶段，将共情阶段创建和收集的信息集中在一起，分析观察结果并对其进行综合处理，从而形成小组对问题的观点（point of view，POV）。定义阶段可以帮助团队界定需要解决的核心问题，同时开辟新的、创新解决问题的空间。

小组的 POV 应该能够解释下述三个部分内容。

（1）谁是用户？（尽可能地标注出特殊的细节。）

（2）用户最迫切的、未满足的需求是什么？

（3）为什么这是最具洞察的发现？（列出在上一阶段通过共情所发现的洞察。）

例如，网飞公司（Netflix）早期定义的 POV 是："柯洛琳娜是喜欢看科幻电影的、26 岁的单亲妈妈。她迫切需要一种不会打乱她已经非常繁忙的生活节奏的 DVD 租赁方式，能够让她在漫长工作日和照顾女儿结束后，得到真正的放松。"

在上述 POV 的定义下，网飞公司解决这一问题的方案，很有可能是通过邮件给客户邮寄 DVD。但这却极大地限制了问题解决的空间，也可能会错失发展的巨大机遇。

如果重新定义 POV："柯洛琳娜是喜欢看科幻电影的、26 岁的单亲妈妈。她需要一种新的获取娱乐内容的方法，能够让她在有限的、可自由支配的时间里，由于发现了新的内容而兴奋，并愿意将这种感受与朋友分享。"

基于上述 POV，网飞公司有了更多的创新机会。例如，通过数据流媒体的方式订阅影片内容并播放。还设计出了网飞公司著名的影片推荐服务：通过推荐算法，根据客户浏览影片内容的历史，帮助客户发现新的媒体内容。

3. 创意

在创意阶段，团队成员已经在共情阶段理解了用户和他们的需求，并且已经在确定问题阶段分析和综合了观察结果，并以人为中心陈述了问题。

有了这个坚实的背景，设计思维团队成员可以开始"跳出框框思考"，为创建的问题陈述找出新的解决方案，并且可以开始寻找替代方法来查看问题。

创意阶段需要遵循的最重要的原则是：延迟判断（defer judgement）和更多地提供点子（reach for quantity）。

头脑风暴是创意阶段市场采用的方法，用于激发自由思维并扩大问题空间。通过头脑风暴产生创意，在形成概念阶段开始时，成员尽可能多地获得想法或问题解决方案；在形成概念阶段结束时，选择其他一些评判方法调查和测试想法，以找到解决问题的最佳方法，或是规避问题所需的元素。

罗德·贾金斯，任教于全球著名创意中心中央圣马丁学院，他经常受邀在全球诸多大学进行创新能力培养的演讲，并为诸多知名企业提供创新解决方案。当公司邀请他做项目创意顾问时，他会启发对方产生至少 100 个点子。其中，前 40 个点子非常直观，中间 40 个会有些离奇且不寻常，最后 20 个会非常奇怪甚至有些超现实，把创意的边界推到了未曾到过的地方 [9]。最终选择方案的时候，通常 99% 的想法将会被剪掉，只选择最后 20 个点子中的一个。更多的努力、更多的投入和洞察能力，会带来更多的选择，也容易形成最具创新的解决方案。

4. 原型

原型，是一个实验阶段，目的是为前三个阶段发现的每个问题找出最佳解决方案。通过实现一个问题解决方案的原型，回答设计所面临的问题。

设计团队在原型阶段通过较少的代价，实现产品或产品中特定功能的缩减版本，以便调查前一阶段确定的问题的解决方案。原型可以在团队本身、其他部门或设计团队之外的小部分人员中，进行共享和测试。这些解决方案是蕴藏在原型之中的，并逐个被检验。它们或许会被接受，并进行优化和再检验，如果用户的使用体验不好，则会被拒绝。

原型阶段结束后，设计团队将会更好地了解产品中固有的约束条件、存在的问题，并且更好地了解真实用户在与最终产品交互时的行为、想法和感受方式。

5. 测试

设计师或评估人员，使用原型阶段确定的最佳解决方案，严格测试整个产品。这是五阶段模型的最后阶段，但是在迭代过程中，测试阶段产生的结果，经常用于重新定义一个或多个问题，并告知用户的认知、使用条件、人们的思维方式、行为、感受。

即使在这个阶段，更改和改进仍然在持续进行，以得到最好的解决方案，并尽可能深入地了解产品及其用户。

本章参考文献

[1] 中国社会科学院语言研究所词典编辑室. 现代汉语词典 [M]. 7 版. 北京：商务印书馆，2016.

[2] 陈劲，郑刚. 创新管理：赢得持续竞争优势 [M]. 北京：北京大学出版社，2009.

[3] 宋刚，张楠. 创新 2.0：知识社会环境下的创新民主化 [J]. 中国软科学，2009（10）：60-66.

[4] 戴尔，葛瑞格森，克里斯坦森. 创新者的基因：打造个人和组织的创新能力 [M]. 曾佳宁，译. 北京：

中信出版社，2020.

[5] 阿格特．数字化转型与创新管理——VeriSM 导论：第 2 卷 [M]．北京：清华大学出版社，2020.

[6] 乔·蒂德，约翰·贝赞特．创新管理（第 6 版）[M]．陈劲，译．北京：中国人民大学出版社，2020.

[7] 尼葛洛庞帝．数字化生存 [M]．海口：海南出版社，1997.

[8] 塔普斯科特．区块链革命 [M]．北京：中信出版社，2016.

[9] 贾金斯．学会创新：创新思维过程与方法 [M]．肖璐然，译．北京：中国人民大学出版社，2020.

（高原）

即测即练

扫码测练

第 13 章

创业能力

13.1 创业能力的内涵及例子

13.1.1 创业能力的内涵

在复杂多变的商业环境下，创业能力作为一种独特的能力，对企业的资源获取和绩效有着重要的影响，关系着企业是否能够识别新机会并获取资源以开发机会。因而，对于个体和企业而言，创业能力都是至关重要的。

关于创业能力的内涵，许多学者基于不同理论或实践视角给出了不同定义。有研究提出创业能力是创业者拥有的关键技能和隐性知识，是个体拥有的一种智力资本，它作为高层次的特征，其中包含个性、技能和知识，被视为创业者能成功履行职责的整体能力[1]。还有一些学者认为创业能力理论试图解决的最核心的问题就是，当企业处于变化的环境中时，应该如何抓住市场机会并更新资源以保持与环境的一致性[2]。本书采用我国学者马鸿佳等提出的创业能力的定义，即创业能力是创业者为了实施创业行为而不断地捕捉市场机会，并且利用内外部关系进行运营规划来迎合市场机会，让企业竞争优势得以提升、企业创业得以成功所应具备的能力[3]。

13.1.2 创业能力的具体品质表现

1. 洞察商业机会的能力

从本质上来说，创业其实是一种发现市场需求、寻找市场机会的投资经营活动。寻找创业的商业机会出发点是明确市场需求，一种亟待解决的市场需求往往就是一种可遇而不可求的商业机会。一些企业之所以能够取得成功，是因为在创业早期阶段企业家们都寻找到了一个好的商业机会。所以对于早期的创业者来说，良好的商业机会洞察能力可以极大地增加创业成功的概率。

2. 心理承压能力

许多创业者成功的经验和失败的教训证明，良好的心理承压能力是创业成功的关键。良好的心理承压能力一方面是敢冒风险，敢于走别人没有走过的路，这样更容易抓住创业机会，创造出企业的特色；另一方面是善于控制情绪，保持乐观心态。当创业者开始创办自己的企业的时候，要面对许多困难，如项目的选择、市场的开发、资金的周转以及暂时性的失败等。面对如此多的问题就要创业者善于控制自己的情绪，保持乐观的心态，能够在巨大的压力下泰然自若、举重若轻。只有具备良好的心理承压能力，才能全身心融入创业活动中，努力地解决生活及创业过程中遇到的问题，不受各种外来因素的干扰。

3. 应对困难的能力

创业者一定程度上是走在前人没有走过的路上，创业的过程总是困难重重、艰辛曲折的，只有百折不挠地将创业行动坚持到底才会有成功的希望。任何创业者、创业企业在任何阶段都会遇到各种各样的困难，不同的人遇上不同的问题，遇到问题时不应该抱怨，不应该放弃，而要去想怎样用恰当的方式解决它。

4. 创业管理能力

管理是在特定的环境下，对组织所拥有的资源进行有效的计划、组织、领导和控制以达成既定的组织目标的过程。成功的创业者，要对由规定、决策、实施、管理、评估、反馈等环节组成的企业管理的全过程，具有控制和运筹能力。创业管理能力是创业的核心能力之一，需要创业者掌握一定的目标管理技能、财务管理技能、信息管理技能、团队管理技能和项目管理技能。

13.2 培养大学生创业能力的重要性

13.2.1 以创业带动就业是缓解大学生就业难的有效途径

创业具有扩大就业的倍增效应，大学生创业不仅是就业的重要形式，而且创业能进一步带动就业，为更多的人解决就业问题。调查结果表明，每一个大学生创业平均可以带动8个其他大学生或社会待业人员就业。因此，培育大学生的创业精神和创业技能，提倡和鼓励大学生自主创业，通过创业来解决大学生就业问题无疑是一条可行且有效的途径。

13.2.2 有利于培养大学生艰苦奋斗的作风

大学生自主创业的过程中，困难和挫折甚至失败都在所难免，创业者必须独立面对和解决创业中所遇到的各种各样的难题。这就要求自主创业的大学生具备顽强的意志和良好的品格，勇于承担风险、自立自强、艰苦拼搏，通过创业培养自立自强的意识、风险意识、拼搏意识和艰苦奋斗的作风。

13.2.3　有利于培养大学生的创新精神

青年大学生作为中国最具活力的群体，如果失去了创造的冲动和欲望，那么中华民族最终将失去发展的不竭动力。大学生的创业活动，有利于培养他们勇于开拓创新的精神，把就业压力转化为创业动力，有利于越来越多的大学生在各行各业成长为创新型人才。

13.2.4　有利于大学生自我价值的实现

随着社会的不断发展，创办企业越来越需要创业者具有较高的知识水平和技术能力，而拥有专业知识和具有人力资本的大学生，更有能力通过创业来实现价值创造。大学毕业生通过自主创业可以把自己的兴趣与职业紧密联合起来，做自己最感兴趣、最愿意做和自己认为最值得做的事情。创业为大学生创造了发展的机会、提供了增加个人财富的可能性，是大学生自我价值的提升，也是一种自我实现的追求。在创业过程中大学生既要超越对手又要超越自我。超越自我意味着思维方式的不断创新，也意味着人生目标的不断前移，意味着人生价值的实现。对许许多多梦想着开创自己事业的大学生而言，创业不但是一种就业选择，更是发挥个人潜能的舞台。

▲ 13.3　创业能力的训练与培养

13.3.1　保持对商业环境的关注和敏感

要培养洞察商业机会的能力，就要求创业者保持对商业环境的关注和敏感。创业者的敏感是指对外界变化的敏感，尤其是对商业机会的快速反应。创业机会来自有商业价值的创意，有商业价值的创意绝对不是空想，而是要有现实意义、具有实用价值。一旦创业机会显现，大部分人并不能够明显地感知，仅有少数人能敏锐地洞察或发现。同样，基于这种洞察商业机会的能力差异，发现机会后只有少数人能迅速行动开展创业活动。事实上保持对商业环境的关注和敏感不仅是创业开始的基础，也是企业成长的必要条件。保持对商业环境的关注和敏感有利于发现更多的创业机会，选择更有竞争优势、突破性的创新方式，进而抢占企业发展的先机。

案例分析：Airbnb：一个最烂创业想法的逆袭之路（1）——充气床垫与早餐

扫码阅读案例

案例思考：

1. Airbnb 的创业机会是怎样被发现的？

2. Airbnb 的创业机会受到了哪些因素的影响？

3. 如何评估 Airbnb 创业机会的价值？

4. 如何实现 Airbnb 创业机会的价值？

13.3.2 对风险、模糊和不确定性保持容忍

创业者在创业过程中常常需要应对一定程度的风险和不确定性，可以说风险和不确定性存在于创业的每个环节。许多创业成功的范例表明，创业者对于风险需要有更多的包容性，敢于去利用机会谋利，并且在寻找降低风险措施方面更需要有创造性。风险承担，被认为是一种稀缺的资源禀赋，是一般自然人普遍缺乏的素质。创业者需要比其他人对待动态变化，尤其是不太明确的动态变化情况更加适应。

案例分析：Airbnb：一个最烂创业想法的逆袭之路（2）——没有人想要触碰它

扫码阅读案例

案例思考：

1. Airbnb 的创业者在创业初期面临着哪些风险、模糊和不确定性？

2. Airbnb 创业者是如何应对风险、模糊和不确定性的？他们的做法给你带来了哪些启示？

13.3.3 建立自我依赖并能快速适应变化

大学生一旦选择了创业这个没有上司的职业，就需要自我决策、自我规划。创业者需要使用自己的判断去承担责任，而不是等待他人的帮助或者盲目跟从别人的主张。尤其在应对商业形式变化、团队成员变更或者企业的各项运营不如预期的时候，更要求创业者能够勇敢自信、独立自主、不等不靠，主动积极地寻找解决问题的对策，带领创业团队走出企业困境。

案例分析：Airbnb：一个最烂创业想法的逆袭之路（3）——逆袭的"麦片包装盒子"

扫码阅读案例

案例思考：

1. Airbnb 的创业者是如何在身无分文、负债累累的状况下"自救"的？

2. 为什么给了一个小小的"麦片包装盒子"最终打动了"创业教父"Paul Graham？

13.3.4 学会组织和利用资源

创业资源在未整合之前大多是零散的。要发挥其最大效应、转化为竞争优势、为企业创造价值，还需要新创企业运用科学的方法将不同来源、不同效用的资源进行配置与优化，使有价值的资源融合起来，发挥"1+1>2"的放大效应。学会组织和利用资源需要新企业在创建与成长发展过程中，对组织内外可获得的一切资源进行选择、吸收、配置与利用。组织和利用资源的合理性决定着企业的创业资源能否发挥其效用，最终影响着新创企业的竞争优势。对企业创业资源的组织和利用应当具备两个基本特点：一是尽量多地发现有利的创业资源；二是以效率最高的方式来配置开发和使用这些创业资源。

案例分析：Airbnb：一个最烂创业想法的逆袭之路（4）——摸索中找到增长利器

扫码阅读案例

案例思考：思考题

1. 加入 Y Combinator 的孵化项目后 Airbnb 对资源的组织和利用可以概括为哪几个方面？

2. Airbnb 的创业者是如何在资源的整合和利用中解决商业问题的？

3. 结合案例谈谈怎样发掘资源的商业价值。

本章参考文献

[1] MAN T W Y，LAU T, CHAN K F. The competitiveness of small and medium enterprises：a conceptualization with focus on entrepreneurial competencies [J]. Journal of business venturing，2002，17（2）：123-142.

[2] ZHOU K，LI B. How strategic orientations influence thebuilding of dynamic capability in emerging economies[J]. Journal of business research，2010，63（3）：224-231.

[3] 马鸿佳，董保宝，葛宝山. 创业能力、动态能力与企业竞争优势的关系研究 [J]. 科学学研究，2014，32（3）：431-440.

（谢莹）

即测即练

扫码测练

思考题

1. 为什么要培养大学生的创业能力？

2. 什么是创业能力？

3. 结合实际谈谈你打算如何培养自己的创业能力？

第 14 章

五项能力之间的相互关系

14.1 五项能力与五行之间的对应关系

如何将五项能力与五行相对应呢？根据五行生克制化规律以及五项能力的基本概念和内涵，我们经反复思考和探讨，拟出了五行五能力模型以及它们之间的对应关系："火"与"创造能力"对应，"土"与"创新能力"对应，"金"与"创业能力"对应，"水"与"领导能力"对应，"木"与"洞察能力"对应，具体如图 14-1 所示。

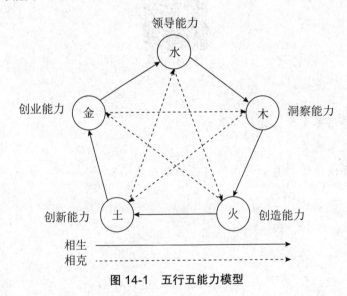

图 14-1 五行五能力模型

（1）火与创造能力的关系。火具有热烈、鲜艳、传播的含义，也有星星之火可以燎原之说，而创造能力解决的是从无到有的问题，于是将火与创造能力对应起来。

（2）土与创新能力的关系。对于土来说，它有养育、运化之意，而创新是从 1 到 n 的问题，需要不断地实践和探索，两者有非常紧密的对应关系。所以，我们将土与创新能力对应起来。

（3）金与创业能力的关系。对于金来说，其有收敛、丰收、收藏之意，即沉下心来埋头苦干，而创业有将创造和创新商业化而进行收获的意思。所以，我们将金与创业能力对应起来。

（4）水与领导能力的关系。水利万物而不争，总处于低位，有海纳百川之意，而领导能力又指的是影响力，影响力越大的人越谦卑、越心胸宽广，同时又有一定的格局。所以，我们将水与领导能力对应。

（5）木与洞察能力的关系。木具有伸展、运动、决断、传播、飘荡、向上等性质，而洞察能力主要指对事物的预判能力，甚至包含穿透力，能看到事物表象背后的实质。所以，我们将洞察能力与木对应起来。

同样，五行之间的生克制化理论也可以在五项能力之间发挥作用。

14.2 五项能力之间的相生关系

上文对五行五能力模型进行了描述，并对其对应关系进行了解释，接下来需要对五项能力之间的生克制化关系进行深入的探索。首先需要明确的是五项能力之间的相生关系，具体分析如下所述。

（1）创造能力可以促进创新能力。这个原理来自两者之间与五行的对应关系，创造能力对应的是火，而创新能力对应的是土，在五行相生关系中，火能生土。所以，创造能力可以促进创新能力。分析创造与创新的关系，创造是"建立新理论新方法，做出新的东西或新的成绩"，强调的是一个从无到有的过程，是创新和创业的来源。

（2）创新能力可以促进创业能力。在五行对应关系中，创新能力对应的是土，创业能力对应的是金，而土能生金，所以，创新能力可以促进创业能力。创业是创造与创新的外显，创业离不开创新作为基础，故而具备创新能力可以促进创业能力。

（3）创业能力可以促进领导能力。在五行对应关系中，创业能力对应的是金，领导能力对应的是水，而金能生水，所以，创业能力可以促进领导能力。创业能力是"开创基业、创办事业"的能力，涉及协调与统筹现有资源，这需要一定的决策能力、计划能力等，而这些都是构成领导能力的核心。从这个角度来说，拥有创业能力自然会提升领导能力，即促进领导能力。

（4）领导能力可以促进洞察能力。领导能力在五行中对应的是水，洞察能力对应的是木，水能生木，故领导能力可以促进洞察能力。其基本原理是如果一个人领导能力较强的话，就会形成一种全局意识，并且能够多角度、多层次、更透彻地看待问题，久而久之就能够形成透过事物表象获得新发现并解决问题的能力。所以，从这个角度来说，领导能力可以促进洞察能力的养成和提升。

（5）洞察能力可以促进创造能力。洞察能力在五行中对应的是木，而创造能力对应的是火，木能生火，所以，洞察能力可以促进创造能力。分析二者之间的关系，我们发现具备洞察能力意味着能看到别人看不到的东西，能从僵局中获得突破，即洞察能力的培养可以带给我们新思路与方向，而这正是培养创造能力的基础。因此，从这个角度来说，洞察能力可以促进创造能力的形成。

◢ 14.3　五项能力之间的相克关系

五行之间除了相生关系外，还有相克关系。同样，五项能力之间也有相克关系。下面我们来分析五项能力之间的相克关系。

（1）创造能力对创业能力的制约作用。在五项能力与五行的对应关系中，创造能力对应的是火，创业能力对应的是金，火能克金，故创造能力制约创业能力。分析创造能力和创业能力之间的关系，我们可以发现，如果一个人在创造能力方面有突出表现，即拥有发散思维，逐步形成了无定向、无约束地由已知探索未知的思维方式，在一定程度上可能就会忽略一些普通的微小的要素，缺少把设想落地实施的实际考虑，或者是难以将创造思维落实到实际的项目中。因此，从这个角度来看，创造能力可能对创业能力产生制约作用。

（2）创新能力对领导能力的制约作用。在五行对应关系中，创新能力对应的是土，而领导能力对应的是水，土能克水，所以创新能力对领导能力就会有压制作用。可能的解释是，如果一个人的创新能力非常突出的话，这个人可能就会更多专注于对现有事物的更新和改造，忽视日常工作中与其他成员或部门的协作交流，这对于领导能力的培养和形成都会产生一定的不利影响。因此创新能力可能对领导能力产生制约作用。

（3）创业能力对洞察能力的制约作用。创业能力在五行中对应的是金，而洞察能力对应的是木，金能克木，所以，创业能力会对洞察能力有制约作用。如果一个人拥有较强的创业能力，这个人可能就会专注于利用现有条件或创造条件将设想落实到实际项目中，这在一定程度上会影响或忽视观察发现新视角、方向和思路。这样的话，创业能力就会对洞察能力产生制约作用。

（4）领导能力对创造能力的制约作用。领导能力对应水，创造能力对应火，而水能克火。据此，领导能力就可能会对创造能力产生制约作用。在现实中，如果一个人太注重领导能力培养，可能就会因为力求全面、关注协调而造成精力的分散，从而影响对某个事物的专注投入。这样就不可避免地在一定程度上造成创造能力的弱化，即领导能力对创造能力产生制约作用。

（5）洞察能力对创新能力的制约作用。在五行对应关系中，洞察能力对应木，创新能力对应土，而木能克土，所以洞察能力对创新能力会产生制约作用。尽管洞察能力是创新的必要基础和条件，但如果一个人洞察能力非常强，就会更加关注微小的与传统不一样的地方，着眼于新思路、新观点的诞生，而这和创新能力的侧重点有所不同，创新能力在关注新事物的同时强调循序渐进、实践探索。从这个角度看，洞察能力强可能会对实践中创新能力产生制约作用。

▲ 14.4 五项能力之间的制化关系

前面我们提到了五项职业素养之间的制化关系，下面我们来分析五项能力之间的制化关系，这些关系可以从图 14-1 中的实线箭头和虚线箭头看出来。

（1）木克土，土生金，金克木。从五行五能力模型来看，对应的就是洞察能力对创新能力有制约作用，但创新能力对创业能力有促进作用，创业能力又对洞察能力有制约作用。也就是说，尽管强调过于敏感的洞察能力会影响创新能力，但由于创新能力可以促进创业能力，而创业能力又可以制约洞察能力的过分突出。所以，这三者之间就会处于相对制衡的状态，而不至于过度发展或发展不足。

（2）火克金，金生水，水克火。从五行五能力模型来说，对应的就是创造能力会制约创业能力，但创业能力又可以通过促进领导能力来制约创造能力的不健康过度发展。具体内涵我们在五行五能力的相生相克中已经有所论述，这样从另外一种角度又保持了三项能力的协调和适度发展。

（3）土克水，水生木，木克土。从五行五能力模型来说，对应的就是创新能力对领导能力有制约作用，但领导能力又可以通过促进洞察能力来对创新能力起到压制作用。领导能力的养成包含了"明察秋毫"这样的洞察能力，虽然可能在一定程度上影响创新能力的发展，但同时也保证了领导能力的平衡和健康发展。

（4）金克木，木生火，火克金。这三者之间的制化关系对应的就是创业能力对洞察能力有制约作用，但洞察能力又可以通过促进创造能力来制约创业能力，避免了创业过程中洞察能力的过度削弱。

（5）水克火，火生土，土克水。三者之间的相互关系对应的就是领导能力对创造能力有制约作用，但创造能力又可以通过促进创新能力来制约领导能力过度发展。这样，领导能力、创造能力和创新能力三项能力之间可存在动态平衡，避免领导能力对创造能力的过于抑制，保证在拥有一定领导能力的同时保持创造能力和创新能力。

这五种小循环在五项能力的大循环中有序运行，通过以上这些小循环，每种能力不能过度克制其他能力，也避免了某种能力的过度产生。个人要保证五项能力的平衡发展，不能过度也不能缺乏，这样可以产生最有效的搭配，促进个人事业的良性发展。

综上所述，我们可以看出，与五项基本职业素养一样，五项能力之间也同样存在五行生克制化的关系。当然，其也符合乘侮规律，这里我们就不再赘述。

（李纯青）

即测即练

扫码测练

第四篇

教学与实践

第 15 章

职业素养开发与训练的教学和实践

前面我们给大家介绍了职业素养和能力开发与训练的主要内容：五项职业素养和五项能力开发与训练是什么、为什么、怎么做以及它们之间的相生相克关系。本章主要是介绍针对这本书及相应的教学目标与教学要求采用什么样的教育理念来组织教学才能使教学的效果更好。本章分为四个部分：一是建构主义教育理念及其教学模式；二是基于建构主义教育理念的教学设计；三是基于建构主义教育理念的教学组织与效果；四是不同学生学习后的感言。当然这里列出的教学组织是基于我们对这门课的认识以及一定的教育理念指导下的教学组织，仅供大家参考，也欢迎大家在出版社网站上分享自己更多、更有效的教学组织。

▲ 15.1 建构主义教育理念及其教学模式

近年来建构主义在教育界逐渐流行，并以建构主义教育理念为指导，根据课堂实践开发出"基于项目的学习""基于问题的学习""基于研究的学习"或"基于情境的学习"等学习方式，这实际上是一种"边做边学"或"做中学"，以这种理论为基础可以结合实际设计多种多样的、贴合实际的教学策略 [1, 2]。而这些不同的教学策略表现出的具体形式就是教学模式。李纯青等提出基于这种教育理念的多层面教学模式，并对这些教学模式对大学生的"三创能力"（创造、创新和创业能力）以及就业能力的影响做了较为系统的研究，并获得不错的教学成果 [1]。

15.1.1 建构主义教育理念

建构主义教育理念强调以学生为中心，视学生为认知的主体，学生是知识意义的主动建构者，教师只对学生的意义建构起帮助和促进作用 [3]。它不仅要求学生由外部刺激的被动接受者和知识灌输对象转变为信息加工的主体、知识意义的主动建构者，而且要求教师由知识的传授者和灌输者转变为学生主动建构意义的帮助者、促进者。该理论最早由瑞士的皮亚杰提出，在此基础上，科尔伯格、斯腾伯格、卡茨和维果茨基进一步加以丰富和完善，成为一体 [4]。陈太道认为，建构主义教育理念包括以下基本观点：①知识不是通过教师传授获得的，是学习者在一定的情景即社会文化背景下，借助其他人的帮助，利用必要的学习资源，通过意义建构的方式获得；②"情境""协作""会话"和"意义建构"是学习环境的四大要素；③建构理论提倡在教师指导下，以学习者为中心地学习，也就是说，既强调学习者的知识主体作用，又不忽视教师的指导作用；④建构理论的核心是以学生为中心，整个教学过程形成教师为主导、学生为主体、学生的训练为主线的统一体[4]。何克抗认为，建构主义的教学方法多种多样，其共性则是在教学环节中都包含情境创设和协作学习，并在此基础上由学习者自身最终实现对所学知识的意义建构[3]。

15.1.2　基于建构主义教育理念的教学模式

所谓教学模式，它是根据一定的教育思想制定的教学基本策略及其实施步骤，是教师组织教学过程的范型，其实是思考课堂教学的一种工具[5]。多层面教学模式是李纯青等通过多年的教学研究与实践，逐渐总结出的一种教学模式，它是指结合课程的特点，充分运用学校、教师、学生及社会资源，根据教学对象的特征，对可选择的教学形式（如教师讲授、经典案例分析、合作性学习、实际过程模拟、师生角色互换、职业经理人讲座、做游戏等[6, 7]）进行优化组合，通过教学方案设计、教学组织、教学实施、教学控制及教学评价等环节完成教学任务的一种方式[1]。

可以把教学模式按其方式分为以教师为中心的教学、以学生为中心的教学以及师生互为中心的教学三种形式。而这些形式又可以通过教师讲授、经典案例分析、合作性学习、实际过程模拟、师生角色互换、职业经理人讲座、游戏或实验等来实现。当然，多层面教学模式的内涵绝不止以上列举的内容，以上内容的组合、优化，将使多层面教学的内涵更加广泛和具有可扩展性，具体如表 15-1 所示。当然，这些形式不是固定不变的，而是随着时代的发展及市场需求的变化实时更新。同时，针对某门课来说，具体选择什么方法，应该根据课时、学生情况与教学环境及相应资源的不同而不同。从以上分析可以看出，多层面教学模式具有灵活性、开放性、动态性等特点，所以，在实施的过程中需要遵循自主性、开放性、互动性、差异性原则。

表 15-1　多层面教学模式的具体内容

序号	具体形式	说　明
1	教师讲授	以教师讲、学生听为主，主要适合基础理论或难点的讲解与分析，帮助学生理解所学内容（以教师为主体）
2	经典案例分析	在教师引导下用章节或综合内容对所选择实际案例进行分析，师生根据案例表述情境展开讨论，可以提高学生对知识的应用能力（师生互为主体）
3	合作性学习	合作性学习（cooperative learning）也叫研究性学习，是指一系列促进学生共同完成学习任务的教学方法，旨在通过同学之间的相互作用对学生的学习、认知、发展、情感和伙伴关系产生积极影响。这种教学方法是把班里不同性别、性格、能力的学生分成若干学习小组，在学习过程中教师利用某种合作形式引导学生协同活动、互相帮助、共同进步（以学生为主体）
4	实际过程模拟	通过模拟演示使学生充实课堂上学到的知识，具体了解相应管理过程以及工作方式，以舞台表演的形式表现出来，在于熟悉和锻炼特定情境下适应能力以及团队合作精神（以学生为主体）

续表

序号	具体形式	说　明
5	师生角色互换	对于某些课程，在适当的情况下可以进行师生角色互换。让学生对教学进行设计、组织并实施，由教师及其他同学来进行点评，可以锻炼学生的公众表达能力、组织能力及合作能力等（以学生为主体）
6	职业经理人讲座	由教师邀请职业经理人结合课程内容为学生举办讲座，这种方式不但拓宽了师生的视野，改进了教师的教学方法，而且为学生与企业之间的双向选择提供了条件（若将职业经理人作为教师，可以归为以教师为主体）
7	游戏或实验	针对所讲内容，设计一些与内容相对应的游戏或实验，使学生在做游戏（或实验）的过程中体验所讲内容的内涵，不但加深学生对所学知识的印象，而且寓教于乐，也提高了学生课堂参与的积极性（师生互为主体）

资料来源：根据"袁维新.国外基于建构主义的科学教学模式面面观[J].比较教育研究，2003(8)：50-54"以及编著者长期的教学实践总结而得。

15.2　基于建构主义教育理念的教学设计

建构主义的教学设计强调要发挥学习者在学习过程中的主动性和建构性。余胜泉等根据初级学习和高级学习划分，提出了自上而下的教学设计思想和知识结构网络的概念[8]。重视"情景""协作"在教学中的重要作用，提出一系列以"学"为中心的教学策略，并在这些建构主义教学设计的原则基础之上，提出了一个建构主义教学设计的模型（图15-1）。该模型以问题（或项目、案例、分歧）为核心，建立学习"定向点"，

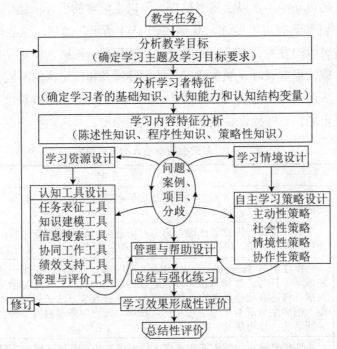

图 15-1　基于建构主义的教学设计模型

资料来源：余胜泉，杨晓娟，何克抗.基于建构主义的教学设计模式[J].电化教育研究，2000(12)：7-13.

然后围绕这个"定向点",通过设计"学习情境""学习资源""自立学习策略""认知工具""管理与帮助"而展开,它们共同服务于由教学目标、学习者、学习内容而决定的学习任务(问题、案例、项目、分歧)这一核心。结束部分的教学评价也是设计过程的重要环节,它是修改的基础,是教学设计成果趋向完善的调控环节。

1. 分析教学目标

分析教学目标是为了确定学生学习的主题,即与基本概念、基本原理、基本方法或基本过程有关的知识内容。分析教学目标首先要考虑学习者这一主体。教学目标不是设计者或教学者施加给学习过程的,而是从学习者的学习过程中提取出来的。其次,还应尊重学习主题本身内在逻辑体系特征。

建构主义在哲学上强调学习内容的自主建构,强调事物的多样性、复杂性,不同人对同一事物可得出不同的理解,因此是无法预先设立学习目标的。但事物有其复杂的一面,也有其客观的一面,事物的某些属性在一定条件下是可能达到共同理解的。所以,我们在以建构主义理论指导教学设计时,一定要考虑教学目标的确定,避免陷入非理性主义的陷阱,但同时也应注意避免将教学目标简单化的倾向,不能采用传统的行为式的教学目标。首先,教学目标的编写应有一定的弹性、可变化性,如采用认知目标分类的层次来标识(掌握……理解……);其次,建构主义强调知识的情境性、整体性,强调知识应在真实任务的大环境中展现,学生在探索真实的任务中达到学习的目的。所以在编写教学目标时,应该避免传统教学目标分析过度抽象、过分细化、过分分散、过分单调的逻辑关系,而应该采用一种整体性的教学目标编写方法。另外,还要区分学习目标与教学目标,支持学习者在学习中追求自己的目标。教学目标是所有学习者都应达到的学习目的,学习目标则是学生自己确定的,它们往往并不一致,学习目标一般是多重的,不同学习者由于知识背景和兴趣爱好不同,其学习目标也不完全相同。

2. 学习者特征分析

建构主义教学设计中学生是学习的主体,是意义的主动建构者。从哲学角度看学习者是内因,外界影响是外因,内因是事物发展变化的决定因素,外因通过内因起作用。这就可以解释为什么在同一课堂中,教师实施同一教学,但不同学生的学习结果却存在较大差异。为了取得较好的教学效果,就必须充分了解学习者的特征,并进行有针对性的设计。

3. 学习内容特征分析

学习内容是教学目标的知识载体,教学目标要通过一系列的教学内容才能体现出来。建构主义强调学习要完成真实环境下的任务,在完成真实任务中达到学习的目的,但真实的任务是否会体现教学目标、如何来体现,这需要我们对学习内容做深入分析,明确所需学习的知识内容、知识内容的结构关系、知识内容的类型(陈述性、程序性、策略性知识)。这样,在后面设计学习问题(任务)时,才能很好地涵盖教学目标所定义的知识体系，才能根据不同的知识类型，将学习内容嵌入建构主义环境的不同要素中，如陈述性知识可以通过学习资源的方式提供；而策略性知识，则可通过设计自主学习活动来体现并展开。

4. 设计学习任务

建构主义所阐述的学习就是基于真实问题情境下的探索、学习的过程，就是解决实际问题的过程，问题构成了建构主义学习的核心。与客观主义不同，建构主义用问题来驱动学习，而不像原来那样充当概念、原理的例子。学习是为了解决问题，而不是把解决问题看成是学习的一个应用。提出学习任务，是整个建构主义教学设计模式的核心和重点，它为学习者提供了明确的目标、任务，其他辅助设计使得任务更加明确具体，使得学习者解决问题成为现实的可能，使得学习者在解决问题过程中，确实能够达到教学目标的要求。学习情境设计，有助于将问题置于一个真实的任务环境中，这有助于学生知识与能力的迁移；相关案例和信息资源有助于问题的理解和可行性方案的提出；认知工具帮助学习者解释和把握问题的各个方面；自主学习策略可以为学生提供可供选择的问题解决模式；帮助与管理是在易出现问题的环节提供实用的帮助与指导，必要时，还要设计如何施加人格影响，以消除因挫折而出现的泄气情绪。

学习任务可以是一个问题、案例、项目或是观点分歧，它们都代表连续性的复杂问题，能够在学习的时间和空间维度上展开，均要求在主动的、建构的、真实的情境下学习。

5. 学习情境设计

建构主义强烈推荐学生要在真实的情境下进行学习，要缩小知识与解决问题之间的差距，强调知识的迁移能力的培养。因此，建构主义的教学设计需要将设计的问题具体化，教科书上的知识内容是对现实生活的抽象和提炼，而设计学习情境则是要还原知识的背景，恢复其原来的生动性、丰富性。同一个问题，在不同的情境背景中（不同的工作环境、社会背景），其表现是不相同的。

学习情境强调为学生提供一个完整、真实的问题背景，以此为支撑物启动教学，使学生产生学习的需要；同时支撑物的表征、视觉本质又促进了学习共同体中成员间的互动、交流，即合作学习，驱动学习者进行自主学习，从而达到主动建构知识意义的目的。

6. 学习资源设计

为了了解问题的背景与含义、建构自己的智力模式和提出问题解决的假设，学习者需要知道有关问题的详细信息，并需要学习必要的预备知识。因此在教学设计时，必须详细考虑学生要解决这个问题需要查阅哪些信息、需要了解哪方面的知识，这些都可以通过学习资源的方式为学生提供。学习资源是指与问题解决有关的各种信息资源（包括文本、图形、声音、视频和动画等），以及通过互联网或微信公众号获取的各种有关资源。

学生自主学习、意义建构是在掌握大量信息的基础之上进行的，所以必须在学习情境中嵌入大量的信息。丰富的学习资源是建构主义学习的一个必不可少的条件。另外还要注意怎样才能从大量信息中找寻有用信息，避免信息污染。因此教学设计中要建立系统的信息资源库（或使用现有的资源管理系统），提供引导学生正确使用搜索引擎的方法。

7. 提供认知工具

认知工具是支持、指引、扩充使用者思维过程的心智模式和设备 [9]。在现代学习环境中，认知工具主要是指与通信网络相结合的广义上的计算机工具。它用于帮助和促进认知过程，学习者可以利用它来进行信息与资源的获取、处理、编辑、制作等，并可用其来表征自己的思想、替代部分思维、与他人通信协作等。认知工具可帮助学习者更好地表述问题（如视频工具），更好地表述学习者所知道的知识以及正在学习的客体（如图表工具），或者通过认知工具自动实现一些低层任务或做一些任务来减少某些认知活动（如计算工具）。最终，认知工具帮助学习者收集并处理解决问题所必需的重要信息。

认知工具在帮助和促进认知过程，培养学生批判性思维、创造性思维和综合思维中起着重要作用。常用的认知工具有六类：问题/任务表征工具、静态/动态知识建模工具、绩效支持工具、信息搜索工具、协同工作工具、管理与评价工具。

8. 自主学习策略设计

自主学习策略是指为了支持和促进学生有效学习而安排学习环境中各个元素的模式和方法，其核心是要发挥学生学习的主动性、积极性，充分体现学生的认知主体作用。从整体上来讲，学习策略分为四类：主动性策略、社会性策略、协作性策略和情境性策略。常见的自主学习策略有：教练策略、建模策略、支架与淡出策略、反思策略、支架策略、启发式策略、自我反馈策略、探索式策略；讨论策略、角色扮演策略、竞争策略、协同策略、伙伴策略；抛锚策略、学徒策略、随机进入策略等。

9. 管理与帮助设计

建构主义学习中，学习者是学习的主体，但并没有无视教师的指导作用。任何情况下，教师都有控制、管理、帮助和指导的职责。教师需要在学习环境中确定学习任务，组织学习活动，提供帮助和指导，引导学生正确使用认知工具。教师是教学过程的组织者、指导者，意义建构的帮助者、促进者。

在传统的教学中，课堂教学管理包括合理安排课程内容、最大限度地发挥教学资源的潜能、调动学生的积极性等。但在建构主义学习中，教师由舞台上的主角变为幕后导演，这一转变极具挑战性，对教师提出了更高的要求：学习过程是一种发散式的创造思维过程，不同的学生所采用的学习路径、所遇到的困难也不相同，教师需针对不同情况作出适时反馈；学生自主学习中，面对丰富的信息资源易出现学习行为与学习目标相偏离的情况，教师要在教学实践中设置关键点，规范学生的学习，同时也有利于学生反思、升华所学知识；为了使意义建构更有效，教师应在可能的条件下组织协作学习，并对协作学习过程进行引导，使之朝有利于意义建构的方向发展。引导的方法包括：提出适当的问题以引起学生的思考和讨论；在讨论中设法把问题一步步引向深入，以加深学生对所学内容的理解；要启发诱导学生自己去发现规律、自己去纠正错误或片面的认识。

10. 总结与强化练习

适时地进行教学总结可有效地帮助学生将自学的、零散的知识系统化。但总结不能太细，应为知识体系串讲，简明扼要，否则会重蹈传统教育的覆辙，限制学生的思维。教师总结之后，应为学生设计出一套可供选择并有一定针对性的补充学习材料和强化练习，检测、巩固、拓展所学知识。这类材料和练习应经过精心的挑选，即既要反映基本概念、基本原理又要能适应不同学生的要求，以便通过强化练习纠正原有的错误理解或片面认识，最终实现符合要求的意义建构。

11. 教学评价

评价是根据某些标准对一个人或他的业绩所进行的一种鉴定或价值判断。建构主义结果评价最基本的变化或许就是确定评价的目标方面。如果学习是知识自我建构的过程，那么是否还需提出最适宜的目标？事实上，有谁能比建构者更好地评价知识的建构呢？因此，源于建构观的评价应该较少使用强化和行为控制工具，而较多使用自我分析和元认知工具。

建构主义的学习并不支持学习者像镜子一样反映现实，而是支持对富有意义的解释进行建构。但评价是应参照目标的，否则便会陷入无标准的虚无主义。对于一些基本的教学要求，评价要依据客观的教学目标，但这不能是评价的全部，更多的应该包括学习任务的整体性评价、学习参与度的评价等。评价通常包括形成性评价和总结性评价，它们在教学过程中起着不同的作用。

形成性评价是在某项教学活动过程中，为了能更好地达到教学目标的要求、取得更佳的效果而不断进行的评价。它能及时反映阶段教学的结果和学生学习的进展情况、存在问题，进而可据此及时调整和改进教学工作。形成性评价在教学过程中用得最频繁。需要注意的是，由于学生进行的都是自我建构的学习，对于同样的学习环境，不同学生学习的内容、途径可能相关性不大，要客观公正地对他们学习的结果作出评价就变得相当困难。很明显，对他们实施统一的客观性评价是不合适的。目前，人们比较赞同的是通过让学生去实际完成一个真实任务来检验学生学习结果的优劣。

总结性评价又称"事后评价"，一般是在教学活动告一段落后，为了解教学活动的最终效果而进行的评价。学期末进行的各科考试、考核都属于这种评价。其目的是检验学生的学业是否最终达到了各科教学目标的要求。建构主义所说的考试、考核与以往不同在于它更注意学生个人实际解决问题的能力。总结性评价重视的是结果，借以对被评价者作出全面鉴定，区分出等级并对整个教学活动的效果作出评定。

教学过程中进行的评价主要是形成性评价，对于提高教学质量来说，重视形成性评价比重视总结性评价更有实际意义。

15.3 基于建构主义教育理念的教学组织与效果

为了让主讲教师对我们的教学组织与教学效果有一个全面的了解，我们将从课前的设计与准备、课程学时分配和对学生的课程评价三个部分来展开。

15.3.1 课前的设计与准备

根据前面的教学设计，我们需要提前 3 ~ 5 天建立 QQ 课程群或课程微信群，请各班班长通知全班同学加入课程群，并让学生以实名修改自己的群名片，最好在上课前全部入群并将课件上传群共享，便于学生预习、上课积极发言以及做相关记录。

根据上课学生的学号，随机对学生按每组 6 ~ 8 人进行分队，比如我们上课的班级是 69 人，分成 9 队，前三队 7 人，后六队 8 人，并提前做好带有组号的桌签。

需要提前将教室的座位按三横一竖的方式排好（所以，上课的桌椅需要是活动的，而不是固定的，便于分队），凳子围绕着桌子放 7 ~ 8 张（保证每人一个凳子），排成 9 个小队，多余的桌凳放到教室的一角即可。

提前将一号图纸和图号笔及相应的 A1 图纸带上，用于画每个队的队旗及记录相关信息（要求在开始上课时 3 ~ 5 分钟内每个队选出队长，给出队名、队呼、队员、队号等信息），并由队长站到台前介绍，出场顺序要给不同的分数（先准备好上台的给的分数多一些），并展示在教室的墙上（画队旗的时间可以留作课间或课下作业，以便节约时间）。

需要一名助教，通常由研究生或高年级学生担任，主要是登记课堂成绩，并在合适的时间将课堂成绩公布在课程群里请同学们核对并相互比赛。

15.3.2 课程学时分配

由于我们这门课程的五种职业素养之间的联系比较密切，所以我们建议集中两天（16 学时）或三天两晚（32 学时）的时间来教学。对 16 学时分配的建议是：第一天上午课程导入，并讲职业素养开发与训练是什么、为什么、怎么做，以及第一种职业素养积极心态的一部分；第一天下午讲积极心态、敬业并自动自发地多做一些、没有任何借口执行任务；第二天上午讲沟通协调与团队合作；第二天下午举行通关考试（注意第一天下午下课时将第二天的通关考试再强调一下，晚上同学们可以准备通关考试及 6 000字感言）。对于 32 学时的，可以将内容讲授、练习与课堂分享做得更扎实一些。整个课程的进展任务是先松后紧、先轻后重，慢慢地，采用合适的激励方式，使上课的同学课间与课下都在思考或从事与课堂有关的事情，这样集中学习的效果或目的就达到了。

15.3.3　对学生的课程评价

对学生课程的评价分为课堂讨论与参与、通关考试和 6 000 字感言三个部分，下面对每一部分的要求及评分标准介绍一下。

1. 关于课堂讨论与参与（满分 100 分，占 30%）

（1）课堂成绩由团队成绩和个人成绩两部分组成。

（2）课堂成绩由每位同学的参与次数与质量累加。

（3）每次参与都有加分，每次发言机会都有名额限制，具体由教师根据情况而定。

2. 关于通关考试与评分标准（满分 100 分，占 30%）

通关考试的内容是以组为单位，设计一种能够反映五种职业素养的剧目，并将其展示出来，要求提前排练并有书面解释。时间应该在 30 分钟之内。评分观测点如下。

（1）有料（50 分，每种职业素养 10 分）。

（2）有趣、有味（20 分）。

（3）仪态大方（5 分）、声音洪亮（5 分）、着装得体（5 分）。

（4）配合默契（10 分）。

（5）时间得当（5 分）。

3. 关于 6 000 字感言（满分 100 分，占 40%）

1）内容

（1）收获 / 认识 / 体会 / 感悟（80 分）。

（2）对课程的建议或意见（20 分）。

（3）可能的加分项，如用五行生克制化理论对五种职业素养之间的关系进行解释（20 分）。

2）要求

（1）以附件的形式在课程结束 24 小时以内发至主讲教师私人邮箱，而不要以信的正文形式写感言，更不要正文写一遍感言，附件再带上感言。

（2）感言的文件名最好以"姓名学号 _ 日期"的形式来命名，如"张三 15050214108_20160531"。

（3）必须是自己对本课程的感言，严禁有任何抄袭现象，超过两行与公开信息重合的现象视为自动放弃。

（4）对于原封不动照搬课件内容的不计入字数。

15.4 不同学生学习后的感言

15.4.1 本科生公选课感言节选

扫码阅读

15.4.2 本科生必修课感言节选

扫码阅读

15.4.3 MBA 学生选修课感言节选

扫码阅读

15.4.4 MPAcc 学生选修课感言节选

扫码阅读

15.4.5 毕业生感言节选

扫码阅读

本章参考文献

[1] 李纯青，范新会，刘江南. 多层面教学模式与"三创"能力关系研究 [J]. 中国成人教育，2004（11）：64-66.

[2] 李纯青，王志玲，朱治安. 基于建构主义的课题研究教学模式对学生创新能力的影响研究 [J]. 清华大学教育研究，2006（S1）：179-183.

[3] 何克抗. 建构主义的教学模式、教学方法与教学设计 [J]. 北京师范大学学报（社会科学版），1997（5）：74-81.

[4] 陈太道. 建构理论在《数学分析》教学中的应用 [J]. 琼州大学学报，2004（2）：66-67.

[5] 薛晓阳，班华. 模式研究与教育的实践哲学 [J]. 清华大学教育研究，2002（3）：24-31.

[6] 董志峰. 互动式教学：高校课堂教学改革的突破口 [J]. 甘肃政法学院学报，2002（2）：88-91.

[7] 单立勋. 建立创新性课堂教学模式的探索与研究 [J]. 佳木斯大学社会科学学报，2004（5）：113-114.

[8] 余胜泉，杨晓娟，何克抗. 基于建构主义的教学设计模式 [J]. 电化教育研究，2000（12）：7-13.

[9] LAJOIE S P, DERRY S J.Computers as cognitive tools[M].Hillsdale: Lawrence Erlbaum Associates Inc.，1993.

（李纯青，田敏）

即测即练

扫码测练

教师服务

感谢您选用清华大学出版社的教材！为了更好地服务教学，我们为授课教师提供本书的教学辅助资源，以及本学科重点教材信息。请您扫码获取。

≫ 教辅获取

本书教辅资源，授课教师扫码获取

≫ 样书赠送

公共基础课类重点教材，教师扫码获取样书

 清华大学出版社

E-mail: tupfuwu@163.com
电话：010-83470332 / 83470142
地址：北京市海淀区双清路学研大厦 B 座 509

网址：http://www.tup.com.cn/
传真：8610-83470107
邮编：100084